KB259737

급진민주주의리뷰

데모스

No.1
2011

민주주의의 급진화

RADICAL
DEMOCRACY
REVIEW

급진민주주의 연구모임 데모스 엮음

이 도서의 국립중앙도서관 출판시도서목록(CIP)은 e-CIP홈페이지(http://www.nl.go.kr/ecip)
에서 이용하실 수 있습니다. (CIP제어번호 : CIP2011001896)

Radical Democracy Review

차 례

급진민주주의리뷰
데 모 스

Radical Democracy Review

민주주의의 급진화

데모스,
존재하지만 의미 없는 자들의 공통의 무기

'데모스(demos)'는 이제까지 시민(市民)과 민중(民衆) 혹은 인민(人民)이라는 서로 다른 이름으로 번역되어왔다. 하지만 데모스란 존재하지만 의미 없는 자들의 공통의 이름, 질서로부터 배제되었지만 질서의 유지와 지배의 확립을 위해 요청되는 생명의 이름이다. 그러므로 데모스는 차라리 시민과 민중 혹은 인민과의 불일치의 지점에서 오직 '불화(不和)'의 이름으로만 자신을 드러내는 부정성의 존재라고 이해되어야 한다.

이름 없는 다수의 공통성이 인민의 권력으로 일원화될 때, 국가로의 귀속이 시민의 정체성을 결정할 때, 자신을 생산한 착취와 억압의 흔적을 민중이 민중의 이름으로 지워버릴 때, 인간의 이름으로 비인간의 세계를 파괴할 때 데모스는 인민에 대항하여, 민중에 반하여 시민의 외부에서 인간에 대항하는 비인간의 모습으로 자신의 모습을 드러낸다. 우리들의 기획은 오직 질서의 균열과 해체를 통해서만 자신의 존재를 드러내는 이 생명의 발현과의 오래된 연대, 하지만 배제된 상상을 물질화하는 것이다. 질서와 지배를 구축하는 그 근원에 대한 탐구인 동시에 그 균열을 통해 나타나는 미래를 물질화하는 기획이라는 이유에서 우리들의 기획은 근본적으로 주어진 질서를 불온한 눈으로 바라보는 급진주의의 복권을 지향한다.

불안과 공포, 무질서와 무규정성 혹은 근본주의, 때로는 낭만주의와 현실과 괴리된 수인(囚人)의 언어, 이것이 지금까지 급진(성)과 연결된 우리 사회의 사회적 상상이었다. 현실의 질서를 방어하고 재생산하고자 하는 집단과 개인에게 주어진 현실의 배치를 넘어서는 새로운 요청들은 늘 불안과 공포의 대상이거나 질서를 해체하는 무질서의 원인이었다. 주어진 현실의 완성을 통해 현실에 내재된 가능성을 현실성으로 전환하고자 하는 이들에게 새로운 조건의 창출과 주어진 현실의 배치를 넘어서는 새로운 상상에 대한 요청은 현실에 대한 어떠한 개입능력도 상실한 낭만주의의 미학적 표현이거나 현실로부터 유리된 수인의 언어였다. 그래서 급진성은 사회 그 내부로부터 잉태되었지만 자신을 잉태한 그 사회의 언어가 될 수 없었다.

존재하지만 의미 - 없는 - 자들의 언어, 따라서 새로운 질서의 구성 없이는 존재의 의미를 획득할 수 없는 자들의 언어, 이 언어가 바로 급진(성)이다. 질서를 수호하거나 완성하자는 요청에 대항하여 질서의 변형 없이는 존재의 이유를 획득할 수 없는 자들의 사회적 상상, 여기가 데모스의 출발점이다. 따라서 우리에게 급진(성)이란 현실과 분리된 텍스트로의 무한회귀도, 현실과 분리된 하나의 상상도 아니며 구체적인 실행능력이 없는 무규정성의 표현도 아니다. '의미 - 없음', 즉 무의미를 생산하는 현실의 생산관계의 변형을 통한 새로운 의미의 창출, 존재를 구성하는 토대로서의 생명으로부터 발원하는 새로운 생산관계로의 진입과 연대에 기초한 능력의 실현이다. 우리에게 급진(성)이란 자신을 잉태한 그 사회의 내부에서 외부로 나아가는 자들의 언어, 그들의 삶의 방식, 그들의 미래이다. 급진성이란 물질화된 미래, 미래와의 연대이다.

이름 없는 자들의 이름인 역설적인 존재로서의 '데모스'라는 우리들의 출발은 정확히 여기에서 시작한다. 이 기획은 존재하지만 의미-없는-자들의 이름으로 그들 자신의 존재를 박탈해온 지배양식에 대항하는 것을 지향한다. 시민의 지배, 민중의 지배 혹은 인민의 지배로 번역되어온 모든 지배에 대한 대항, 자신의 의미를 박탈하고 전유한 질서에 대한 의미-없는-생명들의 공통성에 대한 옹호이다. 여기에서 우리의 옹호는 의미-없는-인간들의 경계를 넘어선다. 모든 생명의 원천인, 하지만 가장 낮은 곳에 위치한 바다, 우리에게 차라리 데모스는 바다다. 지구의 모든 존재와 의미들의 원천, 그 가장 낮은 생명들의 공통의 삶의 시간이자 공간인 바다, 그 안에 잠재된 새로운 미래와의 접속을 통해 대지 위에 구축된 모든 영토의 지도들에 대해 질문한다. 대지로의 안정적인 진입을 포기하고 바다와 함께 가장 낮은 곳에서 표류하는 지적 실험과 혼란의 기록들, 우리는 데모스가 자신의 영토를 갖기를 원치 않는다. 영토가 가진 국가 구축의 미래를 포기한다. 차라리 우리들의 기록은 표류의 기록, 끊임없는 부정의 기록, 하지만 우정과 연대를 향한 항해일지, 또 다른 탐구자를 위한 쓰일 수 없었던 존재하지 않는 장소를 향한 항해의 일지를 지향한다. 데모스라는 바다 위에서 데모스를 탐구하는 우리들의 질문은 이런 의미에서 급진민주주의라는 공동의 프로젝트로 나아간다. 배제된 급진적인 상상과 데모스의 연결, 지금 우리에게 급진민주주의는 단지 질문으로만 존재한다.

따라서 우리에게 급진민주주의란 여전히 모호한, 그럼에도 불구하고 서로가 직면한 다양한 지적/실천적 문제들의 공동의 답으로 지향하는 공동의 무엇으로 존재한다. 이런 의미에서 우리에게 급진민주주의란 하나의 지적 대상이기보다는 연대와 우정의 대상이다. 서로 다른 신체와 마음이 급진민주주의연구라는 집합적 배치 안에서 그 이전과는 다른 신체들로 변이해가면서 새로운 사유에 눈을 뜨고 있다.

물론 우리의 사유는 현재 우리가 파악하고자 하는 그 대상과 오래 머물지 못하는 이미지와 은유의 사유임에는 틀림없다. 모든 것은 실험으로 존재할 뿐, 어느 것도 자신의 특권적 지위를 주장할 수 없다. 우리의 정확한 목표는 모든 것을 실험하고 그 실험으로부터 자유롭게 떠나라는 것이다.

2011. 5.

급진민주주의 연구모임 데모스

민주주의의 위기, 민주주의 좌파
그리고 민주주의의 급진화

1.

성공회대 민주주의연구소는 2008년 1월부터 '민주주의의 급진화(radicaliza-tion of democracy)란 무엇인가'라는 질문을 중심으로 민주주의를 민중 자신의 무기로 만들기 위한 연구세미나를 진행하고 있다. 이 책은 그러한 공동연구의 부분적인 산물이지만 급진민주주의 연구모임의 내부로 환원되지 않는 외부와의 우정과 연대의 산물이기도 하다. 이런 의미에서 민주주의의 급진화라는 질문을 중심으로 구성된 이 책은 질문에 대한 응답이라기보다는 우리가 직면한 질문이 만들어낸 우정과 연대 그 자체라고 할 수 있다. 공동연구를 진행하는 지난 3년 동안 우리가 배운 것이 있다면 질문의 대상을 정의하고 그것을 탐구하는 과정이 우정과 연대의 조직화 과정과 분리될 수 없었다는 점이었다. 민주주의를 배우기 이전에 우리는 서로에 대해 배워야 했고, 책을 읽고 토론하는 과정이 서로의 삶에 내재된 오래된 문법과의 갈등이자 동시에 협력이라는 사실을 배워야 했다. 우리는 책 속에 갇힌 죽은 자들과 대화하기 위해 살아 있는 자와 대화해야 했고, 이 대화는 죽은 자들이 말해주지 않는 것이었다. 공동연구는 이전과 다른 공동의 교통형식을 요청한다는 사실을 배워나가면서도, 각자의 지적 우주와 접속할 수 있는 창을 여는 것은 또 다른 문제였다. 타자의 문제설정과 조우하기 위해서는 그 문제에 대한 열린 신체를 만들어야 했고, 그것은 나의 신체의 일부로 타자의 신체를 받아들여 나의 신체 자체를 괴물로 만들어버려야만 가능했다. 나조차도 모르는 내가 만들어지는 비자발적인 감수성의 세계로 들어가지 않고서, 공동연구란 불가능하다. 어쩌면 이 책은 스스로 변해가는 모습에 당혹스러워하는 우리 자신의 자화상일지도 모른다. 우리들의 혼란은 공동의 시간이 만들어낸 우정과 연대의 산물이자 동시에 시간과의 전투의 산물이다. 이 혼란이 우리 공동의 해방과 접속될 수 있는 길을 찾는 것은 하지만, 또 다른 혼란과의 전투를 수행하는 과정에서만 발견될 수 있을 것이다. 이 피해갈 수 없는 혼란을 관통하는 새로운 우정과 연대의 시간이 '또 다른 우리'에게 필요한 이유이다.

2.

지난 20년간의 한국민주주의의 발전을 돌아보면, 민주주의가 다양한 사회경제적 영역으로 급진적으로 확장되어 민중의 삶의 문제들을 해결해야 함에도 오히려 민주주의가 자본주의와 사회적 보수주의에 의해 포위되는 상황에 이르렀고, 그 결과 민중은 민주주의에 대한 희망과 기대를 포기하게 되었으며, 민중이 민주주의에 기대했던 좌절된 욕망과 요구는 보수세력에 의해서 새롭게 전유되는 상황으로 발전되어갔다. 과거 개발독재와 대결하던 민주주의자들은 새롭게 출현한 이른바 신자유주의적 지구화라고 하는 외부적 도전, 그리고 신보수정권의 등장이라는 내부적 도전 속에서 민주주의를 '사수'하는 차원을 넘어서서 새로운 민주주의의 전망과 그것을 담지하는 사회적 힘을 대중들의 힘에 기초하여 새롭게 형성하지 못했다.

우리는 이를 '민주주의의 위기' 상황으로 인식했다. 민주주의가 민중들의 권리와 이해실현을 위한 '희망의 도구'가 되지 못하는 상황, 다시 말해 민주주의와 그 일부로서 제도정치가 '배제된 존재들'과 분리되는 좌절의 상황, 그리고 이러한 좌절을 희망으로 전환하는 새로운 민주주의담론의 부재 상황이 출현한 것이다. 민주주의의 이러한 위기 상황에 대응하여, 우리는 민주주의의 급진화를 향한 새로운 급진민주주의운동과 급진민주주의 프로젝트의 필요성에 주목했다.

　우리가 상상하는 '민주주의의 급진화를 위한 대항 헤게모니 프로젝트'로서의 급진민주주의의 출발점은 '민주주의의 위기'라는 반복된 형태로 우리에게 출현하고 있는 도전 그 자체이다. 민주주의의 위기는 '민주주의의 방어'를 우리들의 지배적인 상식의 한계로 설정하지만, 급진민주주의 프로젝트의 기본 전략은 위기의 해결을 위해 위기를 강화하라는 것이다. '결정의 탈정치화'와 '민중의 정치적 능력의 박탈'을 포함하는 민주주의의 위기를 해결하기 위해, 우리는 위기를 발생시킨 다양한 사회적 생산관계들과 장치들의 헤게모니의 균열과 위기를 직시하는 상태로 나아간다. 주어진 질서를 절대화하며 지배적인 상식의 한계 내부에서 민주주의의 위기를 정의하는 전망에 대항하여, 급진민주주의는 위기의 해결을 위해 지배적인 대중의 상식을 재구성하여 새로운 민주주의적 동력을 아래로부터 창출해야 한다고 믿는다. 수동성을 강제하며 혹은 은밀한 형태로 수동성을 생산하는 조직화된 폭력과 권력에 대항하여 급진민주주의는 민주주의 좌파와 민중들의 능동적이고 효과적인 개입을 통한 '새로운 질서'의 창출을 지향한다. 민주주의의 위기는 우리들의 경험의 영역을 넘어선 실재의 영역에서 발생하고 있으며, 이것은 현재의 국면이 민주주의의 위기와 방어의 국면이 아닌 낡은 질서와 새로운 질서의 대립국면이라는 것을 보여준다. 위기를 해결하기 위해 민주주의를 강화하고, 정치체제의 외부로 추방된 오래된 하지만 여전히 새로운 사회주의, 생태주의, 여성주의와 민주주의를 접속하라. 급진화(radicalization)는 근본으로의 회귀가 아닌 미래를 물질화하는 투쟁과 전략이다. 과거와 단절하고 미래와 연대하라.

3.

민주주의의 급진화라는 질문에 대한 우리들의 모색은 단일한 중심을 갖지 않는다. 질문의 중심으로 들어가지 못한 결과일 수도 있지만 그럼에도 각자가 직면한 문제와 대결하면서 지적 대상으로서의 민주주의와 조우한 현재의 자화상이다. 구별은 되지만 분리되어 있지 않은 이 자화상들의 파편을 소개한다면 아래와 같다.

1) 민주주의라는 이름 아래 그어진 경계에 관한 질문. 민주주의를 정치체(polity)의 구성 원리로 이해할 때, 그것은 언제나 정치체의 구성원과 구성원이 아닌 타자의 경계를 설정해야 한다. 국민국가는 언제나 그 구성에서 주변과 외부자를 만들어왔고 지금도 그렇게 하고 있다. 이주자와 망명신청자 등 국적이 없거나 모호한 사람은 언제나 '민주주의'의 경계와 외부에 위치한다. 현실의 민주주의는 언제나 그 '구성적 외부'를 갖는다. 민주주의에는 언제나 '두 개의 민주주의'가 존재하고, 민주주의에는 시민과 비시민이 존재한다. 우리 중 일부는 급진민주주의를 이러한 경계를 고정된 것이 아닌 유동적인 것으로 인식하는 것으로 해석하려 했다. 경계 또는 외부에 있는 '민주주의의 구성적 외부'는 끊임없이 자신의 목소리를 들리게 하기 위해 투쟁한다. 이러한 투쟁은 기존의 지배적 담론에 의해 설명되거나 정당화되지 않는 현상을 드러나게 할 수밖에 없다. 경계는 그어지는 바로 그 순간 도전받아야 하고 또한 도전받을 수밖에 없는 것이다.

이렇게 급진민주주의의 관점에서 볼 때 민주주의는 독재에 대립하는 '환호'의 대상이 아니라 '문제대상'으로 파악되어야 한다. 민주주의가 부단히 구성적 외부를 만들어내는 비(非)민주주의화의 과정을 내부에 내포하는 방식으로 작동한다는 점을 고려하면서, 민주주의는 부단히 그것이 문제될 때라야 그 생명력이 유지될 수 있다. 이런 점에서 급진민주주의는 비정치로 규정되어 배제된 다양한 하위주체의 요구와 이해를 정치의 이름으로 정치의 장에 새롭게 재인입시키는 급진민주주의혁명을 추구한다고 말할 수 있겠다.

2) 비슷한 맥락이지만 조금은 다른 각도에서 근대 민주주의 또는 자유민주주의가 가지는 역설을 통해 급진민주주의를 이해하려는 지향이 있었다. 민주주의는 저항적 투쟁의 산물이고 '제도화된' 민주적 절차보다 훨씬 넓고 깊은 잠재력을 가진다. 이러한 투쟁으로서의 민주주의와 제도화된 민주주의 사이는 항상적인 간극이 존재할 수밖에 없다. 지배적 이데올로기는 제도화된 민주주의를 정당화하려고 하지만 그것에 의해 정당화되지 않는 현실의 모순과 그로부터 발생하는 사회적 투쟁은 민주주의를 고정된 것이 아닌 과정으로 이해하도록 한다. 아마도 급진민주주의를 근대 민주주의의 내적 균열로 이해하는 입장은 자유민주주의에 대한 내재적 비판(immanent critique)을 시도하고 있다고 할 수 있다. 민주주의의 원리와 현실 사이의 간극, 그리고 시장의 자유와 민주주의의 결합을 강조하는 자유민주주의적 내적 파열을 드러내고 이것을 정치적 투쟁의 계기로 삼으려는 시도는 현실의 민주주의의 한계를 비판하지만 그 안에 이미 내재되어 있는 변혁의 동력을 포착하려는 것이다. 이런 의미에서 초월적 기준에 의한 비판이 아닌 내재적인 비판이라고 할 수 있다.

3) 급진민주주의의 세 번째 해석은 민주주의의 급진화를 보통 사람 혹은 다양한 소수자들, 혹은 서발턴, 다양한 사회적 저항주체들의 역량(capabilities)을 높여내는 것으로 이해한다. 권력, 지식, 자원, 정보가 불평등하게 배분되어 있는 조건에서 '모두가 법 앞에서 평등하다'는 기회의 평등으로서의 민주주의는 실제로는 제대로 작동하지 않는다. 이런 의미에서 '급진민주주의'란 권력과 자원, 지식과 정보의 불평등을 낳는 관료적 국가와 독점적 시장에 의해 주변화된 사회적 약자의 능력을 높임으로써 현재의 체제 아래서는 표현되지 않는 억압된 필요와 욕구가 발현되도록 하는 것이라고 이해될 수 있다. 이것은 여성주의운동에 의해 제기된 '차이의 인정'과 '민주주의의 심화'를 대안 전략의 기본으로 삼는다. 차이가 인정되고 민주주의가 심화되기 위해서는 역시 여성주의운동이 제기한 '일상적인 것의 정치화'가 요구된

다. 그러나 차이의 인정과 민주주의 심화는 비단 여성주의에 의해서만 제기된 것은 아니다. 인종적 소수자, 성적 소수자 등 다양한 세력에 의해 주장되어왔다. 결론적으로 급진민주주의의 핵심은 능동적 저항 주체를 형성하고 이러한 주체 형성 과정을 통해 참여적 민주주의를 확장하는 것이다.

4) 우리가 지향하는 급진민주주의는 마르크스주의적 이론과 다양한 포스트 - 구조주의적 이론 간의 긴장, 전자의 성찰적 확장을 통한 '공통성'의 새로운 형성을 지향한다. 다양한 포스트구조주의가 마르크스주의를 비롯한 구조주의적 시각에 던지는 도전의 핵심에는 '차이'의 인식론과 차이의 정치학이다. 기존의 좌파의 입장에서는 이러한 도전을 어떻게 기존 좌파의 기획과 결합할 것인가 하는 도전이 있다. 우리는 기존 좌파의 해방 정치학을 '차이의 정치', 담론정치 혹은 정체성의 정치와 결합시키고자 한다고, 또한 구좌파운동이 지향하는 해방의 정치와, 신사회운동과 신좌파운동이 주장하는 차이와 다양성에 근거한 인정(recognition)의 정치를 급진민주주의 프로젝트 속에서 결합하고자 한다고 말할 수 있다.

이러한 새로운 결합의 문제의식은 노동운동을 포함한 민중운동과 다양한 사회적 저항운동의 새로운 공통성 창출과, 그에 기초한 '차이의 연대'를 지향하는 문제의식으로 이어진다. 앞서 이야기한 다양한 사회적 저항주체의 역량 강화를 지향하는 급진민주주의 입장에서 보면, 사회적 저항주체들의 확산은 기존의 노동운동이나 민중운동의 중심성이나 노동헤게모니의 약화가 아니라 '저항의 풍부화'로 이해된다. 더구나 자본의 식민화 영역이 작업장을 넘어 전 삶의 영역으로, 그리고 국민국가적 경계를 넘어 전 지구적으로 확산되는 과정은 역설적으로 이질성과 차이를 갖는 저항주체들의 확산과정이자, 동시에 그것들 간의 연결성 확대 과정이라고 우리는 본다. 현재의 이른바 신자유주의적 지구화의 과정, 즉 자본주의의 전 지구적 확산, 그리고 전 삶의 영역으로 확산된 자본 지배는 다양한 차이를 가진 운동들 간에 더 많은 공통성을 만들어내면서, 차이와 공통성을 넘어 새로운 '차이의 연대'

를 사고하게 만들고 있다. 그런 점에서 우리의 급진민주주의는 다양한 사회경제적 하위주체들의 역량강화와 자력화, 그것을 기반으로 확산되는 다양한 저항주체들 간의 새로운 '차이의 연대'를 지향한다고 말할 수 있다.

5) 다섯째, 급진민주주의는 제도정치와 비제도정치(운동정치)를 환원적으로 바라보는 것이 아니라 일종의 '이중투쟁전략'의 관점에서 바라본다고 말할 수 있겠다. 민주주의와 그것의 구성적 기제로서의 제도정치는 현실권력에 의해 부단히 '비민주주의적인' 것으로 포획되어가게 된다. 여기서 제도정치 외부의 민중들의 비제도정치, 혹은 운동정치가 역동적으로 존재하지 않는 한, 민주주의는 언제나 '탈민주주의'화되는 '시지프스적 운명'을 가지고 있다고 우리는 본다. 현존 신자유주의적 지구화의 거대한 흐름은 이러한 운명을 촉진한다.

급진민주주의 프로젝트의 관점에서 볼 때, 제도화된 정치 혹은 제도화된 민주주의 바깥에 존재하는 민중의 정치가 제도정치로 흡수되어 무력화되는 것이 아니라 그 힘을 바탕으로 제도 자체를 경계를 확장하고 변혁하는 것이 중요해진다. 이런 점에서 급진민주주의는 민주주의적 기제의 급진적 극한을 추구하며 민주주의를 통해서 민주주의를 넘어서고자 하는 일종의 '민주주의적 변혁주의'를 지향한다고 말할 수 있다. 민주주의적 변혁주의에서 민주주의는 '제도로서의 민주주의'가 아니라 '운동으로서의 민주주의'가 된다. 급진민주주의의 시각에서 볼 때, 반독재 민주주의세력이나 민주개혁세력으로 불리는 민주주의세력가 분화되고 그 대중적 헤게모니가 소진된 '민주주의의 위기' 상황은 새로운 민주주의의 동력이 제도정치 외부로부터 재형성되어야 함을 의미한다. 우리의 급진민주주의 제안은 이런 점에서 반독재 민주주의 혹은 민주개혁 민주주의를 뛰어넘는 새로운 민주주의를 아래로부터의 대중적 힘에 기초하여 새롭게 구성하고자 하는 급진민주주의운동에 대한 제안이라고 할 수 있다.

6) 이런 점에서 우리가 구상하는 급진민주주의 프로젝트는 민주주의의 급진화를 위한 하나의 '정치 - 사회학'을 사유하는 것이 된다. 민주주의를 '제도정치학'이 아닌 '정치 - 사회학'으로 사유한다는 것은 민주주의를 사회와의 관계에서 일차적으로 파악하는 것을 의미하며, 사회와의 관계 속에서 정치를 사유하고 분석한다는 것을 의미한다. 민주주의를 '제도정치학'의 관점에서 바라보면, 민주주의의 내부에서 내부를 구조화하는 다양한 힘을 목격할 수는 있지만, 민주주의의 외부에 위치하는 배제된 사회적인 것을 은폐하거나 내부로 포섭하려는 내부의 시선을 갖게 된다. 민주주의는 데모스(demos)의 경계에 따라 구획되는 내부와 외부를 가지며, 내부의 동학은 외부와의 관계 속에 조응함에도, '제도정치학'만의 시선은 그 외부를 망각할 수 있다. 내부로부터 민주주의를 사유하는 시선은 필연적으로 존재할 수밖에 없는 민주주의의 외부를 은폐하며, 은폐를 통해 내부에 존재하는 제도로서의 정치가 사회 일반을 재현한다는 환상을 잉태한다. 우리의 과제는 이러한 은폐된 세계, 망각된 '사회'의 시선에서 민주주의를 새롭게 사유하는 것이다. 우리는 배제된 세계의 주체화를 통해 발생하는 새로운 정치적인 것들과 제도로서의 정치, 즉 민주주의의 내부를 독점하는 특정한 정치적인 것들과의 대결과정으로 민주주의를 사유하려고 한다. 민주주의의 외부는 내부의 특성을 가장 분명히 보여주는 내부 구조의 반영이며, 동시에 내부 구조를 재구조화하기 위한 새로운 정치가 발생하는 곳이다. 민주주의의 내부는 특정한 정치적인 것과의 결합을 통해 구성되는 사회와의 관계 속에서 파악되어야 한다.

7) 마지막으로 이러한 민주주의를 급진화를 주도하는 적극적 역할을 우리는 민주주의 좌파(democratic left) 속에서 발견하고자 했다. 한국 정치 - 사회사 혹은 한국저항사의 관점에서 보면 우리는 1987년 6월 민주항쟁이 중요한 전기였음은 주지의 사실이다. 당시 반독재 민주주의전선 내부에 서구식 '자유민주주의'를 실현하고자 하는 세력을 포함하여 다양한 '민주주의 우파'들이 존재했고, 급진적인 민중적·민중적 민주주의를 지향하는 민주주의 좌파들

이 존재했다. 그러나 지난 20년 동안의 변화 속에서 민주주의 좌파의 구성이 — 연속성을 가지면서도 — 크게 달라졌다는 것이다. 심지어 '민주주의 우파' 적 과제가 일정하게 실현되면서 '민주주의 우파'의 일정 부분이 보수로 전화 되기도 했다. 민주주의 좌파의 주체적 구성 자체도 크게 변화했다. 1987년 당시의 민주주의 좌파들 중 지금까지 자신의 정체성을 견지하는 집단이 있는 반면에, 진보적 여성주의자, 급진생태주의자, 자율주의자 등 새로운 민주주의 좌파들이 출현해왔다. 이 민주주의 좌파들이 '독재에 대립하는 민주주의'를 뛰어넘는 새로운 급진적 민주주의를 대중적인 힘으로 만들어내는 데 선도적인 역할을 해야 한다. 우리가 이 책에서 구체화하고자 하는 한국적 급진민주주의론은 1987년 6월 항쟁 당시와는 크게 변모해버린 객관적 조건에 대응하면서 그때와 상이한 주체적 구성을 갖는 민주주의 좌파들의 '공통성'이자 이들이 담지하는 새로운 프로젝트라고 할 수 있다.

4.

우리 중 많은 사람이 마르크스를 이론의 출발점으로 했기 때문에, 우리는 구조적 분석과 총체성에 대한 인식을 기각하지 않으면서도 인식 경로의 다양성과 다양한 해석 사이의 민주적 토론과 소통을 어떻게 이론화할 것인가의 지향 속에서 많은 토론을 진행했다. 시장만능주의, 서구 중심적 인종주의, 성차별주의, 이성애주의 등등의 지배적 담론을 공격하는 데에서 포스트구조주의적 비판을 수용하면서, 그러나 동시에 그것을 넘어서 이른바 '구좌파적 기획'과 '신좌파적 기획'들이 공통성을 만들어가는 것을 지향한다.

이러한 '열린' 마르크스 해석을 위해 우리 모두가 공유했던 이론적 자원이 안토니오 그람시였다는 것은 어떤 의미에서 필연적이었다고 말할 수 있겠다 (그런 점에서 ≪데모스≫ 3호는 그람시의 현대적 재해석을 위한 지적·실천적 도전으로 만들어진다).

마지막으로, 민주주의를 '급진적'으로 재해석한다는 공통의 지향은 가지고 있었지만 급진민주주의연구모임의 공통 지반은 여전히 대단히 포괄적이고 일관된 이론적 지향을 만들어내기는 부족하다는 점을 인정해야 겠다. 우리 내부에서 신랄한 상호비판도 이 책에 담겨 있다. 그만큼 불완전하다는 것을 의미한다. 그러나 이미 정해진 단일한 이론적 지향을 좇는 것이 아니라 무언가 새로운 것을 찾으려는 시도 자체가 '급진적 민주주의'라는 이론적 지향에 어울리는 지적 도전의 모양새였다고 감히 말할 수 있겠다. 지적 혼란이라고 표현하든 지적 탐색이라고 표현하든 급진적으로 해석된 민주주의를 통해 새로운 대안적인 이론적·실천적 입론을 찾아보려고 하는 도전은 그 과정을 통해 ─ 완벽히 일치되지는 않지만 ─ 공유할 수 있는 방향을 찾게 해주었다는 점에서 고무적이었다.

우리는 이 책을 내면서 우리와 함께 이 새로운 지적 여정을 같이할 지적 동료들과 함께 급진민주주의연구모임을 새롭게 재출발하려고 한다. 많은 분들의 참여와 질책을 기대한다. 우리 시대 민주주의와 진보의 위기를 고민하는 많은 외부역량과 결합하면서 일종의 '집단지성'에 의한 전진을 우리는 기대한다. 이런 의미에서 ≪데모스≫ 1호는 완결된 입장의 개진이 아니라, 약자들과 배제된 자들의 무기로 '민주주의'를 '급진화'하고자 하는 새로운 동료를 찾는 제안서이다.

2011.5.

새로운 우정과 연대의 시간을 향해

편집위원 조희연·이승원·서영표·장훈교 씀

특집 '민주주의의 급진화'를 향하여

한국적 '급진민주주의론'의 개념적·이론적 재구축을 위한 일 연구

자본주의와 사회적 차별질서를 넘어서는 '민주주의적 변혁주의' 탐색

조희연

성공회대 사회과학부 교수, 민주주의연구소

민주주의는 인간 종에게 고유한 속성이다. | 카를 마르크스

인간의 정의를 향한 능력이 민주주의를 가능하게 하지만, 인간의 부정의에 대한 경향성은 민주주의를 필연적인 것으로 만든다. | 라인홀트 니부어

민주주의는 정치적 삶의 새로운 형태가 아니라 오히려 과거의 형태의 분해와 해체이다. | 헨리 제임스

민주주의는 보통 사람에게 비범한 가능성이 있다고 하는 확신 위에 서 있다. | 해리 에머슨 포스딕

민주주의는 근대의 전 시기를 동안 모든 민족적·지역적 형태를 망라해 불완전한 프로젝트였다. 현 시기의 지구화 과정은 분명히 새로운 도전을 제시했다. | 안토니오 네그리

평범한 사람이면서 가난한 자들이 정부에 대한 주권적 통제를 할 수 있을 때 민주주의가 존재하게 된다. 만일 부자나 태어날 때부터 상층인 사람들의 손에 민주주의가 놓여 있을 때 그것은 과두제가 된다. | 아리스토텔레스

1. 들어가며[1]

이 글은 한국적 '급진민주주의론'의 이론적·개념적 근거를 탐색하는 연구이다. 여기서 필자는 근대 민주주의의 성격, 민주주의의 이상과 현실의 관계, 정치의 성격, 정치를 둘러싼 각축 등에 대한 탐색을 통해 급진민주주의론을 구체화해보고자 한다.

한국 사회는 이미 1987년을 기점으로 하더라도 20여 년의 민주주의 역정을 걸어왔다. 20여 년 전과 비교할 때 한국 민주주의의 현실 자체가 변화했다. 1987년 6월 민주항쟁 당시 거리에서 연상했던 민주주의를 기준으로 한다면 — 비록 최근 한국 민주주의가 '후퇴'하고 있다는 우려가 크지만 — 민주주의는 상당히 진전되었다고 할 수 있을지도 모른다.

문제는, 민주주의의 현실은 변했지만 민주주의라는 '규범적 지도(地圖)'는 20년 전 그대로인 점에 있다. 한국의 사회 진보와 변화를 위해 민주주의가 여전히 '희망의 언어'와 나침반으로 남아 있고자 한다면, 민주주의론 자체를 급진적으로 '진보화'해야 한다고 필자는 생각한다. 새로운 보수의 시대로 한국 사회가 이행한 것은 '민주주의를 급진적으로 확장(민주주의의 사회경제적 확장도 그 일부가 될 것이다)하지 못한 진보에 대한 민중의 복수'라고 생각하기 때문이다. 혹자는 '배고픈 민주주의에 대한 민중의 복수'라고 표현했다. 새로운 보수정권하에서 핵심 과제가 있다면 바로 한 단계 높은 개혁을 민주주의의 이름으로 실현할 수 있는 사회적·지적 기반을 형성해가는 것이라고 생각한다. 이러한 기반의 하나로 '민주주의론 자체의 급진적 심화'가 위치할 것이다.

사실 민주주의는 논쟁적 개념이다. 상이한 시각과 상이한 이론은 민주주의 자체를 상이하게 인식하고 규정한다. ≪노동자의 힘≫ 2008년 7월호는 '자본

---

[1] 이 논문의 내용 중 급진민주주의론의 역사적 성격과 그것을 새롭게 '민주주의적 변혁주의'로 설정하고자 하는 논의는 조희연(2010b)에 포함되었다.

가 없는 세상만이 진짜 민주주의'라는 표지 제
목을 쓰고 있다. 이것은 우리가 민주주의를 최
대주의적으로 확장할 때의 어떤 모습을 보여준
다. 사회적 소수자의 투쟁 현장에서 '가부장적
지배와 차별이 없는 세상만이 진짜 민주주의',
'장애인을 차별하는 민주주의는 가짜'라는 구
호가 들려온다. 자본주의가 극복될 때 민주주
를 말할 수 있는가? 가부장제와 장애인 차별이
없어질 때만을 민주주의라고 이야기할 수 있는가? 더 확대하면 모든 차별이
'차이'가 될 때라야만 민주주의를 말할 수 있는가?

이러한 물음에 긍정적으로 답하기 위해서는 역설적으로 민주주의를 새롭
게 정의하는 과제를 통과해야 한다고 생각한다. 필자는 여전히 민주주의의
이름으로, 대중의 고통을 만들어내는 사회경제적 불평등을 극복해갈 수 있어
야 하며, '일제고사를 보지 않을' '급진적 자유권'을 확보해가야 하며, 각종
사회적 차별을 획기적으로 극복해가야 한다고 생각한다. 민주주의의 이름으
로 가야 할 여정이 아직도 멀다면 그 여정 기간 내내 민주주의는 여전히
'불온한 언어', '급진적 언어'로 남아 있어야 한다. 거시적 관점에서 보면,
우리 사회는 조금씩 민주주의의 의미가 전향적으로 확장되어가고 있다고
생각한다. 민주주의를 단순히 흘러간 이야기로 만들려고 하는 보수적 시도에
도 불구하고 무상급식이 현실화되고 있으며 복지가 새로운 대중적 담론으로
되어가고 있으며 민주주의의 이름으로 다양한 투쟁들이 전개되고 있다. 심지
어 민주당 내부에서도 '진보'를 자기화하려는 노력이 나타나고 있기도 하다.

이 글은 민주주의론 자체를 급진적으로 심화하려는 문제의식에서, 그
지향을 가설적으로 '급진민주주의(radical democracy)'로 개념을 부여하고 그
시각에서 민주주의론을 구성하는 여러 논의를 급진민주주의론의 입론(立論)
으로 종합해보고자 하는 것이다. 즉, 근대 민주주의의 성격에 대한 재해석,

인간의 사회적 관계와 정치적 관계에 대한 재해석, 근대 민주주의에서 정치의 성격에 대한 재해석 등을 통해 급진민주주의론의 개념적·이론적 기초를 재구축해보고자 한다.

1987년 6월 민주항쟁을 정점으로 하는 반독재 민주화운동에는 일종의 '민주주의 우파'와 '민주주의 좌파(democratic left)'가 존재했다. 그 후 20여 년을 거치면서 한국 사회는 신자유주의적 지구화라는 국제적 조건과 신보수 정권의 등장이라는 조건에 의해 매개되면서 (필자의 표현으로는) '포스트 민주화' 시대로 이행했다.[2] 필자가 볼 때 포스트 민주화 시대는 한국 민주주의 발전의 새로운 사이클을 의미하며, 그런 점에서 1987년의 민주주의와는 구별되는 더욱 심화되고 급진적으로 지평이 확장된 민주주의를 요구하고 있다. 더구나 민주주의 좌파의 주체적 구성 자체도 지난 20여 년 동안 크게 변화했다. 1987년 당시 민주주의 좌파는 NL, PD, 레닌주의, 인민민주주의, 네오마르크스주의자, 진보적 자유주의자 등으로 구성되었다고 한다면, 현재는 진보적 여성주의자, 급진생태주의자, 자율주의자, 사회민주주의자 등을 포괄하는 진영으로 변화했다. 급진민주주의론은 포스트 민주화 시대에 대응하는 민주주의 좌파들을 위한 '민주주의의 급진화' 프로젝트라고 할 수 있다. 이처럼 급진민주주의라는 이름으로 민주주의론을 재구성하려는 시도는 반독재 민주화운동 과정에서의 다양한 '민주주의 좌파'세력들이 포스트 민주화 체제에서 새롭게 추구해야 할 '공통성'을 민주주의 담론을 중심으로 구성하고자 하는 노력이다.

이 글은 다음과 같이 구성되어 있다. 먼저, 2절에서는 현 단계 민주주의 담론을 '민주주의의 자유화론', '민주주의의 민주화론', '민주주주의 비본질론' 등으로 유형화하고 그에 대응하는 '민주주의의 급진화론'의 차별적 의미

---

2) 이에 대한 본격적인 서술은 《데모스: 급진민주주의리뷰》, 제2호의 조희연(2011a) 참조.

를 서술한다. 3절에서는 서구 근대의 맥락에서 정립된 민주주의를 세 가지 긴장 — 근대 서구 민주주의에서의 대표자 정치와 (인)민[3] 정치 간의 괴리에서 유래

---

3) 이 글에서 사용하는 '주체' 개념에 대해서는 설명이 필요할 것 같다. 주로 민주주의 일반에 대한 서술 과정에서는 (인)민 개념을 사용하고, 한국적 맥락에서 '저항적 (인)민'을 의미할 때는 민중 개념을 사용한다. 이 글과 이 책 전체는 민주주의를 핵심 탐구대상으로 한다. 이런 점에서 데모스(demos)라는 원형적 주체 개념을 사용할 수 있을 것이다(출판사의 제목에서 이것이 함의되어 있다). 이 데모스를 직접 사용할 수도 있고 데모스에 근접하는 한국적 개념이 여러 가지가 있겠으나, 필자는 데모스의 번역어로 (인)민이라는 개념을 사용했다. 이는 서구 근대 시민혁명이라고 하는 민주주의의 '정초(定礎)적 계기'로서의 근대 시민혁명에서 출현한 새로운 존재의 특성을 잘 드러낸다고 생각되기 때문이다. 사실 인민이나 국민은 근대 국민국가 혹은 민족국가의 구성원과 정치주체를 가리키는 말이다. 국민이라는 말이 이 근대 국가의 법적 권리를 갖는 통합된 주체의 함의를 풍긴다면, 인민은 저항적 성격을 지닌 존재라는 함의를 갖는다. 시민혁명의 급진민주주의적 재해석에는 국민이라는 개념은 부적절할 것이다. 인민이 상대적으로 국민국가(민족국가)의 기본 성원이면서 국가권력의 주권적 존재이자 저항적 함의를 지닌 존재라는 특성을 잘 드러낸다고 생각된다. 단지 인민 개념 자체가 일정하게 화석화되어 사용되거나 혹은 북한에서 주개념으로 사용함으로써 냉전적 함의와 연결될 수 있기 때문에, 인민이라는 개념의 함의를 새로운 의미에서 역동화(力動化)하기 위해 이 글에서는 인민이라는 식으로 사용하고자 한다. 인(人)은 서양의 근대 르네상스로부터 발전되어온 '인간' 중심주의적 존재의 특성과 민은 국민국가(민족국가)의 기본 성원이면서 국가권력의 주권적 존재로서의 특성을 잘 드러내 줄 수 있을 것이다. 다음으로 필자는 '저항적 주체성을 갖는 인민'이라는 의미에서 1970·1980년대 이후 사용되어온 민중(民衆)이라는 개념을 사용한다. 필자는 여전히 민중이라는 개념을 견지하며, 이것을 성찰적으로 확장하는 노력이 필요하다고 생각한다. 민중 개념과 관련해서, 필자는 첫째, 민중 개념에서 여전히 중요하다고 보는 것은, 민중이라는 개념 속에 내포된 '저항적 주체성의 존재'라고 하는 함의이다. 한국 현대사에서 국민은 위로부터의 개발독재에 의해서 동원된 주체로서의 함의가 내포되게 되었고, 민중은 그에 저항적 존재라는 의미를 갖는다. 이것을 일반화해보면, 민중은 특정한 구조적 조건에서 '정치적·경제적·사회적으로 소외된 존재'(객관성)이면서 '저항적 주체성을 갖는 존재'(잠재성)라는 의미가 담겨 있다. 비록 현재적이 아니더라도 '저항적 주체성'의 존재라고 하는 함의가 민중 개념에서 내재되어 있고, 우리가 견지해야 할 함의라고 생각한다. 둘째, 그럼에도 민중 개념이 '획일적인 반독

되는 긴장, 이상으로서의 민주주의와 현실로서의 민주주의 간의 괴리에 연유하는
긴장, 민주주의의 현실 권력들 간의 긴장 ─ 속에서 존재하는 것으로 재정식화한
다. 4절에서는 자유주의·마르크스주의·포스트구조주의 논의들과의 관계 속
에서 급진민주주의의 이론적 위치를 재설정해보고자 한다.

재 저항운동의 주체'로 화석화되어 사용되는 경향이 있는데, 이에 대한 성찰이 필요하
다. 이를 최근에 코뮌주의나 자율주의, 여성주의 등에서 문제제기하고 있다. 코뮌주의
에서의 대중(大衆) 개념이나 자율주의에서의 다중(多衆) 개념은 계급, 인민, 민중 등으
로 표현된 획일성의 주체인식, 통일성으로 상징되는 주체인식을 넘어서서 대중의
특이성과 유동성, 비고정성, 혁명적 역동성, 고유성을 내포하는 복합적 존재인식을
위한 지적 통찰을 제공하고 있다(고병권·이진경 외. 2008b; 네그리, 2008; Hardt
and Negri, 2001). 대중론과 다중론의 표현을 빌리면, 기존의 민중론은 '공통성'을
'본질'로 파악하는 한계를 드러낸 것이 사실이다. 그러나 필자는 대중론과 다중론의
통찰을 기존의 화석화된 민중 개념을 새롭게 재해석하고 풍부화하는 방식으로 사용하
고자 한다. 즉, 반독재 민주화운동의 주체로서의 민중은 사실 반독재라는 시대적
과제로 하나의 '역사적 블록'을 구성하고 있었지만, 그것은 복합적인 저항주체로
구성되어 있었고, 그런 점에서 민중은 단일한 실체가 아니라 다양한 사회경제적
하위주체 및 소수자로 구성된 복합적 구성체라고 파악되어야 한다고 본다. 사실
민중 자체가 '실체적으로' '다중'적 존재 혹은 '대중적 존재'였는데, 점차 고정화된
의미로 사용되게 되었다는 것이다. 민중 개념을 일반화하면, 특정한 지배적 질서
─ 독재 혹은 민주주의 ─ 하에서 억압되고 실현되지 않는 다종다양한 요구와 이해를
갖는 다양한 주변적 존재를 의미한다고 보아야 한다. 성찰적 의미에서 민중은 "복합적
저항주체의 연합이고 배제된 다종다양한 존재의 공통이름", 나아가 민중 개념은
그러한 소외된 존재성뿐만 아니라 '저항적 주체성'을 갖는 존재라는 의미로 여전히
유효할 수 있다고 생각한다[민중 개념의 성찰 지점에 대해서는 조희연(2008d) 참조.
국민, (인)민, 시민 개념의 복합적인 시간성, 공간성, 역사성에 대해서는 박명규(2009)
참조]. 물론 급진민주주의론에서는 인민 그 자체보다도 인민이 현대 민주주의의 내재
적 과정을 통해서 무권리의 주체로서의 ─ 민주주의의 '구성적 외부'로서의 ─ 비(非)
시민으로 배제되는가를 분석하게 된다.

2. 민주주의의 자유화론, 민주화론, 비본질론, 그리고 급진화론

급진민주주의론은 현 단계 한국 '민주주의의 급진화' 프로젝트라고 할 수 있는데, 이 절에서는 이 프로젝트가 현 단계 한국 사회에 나타나는 여러 민주주의 담론과 어떻게 다른지 그 차별적 의미를 서술하고자 한다.

1987년 6월 민주항쟁을 계기로 한국 사회는 (개발)독재에서 민주주의로 이행하는 도정에 진입했다. 1987년 6월 민주항쟁은 독재체제를 종식하고 한국 사회를 민주주의로 이행하는 도정에 올려놓았을 뿐 아니라 민주주의를 모두가 공유하는 '시대정신'이자 '국민적 담론'으로 만들었다. 1987년 이후 20년은 '독재체제의 민주주의적 개혁(민주개혁)'이라는 당연한 과제를 중심으로 각축하던 시기였다. 지난 20년 동안 한국 사회는 이른바 '민주주의 이행'이나 '민주주의 공고화'의 핵심 과제로 평가되는 선거민주주의의 부활, 정치세력 간의 경쟁, 정권 교체 등 진전을 이룩해왔다. 민주주의가 국민적 담론이 되는 조건에서 보수세력도 민주주의적 개혁 자체를 부정하지 않고 그것이 최소주의적 형태로 전개되거나 기득권을 침식하지 않는 타협적인 것으로 존재하도록 노력했다.

그러나 정작 반독재 민주세력이 집권한 1997년 이후 민주주의에 대해 회의(懷疑)가 생겨났다. 1997년은 한편으로는 (반독재 민주세력의 일부인) 반독재 개혁자유주의세력이 집권하는 전환점이자, 다른 한편으로는 1997년 9월 외환위기를 계기로 국제금융기구(IMF)의 관리하에서 본격적인 신자유주의적 개방화 시대로 들어가게 된 전환점이었다. 반독재 민주정부는 한편에서는 그동안 저항세력으로서 요구하던 의제를 폭넓게 '정부 정책의제'로 전환해 실현하는 성과를 냈지만, 다른 한편에서는 이른바 신자유주의적 프레임을 수용했고 그 부작용을 상쇄하는 적극적 정책을 전개하지 못함으로써 민주주의에 대한 대중적 회의가 나타나게 되었다. 비정규직 양산, 소득분배 악화, 고용불안, 양극화 등 신자유주의적 개방에 따른 부작용이 나타났고, 이에 정부가 적극적 사회정책으로 응전하지 못하여 대중이 삶의 위기를 맞은 것이다. 이는 민주주의를 표방했던 민주정부에 대한 실망과 회의로 나타났고, 자연스럽게 민주주의 담론을 둘러싼 회의와 도전이 나타나는 계기가 되었다. 바로 이러한 실망과 이반을 배경으로 민주주의보다 개발과 성장의 논리를 전면화한 '신보수세력'이 대중의 열망을 전유한 것이 바로 이명박 정부라고 할 수 있다.

1) 민주주의의 자유화론, 민주화론, 비본질론

이처럼 반독재 민주정부 시기와 포스트 민주정부 시기를 경과하면서 나타난 민주주의에 대한 상이한 인식 유형은 세 가지로 구분된다. '민주주의의 자유화'론, '민주주의의 민주화'론, '민주주의의 비(非)본질론'이다.[4]

첫째, '민주주의의 자유화론'은 기본적으로 서구식 자유민주주의와 자유시장 모델을 기준으로 삼는다. 즉, 현재의 한국 민주주의가 선거민주주의로 정착했지만, 이러한 모델에 비추어 불완전하다고 보고 민주주의의 발전과제를 이런 기준에서의 변화에서 찾는 인식 유형이다. 이에 따르면, 민주주의는 국가와 정치의 근대적 작동원리로서 자본주의에 의해 영향을 받으면서도 그것으로부터 독립되어 있다. 나아가 민주주의는 그 자체가 모든 계급적 주체가 준수해야 하는 '독립적인 게임의 규칙'이자 절차로 작동한다.[5]

---

4) 문순홍(2000)은 급진적 생태민주주의론을 정식화하려는 의도에서 기존의 민주주의론을 검토한다. 필자와 조금 다른 시각에서 '민주주의의 민주화'를 지향하는 그룹과 '민주주의의 급진화'를 지향하는 그룹으로 나누고, 전자에는 Hirst(1994), Fiss, Cohen and Rogers(2000), Bohman and Rehg(1997)를, 후자에는 무페(2006, 2007), I. M. Young(2002), 기든스(2008), Dryzek(2000)를 예시했다. 필자는 이러한 여러 논의에 영향을 받으면서도—6장에서 자세히 서술하겠지만—마르크스주의와 사회주의의 합리적 핵심을 기존의 민주주의 급진화 시도와 결합하는, 한국적인 급진민주주의론의 재구축을 도모하고자 한다.

민주주의의 자유화론에는 경제적 자유주의 지향과 정치적 자유주의 지향이 존재한다고 할 수 있다. 전자는 경제적 자유화(예컨대 시장자율이나 관치의 극복 등)가 민주주의를 발전시킨다고 본다. 민주주의의 발전을 기본적으로 자유시장주의적 관점에서 바라보기 때문에 시장자율의 확대와 경제 개방화는 중요한 민주주의 발전의 계기가 된다.[6] 이들에 따르면 독재적인 관치의 극복, 자율의 확대가 중요하고 이는 시장자유와 자율의 확대, 경제 개방화의 진전 속에서 촉진된다고 파악된다. 엄밀하게 말하면, 이들에게 '민주주의'라는 차원은 존재하지 않거나 시장자유주의 속에서 해소된다고 할 수 있다.[7]

반면에 정치적 자유주의 지향은 기본적으로 자유시장주의를 반대하지 않으면서도 민주개혁의 입장에서 자본주의와 시장의 민주개혁 과제를 승인하며 나아가 정치적 차원에도 민주주의적 발전 과제가 잔존하고 있다고 파악한다. 이들은 선거의 부활, 정치세력 간의 경쟁 및 정권 교체를 넘어서는 헌정주의(constitutionalism), 법치(rule of law), 투명성과 절차적 민주성 등의 과제가 남아 있고, 한국 민주주의는 여전히 이런 점에서 불완전하다고 본다. 특히 민주주의는 선거 도입과 그를 통한 정권 교체를 넘어서는, 다양한 차원에서의 '다원성' 확장으로 발전한다고 본다. 한국을 포함해 아시아의 민주주의는 선거민주주의의 부활과 공고화라는 병목 지점을 돌파했지만, 다원적

---

5) Linz(1990)는 민주화 과정을 민주주의가 '유일한 정치적 경쟁의 게임 규칙(only game in town)'(156)으로 되는 과정이라고 표현한다. Przeworski(1991)는 민주주의로의 이행 과정을 자유화와 민주화로 구분하는데, 민주화 과정에서 중요한 것은 바로 민주주의적 제도가 경쟁의 독립적인 규칙으로 정착하는 것이다(66).

6) 자유선거와 자유시장은 서로를 강화하는 과정이며 자유민주주의는 자유로운 시장 위에서 가능하다고 보는 시각은 Friedman and Friedman(1980)에게서 전형적으로 나타난다.

7) 흥미로운 것은 합리적 보수주의자라고 할 수 있는 사람들의 논의에서도 '민주주의'에 대한 논의가 없다는 점이다. 선진화와 시장자유주의적 논의만 있다(박세일, 2006; 나성린·박세일, 2008).

민주주의를 성취하는 데는 도달하지 못했다고 파악된다.8)

경제적 자유주의 지향은 많은 보수주의자와 시장자유주의자가 표방하는 견해이며, 정치적 자유주의 지향은 현재의 민주당 등으로 상징되는 개혁자유주의세력의 입장에 근접한다고 생각된다.

둘째, '민주주의의 민주화론'은 기본적으로 민주주의의 제도적 규칙이 정착되어가고 동시에 사회적 갈등이 제도정치의 공간에서 가공·타협·수렴되는 상태로 민주주의가 발전해야 한다고 판단한다. 민주주의의 민주화론의 시각에서 볼 때 한국 민주주의 발전의 중요한 제도적 과제는 제도정당의 강화이다. 이런 점에서 한국 민주주의는 병목 지점에 처해 있다. 즉, 반독재 민주정부의 집권세력이었던 개혁자유주의 세력은 과거 반독재 민주화운동의 운동 중시적 태도를 계속 견지하면서 한계를 노정했다. 결국 다양한 사회적 갈등을 대의해줄 수 있는 '좋은 정당'을 발전시켜야 하며, 운동정치보다는 제도정치의 발전과 확장이 민주주의 발전에서 중핵적인 과제라고 판단한다.

최장집은 반독재 민주정부하에서 한국의 민주주의는 '신자유주의적 민주주의'로 전락했고 이것이 민주주의의 위기를 불러왔다고 서술한다. 따라서 민주주의의 위기를 극복하기 위해서는 민주주의의 위기적 요인 — 예컨대 신자유주의화에 따르는 사회경제적 갈등 등 — 을 수렴하는 제도정치의 정상화와 민주화가 중요하다고 본다. 이런 점에서 그는 제도정치가 사회적 갈등을 폭넓게 수렴하는 서구의 사회 - 자유주의적 모델 혹은 사회민주주의적 모델의 실현을 지향한다.

물론 민주주의 민주화론은 정치적 자유주의와 같이 제도로서의 민주주의, '(정치적) 게임의 규칙'으로서의 민주주의의 독자성과 독립성을 중시하면서

---

8) 이러한 사고의 전형은 Diamond에게서 찾을 수 있다. Diamond(1999)는 민주주의 공고화의 새로운 과제가 선거민주주의를 넘어서는 '다원적 민주주의'의 확립에 있다고 본다. 자유민주주의에서 '자유(liberal)'의 핵심적 특징은 정치적·사회적 차원에서의 다원성의 확장에 있다.

헌정주의, 법치, 투명성과 절차적 민주성 등에서도 한국 민주주의의 발전 과제가 존재한다고 판단한다. 민주주의 민주화론은 정치적 자유주의 지향에도 부분적으로 근접하지만, 동시에 민주주의가 신자유주의화의 경향에 의해 제약되면서 왜곡되는 측면을 강조한다는 점에서 진보적 민주주의론의 입장에 선다.

셋째, 민주주의를 비본질적인 것으로 인식하는 사고 유형이 존재한다. 즉, 민주주의 자체가 사회경제적 문제의 해결에서 본질적인 것이 아니기 때문에 민주주의적 개혁을 치중하는 단계를 넘어서서 반신자유주의적 투쟁이나 반자본주의적 투쟁 같은 사회경제적 차원이 중요하다고 본다. 이것은 민주주의를 '자본주의의 정치적 외피'로 인식하는 민주주의 극복론(자유민주주의 극복론적 인식 유형)이라고 할 수 있다.

민주주의의 비본질론은 반독재 민주정부를 거치면서 어떤 의미에서 민주주의는 신자유주의적 자본주의 모순의 대중적 인식과 저항을 저해하는 정당화 기제로 전락했다고 본다. 1997년 이후 이미 한국 민주주의는 한국 신자유주의적 자본주의의 정치적 외피로 전락해 있었다는 것이다.

이것은 민주주의에 대한 '도구론'적 인식이라고 할 수 있는데, 이 입장에서 보면 민주주의는 그 자체로 고유한 분석대상으로서의 의미를 갖지 않으며 자본주의와의 관계 속에서 그 구조적 의미가 규정된다. 중요한 것은 민주주의라는 정치적 형식 속에서 자본주의가 어떻게 (인)민을 착취하고 지배하는가 하는 것이며, 그것이 '본질'적인 것이 된다.

페트라스와 벨트마이어는 "민주주의는 계급적 이해 및 계급투쟁과 독립적으로 존재하지 않는다. ……민주주의와 민주적 절차는 자본주의의 헤게모니가 도전받지 않는 조건 또는 노동자들이 자본가와 제국주의의 전복으로부터 자유로운 국가를 공고화할 수 있는 조건 아래서 가장 잘 작동할 수 있다"(2008: 276)고 서술하면서 이러한 인식을 잘 보여준다. 나아가 그들은 "민주주의 국가가 자본가계급에 의해 지배되거나 또는 그들의 이해를 위해 작동할 때 민주주의는 '선(善) 그 자체'로 간주된다. 그러나 민주주의가 사회적 관계와 소유권을 변혁하는 강령을 제공할 때 그들은 민주주의를 '사치품'으로, 즉 소유관계와 특권을 잘 보호할 수 있는 권위주의 체제에 의해 적절하게 대체될 수 있는 소모적인 것으로 간주한다"(259).[9]

사실 자본주의적 지배와 착취가 본질적인 차원이고 민주주의는 비본질적이며 그것의 정당화 기제에 지나지 않는다는 인식은 일반적으로 좌파에게서 볼 수 있다. 이런 인식은 고전적으로는 마르크스가 민주주의를 자본주의의 '정치적 외피'로 표현했던 것에서도 찾아볼 수 있다. 레닌 역시 "시장과 선거 및 자유의 확대 과정은 부르주아 민주주의공화국이 그 내부로부터 가장 완전한 형태로 도달하는 자본주의적 관계의 이상적인 제도적 외형"(페트라스·벨트마이어, 2008: 252)이라고 보았다.

이런 인식은 1997년 이후 개혁자유주의세력이 세계화의 도전 속에서 좌절하고 신자유주의적 프레임에 포획되면서 민주주의가 대중의 사회경제적 투쟁에서 현저하게 그 의미를 상실하게 되면서 더욱 강화되었고 그런 점에서 일정한 합리적 문제제기의 성격을 가지고 있다.

2) 민주주의의 급진화론과 민주주의적 변혁주의

지금부터 '민주주의의 자유화'론, '민주주의의 민주화'론, 민주주의 비본질론 같은 인식 유형과는 구별되는 '민주주의의 급진화'[10] 프로젝트를 살펴

---

9) 페트라스와 벨트마이어는 자본가계급이 스스로의 소유권이나 특권이 민주주의에 의해 침식된다고 느낄 때 제3세계의 많은 나라에서 자본가계급은 민주주의를 폐기하고 권위주의로 경도되었다고 서술한다(2008: 277). 상대적으로 서구에서 자본주의적 민주주의와 민주적 게임 규칙이 안정적으로 작동하는데, 이는 좌파가 자본가계급의 소유권에 대한 심각한 도전을 포기했기 때문이라는 것이다.

10) '민주주의의 급진화' 프로젝트는 '민주주의의 사회화' 프로젝트라고도 할 수 있다.

보자. 먼저 민주주의의 급진화론은 한국적 민주주의론의 맥락에서 '민주주의의 자유화론'에 대한 비판을 출발점으로 한다. 나아가 '민주주의 극복론'의 좌파적 정신을 계승하면서도 민주주의를 비본질적인 것으로 파악하지 않고 '민주주의의 민주화'론을 넘는 민주주의론의 새로운 재구성을 시도한다고 말할 수 있다. 즉, 반자본주의자적 입장과 동시에 급진적 반차별론자의 입장에 서 있지만 민주주의를 포기하지 않고 민주주의를 도구화하지 않으면서 그것을 통해 자본주의와 다양한 사회적 차별의 현실을 극복해가는 대중적 기반을 설정하고자 하는 것이다.

'민주주의의 민주화론'에 따르면, 제도정치가 다양한 사회적 갈등과 적대를 '대의'하지 못함으로써 야기된 현 단계 제도정치의 불완전성을 극복해야 한다. 이 지점에서 최장집은 사회운동세력이 '운동에 의한 민주화'에 집착하지 말고 '좋은 정당'을 만들기 위해 노력해야 한다고 주장한다. 필자는 현 단계의 제도정치가 사회적 적대를 반영하지 못하는 형태로 불구화되어 있다는 점에서는 현실 진단을 공유한다. 그러나 그것의 극복은 '제도정치의 정상화'가 아니라 사회적 동력에 의한 제도정치를 포함한 민주주의의 재구성 투쟁을 통해서 가능하다고 생각한다. 다시 말해서, 제도정치에 인입되지 않는 대중의 다양한 저항적 잠재력을 '정치화'(사회적 적대의 정치화)함으로써 제도정치와 사회의 괴리를 정정하고 민주주의의 재구성을 도모해야 한다고

민주주의가 자본 지배의 '정합적인' '정치적 형식'으로 왜소화되는 것을 '민주주의의 공동화', 민주주의의 급진적 확장을 통해 자본 지배에 대한 새로운 정치적·공적 통제가 이루어지는 것을 '민주주의의 사회화'(조희연·김동춘·유철규, 2008)라고 표현할 수 있다. 이 '사회화'는 민주주의와 자본주의의 관계에서만 구현되는 것이 아니라 민주주의와 다양한 소수자 집단의 관계에서도 적용될 수 있다. 이 글은 주로 전자를 중심으로 민주주의의 급진화를 논의하고 있다는 점을 밝혀둔다. 이 민주주의 급진화 프로젝트는 민주주의 좌파 각각의 시각과 지향에 따라 상이한 이름—생태복지국가, 역동적 복지국가, 생태사회(적)민주주의, 서민을 위한 민주주의, 사회국가, 민주사회주의 등—을 가질 수도 있다.

생각한다.

현실의 제도정치는 부단히 특정한 요구와 이해를 배제하는 식으로 작동한다. 1990년대 이후 2000년대 한국의 민주주의는 '신자유주의적 세계화' 담론에 기대어 특정한 요구와 이해를 '민주주의의 외부(예컨대 비정규직 등)'로 전치(轉置)하는 과정을 통해서 작동했다. 그런 점에서 1987년 식 민주주의를 '미완성'을 상정하고 이를 '완성'하는 '단선적인 민주주의 정상화' 프로젝트를 상정해서는 안 된다. 민주주의의 급진화론이 민주주의의 민주화론의 긍정적 현실 진단을 계승하면서도 구별되는 지점이 바로 여기이다. 현 단계 한국 민주주의의 발전은 자유민주주의의 정상화가 아니라 자유민주주의의 외부로 나아가는 과제 속에 존재한다.

그러기 위해서는 사회적 적대의 정치화를 촉진하면서(이에 사회운동이라고 표현되는 대중적 역동성이 필요하다), 사회적 적대의 제도정치적 표출이 가능한 새로운 민주주의적 경합공간을 출현케 하는 것이 필요하다. 민주주의 좌파의 입장은, 한국 민주주의에 의해서 대의되지 않는 새로운 '사회의 위기' ― 사회와 정치의 괴리가 확대되고 민주주의가 사회의 적대를 반영하는 경합공간으로서의 성격을 상실해가는 것 ― 에 직면해 이러한 사회적 위기에서 말미암는 새로운 저항성을 정치화하는 과정을 통해 한국 민주주의의 재구성(발전)이 가능하다고 보는 것이다. 민주주의의 급진화론이 민주주의의 비본질론과 다른 것은 민주주의의 민주화론과 같이 근대 정당의 대의적 기능을 폐기하는 것이 아니라는 점에 있다. 제도정치와 사회운동의 결합적 관계를 내포하는 일종의 '사회운동정당'을 구상한다는 점에서 민주주의의 급진화론은 민주주의의 민주화론과 구별된다. 근대 민주주의에서 정당에 의한 대의 구조를 부정하는 것은 '다른 수단에 의한 권위주의'로 갈 수가 있다. 이런 점에서 사회운동은 '다른 수단에 의한 정치'를 지향하지만 제도화된 정치의 부정이 아니라 국가사회주의의 붕괴를 성찰하면서 새로운 민주주의를 상상하고 실험해야 한다.

민주주의의 급진화론은 '사회주의의 민주주의 비판'을 수용하면서도 민주주의를 본질주의적으로 폐기해버리는 것이 아니라, 민주주의를 급진화하고 '자유민주주의의 외부'로 나가는 방식으로 해결하고자 하는 것이다. 또한 민주주의 민주화론이 상정하는 것처럼 사회운동의 역할이 긍정적으로 작동했던 시기가 지나갔으므로 사회운동의 역할이 정당으로 전이되어야 한다고 상정하는 것이 아니라, '정당과 사회운동의 관계'를 새로운 맥락에서 재구성하고자 하는 것이다.

현 단계 진보의 문제는, 최장집의 비판과 같이 진보가 '운동'에 '과잉집착' 했기 때문이 아니라 정치를 변화시킬 운동의 대중화에 성공하지 못했고 운동이 과잉제도화되면서 '정치와 사회의 괴리'가 극복되지 못했다는 점에 있다. 즉, 운동이 '관성화'되고 새로운 사회 위기에서 발원하는 대중의 새로운 저항성을 포착하고 그것을 정치화하는 데 실패했기 때문이다. 이런 점에서 진보를 정책 생산으로 한정하지 않고 모든 사회현상의 근저에서 발생하는 문제를 포괄적인 프레임 속에서 바라볼 수 있는 광범위한 형태의 비판지성화 프로젝트인 진보의 프로젝트를 상정하는 것이다. 진보의 새로운 프로젝트는 새로운 동원을 위한 포괄적이고 장기적인 전망 ― 장기 전망이 없다면 일상적 연대의 문제를 정치의 지평에서 사고할 수 없다 ― 을 확립하는 프로젝트이어야 한다. 우리는 이 프로젝트를 '민주주의의 급진화' 프로젝트 혹은 급진민주주의 프로젝트라고 부른다.

민주주의적 변혁주의의 의미 ― 민주주의의 이름으로 자본주의에 대항하라!

이상과 같은 급진민주주의적 지향은 더욱 포괄적인 변혁론적 차원에서 '민주주의적 변혁주의(혁명주의)'라고 표현할 수 있다. 민주주의가 갖는 평등주의적 잠재력('평등한 정치적 참여'와 '민의 자기통치'라는 이상을 생각해보자)을 급진적으로 확장하는 방식으로 현실의 자본주의에 도전하는 대중적 기반을 유지·발전시키고자 하는 지향이다. 자본주의를 넘어서기 위해 상상되는 경로는 다양 ― 예컨대 계급혁명론적 변혁주의, 무정부주의적 변혁주의, 급진생태주의적 변혁주의 등 ― 할 수 있다. 필자는 1987년 민주항쟁을 통해 대중이 쟁취한 민주주의가 자본주의의 모순이 '사회적 내전(內戰)'으로 발전해가는 것을 저지하는 '관리기계'로 전락하지 않고 자본주의와 다양한 사회적 차별 현실 내에서 그것을 넘어서는 '작지만 지속적인 통로'로 작용할 수 있어야 한다고 생각한다.

이와 같이 '민주주의적 변혁주의'를 상정한다면, 그것은 민주주의를 중심으로 한 기존의 변혁주의에 대한 몇 가지 성찰을 필요로 한다.

첫째, 민주주의를 비본질적인 것으로 보는 일종의 도구적 시각에 대한 성찰이다. 많은 경우 자본주의에 대한 급진적인 시각은 자본주의에 도전하지 못하는 민주주의에 대한 비판 속에서 민주주의에 대한 도구적 시각으로 나아간다. 민주주의에 대한 도구적 시각에 서게 되면, 자본주의적 착취의 문제가 해결되면 민주주의는 형식적인 것이므로 사회주의 이론과 실천에서 민주주의는 부차적인 의제가 된다.

민주주의에 대한 이러한 시각은 역사적으로 보면 국가사회주의가 '독재적' 사회주의로 전락해간 중요한 원인이 되었다. 자본주의는 민주주의의 도전 속에서 (인)민의 혁명화를 저지하면서 자본주의체제를 '문명화'하고 그 결과 '안정화'시켰던 반면, 국가사회주의는 민주주의를 도구화함으로써 현실 사회주의의 문제를 스스로 정정할 수 있는 기회를 박탈당하고 (인)민 억압적 체제로 타락해갔던 것이다. 국가사회주의는 현실에서는 "전 사회적 감시와 처벌의 체계를 통해 유지되고 일상생활의 '경찰화'와 연결되어 있는 전체주의적 통제 체제"(하버마스, 1994)로 작동했다. 이와 같은 국가사회주의에 의한 '민주주의의 폐기'는 국가사회주의의 붕괴를 촉진함으로써 일종의 '변형된 복수'를 수행했다. 20세기 역사는 민주주의를 도구화함으로써 '야만적' 방향으로 전락해간 사회주의와 반대로 민주주의를 이용한 인민의 투쟁을 통해서 '문명적' 방향으로 변화가 강제된 자본주의 간의 대결에서 전자가 패배했음을 가르쳐주고 있다.

이처럼 민주주의는 자본주의에 의해 부단히 허구화되고 심지어 자본주의의 '정치적 외피'로까지 왜소화될 수 있지만, 그것으로 환원될 수 없는 '목적적 가치'를 갖는다. 이런 점에서 '민주주의적 변혁주의'는 민주주의의 현실에 대한 급진적인 비판적 시각을 공유하면서도 민주주의에 대한 도구적 시각으로 나아가지 않고 반자본주의론적 지향과 민주주의적 지향을 결합시키고자 한다.

'사회주의로 가는 민주주의의 길을 넘어', 둘째, '사회주의를 향한 민주주의적 경로'를 지향했던 사회민주주의와 전후의 유로코뮤니즘이 일종의 '민주주의적 변혁주의'를 상정했음에도 왜 자본주의를 넘어서는 변혁주의로 발전하지 못하고 '민주주의적 자본주의'로 왜소화되어갔는지에 대한 성찰이다.

주지하다시피 1950년대 사회민주주의는 일찍이 '사회주의를 향한 민주주의적 경로'를 채택했고(1951년 7월 2일 「민주사회주의 목적과 임무」라는 제목으로 발표된 '프랑크푸르트선언'과 1959년 「바트 고데스베르크 강령」), 1960년 말과 1970년대 초·중반을 거치면서 유로코뮤니즘은 이탈리아 공산당과 프랑스 공산당이 주도하는 전환을 통해 의회주의적 경로를 수용했다. 이렇게 전후 사회민주주의와 1970년대 이후의 유로코뮤니즘은 이른바 '프롤레타리아 독재'론을 포기하고 자본주의적 민주주의 내부에서의 투쟁을 주된 전략으로 채택했고, 서구의 부르주아 민주주의가 갖는 '공간으로서의 가능성'을 '선진 자본주의론'이라는 이름으로 인정했다. 이를 계기로 사민주의와 유로코뮤니즘은 '자본주의와 대결하는 민주주의'가 아니라 '자본주의와 화해하는 민주주의'의 길로 갔다고 필자는 생각한다. 필자는 '민주주의의 이름으로 자본주의에 대항하라'고 주장한다.

이 점에서 자본주의를 넘어서는 '민주주의적 변혁주의'는 사민당과 유로코뮤니즘의 실패를 되풀이하지 않을 수 있는 전략에 대해 고민해야 한다.[11] 사실 1987년 이후 한국 사회에서는 '비합법 전위당 노선'이 주변화된 상태이다. 한국 사회는 (인)민의 피로써 민주주의적 제도를 쟁취했기 때문에 이틀 내에서 쟁투해야 하는 조건에 놓여 있다. 이러한 상황에서는 민주주의가 파시즘에 대립하는 혁명적 구호였던 시기와 달리 자본주의의 '관리기제'로 전락해갈 수 있다. 보기에 따라서는, 한국에서 '부르주아 민주주의'가 갈등

---

11) 민주주의적 변혁주의에 대해서 그것이 결국 '자본주의적 한계 내에 존재하는 개혁주의'가 아닌가 하는 비판이 제기될 수 있다. 이 점은 보비오와 앤더슨의 논쟁에서도 표현되었다. 즉, 대의민주주의를 인정하고 그것을 확장하는 방식으로 일종의 사회주의적 민주주의를 구성하고자 한 보비오(1992)에 대해서 앤더슨(1992)은 그 한계를 지적하는 논쟁을 전개했다. 보비오는 대의민주주의와 직접민주주의의 관계에 대해 많은 직접민주주의론자들이 대의민주주의의 폐기 위에서 직접민주주의 실현을 사고하는 것에 반대하면서 현대 사회의 복잡성에서 기인하는 대의 과정의 복합성이 단순한 직접민주주의 모델로 문제를 해결하지 못하게 한다고 주장하며 "직접민주주의에 대한 필연성에 의존하지 않고 민주주의의 확장을 유도할 수 있는 방법을 제시"(89)하고자 했다. 그는 대의민주주의를 정치적 영역만이 아니라 사회적 영역으로 확장하고 반대의 자유를 포함한 자유민주주의의 다원주의를 활용해 권력의 상당한 분산을 이루는 것('아래로부터의 권력', 즉 상향적 권력이 확장되는 것)을 중시하고, 시민의 결정 참여의 범위가 확장되는 것을 주장했다. 그는 위로부터의 구조개혁과 아래로부터의 민주적 참여 확대라는 전략의 가능성이 중요하다고 판단했다. 이에 대해 앤더슨은 "자본권력, 관료권력 등의 현실적 힘에 의해 민주주의가 자신의 원칙조차 실현하지 못하는 마당에 민주적 원리를 여러 영역—국가 내부 더 깊숙이 그리고 시민사회 내부로까지—으로 확장하는 것으로 과연 그 한계를 넘어설 수 있는가"(94)라는 의문을 제기했다. 앤더슨은 보비오의 시도를 '자유주의적 사회주의론'으로 규정하고, 이는 자유주의·민주주의와 사회주의의 융합에 성공하지 못하고 보수주의로 흘러갔다고 비판했던 것이다. 앤더슨에 따르면 "정치 질서에서의 보통선거권에 기초를 둔 다수결 원칙은 체제 내에서의 변화는 허용하지만 체제 자체의 변화를 허용하지는 않기 때문이다"(103~104). 앤더슨은 "우리가 민주주의 때문에 죽을 수 있지만, 민주주의에 의해 질적으로 비약해 변화할 수는 없다"(104)고 주장했다. 이것은 단순히 보비오에 대한 비판뿐만 아니라 '민주주의를 통한 사회주의로의 길'을 선택한 사회민주주의나 유로코뮤니즘에도 적용되는 일반적인 비판일 수 있다. 이 논쟁을 전제로 필자의 문제의식을 표현해본다면, 보비오가 시도한 '사회주의적 입장에서의 민주주의 수용'을 받아들이는 동시에 앤더슨이 비판한 지점을 넘어서는 방식의 '민주주의와 사회주의의 결합' 가능성을 추구하는 것이라고 할 수 있다.

속에서도 빠르게 안착되어간다고 말할 수도 있다. 이러한 '부르주아적 민주주의'를 뛰어넘는 민주주의의 급진적 확장이 일어나지 않는다면, 좌파 정치세력이나 진보 정치세력이 오히려 부르주아 민주주의적 공간을 풍부화하는 역할을 하게 될 것이다.

이런 점에서 민주주의적 변혁주의를 다시 사고한다면, 그것은 선진 자본주의론이나 '사회주의로 가는 민주주의적 길'과 구별되어야 한다. 가장 중요한 차별점은 민주주의를 '절대적인' 것으로 파악하지 않고 구성적 각축의 결과로 보는 데 있다. 필자가 볼 때 유로코뮤니즘이 채택한 '선진 자본주의론'이 '사회주의로 가는 민주주의적 길'로 작용하지 못하고 자본주의에 포섭되는 길로 나아간 것은 '프롤레타리아 독재론'의 폐기[12]라기보다는 부르주아 민주

---

12) 프롤레타리아 독재론과 관련해 필자는 국가사회주의에서 '프롤레타리아 독재가 프롤레타리아 전체주의로 전락'해 이미 '사수냐 아니냐'의 구도는 무의미하게 되었다고 생각한다. 쟁점은 새로운 재해석의 지평이다. 새로운 재해석의 지평 위에서만 프롤레타리아 독재론은 '의미'를 가질 뿐이다. 프롤레타리아 독재론을 사수하려고 한다면, 그 '합리적 핵심'을 기존의 타락의 역사를 성찰하면서 현대적 언어로 새롭게 재해석해야 한다. 1980년대적인 '사수냐 아니냐'의 차원으로 암묵적으로 전치해버리면, 새로운 성찰적 재해석을 통해 풍부화되어야 할 많은 진보적·좌파적 쟁점에 천착할 수 없게 된다. 그러한 '재해석적 전제' 위에서 프롤레타리아 독재론은 의미를 가질 수도 있고 갖지 않을 수도 있다. 지난 20년 동안 한국적 맥락에서 마르크스주의와 사회주의적 지적 전통의 '불모화' — 이런 표현을 군이 사용한다면 — 가 진행된 것은 상당 부분 이러한 작업이 진행되지 못하고 '사수냐 아니냐'의 차원에 고정화되어 있었기 때문이다. 다행히 대중운동의 급진성은 지적 전통의 불모화에도 불구하고 한국에서 마르크스주의와 사회주의, 좌파의 '잠재적 호소력'을 유지해왔다. 이제라도 이러한 쟁점을 유리 상자 밖으로 끌어내려면 재해석적 성찰이 전개되어야 한다. 그를 위해서는 불가피하게 마르크스주의와 사회주의의 다양한 전통과 비판적으로 대면해야 하며, 포스트마르크스주의, 포스트구조주의의 다양한 흐름과도 '사수냐 아니냐'의 차원이 아니라 '성찰적 재해석'이라고 시각에서 비판적으로 대면할 수 있어야 한다. 그 과정에서 '단순 마르크스주의(좌파, 사회주의, 진보)'에서 '복합적 마르크스주의(좌파, 사회주의, 진보)'로 풍부해질 것이다.

주의의 개방성(사회주의로 가는 민주주의적 길을 허용할 정도)을 절대적인 것으로 또는 부르주아 민주주의의 '고유한 내재적 속성'으로 파악했기 때문이다. '부르주아 민주주의'가 '사회주의로의 민주주의적 이행'을 보장할 정도로 내재적으로 개방적이라는 시각은 잘못된 것이다. 후술하겠지만, 민주주의는 고정된 제도의 복합체가 아니라 노동자계급과 근대 (인)민의 계급적·사회적 투쟁을 통해 획득한 것이고 그런 점에서 계급적·사회적 투쟁의 '효과'로서 존재한다. '민주주의의 급진화' 프로젝트의 관점에서 볼 때 "민주주의는 하나의 정치제도가 아니라 사회적·계급적 각축 과정을 통해 새롭게 구성되는 역사적·현재적 구성물이다"(조희연·김동춘·유철규, 2008: 56).

이러한 전제의 차이는 자연스럽게 실천적으로 민주주의(그 내부에서 보장된 제도정치)와 의회 외부의 대중 투쟁(정치 주체인 인민의 정치적 자기표현이자 자기정치) 관계에 대한 새로운 인식을 동반한다. 이에 대한 고찰은 유로코뮤니즘 좌파인 풀란차스의 이중 투쟁론(풀란차스, 1994: 331) — 의회 내 투쟁과 대중 투쟁 — 에서 찾아볼 수 있다. 의회 외부의 대중 투쟁이 살아 있지 않는 한 부르주아 민주주의는 대단히 제한적이며, 그 내부에 존재하는 진보 정당은 포획된다.13) 즉, '부르주아 민주주의' 내에서 활동하면서도 그것에 급진적으로 도전하는, 현존 자본주의에서부터 파생되어 나오는 대중 투쟁과 견결히 결합하는 이중 투쟁이 전개되지 않는 한 '선진 민주주의론'이 상정하는 경로는 언제나 자본주의에 포획된다.14)

---

13) 알튀세르도 정당 — 아무리 혁명 정당이라고 하더라도 — 은 체제 내에 유폐될 수밖에 없다고 지적한다. 특히 이데올로기적 국가 장치의 일부가 되어버린 정당은 특정한 지형 내로 제한되면서 자본주의적 생산관계를 재생산하는 역할을 하게 되므로 공산당은 내각 정당이 될 수 없다(알튀세르, 2007: 333).

14) 차베스의 급진민주주의적 도전의 경로(김병권·손우정, 2007; 베네수엘라 혁명연구모임, 2006; 조희연, 2009a)를 참고할 수 있다. 여기에서는 서구 사민당이나 유로코뮤니즘의 경로와 달리, '자본주의와 민주주의의 대립과 전쟁'에서 민주주의의 급진적 확장을 통해 자본주의에 대한 사회화의 가능성과 공간을 확장해갈 수 있는가 하는

필자는 제도화된 의회정치만을 민주주의 정치의 전부라고 생각해서는 안 되며, 모든 제도화된 의회정치는 정치의 출발점인 (인)민 혹은 그들로 구성된 '사회'로부터 괴리되어 존재하기 때문에 이를 언제나 상대화해서 보아야 한다고 생각한다. 정치 주체인 (인)민의 정치적 자기표현이며 자기정 치라고 할 수 있는 대중 투쟁은 다양한 계급적·사회적 투쟁으로 구성되는데, 때로는 대중의 '직접행동'(카터, 2007) 또는 조직화된 사회운동이 매개하는 '운동정치'로 표현되며, 그 일부는 제도화된 정치를 통해 '대의'된다. 기본적 으로 의회민주주의 내에서의 경쟁(제도정치)은 주어진 정치 지형 내에서 더 많은 정치적 지지를 획득하기 위한 것이다. 이는 급진적 정당조차도 예외가 아니다. 이것이 이른바 "선거사회주의(electoral socialism)의 딜레마"이다 (Przeworski, 1986). 다양한 대중운동은 바로 이러한 지형 자체를 변화시키기 위한 실천이다. 그런 의미에서 민주주의적 변혁주의는 '부르주아 민주주의' 를 절대적인 것으로 간주하고 그 내부에서 좌파 정당의 의석을 늘리는 투쟁을 통해서가 아니라 제도정치, 대중의 직접행동, 운동정치 등의 상호작용 속에서 민주주의를 포착해야 한다.[15] 민주주의적 변혁주의는 민주주의를 '제도로서 의 민주주의'가 아니라 '운동으로서의 민주주의'로 파악한다.

이러한 필자의 시도는 1980년대 일반민주주의의 합리적 핵심을 현재의 관점에서 좌파적으로 전유하고자 하는 시도라고 규정할 수 있다. 기억해보면,

---

것이 중요하다. 자본주의가 민주주의를 포획(그 내부의 유로코뮤니즘 정당을 포획) 하는 속도보다 민주주의를 급진화해 자본주의 모순을 촉발하고 자본주의에 대립하 는 공간을 확장해가는 속도가 빠르지 않는 한 언제나 민주주의를 통한 경로는 체제 내적 경로가 될 수밖에 없다.

15) 이런 점에서 웨인라이트(Hilary Wainwright)와 같이 기존의 선거 정치(electoral poli- tics) 중심 모델을 반성하고 어떻게 그것을 (인)민 참여적인 과정으로 재편하고 사회 운동과 결합시킬 것인가 하는 고민이 필요하다. 웨인라이트는 새로운 종류의 '사회 운동정당(social movement party)' 모델을 새로운 좌파적 정당 모델로 제시한다. 이에 대해서는 장훈교(2011a) 참조.

1980년대 한국 사회에서는 'RB(reactionary bourgeoisie) 대 LB(liberal bourgeoisie) 대 인민(프롤레타리아트)'을 구분했고 각각의 지향을 '반동 대 개량 대 혁명'과 동일시했다. 1980년대식으로 표현하면 필자는 민중적 입장에서의 LB적인 것의 급진적 전유 혹은 '혁명'적 입장에서의 '개량'이라고 부르는 것의 급진적 전유라는 입장에 서 있다고 할 수 있다.

민주주의는 그 자체로 인류 사회의 '목적가치'로서의 성격을 가지기 때문에 '수단적인' 것으로 파악되어서는 안 된다. 물론 민주주의와 사회주의는 다르며, 민주주의가 최대주의적으로 실현된 사회와 생산수단의 사회화가 실현된 탈자본주의 사회는 다르다. 그런데도 민주주의의 급진화는 사회주의 운동과 많은 공통성을 가지고 있으며, 사회주의는 '사회화된 민주주의' 혹은 '급진화된 민주주의'로서의 성격을 가지고 있다. 사회주의로 가는 경로에서 민주주의의 급진화(사회화) 투쟁은 사회주의를 향한 운동과 많은 부분 공통부분을 가지고 있다. 1980년대 반파쇼 투쟁에서 우리가 경험했듯이 민주주의 투쟁은 사회주의 투쟁의 질적 성격에 따라서 상이한 의미를 갖는다. 민주주의는 최소주의적으로 왜소화될 수도 있고 최대주의적으로 확장될 수도 있다. 필자는 민주주의와 사회주의의 결합 양상은 바로 사회주의 투쟁에 의해 달라질 수 있다고 생각한다. 이런 점에서 좌파의 프레임은 민주주의를 사회주의의 '충분조건'이 아니지만 '필요조건'으로 파악하는 방향으로 변화되어야 한다.

이러한 민주주의론의 급진적 재설정은 실제로 많은 논의에서 발견된다. 예컨대 마르크스는 민주주의가 부르주아 사회의 계급적 모순을 은폐하는 '정치적 외피'로 작동한다는 인식뿐만 아니라 노동자계급의 투쟁에 기인해 쟁취해야 하는 민주주의의 구성적 이상에 대한 견해를 가지고 있었다(김세균, 1995a). 또한 이것은 지배 헤게모니와 그에 대응하는 대항 헤게모니의 공간으로 시민사회를 재발견한 그람시의 핵심적 논의이기도 하다.

같은 맥락에서 현대 마르크스주의의 대표적 이론가 우드는 다음과 같이 주장한다.

나 자신의 지향점은 여전히 사회주의이지만 오늘날의 저항과 항거는 전혀 다른 종류의 것이며, 따라서 새로운 '비판'을 요구한다. 분절화된 여러 저항에 어떤 단일한 통일적 주제가만 지금 있다면, 그것은 민주주의에 대한 열망(aspiration to democracy)이다.……'형식적' 민주주의 그리고 민주주의의 자유주의와의 일체화는 자본주의의 특정한 사회적 관계를 제외한 다른 맥락에서는 실제적으로 불가능했고 이론적으로는 문자 그대로 상상 불가능했을 것이다. 자본주의의 그러한 사회적 관계는 민주주의를 진전시키기도 했고 한계지우기도 했다. 그래서 자본주의에 대한 최대의 도전은 민주주의가 그 협소한 한계를 넘어서서 확대되는 것이었다. '민주주의'가 사회주의와 동의어가 된다고 하는 주장도 바로 이 지점에서 제기된다. 물론 이때의 쟁점은 사회주의 해방이 계급 해방을 넘는 어떤 것을 요구하는가 하는 것이 될 것이다(Wood, 1995: 11~12).

그리고 라이트는 국가권력이 모든 통제권을 갖는 '국가주의'나 경제권력이 모든 통제권을 갖는 '자본주의'와 구별하면서 사회주의는 "생산수단이 전체 사회에 의해 집단적으로 소유되고 그럼으로써 다른 사회적 목표를 성취하는 '사회적 권력(social power)'으로 정의되는 것의 행사를 통해 자원의 배치와 사용이 결정되는"(Wright, 2007: 75) 체제로 정의한다.[16] 그에 따르면, 기존 사회주의는 국가주의적 체제였던 셈이다. 그는 민주주의를 "사회권력과 국가권력을 연결시키는 특정한 방식"(77)이라고 보고, 국가권력과 경제권력을 사회권력의 통제하에 두어야 한다고 주장한다. 그는 근대 이후 실험된 다양한 사회권력 강화의 경로를 국가주의적 사회주의, 사회민주주의적 국가

---

16) '사회권력'의 강화라는 관점에서 현 단계 노동운동의 패러다임 전환을 논의하는 글로는 임영일(2010) 참조.

주의 경제 규제, 연합체 민주주의, 사회적 자본주의, 사회적 경제 등으로 나누고, 민주주의를 기초로 하면서 사회권력이 국가권력과 경제권력을 통제하는 새로운 사회주의 상을 그린다. 또한 그는 역사적으로 '민주적·평등적·해방적 이상을 향한 투쟁'과 사회권력의 강화라는 새로운 제도가 만들어지는 과정을 파열적 전환, 침투적 전환, 공생적 전환으로 나눈다. 파열적 전환은 통상 사회주의적인 혁명적 전환방식이라고 할 수 있는데, 이는 "현존하는 사회구조 양식을 완전히 파괴함으로써 사회권력 강화의 새로운 제도를 만들어내는"(94) 방식이다. 필자는 이것을 사회주의에 대한 '급진민주주의적 평등주의(radical democratic egalitarian)'을 기반으로 한 이해라고 생각한다.

이처럼 민주주의의 자유화론, 민주화론, 비본질론과 구별되는 민주주의의 급진화론의 정식화를 위해서는 민주주의론의 재정초를 포함한 다양한 논의가 필요하다. 이하에서는 이러한 전제적 인식 위에서 민주주의론의 급진적 재구축을 위한 이론적·개념적 논의를 전개하고자 한다.

3. 근대 민주주의의 '본원적' 한계와 구성적 긴장

민주주의론의 급진적 재구축을 위해 먼저 시민혁명으로 확립된 근대 대의 민주주의에 대한 논의에서 출발하고자 한다. 주지하다시피 근대 시민혁명을 통해 확립된 민주주의는 인류의 거대한 정치사적 성취라고 할 수 있다. 근대 시민혁명은 지배 권력과 사회구성원의 상호관계를 '시민혁명 이전'과 '시민혁명 이후'로 나눌 수 있을 정도로 급격하게 변화시켰다. 근대 시민혁명기를 거치면서 '백성'은 근대적 '(인)민'17)으로 전환되었다. 근대 민주주의에서

---

17) 여기서 필자는 인민(人民)이라는 개념을 사용한다. '인민'은 사람이며 민중이라는 의미를 갖는다. 현재 한국에서 냉전적 대결과 연관된 뉘앙스를 풍기는 개념이지만,

(인)민은 주권의 궁극적인 담지자이자 원천이다. 이때의 민주주의 원리는 인민주권, 대의공간으로서의 의회와 그 과정으로서의 선거, (인)민의 자유와 시민적·정치적 권리의 보장 등을 구성요소로 한다.

1) 시민혁명 이후 근대 민주주의의 이중성

급진민주주의적 관점에서 민주주의를 새롭게 인식하려면 몇 가지 상이한 지점에서 근대 민주주의의 성격에 대해 다시 생각해보아야 한다.[18]

우선, 근대 시민혁명을 통해 확립된 민주주의는 (인)민의 거대한 정치적 성취이지만, 대표자 정치와 (인)민 자신의 정치 간의 괴리 속에서 정립되었다. 주지하다시피 근대 이전에는 신분제적 질서에 의해 정치가 일부 상층 귀족계급의 영역으로 한정되었다. (인)민은 정치의 주체가 아닌 '통치'의 대상일

사람 인(人)과 백성 혹은 민중으로서의 민(民)이라는 개념은 서구의 근대 시민혁명에서 출현한 새로운 존재의 특성을 잘 드러낸다고 생각되어 인민이라는 표현을 사용하고자 한다. '인'은 서양의 르네상스 시대부터 발전되어온 '인간' 중심주의적 존재의 특성을, '민'은 국민국가(민족국가)의 기본 성원이자 국가권력의 주권적 존재로서의 특성을 잘 드러낸다.

18) 민주주의에 대한 논의 자체가 긴 논의를 필요로 한다. 이에 대해서는 조희연·김동춘·유철규(2008) 참조. 민주주의의 최소주의적 정의는 슘페터에 의한 고전적 정의와 달에 의한 현대적 정의가 일반적으로 사용된다. 슘페터는 "민주적 방법이란 대중의 지지를 얻기 위한 경쟁적 투쟁을 통해서 개인이 결정권(power to decide)을 획득하는 정치적 결정에 도달하는 제도적 장치이다"(Schumpeter, 1943: 269)라고 정의한다. 즉, 민주주의란 통치자가 경쟁적 선거에 의해서 선택되는 체제라는 것이다. 달(Dahl, 1989)에 의하면, 다수의 선호와 지지성향을 왜곡하지 않는 자유선거의 실시, 그에 기초한 엘리트 간의 다원적 경쟁의 보장이 민주주의의 핵심이고, 그런 점에서 민주주의는 다두제(poliarchy)로서의 성격을 갖는다. 그는 다두제의 구성적 내용으로 선출된 공직자, 자유롭게 공정한 선거, 포괄적 선거권 및 공직 참여 권리, 표현의 자유, 언론의 자유, 자율적 결사를 들고 있다. 이 글에서 논의하는 급진민주주의는 민주주의에 대한 최대주의적 정의의 경계선상에 있다고 볼 수 있다.

뿐이었다. 그러나 (인)민의 정치적 각성과 권리의식의 고양 및 (인)민의 혁명적 저항으로 전근대적 지배는 위기에 처하게 되었다. 이러한 도전의 정점에 시민혁명이 존재한다.

사회구성원에 영향을 미치는 집단적인 의제의 공적 결정을 둘러싼 집단 및 개인의 상호관계와 활동을 '정치'라고 한다면, 시민혁명을 정점으로 하는 아래로부터의 투쟁으로 전근대적 지배는 (인)민이 정치의 주체로 참여하는 새로운 질서, 즉 '근대 민주주의적 정치'로 전환되었다. 근대 시민혁명이 가져온 변화의 핵심적인 측면은, 지배에 있어 '정치'가 생겨나게 되었다는 것이다. 지배에 있어 정치가 생겨나게 되었다는 것은 상층 계급에게만 한정되던 정치가 (인)민에게 개방되었다는 것, 또한 (인)민이 정치의 주체가 되었다는 것을 의미한다. "생명체로서의 인간이 이제 더는 정치권력의 대상이 아니라 주체로서 자신을 드러내는 과정"(아감벤, 2008: 47)이 근대 민주주의의 탄생인 것이다. 이 점에서 필자는 근대 민주주의를 새로운 '정치 공간', 즉 (인)민이 자기통치와 스스로 권력 중심이 되는 상태를 실현하기 위한 '(인)민의 주체적 정치 공간'의 탄생이라고 생각한다.

이처럼 '정치에 의한 지배'의 작동은 아래로부터의 (인)민 투쟁으로 쟁취해 지배세력에게 강요된 것이다. 이런 점에서 근대 민주주의의 '성취'라는 측면은 근대 민주주의의 핵심적 측면의 하나로 인식되어야 한다.[19] 이것은 민주주

---

19) 급진적 지향을 갖는다고 하는 이론적 논의들에서 근대 민주주의는 '지배의 음모'에 의해 발생했거나 지배의 형식으로만 파악되는 경향이 있다. 그러나 한계와 동시에 인민의 저항에 의한 '성취물'이라고 하는 점이 강조되어야 한다. 성취물로 획득된 진보적 제도들은 이후의 지배의 조건이자 제약, 지배의 틈새와 내적 균열선이 되면서 지배 내부에 '인민이 숨 쉬는 공간'을 제공한다. 특별히 민주주의 발전의 역사를 보면, 일정 단계의 계급적·사회적 투쟁을 통해 획득된 제도는 지배 내부에서 구성적 긴장으로—저항에 의해 획득된 것이므로—존재하면서 이후의 계급적·사회적 투쟁의 근거이자 공간으로 작동한다. 민주주의, 인권, 시민권 등도 투쟁을 통해 획득된 제도들이다. 이러한 제도들은 비록 이후에 자본가계급과 정치사회적 기득권세력이

의의 이상이라고 할 수 있는 '(인)민의 자기통치'와 '(인)민의 자기권력 실현'의 역사적 도정에서 대단히 중요한 의미를 갖는다. 근대 민주주의의 출현은 (인)민의 정치적 삶의 양식에 변화를 동반한 것이다. 민주주의에 내포되는 선거, 시민권, 천부인권, 주권재민 등의 사상은 사회구성원의 정치적 삶이 운영되는 방식이 '근대'화된 것으로 긍정적으로 변화한 것이라고 할 수 있다. 이는 정치의 주체로 (인)민이 새롭게 위치하게 되었음을 의미한다. 이처럼 근대 민주주의하에서 (인)민이 중심적 위치를 갖게 되면서 지배는 (인)민의 인식과 태도에 '의존'적이고 연동되는 것으로 변화했다.[20]

그러나 근대 시민혁명을 통해 탄생한 근대 민주주의는 동시에 인민 정치가 '대표자 정치' 형태로 귀결되는 특징을 갖는다. (인)민의 입장에서 보면, 정치의 주인이 (인)민임이 확인하고 권력의 궁극적인 원천이 (인)민이라는 점을 정초하는 데 성공했으나, (인)민의 지위 — 대표자를 선출하는 '인민주권'은 보유하지만 — 는 직접적인 정치의 주체로 구현되기보다 대의자를 뽑는 선출의 주체로 형식화된다. 쉽게 이야기하면, 근대 시민혁명에서 정점에 이른 (인)민의 아래로부터의 투쟁으로 위기에 처한 지배는 (인)민을 '주인'으로 만들어 (인)민에게 근대적 지배를 수용하게 만들면서 동시에 '선출'을 담당하는 '주

이를 무력화·형식화시킨다고 하더라도, 부단히 지배의 내적 균열과 모순을 낳는 방식으로 이후의 계급적·사회적 투쟁에 영향을 미친다고 말할 수 있다. 물론 지배는 이렇게 (인)민의 저항에 의해서 강요된 '공간'을 지배의 새로운 요소로 재편하고자 한다. 여기 구성적 각축이 존재한다.

20) 근대 민주주의의 혁명적 전환이 갖는 역설적 측면인데, 전근대와 달리 근대의 정치 질서는 이제 신학적인 '어떤 근본적인 토대에 의해 통일성이 보장되는' 현상이 아니라 '정치의 주체이자 대상'인 (인)민의 주체적 판단에 따르게 되었다. 이로써 근대 이후의 질서는 지배적 권력의 전략적 실천과 함께 (인)민 자신의 존재와 인식에 의해 구성되는 유동성을 갖는다. 근대 이후 정치 질서의 본원적인 비결정성과 불안정성은 여기서 유래한다. 대중독재론에서 주장하는 것처럼 근대의 파시즘이나 독재가 '합의독재' 혹은 '주권독재'로 되는 이유도 여기에 있다(임지현. 2004).

인'으로 왜소화해버렸다.[21] 일종의 '엘리트' 대표자 정치의 출현이다.

근대 민주주의의 핵심적인 기제인 선거는 사회적 갈등이 '정치적 내전'으로 전환되지 않도록 한다. '총탄에서 투표용지로(from bullet to ballot)'라는 표현이 시사하듯, 근대 시민혁명으로 고양된 (인)민의 사회적·정치적 요구 앞에서 한 공동체가 유지되려면 근대 대의민주주의와 같은 형태로 '내전'화 된 사회적 갈등을 수렴할 수밖에 없었다. 이것을 거부한 곳에서는 프랑스혁명과 같이 아래로부터의 전면적인 혁명이 발생했다. 영국처럼 지배적 세력이 이를 수용한 경우에는 '타협적 이행'을 경험했다. 근대 시민혁명기 대의(선거) 민주주의의 정립은 봉건적 세력에 대한 내전적 투쟁을 감행하는 (인)민의 요구를 수용해 그들을 정치 주체로 정립하면서도 동시에 대표자가 권력을 갖는 근대 대의민주주의로 '타협적으로' 재정립된 것이라고 파악되어야 한다. 네그리에 따르면, "근대 주권은 내전을 끝내기 위해 기획된 것이다"(네그리, 2008: 289). 근대 민주주의는 (인)민이 획득한 주체적 정치 공간이면서 동시에 그 정치를 통해 지배가 전근대와는 다른 방식으로 재생산되는 공간이 기도 하다.

따라서 급진민주주의적 관점에서 볼 때 근대 대의민주주의는 근원적으로 (정치의 출발로서의) (인)민과 (정치를 발생시키는) 사회가 괴리되어 존재하는 체제로 파악된다. '(인)민 주체의 정치'와 '대표자 정치' 간의 괴리는 근본적으로는 (인)민이 구성하는 '사회'와 대표자의 정치로 표현되는 '정치' 간의 근원적 괴리를 의미한다.[22] 네그리에 따르면, "대의는 두 가지 모순적인 기능을

---

21) 부정적 측면에서 근대 시민혁명을 보면, 근대 민주주의는 권력의 주인인 (인)민의 존재를 상징적으로 추인하고 실제로는 '선출의 주인'됨만을 확인하고 스스로의 권력을 대표자에게 위임해버리는 체제라고 할 수 있다. 마키아벨리나 홉스의 '제한 주권론' 및 '위임론'에서와 같이 민주주의는 근대 대의민주주의의 한계성을 가리고 '인민 정치'의 한계성을 가리는 담론으로 작동할 수 있다.
22) 그람시와 폴라니는 '사회' 자체가 갖는 급진적 함의를 포착했다. 그람시에 따르면,

수행한다. 즉, 다중을 통치(정부)에 연결시키는 동시에 분리한다. 대의는 연결시키는 동시에 자르며 접착시키는 동시에 분리시킨다는 점에서 이접적 종합이다"(네그리, 2008: 293). 그는 이러한 괴리를 극복하기 위한 전망 속에서 직접적인 (인)민 자치의 모형을 파리코뮌에서 발견했다.

필자는 이러한 근대 시민혁명의 이중성이 근대 민주주의의 '원형적 결손 (deficiencies)'을 구성한다고 생각한다.[23] 더욱 일반적으로 말한다면 '근대성의

현대 자본주의는 시민사회의 확장을 특징으로 하는데, 이 시민사회는 계급관계를 안정화시키는 기능을 하는 동시에 자본주의에 도전할 수 있는 공간을 제공한다. 폴라니에 따르면, 시장은 사회를 위협하며 그 결과 사회는 스스로를 능동적 사회로 재구성하고 민주적 사회주의를 건설하기 위한 맹아를 만들어낸다. 바로 여기에 마르크스주의적 관점에서 사회 개념을 재전유할 수 있는 가능성이 존재한다 (Burawoy, 2003). 따라서 계급과 사회의 관계를 환원적 관계로 보아서는 안 된다. 계급 환원주의가 문제이듯이 사회환원주의 역시 문제이다. 후자는 '국민주의'로 빠져든다. 이런 점에서 사회의 계급적 분할을 전제로, 그리고 국가와 시민사회의 분리, 국가와 정치에서 (인)민의 공통성, 지배가 '사회'의 이름으로 헤게모니를 행사할 때 대항 헤게모니의 형성 과정에서 계급적 차원뿐만 아니라 계급의 가로지르는 '사회'적 차원이 존재한다는 점 등을 전제로 '사회'를 파악해야 한다. 라이트(2006)는 자본주의(자본권력)와 국가주의(국가권력)에 대항하는 '사회'주의와 '사회적 권력'의 강화를 주장한다. 즉, 급진적·민주주의적·평등주의적 관점에서 사회적 권력을 강화하고 그것이 국가권력과 자본권력을 제약하고 통제하는 것을 지향한다. 그는 또한 이 사회적 권력은 소비에트와 같은 (인)민의 자발적 힘과 시민사회의 강화를 통해서 구성된다고 본다.

23) 카터는 민주주의의 제도적 형태를 벗어나는 '직접행동(direct action)'이 "사회의 갈등구조가 통상적 정치 채널로 소통되지 못하는 '민주주의의 결손' 지점에서 나타"나며, 직접행동은 "민주주의의 결손 그리고 거기에서 시민이 느끼는 좌절감에 대한 반응"이자 "민주적 자력화(democratic empowerment)의 한 형태"(카터, 2007: 32)라고 본다. 급진민주주의의 관점에서 볼 때 근대 대의민주주의의 이러한 근원적인 결손은 정치에서 실현되지 못하는 사회적 요구가 존재하는 것을 의미하고 이러한 요구가 제도정치의 불안정성과 전환을 촉발하는 대중적 에너지로 존재한다는 것을 말해준다. 민주주의적 정치가 대단히 협소하고 지배 집단의 이해나 요구만을 독점적으로 반영할 때 소수자나 하위주체는 민주주의적 정치에 대한 기대를 포기하고

내재적 모순'이라고 표현할 수도 있다. 근대 민주주의는 대표자 정치만을 '제도화된 정치'(협의의 정치)로 만들었고 (인)민 자신의 정치를 '비(非)정치'로 만들었다. 이와 같은 '(제도화된) 정치'와 '(인)민(정치)' 간의 괴리가 정치를 구성적 일부로 하는 근대 민주주의의 한계이자 본원적인 문제를 낳는다.[24]

'비제도적 수단에 의한 정치'를 향하게 된다. 사실 포퓰리즘(populism)은 기존의 국가와 정치가 대중의 요구와 극단적으로 괴리되는 상황에서 나타나는 대중의 이반, 거기서 발생하는 새로운 '반체제적 정치'의 가능성과 그 현실화를 의미하는 것으로 해석되어야 한다. 포퓰리즘은 바로 이러한 괴리에서 발생하는 새로운 정치에 대한 요구를 특정 — 우익이나 좌익 — 의 스타일리스트적인 지도자가 전유하는 것을 의미한다. 라클라우에 따르면, "민중주의적 파열을 낳는 조건은 복수의 요구가 그것을 수용할 수 없는 제도적 체계의 점증하는 무능력과 공존하는 상황이다"(Laclau, 2005: 11). 이를 독재에서 민주주의로 이행하는 맥락에 대입해보면, 포퓰리즘 혹은 민중주의는 독재 이후 출현하는 새로운 민주주의적 정치가 독재하에서 억압되었던 다양한 사회경제적 하위주체의 요구와 이해를 반영하지 못하면서 우파 포퓰리즘이나 좌파 포퓰리즘의 형태로 동원되는 것을 의미한다. 베네수엘라 혁명은 차베스라는 좌익 지도자가 이러한 괴리에서 발생하는 대중의 정치적 열망을 급진적으로 전유하는 예라고 할 수 있다(조희연, 2009a).

24) 여기서 필자는 근대 시민혁명을 중심으로 서구의 사례를 근거로 논의를 전개한다. 그러나 '근대 서구=민주주의, 비서구=비민주주의'라는 식으로 사고할 필요는 없다. 오히려 전근대의 사상 속에서 근대 민주주의적 사고의 원형은 서구나 비서구에서 폭넓게 존재했다[Murphy(2000)는 민주주의의 맹아적 사고는 중국에서도 '민본(民本)'이라는 유교적 사상 속에서 이미 존재했다고 주장한다]. 단지 민주주의의 발생은 단지 정치적 상상력의 변화만이 아니라 사회경제적 토대의 변화, 그것에 기초하는 (인)민의 주체화 정도의 진전 등에 따른 총체적인 변화이며, 비서구의 민주주의적 사고의 맹아가 폭넓었으나 서구가 먼저 근대로 이행하고 스스로의 우월한 사회경제적·정치적 힘으로 비서구를 식민화함으로써 비서구에서 맹아적인 민주주의 사상이 근대적인 민주주의 사상으로 전환되지 못하고, 오히려 서구의 근대 민주주의적 사고와 제도를 이식받는 형태로 민주주의가 출현하게 되었다고 표현할 수 있다. 예컨대 한국을 보자. 조선은 서구와 비서구의 많은 전근대 사회와 같이 기본적으로 왕을 중심으로 기술되어 있다. 이러한 왕 중심의 서술로 인해 조선 사회가 대단히 '절대주의'적 관계 속에서 왕 중심으로 작동한 것으로 이해되기 쉽다. 그러나 현실은 그렇지 않았다. 왕 권력은 귀족 권력과의 관계 속에서 그리고 '백성'과의 관계 속에서

안정되기도 하고 대단히 취약하기도 했다. 조선 시대의 사상을 보면, '형식적'으로는 왕 중심의 사상인 듯하지만 근대적 사유의 맹아가 대단히 폭넓게 존재하고 있음을 알 수 있다. 근대적 전환이 이루어지지 않았을 뿐이지 어떤 의미에서는 서양의 전근대 사상보다도 권력의 상대성, 권력의 궁극적인 소재지가 백성, 곧 (인)민이라는 사상이 대단히 강력하게 존재하고 있었다. '백성이 곧 나라의 근본'이라는 민본(民本) 사상, '민심은 곧 천심'이라는 사상, '모든 인간은 귀천이 없다'는 사상 등은 서양의 근대 민주주의 사상의 합리적 핵심이 한국의 전통 사상 속에 이미 폭넓게 존재하고 있음을 보여주고 있다. 물론 지배의 중심이 왕이기 때문에 왕이 스스로 백성을 '어여삐 여기고 모범이 되며 그들을 잘 살게 해주어야 한다'는 언술로 표현된다. 『조선왕조실록』에는 세조가 의정부에 전지(傳旨)하기를 "백성은 하늘이니, 백성의 마음이 편안한 뒤에 하늘의 마음도 편하여지는 법이다. 나라를 다스리는 도리는 마땅히 백성을 편안하게 하는 것을 우선으로 삼아야 하는 것인데, 백성이 무량(無良)에게 괴로워하면 제어할 방법이 없게 된다"(김재문, 2007: 161에서 재인용)라는 기록이 있다. 이 외에도 『조선왕조실록』에는 유사한 표현이 많이 등장한다. "백성이 나라의 근본이고 (왕의 책무는) 그들을 편안하게 해고 곤궁하게 해서는 안 된다. ……세상을 다스리는 데 백성을 사랑하는 것만 한 방법이 없다." "백성은 지극히 어리석지만 신령한 존재이니, 백성의 원망을 조심하지 않을 수 없사온데"(김재문, 2007에서 재인용) 등과 같은 말이다. 물론 이것은 동양의 사상이기도 하다. 『서경』에 있는 "백성은 나라의 근본이고 근본이 튼튼해야 나라가 편안하다"라는 글이 조선에도 그대로 확산되어 있었던 것이다. 이렇게 보면 조선의 사상적 구도는 다음과 작동한다고 볼 수 있다. 비록 군왕이 막강한 권력을 가지고 있지만, 스스로는 백성의 아버지로서 그들을 보살피며 그들의 원하는 것을 실현하는 존재가 되어야 한다. 즉, 절대권력을 가졌다고 하는 왕의 사명은 백성과의 관계 속에서 설정(군주에게 '백성은 하늘이다')된다. "조선 시대의 하늘이란 이치(理致), 천리, 자연법칙 같은 것을 의미한다. 따라서 왕의 통치가 백성의 요구에 부응하면 순천(順天)이 되는 것이고 이에 어긋나면 역천(逆天)"(김재문, 2007: 160에서 재인용)이다. 필자는 조선 시대에 표현된 가장 최고의 근대적인 민주주의 사상의 맹아는 동학의 '인내천(人乃天) 사상'이라고 생각한다. '사람이 곧 하늘이다'라는 사상은 민주주의 주체로서의 민의 중심성을 극명하게 드러내기 때문이다. 이것은 근대 시민혁명에서 나타나는 '(인)민이 권력의 중심'이라는 사상의 한국적 형태라고 할 수 있다. 따라서 필자는 급진민주주의의 최고 발전태는 아마도 '인내천(人乃天) 민주주의'가 될 것이라고 생각한다(이 점은 추후 논문으로 천착하고자 한다). 근대 이후에도 다양한 국면에서은 제도화된 의회정치가 된다. 이런 시각에서 보면 다양한 사회적 갈등의 의제는 제도화된 의회정치의 장에서 제도정당에 의해 타협되고 조정되고 결정되는 식으로 작동한다. 근대 시민혁명의 정신에서 보면 제도화된 대표자의 정치 영역은 (인)민의 정치를 반영하는 '수단적' 영역으로 설정되지만, 현실에서는 후자가 '정치(제도화된 정치 혹은 제도적으로 인정되는 정치)'가 되고 정작 (인)민의 정치는 '비정치'가 되는 역설이 발생하는 것이다. 이런 점에서 급진민주주의론은 정치의 중심을 제도화된 의회정치로만 삼는 것을 부정한다.

결국 근대 민주주의는 (인)민이 정치의 주체가 되는 인민 정치의 출현이라는 점에서 거대한 성취였지만 그것이 대표자 정치와 인민 정치의 괴리 속에서 작동한다는 점에서 원형적인 결손을 가지고 있다는 점에 주목해야 한다. 이 점이 급진민주주의의 관점에서 파악된 근대 민주주의의 이중성이다.

2) 이상으로서의 민주주의와 현실로서의 민주주의의 긴장

둘째, 근대 시민혁명 이후의 민주주의는 '이상으로서의 민주주의'와 '현실로서의 민주주의'의 긴장 속에서 존재하며, 현실의 민주주의는 언제나 이상으로서의 민주주의에 의한 도전 속에서 존재한다. '민의 자기통치'라는 정신 위에 존립하는 민주주의는 주어진 정체(polity)의 구성원이 자신이 속한 사회의 정치적 의사결정 과정에 동등한 지위에서 주체적으로 참여하도록 하는 제도로서 출발했다. 민주주의는 기본적으로 정치적 평등과 평등한 참여, (인)민의 자기권력 위에 서 있다. 근대 시민혁명 과정에서 (인)민은 민주주의를 확립하기 위한 투쟁 속에서 '(인)민 모두가 평등한 정치적 참여 주체가 되고

(인)민이 권력의 중심이라는 사상이 표현되었다. 동유럽 혁명의 과정에서 나온 "We, the people(우리가 인민이다)"이라는 구호도 하나의 예가 될 것이다. 공산주의에 저항하는 동유럽 (인)민은 스스로를 '(인)민, 즉 권력의 주인'이라고 선포함으로써 민주주의의 진정한 본질을 드러냈다.

(인)민 스스로가 자신의 문제를 결정하는 상태(인민의 자기권력 상태)가 바로 민주주의'라고 자각하게 되었다.

그러나 (인)민의 자기통치, 평등한 참여, 자기권력 상태는 언제나 실현되지 않은 이상으로 존재하고[25] 민주주의가 실현된 현실적 모습이 어떠해야 하는가를 명확히 고정된 형태로 표현할 수 없다는 점에 민주주의의 고유한 특징이 있다. 실현되지 않은 이상으로서의 민주주의가 '비어 있는 기표'로서의 성격을 갖는 것이다. 베커는 민주주의라는 개념은 "약간만 조작하면 우리가 담기를 원하는 어떤 사회 요소도 담을 수 있는 개념상의 여행용 가방과 같이 서로 다른 사람에게 서로 다른 내용을 함의하는 단어"(Becker, 1941: 4. 이승원, 2008: 68에서 재인용)라고 표현한다.

더 나아가 민주주의가 내장하는 이상, 즉 '권력의 주인이 바로 자신이고 스스로 통치의 주체가 되며 모두가 평등한 참여의 존재'라는 것은 얼마든지 '확대 해석'이 가능하다. 무페(2006)의 지적대로, 민주주의가 내장한 '평등'은 기본적으로 '평등한 정치적 참여'라고 하는 '방법론'적 이상이기도 하지만 사회의 전 삶의 영역에서의 평등으로 확대 해석될 수 있는 잠재력을 가지고 있다. 이처럼 이상으로서의 민주주의는 개념상으로 다양한 정의를 내포할 수 있으며, 때로는 상호 모순적이기도 하고 명확하게 정의내릴 수 없는 모호함을 내포한 개념이라고 할 수 있다.

이러한 모호성에도 불구하고 혹은 그러한 모호성으로 인해 이상으로서의

---

25) 물론 (인)민 자체도 '소수의 (인)민'만을 의미했다. "근대 혁명은 일국적 공간 내부에서조차 민주주의의 보편적 개념을 즉각적으로 제도화하지는 못했다. 여성, 무산자, 비백인 및 기타 사람들의 배제는 '만인'이라는 구실(pretext)을 저버렸다. 사실상 이 보편적 민주주의관은 결코 제도화된 적이 없다. (그러한 한계는 있지만) 근대 혁명의 역사는 절대적 민주주의 개념의 실현을 향해서 가는 더듬거리고 평탄치 못한, 그런데도 실질적으로 전진하는 과정으로 읽을 수 있다. 그것은 우리의 정치적 욕망과 실천을 계속해서 안내할 북극성이다"(랑시에르, 2008: 292).

민주주의는 언제나 현실의 민주주의를 상대화시키면서 그것을 변화시키는 동력으로 작용해왔다. 그렇기 때문에 (인)민은 민주주의 이름으로 획득한 성취를 '주어진' 것으로 인식하고 자신이 문제로 느끼는 것을 새롭게 '민주주의의 이상'이라는 이름으로 요구한다. 그런 점에서 보면, 과거의 민주주의적 성취를 현재를 비교하면서 스스로 만족하는 것이 아니라 미래의 성취될 것 — 민주주의의 이상에 비추어 더 획득할 수 있는 것 — 에 비추어 현실의 민주주의를 비판하는 역설이 민주주의에 내재한다고 할 수 있다. 따라서 필자는 근대 민주주의라는 (인)민의 주체적 정치 공간을 단순한 현실 공간이 아닌 '이상이 내재해 있는' 현실 공간으로 파악하고자 한다.

민주주의는 '(인)민이 모든 정치권력의 주인이다'라는 모호한 이상과 '모든 체제에서 (인)민이 권력을 갖고 있지는 않다'는 현실[26] 간의 괴리 때문에 (Lummis, 1996: 25~26), 한 단계 높은 '평등을 향한 급진적 잠재력'을 부단히 창출하는 제도가 된다. 민주주의에 유토피아적 열망과 지향이 개재되지 않을 수 없는 이유가 여기에 있다. 누군가 '자본가 없는 세상만이 진짜 민주주의'라며 '이상으로서의 민주주의'를 천명하면, 그것이 현실의 민주주의를 규정하는 것이 바로 민주주의의 대단한 역설이다. 랑시에르에 따르면, (인)민이 그것을 민주주의라고 인식하고 그것을 위해서 투쟁하는 한 민주주의는 현실의 '불평등한 권력의 질서에 대한 보편적인 용해제'로 지속적으로 남게 된다 (랑시에르, 2008, 142).

---

26) 마르크스주의에서 주목하듯이, 노동은 모든 경제적 가치의 원천이다. 그러나 현실의 자본주의에서 노동자는 생산자이자 담지자인 경제적 가치의 주체와 주인이 아니다. 따라서 비유적으로, 이상으로서의 민주주의는 경제적 사회주의가 현실의 자본주의에 대해 갖는 위치와 같다. 사회주의의 관점에서 자본주의는 언제나 비판할 수 있고 변화를 시키고자 하는 동력으로 삼을 수 있듯이, 이상으로서의 민주주의는 현실의 민주주의에 대한 근원적인 비판의 근거가 되고 변화의 동력이 될 수 있다. 어떤 의미에서 급진민주주의는 바로 경제적 사회주의가 경제에서 지향하는 것과 유사한 것을 정치의 차원에서 실현하는 것을 지향한다고 표현할 수도 있다.

54 No. 1 2011 | 민주주의의 급진화

이처럼 이상으로서의 민주주의에 대한 해석 자체가 현실의 민주주의에 영향을 미치기 때문에 민주주의를 어떻게 인식하느냐 그 자체가 쟁투의 대상이 될 수 있다. 즉, 민주주의 담론 자체가 '쟁투의 영역'이다. 이상으로서의 민주주의라는 관점에서 현실로서의 민주주의가 가진 내용을 부단히 회의하고 성찰하며 새롭게 구성되는 것이 바로 민주주의이다. 근대 시민혁명 당시의 민주주의에는 성 불평등이나 소수자 민주주의, 풀뿌리 민주주의라는 인식 지평 자체가 없었다. 그러나 지금 '이상으로서의 민주주의' 관점에서 보면, 여성주의 없는 민주주의, 생태주의 없는 민주주의, 풀뿌리 민주주의가 없는 민주주의는 그 자체로 민주주의가 아니다. 이렇게 되면 현실의 민주주의도 하나가 아닌 '두 개의 민주주의'라고 할 수 있다. 즉, 현실에서 실제로 작동하는 민주주의와 부단히 쟁정화되면서 실현해야 하는 민주주의, 혹은 '그들의 민주주의(현실적으로 작동하는 민주주의)'와 '우리의 민주주의(우리가 실현해야 하는 민주주의)', 혹은 현실의 기득권적 시각에서 보이는 민주주의와 현실 민주주의의 불완전성에 의해 고통받으면서 민주주의의 진정성을 의문시하는 민주주의가 존재한다.

이렇게 민주주의를 인식하게 되면 민주주의는 어떤 종류의 정부가 아니라 정부의 종언이며, 역사적으로 존재하는 제도가 아니라 역사적 프로젝트이다. 즉, 우리의 집단적 삶에서 민주주의를 어떻게 실현할 것인가는 '역사적 프로젝트'의 형태를 띨 수밖에 없다. "아무리 하나의 역사적 제도가 훌륭하게 실현되고 있더라도 민주주의는 모든 역사적 제도를 평가하는 비판적 기준으로 남아 있어야 한다"(Lummis, 1996: 22~23)는 표현도 이런 맥락에서 이해될 수 있다. 아렌트에 따르면, "민주주의는 만드는 것(making)이 아니라 행동하는 것(acting)이다. 그것은 존재론적 상태가 아니라 되어가는 상태이다"(아렌트, 2006b: 160). "민주주의는 체계나 제도가 아니며, 민주주의로의 이행은 제도적 설립이 아닌 상태의 변화이다"(Lummis, 1996: 159).

따라서 급진민주주의적 관점에서 민주주의는 "유토피아적 수준과 실재적인 민주주의 제도 사이의 간극을 채우는 적극적이고 영속적인 정치적 실천"
(이승원, 2008: 87~88)으로 이해되어야 하며,[27] 어떤 의미에서는 이상적 민주
주의를 향한 여정(旅程)이자 '끝나지 않은 여행'으로 이해되어야 한다.

3) 현실 권력에 의한 민주주의의 식민화와 포획: 민주주의의 구성적 외부

셋째, 현실의 민주주의가 이상으로서의 민주주의에 의해 부단히 도전받는
반면, 현실의 민주주의는 현존하는 권력에 의해 부단히 포획·식민화되는
방식으로 존재한다. 루미스에 따르면, "민주주의는 한때 (인)민의 언어였고
비판적 언어이자 혁명적 언어였다. 그것은 (인)민을 지배하는 자들과 지배에
정당성을 부가하려는 자들에 의해서 도난당해왔다"(Lummis, 1996: 15).
　현실의 민주주의는 불가피하게 특정한 권력관계 속에서 존재한다. 권력관
계란 정치적·경제적·사회적 권력을 특정한 집단이 독점하는 식으로 권력의
불평등과 위계가 존재함을 의미한다. 이를 필자는 '독점'이라는 개념으로
포착한다. 정치적 권력을 특정한 집단이나 개인·세력이 독점하는 정치적
독점, 경제적 자원이나 권력을 특정한 집단이나 개인·세력이 독점하는 경제
적 독점, 나아가 다양한 사회적 권력 —— 위신이나 존경, 네트워크, 정체성, 편견
등— 을 특정한 개인이나 집단이 지배적으로 통제하거나 사회 내에 존재하는
다양한 사회적 분할선(예컨대 인종적 분할선)을 경계로 지배적 집단이 정치권
력과 경제권력을 불평등하게 보유하는 사회적 독점이 그것이다. 이러한 독점
에 기초한 불평등한 권력관계는 현실의 민주주의를 부단히 형식화하고 공동
화하는 방식으로 작동한다.[28] 이것은 당연히 정치와 사회의 괴리, 이상으로서

---

27) 역사적으로 민주주의는 그 현실적 형태에서 큰 편차를 보인다. 일례로, 노동자의
　　보통선거권운동인 차티스트 운동은 기득권층에게 대단히 혁명적인 것으로 여겨졌으
　　며, 근대에서도 민주주의는 언제나 중우(衆愚)정치의 우려와 더불어 인식되었다.
28) 정치적·경제적·사회적 독점에 대해서는 조희연·김동춘 편(2008) 참조. 세 가지 차원

의 민주주의와 현실의 민주주의 간의 괴리를 확대한다.

이런 시각에서 현실의 독점적 권력에 의한 민주주의의 식민화와 포획을 세 가지 차원으로 나누어 볼 수 있다. 첫째는 '대표자 권력'을 포함한 정치권력과 현실의 민주주의 사이에서 이루어지며, 둘째는 경제권력(자본권력, 시장권력)과 현실의 민주주의 사이에서 발생하며, 셋째는 다양한 사회적 권력과 현실의 민주주의 사이에 발생한다.

첫 번째 차원에서 현실의 민주주의는 부단히 대표자 권력 등 정치권력에 의해 포획되고 식민화된다. (인)민의 자기통치와 자기권력 상태를 지향하는 민주주의는 제도적 수단으로 설정된 대표자 권력에게 '위임'된 민주주의로 왜소화된다. (인)민은 스스로 정치의 주체임이 선포되지만 일정 기간 자신을 지배하는 대표자를 선출하는 '노예'로 전락한다.[29]

의 포획과 식민화에 대해서는 조희연(2006a) 참조. 영국의 한 적록 그룹은 다음과 같이 피력한다. "모든 알려져 있는 사회구성체는 상대적으로 특권을 누리고 있는 그룹에 의한 지배관계를 포함한다. 이러한 지배는 소득, 노동, 사회적 존중의 배분에서 체계적인 불평등을 초래한다. 역사적으로 억압의 주요한 기초는 계급, 젠더, 시민권, 인종, 카스트, 종족, 성적 지향, 장애, 연령 등이다. 어떤 요소가 부각될지 그리고 어느 정도의 중요성을 가지게 될지는 특정한 공동체에 달려 있다. 대부분의 공동체에서 사회적 분할은 복합적이다. 각각의 공동체는 단순화된 방법으로 서로 일치하지 않는다. 매우 많은 사람들이 복합적으로 억압받고 있다는 것은 공통의 사실이지만, 사회적 불평등, 문화적 정체성, 분배적 갈등이라는 단일한 패턴이 나머지를 지배하지는 않는다. 그럼에도 모든 억압은 지배적인 사회구성체에 의해 구조화되는 방법으로 연관되어 있다. 이것의 정치적 함의는 서로 다른 집단에 속한 사람 사이의 단순화된 이해관계의 일치는 존재하지 않지만 어떤 종류의 불평등은 모든 사람에게 영향을 끼친다는 점이다"(A Red-Green Study Group, 1995).

29) 앞서 서술한 바와 같이 대표자 정치와 (인)민의 자기정치 간에는 괴리가 확대된다. 이상적으로 보면 민주주의는 자신의 삶에 영향을 미치는 의사결정(정치)에 대한 (인)민 자신의 통제, 그리고 이러한 정치적 과정에의 평등한 참여를 지향한다. 그러나 '대의'민주주의의 형식적 제도는 이러한 민주주의의 기본 지향을 형식적으로는 실현하지만 질곡에 빠뜨린다. 결과적으로 대표자 민주주의는 인민 민주주의로부터

근대 민주주의가 확립된 이후 그것이 현실적으로 작동하면서 점차 대의민주주의의 형식성과 실질성 간에는 화해할 수 없는 괴리와 긴장이 발생했다. 베버에 따르면, "현실에서 대의는 '자유로운 대의'로 실현되지 않으며 언제나 '구속된 대의' 혹은 '전유된 대의'로 실현된다"(Weber, 1968: 292~ 297). 이는 근대 민주주의가 고대 그리스의 소규모 '폴리스 정치'가 아니라 대규모 다중 정치로 작동해야 한다는 현실적 요인에 의해서 더욱 확대된다.

민주주의의 정치적 포획은 대표자 권력에 의해서 이루어지기도 하지만, 관료권력 등 다양한 현실의 정치권력에 의해서도 이루어진다. 더구나 근대 민주주의하에서 대표자 권력은 자신을 있게 한 인민주권으로부터 '독립'하는 차원을 넘어서 (인)민을 특정한 방식으로 '동원'한다. 그리고 (인)민은 스스로 자발적으로 동원의 객체만이 아니라 동원의 주체가 되기도 한다. 대중독재론에 따르면 '인민주권론' ── 근대 민주주의의 인민 정치의 핵심적인 출발점 ── 은 근대적인 '합의 독재'의 근거가 된다. 대표자 정치가 인민 정치로부터 발생하지만 그 위에 군림하고 더욱더 그것으로부터 자신을 소외시키는 과정은 국가권력이 사회로부터 분리되어 군림하는 것과 정확히 대응한다.[30] 대표자의 정치가 자립화·권력화함으로써 그것을 탄생시킨 (인)민의 정치[31]로부터 분리되는 것이다.[32]

독립해 (인)민의 민주주의 자체를 옥죈다. 점점 더 현실의 민주주의는 (인)민 자신의 평등한 참여에 기초한 결정보다 소수에 의해 통제되는 결정에 따라 이루어진다.

30) 엥겔스는 국가권력을 "사회에서 발생하지만 그 위에 군림하고 더욱더 그것으로부터 자신을 소외시키는 권력"(레닌, 1991: 15에서 재인용)이라고 표현했다.

31) 필자는 (인)민의 정치를 더욱 포괄적인 의미에서 사회의 정치 혹은 사회적 정치로 표현하기도 했다(조희연, 2006b).

32) 대의민주주의의 형식성과 실질성, 즉 대의민주주의가 대표자 권력에 의해서 식민화되고 실질적으로는 (인)민을 소외시키는 성격에 주목해 이를 직접민주주의적인 코뮌적 질서를 통해 극복하려는 노력도 있었다. 마르크스는 '대의자와 피대의자를 분리시키는' 현실 민주주의의 괴리에 주목하고 그것을 극복하기 위한 기제, 예컨대

두 번째의 차원에서 민주주의는 경제적 불평등의 구조화된 체계로서의 자본주의와 그 경제적 권력에 의해 허구화되고 왜곡되어간다. 이것은 근대 시민혁명의 본원적인 성격에서 발생하는 것이기도 하다. 즉, 시민혁명은 이중적 해방을 내포하고 있었다. 한편에서는 국가로부터 (인)민의 해방과 그들의 정치적 자유를, 다른 한편에서는 국가로부터의 시장과 자본의 해방과 그것의 경제적 자유를 의미했다. 해방된 두 존재 간의 긴장과 갈등33) 속에서 해방된 시장과 자본은 정치적으로 해방된 (인)민을 시장적 방식으로 부단히 '재노예화'한다. 즉, 근대 민주주의라는 형식 속에서 시장권력과 자본권력 ─ 근대의 새로운 지배를 구성 ─ 은 정치적으로 해방된 (인)민을 식민화한다.34)

'코뮌의 보통선거권 선언, 항시적 소환 가능성, 동일한 임금, 자유롭고 보편적인 교육에 대한 계획' 등을 고려했는데, 마르크스에게 "대의자와 피대의자 사이의 분리를 좁히는 모든 조치는 국가의 폐지, 즉 주권권력의 사회로부터의 분리 파괴를 향한 조치로 생각되었다"(네그리, 2008: 24). 나아가 그는 "근대의 민주주의적 기획은 아직 끝나지 않은 기획이다. 다수의 민주주의 혹은 만인의 민주주의라고 하는 지향과 완전한 대의를 향한 지향은 여전히 끝나지 않은 것이다"(네그리, 2008: 288)라고 말한다.

33) 자유주의적 관점에서 볼 때 부르주아지가 주도한 서구의 근대 시민혁명은 자유권으로서의 재산권 절대화 등과 같은 경제적 자유의 쟁취라는 성격과 동시에 정치적 자유라는 의미를 가지고 있었다. (인)민의 자기통치와 평등한 정치적 참여라고 하는 민주주의의 이상은 만민에 대한 정치적 자유권으로 제한적으로 해석된다. 이것은 근대 자유주의의 두 가지 측면, 즉 정치적 자유주의와 경제적 자유주의의 상호관계와도 연관된다. 현실의 권력은 경제적 자유주의에 의해 표상된 시장의 자유, 재산 소유의 자유(재산권)에 의지해 정치적 자유주의의 급진적 잠재력을 제한하며 자유의 지배적인 측면을 경제적 자유로 설정하고자 한다.

34) 독재 이후에는 한편으로는 독재로부터 해방된 시장과 자본, 그리고 경제적 자유의 원리에 기초한 자본주의가 존재하고, 다른 한편으로는 (인)민의 해방과 정치적 자유, 그리고 그것의 확장 원리에 기초한 민주주의가 존재한다. 그리고 1987년 이후 이들 간에 '민주주의와 자본주의의 전쟁'(조희연, 2009b)이 있었다. 그런데 여기서 시장과 자본권력의 현실적 형태는 달라진다. 개발독재하에서 시장과 자본은 독재국가의 '하위 파트너'로서 전략적 지원을 받으며 성장했다. 이렇게 해서 자신의 기반을

세 번째 차원에서 민주주의는 다양한 사회적 분할선(성적·인종적·종교적 분할선 등)을 경계로 하는 사회적 독점집단에 의해 제한되고 포획된다. 그 결과 현실의 민주주의는 다양한 사회적 차별 — 그리고 차별적 질서에서 지배적 지위에 서는 집단 — 과 공존하는 형국에 놓인다. 정치적 평등을 주창하는 (인)민 자신도 때로는 그러한 차별 체계를 '주어진' 것으로 알고 살아간다. 따라서 민주주의는 언제나 특정한 현실의 차별과 공존하면서 그것에 의해 왜곡되면서 재생산된다.

사실 사회적 분할과 차별구조는 근대 민주주의 자체의 '사회적 조건'으로 존재한다. 민주주의를 탄생시킨 근대 시민'혁명'은 현존하는 '사회적 조건' 속에서 전개되었다. 혁명에 참여하는 (인)민이 현존하는 사회적 분할과 차별을 '주어진 조건'으로 받아들일 때 그것은 민주주의의 '구성적 일부'가 된다.35) 근대 시민혁명으로 특정한 사회적 차별은 혁파되었지만, 근대 시민혁명에 이르기까지 쟁점화되지 않은 많은 사회적 차별은 '주어진' 것으로 수용하는 조건 속에서 민주주의가 현실화되었다. 예컨대 토크빌이 찬사를 아끼지 않던 1950년대 후반의 '미국 민주주의'는 '백인만의 민주주의'였으며 민주주

정립한 한국의 자본권력은 이제 국가로부터의 자율, 탈규제, 작은 정부를 내걸면서 스스로 지배의 중심이 되어가고 있다.

35) 근대 시민혁명을 포함한 모든 혁명 — 1917년 러시아 혁명, 1945년 북한 혁명, 1949년 중국 혁명 등 — 은 혁명이 발생하기까지의 사회적 해방 수준을 반영한다. 1980년대 이후 아시아 민주화 과정에서 민주화 이후 사회가 어떤 차별을 주어진 조건으로 하느냐 않느냐는 민주화 과정까지의 사회적 쟁점화 수준에 의해 영향을 받는다. 물론 민주주의는 다양한 사회적 차별집단이 '평등'이라는 이름으로 이를 '합법적'으로 쟁점화할 공간을 제공한다. 어떤 의미에서 이후의 긴 사회적 해방의 출발 공간을 제공한다고 할 수 있다. 민주주의는 저항의 합법성을 부여한다는 점에서 이전의 정치체제와 구별된다. 인민 정치는 정치 주체로서의 (인)민의 위치 확립으로 (인)민 자신이 '판단의 주체'가 되는 것을 의미하고, 따라서 (인)민 자신이 주어진 차별을 쟁점화하게 되면, 그러한 수준으로 해방적 주체화가 된다면 민주주의의 이름으로 쟁투 과정에 진입하게 된다.

의와 흑백차별은 서로 불화하지 않았다.[36) 또한 아파르트헤이트로 악명을 높았던 남아프리카 체제가 '독재'로 유지된 것은 아니었다. 최소한의 민주주의적 요건과 절차 — 구성원이 시민권으로 명명되는 기본을 보편적으로 향유하고, 국민 자신이 선거권과 피선거권을 갖는 조건에서 선거를 통해 대의자를 선출하는 과정 — 는 형식적으로 보장하면서, 그것이 사회적 차별의 기존 질서와 대립하지 않도록 만들고자 노력했고 민주주의는 그렇게 존재했다. 일반적으로 보면, 민주주의의 주체가 되는 근대 (인)민 자체가 사회적 분열과 차이, 차별 속에서 그것을 '주어진' 것으로 생각하면서 존재한다. (인)민은 자신 속에 존재하는 사회적 분할선과 차별선을 스스로의 '정체성'으로 보유하며 정치적 주체가 되기 때문에 사회적 차별의 정체성이 민주주의와 불화하지 않고 공존할 수 있다.

지금까지 살펴본 세 가지 차원의 현실 권력이 근대 민주주의 및 그 내부의 (인)민과 맺는 관계는 상이하다. 세 가지 차원은 독재 상황이 아닌 근대 민주주의의 '성취' 이후 '내부적 허구화'의 지점인데, 근대 민주주의는 '시민권'의 이름으로 모든 (인)민을 '동일한 정치의 주체'로 정립한다. 그런데 첫 번째 차원에서 대표자 권력은 '인민 정치'를 (인)민의 이름으로, 즉 '인민주권의 이름으로 '위임 정치' 혹은 '동원 정치'로 만든다. 두 번째와 세 번째 차원에서, 현존하는 경제적 차별 질서(자본주의)와 사회적 차별 질서는 민주주의를 최소주의적인 절차로 한정하고 그 절차를 보장하면서 현존하는 경제적·사회적 차별 질서와 공존·유지하도록 만든다.

그런데 두 번째 차원과 세 번째 차원의 식민화 방식에는 차이가 존재한다.

---

36) 사실 Freedom House 등의 민주주의 지표에서 미국은 민주주의의 선진모범사례처럼 인식된다. 그러나 이런 관점에서 미국의 민주주의는 '대단히 후진적'이라고 할 수 있다. 형식적으로 선거민주주의는 '꽃피우고 있는' 것처럼 보이지만, 그것은 자본권력과 시장권력에 의해 민주주의가 잘 포획되어 있는, 그래서 흑인에게, 사회경제적 하층민에게는 민주주의를 통해 '구성적 외부'로 되는 좋은 사례라고 할 수 있다.

경제적 불평등과 그 체제로서의 자본주의는 '정치와 경제의 분리'를 통해서, 그리고 사회적 불평등은 현존하는 사회적 분할과 차별선을 '자연화(自然化)'하는 방식 ― '주어진' 것으로 전제하도록 하는 방식 ― 을 통해서 민주주의와 공존하고 그것을 포획한다.[37] 즉, 두 번째와 세 번째 차원 모두에서 (인)민은 갈등적인 때로는 적대적인 '이익공동체(집단)'으로 분할되는데, 이러한 분할이 두 번째 차원에서는 민주주의 정치와 '무관한' 것으로 그리고 세 번째 차원에서 민주주의 정치의 '외부'에 존재하는 것으로 인식되어 민주주의와 공존한다.

현실의 정치적·경제적·사회적 독점권력은 민주주의를 부단히 자기 방식으로 '식민화'하고 그것을 통해 스스로의 이해와 권력을 '영토화'해 지키고자 한다. 이렇게 현실 민주주의가 정치적·경제적·사회적인 독점적 지배권력에 의해 식민화되고 포획됨으로써 대표자 정치와 (인)민 주체 정치 간의 근원적인 괴리, 이상으로서의 민주주의와 현실 민주주의 간의 괴리는 더욱 커지게 된다.[38]

---

37) 개발독재의 경우 그 독재를 유지하는 권력의 중심에 군부권력이 있었다. 그러나 민주화 이후에 이러한 민주주의의 포획의 중심에 자본권력이 존재한다. 자본권력은 개발독재하에서 강화된 스스로의 힘으로 이제 국가와 시민사회의 전 영역을 '식민화'해가고 있다. 미디어 영역이나 심지어 대학 등 지식생산영역까지도 급속하게 자본에 의해 식민화되어가고 있다. 자본권력은 한편에서 민주주의를 제한하고 포획하면서, 다른 한편에서는 현존하는 사회적 차별구조들을 스스로의 재생산을 위한 자원으로 전유하고 활용한다. 1960·1970년대 한국자본주의의 초기에는 당시에 존재하던 가부장제적 차별을 전유하고 활용하는 방식으로 스스로를 강화했다. 현재는 이전의 차별들을 여전히 활용하면서도 이제는 이주노동자라고 하는 민족적·인종적 분할선'을 자본축적에 활용한다. 이때 민족적·인종적 분할선은 한국 국민들이 '주어진' 차이로서 인정하고 있고 자본은 이를 활용한다.

38) 이런 점에서 민주주의는 언제나 '과두성(oligarchic-ness)'을 갖는다고 할 수 있다. 민주성(democraticness)은 바로 이러한 과두성과의 긴장 속에서 현존한다(Cho, Hee-Yeon, 2008).

이러한 포획과 식민화는 특정한 약자 집단 — 소수자 집단, 사회경제적 하위 주체 등 다양한 이름으로 부른다 — 이 비록 민주주의 내부에 위치하지만 실제로는 스스로의 이해와 요구가 대의되지 못하고 배제된 상태에 놓여 있음을 의미한다. 벤하비브에 따르면, "모든 국가는 자신의 외부뿐만 아니라 내부에도 타자를 갖고 있다"(벤하비브, 2008: 41). 이를 민주주의의 '구성적 외부'39)라고 표현할 수 있다. 즉, 민주주의는 부단히 국가권력, 관료권력, 대표자권력, 자본권력, 시장권력, 그리고 다양한 사회적인 다수자권력에 의해서 포획·식

---

39) 무페는 데리다의 개념을 빌려와 이를 '구성적 타자'라고 표현한다. 이 개념은 들뢰즈에서도 핵심이다. 모든 집단에서 스스로의 집단적 정체성이 형성되려면 '우리'와 '그들'의 구분은 불가피하다. 즉, '그들'이라는 외부는 '우리'를 구성하기 위한 필수적인 전제가 된다. 그래서 '구성적 외부'가 된다. 이런 의미에서 무페는 "모든 객관성에 내재하고 있는 적대감과 집합적인 정치적 정체성을 구성하는 데 우리와 타자라는 구별이 중심적"(무페, 2006: 29)이라고 보고 있다. 왜냐하면 "우리의 정체성, 더 나아가 집단적 정체성 형성에 '구성적 타자'가 필연적으로 관여한다는 것은 본질주의적 입장이 유지될 수 없다는 것을 의미하기 때문이다." 라클라우와 무페(1990)는 "여하한 사회적 객관성도 권력행위를 통해 만들어질 뿐이라고 주장했다. 즉, 모든 사회적 객관성은 궁극적으로 정치적인 것이며, 그것의 구성을 지배하는 배제행위의 흔적을 드러낼 수밖에 없다는 것이다. 여기서는 지배적 권력의 구성적 실천에 의해서 민주주의가 특정한 방식으로 구조화되고 식민화되면서 형식적으로는 포섭되어 있으나 실질적으로는 배제 — 정치적으로 구성 — 되는 '포섭적 배제(inclusive exclusion)'를 표현하기 위해 이 개념을 사용한다. 랑시에르에 따르면, 구성적 외부는 '프롤레타리아'라고 해도 무방하다. "프롤레타리아는 아무나의 이름, 내쫓긴 자의 이름으로서, 노동자에게 어울리는 고유한 이름이었다"(랑시에르, 2008: 140~141). 수유+너머가 '소수성'(고병권·이진경, 2007)과 '대중의 소수화'(고병권·이진경, 2008a) 개념으로 포착하고자 하는 것도 민주주의의 '내부에서 외부화'되어 있는 존재이다. 여기서 필자는 지구화를 구체적 맥락으로 설정하지 않고 서술하고 있는데, 버틀러가 난민 속에서 발견하는 '국가 없음(statelessness)'의 존재가 지구화 시대의 구성적 외부라고 할 수 있다. 그에 따르면, "국가는 특정한 민족적 집단을 우리로 지칭하고 그러하지 않은 민족적 소수자를 타자로서 추방하고 배제한다. 이런 점에서 국가 없는 자가 포박된 곳은 정치 공간이 구성되기 위해 필수적인 외부, 즉 내부에 존재하는 외부가 된다"(버틀러·스피박, 2008: 25).

민화되면서 민주주의 내부에서 배제되는 '내부에 있으나 외부화된 존재'를 만들어낸다. 바로 이 지점에서, 현실 민주주의는 다양한 억압적 관계 및 불평등관계를 은폐하는 기제라고 하는 마르크스의 비판이 설득력을 갖는다. 아감벤에 따르면, "구성적 외부는 '벌거벗은 생명'이라고 할 수 있으며, 여전히 예외 형태로, 즉 배제를 통해서만 포함되는 어떤 것으로서 정치에 포섭되어 있는 존재"(아감벤, 2008: 50)라고 할 수 있다. 필자는 '민주주의의 위기'가 바로 이러한 것이라고 본다. 현실권력에 의한 민주주의의 식민화가 확장되어 민주주의의 일부로서의 (제도)정치와 사회의 괴리가 확장되어 배제된 존재들이 민주주의에 대한 희망을 포기하게 되는 상황, 다시 말해 민주주의가 (인)민의 요구와 이해를 실현시키는 통로로서의 기능이 소진된 상황을 필자는 '민주주의의 위기'로 본다.

주민등록증 말소자, 비정규직노동자, 이주노동자에서 드러난 민주주의의 '구성적 외부'의 몇 가지 예

이러한 구성적 외부를 몇 가지 예를 통해 확인해볼 수 있다. 주민등록증 말소자는 민주주의 속에 있으나 민주주의적 기제에 의해 배제되는 구성적 외부이다. 주민등록증 말소자는 민주주의 국가가 어떻게 작동해 구성적 외부를 만들어내는지를 상징적으로 보여준다. 주민등록증 제도 자체가 국민국가의 (인)민을 '국가화된 규율체계' 그리고 경험적 지표인 '주민등록번호' 속에 재(再)존재화시킨다. (인)민은 주민등록증을 통해 코드화되어 국가가 관리하는 수치화된 존재가 된다. 일종의 '존재의 국가화' 현상이라고 할 수 있다. 문제는 '국가화된 존재'방식을 통해 주민등록증 말소자는 이차적으로 존재를 상실하게 된다는 점이다. 빈곤으로 인해서든 여타의 사정에 의해서든 가상적으로 만들어진 국가화된 존재로부터 스스로의 존재가 '말소'되는 것이다. 가상적 존재가 만들고 제거되는 방식으로 주민등록증 말소자는 이중의 '구성적 외부'가 된다.

손낙구(2010)가 수행한 수도권 지역 읍면동 별로 투표율과 주택·학력·종교 간 연구에 따르면, "집을 가진 사람, 집을 두 채 이상 가진 다주택자, 아파트에 사는 사람, 대학 이상 학력자, 종교가 있는 사람이 많은 동네일수록 투표율이 높고 보수정당인 한나라당을 택한 비율도 높았다. 반면 무주택자, 단독주택 등 비아파트 거주자, 1인 가구, (반)지하 거주자, 저학력자, 종교가 없는 사람이 많은 동네일수록 투표율이 낮고 민주당(열린우리당 포함)에 투표하는 비율이 높은 것으로 나타났다."

더욱 복합적인 분석이 필요하지만, 이 연구 결과에는 가진 자는 적극적으로 투표를 통해서 자신의 이해에 부응하는 정치세력을 지원하고 못 가진 자는 민주주의의 핵심 기제인 투표에서 이탈해 있는 현실이 나타나고 있다. 민주주의가 보장하는 정치라는 공적 공간이 가장 기본적인 제도적 기제인 투표에서도 자신을 드러내지 못하는(혹은 민주주의라는 공적 공간이 못 가진 자를 더 적게 대의하는 방식으로 작동하는) 역설적인 그러나 일반적인 현실을 잘 보여주고 있다. 저항을 통해 쟁취된 민주주의는 일단 확립된 이후에는 못 가진 자가 민주주의를 부단히 급진적으로 재구성하지 않는 한 언제나 민주주의 질서에서 가진 자와 권력 있는 자에 친화적인 것으로 부단히 구성된다. 특별히 '가난한 동네' 유권자의 투표율이 '부자 동네'보다 훨씬 낮다는 점에 주목할 필요가 있다.

또한 비정규직 노동자의 요구와 이해는 현존하는 민주주의적 정치 공간에서 적절하게 자기 목소리를 갖지 못한다. 성장의 논리와 글로벌 경쟁의 논리 속에서 비정규직 노동자의 요구는 민주주의가 포괄하지 않아도 되는 '비현실적'인 것으로 치부된다. 그들의 요구와 이해는 민주주의의 '구성적 외부'가 되는 것이다. 이는 자본주의가 특정한 방식으로 민주주의적 정치공간을 포획하고 있음을 의미한다. 이주노동자도 한국 민주주의의 '공간적 범위' 내에 존재하지만 '배제된 존재', 즉 구성적 외부이다. 그들은 민족주의적 국가체계에 의해 특정하게 구성된 민주주의 속에서 '(인)민' 혹은 국민에 포함되지 않는 방식으로 스스로의 목소리를 갖지 못하게 된다. 민주주의와 정치 자체가 재구조화되지 않는 한 그들의 요구와 이해는 정치 영역에 진입할 수 없다.[40]

주민등록증 말소자가 특정하게 국가화된 방식으로 민주주의의 구성적 외부가 된다고 하면, 비정규직 노동자는 그들의 요구와 이해가 '민주주의가 포괄하지 않아도 되는' 의제가 되는 방식으로 민주주의의 구성적 외부가 되며, 이주노동자는 정치 주체로서의 (인)민에 포함되지 않는 방식으로 민주주의의 구성적 외부가 된다.

이들 세 가지 사례는 어떤 민주주의든지 스스로 '구성적 외부'와 '구성적 내부'를 만들어내는 방식으로 작동한다는 것을 보여준다. 이것은 현실의 민주주의가 언제나 '외적 잔여'로서 배제되는 것을 구성하는 방식으로 존재한다는 것을 의미한다. 특별히 근대 민주주의에서 형식적 배제가 소멸한다— 동등한 시민권의 적용대상이 된다 — 고 할 때, 이들 사례는 '민주주의적으로 배제된 것'이라 할 수 있다. 이것은 역설적으로 현실 민주주의, 현실 민주주의 제도의 한계성을 드러내고 민주주의의 재구성을 요구하는 현실적 근거가 된다. 후술하겠지만, 급진민주주의는 민주주의와 민주주의적 정치의 급진적 확장을 통해 특정 시공간의 민주주의에서 '구성적 외부'로 존재하는 것을 '내부화'하는 것을 의미한다.

급진민주주의적 관점에서 볼 때 모든 현실의 민주주의는 대의되지 않는 존재를 가지고 있으며 기존의 제도화된 정치체제에 의해서 대표되는 집단(시

---

40) 구성적 외부는 나라에 따라서 상이한 방식으로 구현된다. 중국의 예를 들어보자. 2010년 1월부터 5월까지 중국 선전(深圳)에 있는 팍스콘(Foxconn, 富士康) 회사에서 13명의 노동자가 건물에서 뛰어내려 투신자살했다. 한국의 1960·1970년대와 유사하게 체벌·구타 등 비인간적인 노동통제와 착취가 직접적인 원인인 것으로 알려졌다. 문제는 이들이 이른바 농민공(農民工. 농촌 출신의 이주노동자)인데, 중국의 도농 분할구조 속에서 도시 호적을 갖지 못한 비(非)시민으로 위치 지워져 있고 이런 조건을 기업은 착취조건으로 활용하고 있는 것이다. 중국의 개혁개방 이후 이들은 중국 체제의 '구성적 외부'로 존재하고 있다고 말할 수 있다.

민)과 대표되지 않는 사람(비시민)으로 구분된다. 근대 시민혁명을 통해 탄생한 (인)민은 바로 민주주의 그 자체 속에서 이제 시민과 비시민으로 구분되게 된다. 그런 의미에서 민주주의 내에는 언제나 '두 개의 민주주의'가 존재한다. 즉, 대표된 자의 민주주의와 대표되지 않은 자의 민주주의, 시민의 민주주의와 비시민의 민주주의가 그것이다. 급진민주주의는 민주주의의 내부에서 현실을 바라보는 것이 아니라 민주주의의 외부 그리고 민주주의로부터 배제된 세계를 통해 민주주의를 바라보고 민주주의 내부를 재구조화하는 지향을 갖는다고 할 수 있다.[41]

4) 근대 민주주의를 둘러싼 구성적 각축

이상의 논의를 기초로 근대 민주주의는 (인)민의 주체적 정치 공간이면서 정치를 통해 지배가 재생산되는 공간이라고 하는 이중성을 가진다고 할 수 있고, 이 이중적 공간에서 (인)민은 '이상으로서의 민주주의'로 현실의 민주주의를 변화시키기 위한 각축을 전개하며 현실의 권력은 민주주의를 식민화하고 포획하기 위한 각축을 전개한다.

앞서 이러한 각축의 차원을 세 가지로 설정했는데, 이 세 가지 차원은 민주주의가 제한되고 현실적으로 포획되는 차원이기도 하며, (인)민이 이상으

---

41) 라클라우와 무페는 '정치적인 것의 재발견'을 통해서 (인)민을 재구성하고자 한다면, 하버마스(2007)는 심의·협의적 영역의 확장을 통해서 민주주의를 재구성하고자 한다. 수유+너머의 코뮌주의 전략은 민주주의 자체에 대한 단절과 거부를 통해 민주주의로 포섭되지 않는 독립된 세계의 연합을 건설하려 한다고 해석할 수 있다(고병권·이진경 외, 2008b). 그런 점에서 라클라우와 무페의 전략은 외부를 내부화하려는 것이며, 코뮌주의는 내부와의 단절을 통한 외부의 창안 전략이라고 할 수 있다. 이에 반해 급진민주주의적 전략은 외부를 통해 내부와 외부의 관계, 나아가 민주주의의 구성 자체를 재구조화하는 것으로, 궁극적으로는 '뫼비우스의 띠'와 같이 '내부와 외부가 이어지는' 경계의 의미가 소멸하는 상태를 지향한다.

로서의 민주주의를 운위하면서 현실의 민주주의 — 권력에 의해서 포획되는 민주주의 — 를 상대화하고 극복해 민주주의를 급진적으로 확장하는 차원이기도 하다. 근대 민주주의가 확립한 '정치' 공간은, 앞서 서술한 바와 같이, 인민 정치가 표현되는 '대의'의 공간 혹은 (인)민의 주체적 정치 공간인 동시에 현실 권력에 의한 '포획'의 공간이다. 이런 점에서 민주주의는 구성적 실체라고 할 수 있다. 급진민주주의의 관점에서 볼 때 "민주주의는 하나의 정치제도가 아니라 사회적·계급적 각축 과정을 통해 새롭게 구성되는 역사적·현재적 구성물이다"(조희연·김동춘·유철규, 2008: 56).

필자는 민주주의가 현존하는 지배 권력에 의한 '최소주의적 식민화'와 (인)민에 의한 민주주의의 '최대주의적 확장' 간의 각축 속에서 구성된다고 표현하고 싶다.[42] 한편에서 (인)민은 타협적으로 정착한 근대 대의민주주의의 긍정성을 적극적으로 활용하면서 '(인)민의 주체적인 정치 공간' 속에서 자기 권리와 이해를 실현하고자 투쟁한다. 다른 한편에서 근대 시민혁명을 통해 민주주의가 근대 국가의 지배적인 원리로 정착하게 되자 지배적 권력은 민주주의를 지배의 불가피한 형식으로 인정하고 민주주의적 지배를 자신의 지배와 정합(整合)적인 것으로 만들기 위해 그리고 민주주의의 의미를 최소화하기 위해 각축한다. 따라서 현실의 민주주의는 (인)민의 최대주의적 투쟁과 지배적 권력의 최소주의적 투쟁의 각축 속에서 구성적 외부를 내포하면서 존재해왔다. 라클라우는 "민주주의 안에는 현존하는 권력 질서가 민주주의의

---

42) 인민이 과연 이러한 '최대주의적 확장'을 희망하고 투쟁하는가라는 물음을 제기해볼 수 있다. 필자는 그렇다고 이야기하고 싶다. 이를 엘리아스 카네티(2010)가 제기한 '군중은 평등을 지향한다'라는 명제를 가지고 이야기해본다면, 군중은 특히 근대의 군중은 자신들이 성취한 근대 시민혁명이 '불완전한 혁명'이며, 그들이 그 혁명을 통해서 성취한 민주주의가 사실은 언제나 '이상으로서의 민주주의'와 '현실로서의 민주주의' 사이의 긴장 속에 존재하며, 언제나 자신들의 삶의 불만과 요구를 '이상으로서의 민주주의'에 기대어 '현실의 민주주의'를 비판하고 저항하는 방식으로 제기한다고 말할 수 있다.

형식적 제도 속에서 공존하도록 하는 지향 혹은 원리와, 그러한 질서 자체와 그것이 설정한 정치의 경계를 문제시하며 기존 질서의 비결정성을 드러내고 기존 질서를 탈구시켜 새로운 민주주의적 질서로 재구성하고자 하는 지향 혹은 원리가 공존한다"(라클라우, 1990: 39~45)고 표현한다. 이런 점에서 민주주의는 "구성과 전복의 논리 사이에서 요동하는 것"(이승원, 2008: 83)으로 이해되어야 한다.

근대 민주주의의 역사를 볼 때 현실 권력이 민주주의를 최소주의적으로 제한하려 노력했다고는 하지만 (인)민의 아래로부터의 최대주의적 투쟁은 현실 민주주의를 이상으로서의 민주주의 방향으로 혁명적으로 때로는 점진적으로 변화시켜왔다. 근대 이후의 민주주의 역사는 앞에서 서술한 세 가지 차원에서 (인)민의 투쟁과 그로 인해 '강요된 개혁'이 전개되는 과정이었다고 할 수 있다. 이른바 자유민주주의적 상태에서 사회적 민주주의 상태로 확장되었고, 형식적 민주주의에서 실질적 민주주의로 확장되었다. 또한 민주주의가 보장하는 시민권은 시민적 권리에서 정치적 권리를 거쳐 사회적 권리로 확장되었다. 이러한 민주주의의 최대주의적 확장 속에서 국가의 사회화, 시장의 사회화, 다양한 사회적 독점권력의 해체적 재편이 일정하게 진전되어 왔다고 할 수 있다.

필자가 생각하는 급진민주주의는 '민주주의와 자본주의의 관계' 속에서 자본주의를 넘어서는 동력으로 작용하는 것만이 아니라 대의적 민주주의를 넘어 (인)민의 직접정치 혹은 대중적 민주주의(popular democracy)를 실현하는 동력으로, 나아가 다양한 사회적 차별과 공존하는 민주주의가 아닌 모든 차별이 소멸되고 차이만 존재하는 사회적 평등 상태를 실현하는 동력으로 작용하는 것을 지향한다. '민주주의의 급진화' 프로젝트는 민주주의의 급진적 재해석과 실천적 확장을 통해 정치적·경제적·사회적 불평등을 넘어서고자 하는 프로젝트이다. 마르크스는 민주주의가 자본주의의 '정치적 외피'로 전락하는 것을 우려했다. 그런데 (국가권력의 담지자가 된) 마르크스주의자들은 자본주의적 착취관계를 '극복'했다는 이유로 민주주의를 폐기해버렸다. 필자는 이렇게 말하고 싶다. 우리는 마르크스의 '우려의 정신'을 급진적으로 확장하여, 이제 민주주의의 이름으로 대의민주주의의 한계성에 대항하라! 민주주의의 이름으로 자본주의에 대항하라! 민주주의의 이름으로 모든 사회적 차별에 대항하라!

급진민주주의의 관점에서 볼 때 민주주의는 독재에 대립하는 '환호'의 대상이 아니라 '문제대상'으로 파악되어야 한다. 실제로 민주화의 맥락에서만이 아니라 서구의 근대 민주주의도 이러한 성격을 가지고 있다. 서구의 근대 대의민주주의는 제도화된 정치의 장에 스스로의 이해와 요구를 실현·대의시키지 못하는 소수자를 부단히 창출하는 방식으로 작동했다. 그리고 그들의 요구와 이해는 언제나 '정상적인' 체제에서는 구현될 수 없는 주변적인 것으로 외부화되었다. 민주주의가 (인)민의 자기통치와 자신의 삶을 스스로 결정하고자 하는 지향 위에 서 있다는 점을 고려할 때 (인)민의 정치는 결코 제도화된 정치로 한정될 수 없다.

민주주의가 부단히 '구성적 외부'를 만들어내는 비민주주의화의 과정을 내부에 내포하는 방식으로 작동한다는 점을 고려하면서, 급진민주주의는 민주주의 자체의 급진적 재구성을 지향한다. 이를 위해서는 정치 영역으로 한정되지 않는 민주주의혁명을 모든 사회관계와 삶의 영역으로 확장한다. 정치와 비정치의 경계가 부단히 현실 권력에 의해서 소수자의 요구와 이해를 외부화하는 방식으로 작동한다는 점을 고려하면서, 급진민주주의자는 현존하는 정치의 경계와 내용을 문제 삼는다. 급진민주주의는 비정치로 규정되어 배제된 다양한 하위주체의 요구와 이해를 정치의 이름으로 정치의 장에 새롭게 재인입시키는 급진민주주의혁명을 추구하며, 현실의 권력에 의해 독점화하는 민주주의를 해체하는 '영원한 탈독점화운동'의 성격을 지닌다.[43]

---

43) (인)민의 다층적인 투쟁을 통해서 현실권력들에 의한 민주주의의 식민화가 저지되고

이런 점에서 필자의 급진민주주의론은 '탈독점적 민주주의론'이라는 또 다른 얼굴을 갖는다(조희연 편, 2008; 조희연·김동춘 편, 2008).

이런 점에서 급진민주주의는 평등과 자율이라고 하는 민주주의 원리를 전 삶의 영역에서 실현하고자 하는 복합적 해방 프로젝트라고 할 수 있다. 따라서 급진민주주의는 하나의 목표가 아니라 현실에서는 부단히 특정한 제도적 형태로 고정화되지만 과정 및 운동으로 존재하는 것이며, 모든 사회관계와 삶의 영역으로부터 발생하는 다양한 적대에 대항해 출현하는 저항과 대안적인 삶의 기획을 접합해 새로운 정치성 혹은 정치적 주체를 출현시키는 '급진민주주의혁명의 전략'을 가진다.

독재에 저항하는 과정에서의 민주주의는 독재적 질서에 의해 배제된 자들의 정치적 자기표현 통로였다면, '민주화 이후의 민주주의'는 한편에서 독재 하에서 배제된 자들의 제도화된 자기표현을 보장하지만 다른 한편에서 새로운 방식으로 배제되는 존재를 만들어낸다. 현실의 민주주의는 언제나 '구성적 외부'를 갖는다. 민주주의에는 언제나 '두 개의 민주주의'가 존재하고, 시민과 비시민이 존재한다. 우리의 급진민주주의는 민주주의를 출발점으로 삼아 '민주주의와 더불어' 가면서도 '민주주의에 대항하며 '민주주의 그 이후'로 가고자 하는 지적·실천적 프로젝트라고 할 수 있다.

그 결과 일종의 '민주주의 자체의 숨쉴 공간(breathinkg space)'이 만들어지지 않는다면, 그 괴리에서 파생되는 인민의 불만이 민주주의 자체를 부정하는 동력으로 동원된다고 생각한다. 위임민주주의, 포퓰리즘, 전체주의 등의 현상 등이 그 예가 될 것이다. 나아가 국민투표의 확대방안이나 '숙의(deliberation)'의 확대방안이나 다양한 거버넌스 제도의 도입 등은, 이러한 괴리를 보완하기 위한 현대 민주주의의 여러 기제들이라고 할 수 있을 것이다. 필자는 바로 이러한 숨 쉴 공간 혹은 민주주의가 '배제의 정당화 기제'로 작동하지 않고 (인)민의 권리증진의 통로로 작동하기 위해서는 제도정치의 외부에서 비제도정치 혹은 운동정치, 혹은 대중투쟁의 '투입'이 있어야 한다고 생각한다.

4. 급진민주주의, 자유주의, 마르크스주의, 포스트구조주의

지금부터 필자는 이상의 논의를 기초로 기존의 다양한 이론적 흐름과의 대비 속에서 급진민주주의의 지향을 드러내면서 그 이론적 위치를 명확히 해보고자 한다.

먼저, 급진민주주의는 민주주의론을 중심으로 진보적 근대주의의 입장에서 '탈근대주의적 문제제기'를 비판적 전유·융해하는 이론적·실천적 프로젝트이다. 마르크스주의나 사회주의 등을 좌파적 근대주의라고 표현할 수 있다면, 근대주의의 좌파적 흐름이 어떻게 다양한 탈근대적 혹은 포스트 근대적 흐름을 비판적으로 전유하면서 자신을 재정립할 것인가 하는 문제의식이 급진민주주의론의 근저에 있다고 할 수 있다.[44]

현재 한국의 지적 흐름에서 근대주의와 탈근대주의적 흐름은 양극화되는 양상을 보인다. 이는 근대주의적 진보 흐름과 탈근대주의적 진보 흐름의 경우에도 마찬가지이다. 전자는 후자를 백안시하고 개량적인 흐름 정도로 보며, 후자는 전자를 '아직도 구시대적 프레임'에 갇혀 있는 것으로 매도하기도 한다. 그러나 '해 아래 새롭지 않은 것이 없다'고 할 수 있지만, '해 아래 새로운 것은 없다'고 할 수도 있다.

---

[44] 필자는 급진민주주의라는 저항 담론을 통해 경제 환원주의적 경향을 넘어서는 저항 담론의 공간을, '탈근대주의'의 도전을 급진근대주의의 관점에서 전유하는 저항 담론의 공간을, 새로운 급진주의를 기존의 노동 중심적 급진주의와 결합시키는 저항 담론의 공간(여성주의, 생태주의 등 비공산주의적 좌파와 공산주의적 좌파 간에 존재하는 새로운 공통성의 공간)을 설정해보고자 하는 문제의식을 가지고 있다. 그리고 실천적인 관점에서 그람시적 헤게모니전략을 현대적인 맥락에서 재사고하면서 급진화 전략과 헤게모니 전략을 결합—기존의 변혁론사 속에서 대립하고 있었다—시키고자 하는 문제의식, 그리고 제도정치 중심주의를 넘어 제도정치와 운동정치의 상호작용을 중시하는 저항 전략을 사고하고자 하는 문제의식도 가지고 있다. 이에 대해서는 조희연(2011a) 참조.

필자는 이 두 가지 인식을 같은 차원에서 대립시키고자 하지 않는다. 지금 구세대라고 치부되는 세대가 1970년대에는 장발과 미니스커트로 독재에 의해 탄압당하는 '버르장머리 없는 신세대'였다. 당연히 필자는 20세기 초반의 마르크스주의를 포함한 좌파적 근대주의의 주체 인식이 21세기의 맥락에서 그대로 적용될 필요는 없다고 생각한다. 예컨대 프롤레타리아를 고정적인 역사적 해방 주체로 상정하고 탈근대적인 '생성의 철학'과 '차이의 철학'을 백안시할 필요는 없다. 오히려 사회경제적 맥락, 나아가 인간의 삶의 조건이 변화하면서 삶의 모순에 대한 저항적 인식 자체가 변화했다고 생각해야 한다. 필자가 보기에 이러한 탈근대적 도전은 다양한 영역에서 나타나고 있다. 예컨대 탈민족주의적 역사학에서 '조선 후기 맹아론'에 대한 문제제기로 나타나며, 새마을운동이나 박정희 시대에 대한 기존의 진보적 인식에 대한 도전으로도 나타나고 있다.

이런 점에서 필자는 진보적 근대주의의 입장에서 탈근대주의의 긍정적 문제제기를 결합하는 식으로 접근하려 한다.[45] 물론 필자는 민주주의론의 영역 — 민주주의를 둘러싼 이론적·실천적 영역 — 에서 이를 시도하려 한다. 민주주의론이야말로 좌파적 근대주의가 탈근대주의의 진보적 요소를 비판적으로 전유하고 조우하는 좋은 영역이라고 생각된다(여기서 보수적 탈근대주의는 논외이다). 왜냐하면 다양한 탈근대주의적 문제제기를 실천적으로 보았을 때 그것은 기존의 프롤레타리아의 존재론적 특권 속에서 파악되지 않는 다양한 민주적 투쟁과 주체를 부각시키고 있다고 생각되기 때문이다.

---

45) 필자는 네그리의 자율주의나 코뮌주의도 탈근대적 도전에 대한 마르크스주의 혹은 좌파적 근대주의의 응전이라고 생각한다.

1) 급진민주주의와 자유주의의 비판적 전유

먼저 급진민주주의론은 자유주의 혹은 자유주의적 민주주의의 합리적 핵심에 대한 '비판적 전유'를 지향한다. "민주주의와 자유주의의 우연적 접합"(Laclau, 2005: 168)을 전도시키는 것이다. 마르크스주의의 전통에서 자유주의에 대한 비판을 정확히 수행했음에도 그것의 긍정적 측면을 좌파 기획의 재구성 속에서 내재화하지 못했다. 이런 점에서 무페와 라클라우가 '급진적이고 다원적인 민주주의'를 새로운 좌파의 기획으로 정식화할 때의 문제의식에 대면하게 된다. 무페는 '근대 이후 자유민주주의의 탄생과 함께 시작된 자유와 평등의 조화에 관한 문제'에 대해서, 보편적 자유와 권리 등에 기반을 두는 자유주의적 전통과 인민주권에 기반을 두는 민주주의적 전통이 경쟁하고 긴장을 가지면서 존재하고 있다고 보면서 "근대 민주주의를 논의할 때…… 두 가지 상이한 전통…… 한편으로는 법의 지배, 인권의 보장과 개인적 자유에 대한 존중 등의 가치로 구성되는 자유주의적 전통이 있고, 다른 한편으로는 평등, 치자와 피치자의 동일시, 인민주권 등의 사상으로 구성되는 민주주의적 전통이 있다"(무페, 2006: 15)고 말한다. 필자는, 무페와 같이 민주주의에 내재한 평등의 원리, 자유주의가 기각한 적대의 원리, 자유주의가 긍정적으로 보유한 다원성의 원리 등을 급진적으로 확장시키기 위한 노력이 필요하다고 생각한다.[46]

---

46) 주지하다시피 미국에서 리버럴(liberal)은 진보적이고 혁신적인 것을 의미한다. 이는 공화당과 민주당의 대립 구도에서 '좌측 요소'가 민주당에 의해 대표되고 있음을 의미한다. 미국은 보수 양당제가 상당히 폭넓은 사회적 기반을 가지고 있다. 민주당을 넘는 급진 정당이 존재하고 있으나 대단히 주변화되어 있고, 네이더(R. Nader) 등으로 상징되는 그룹이 대중적 제3정당으로서 진출하고자 했으나 결국 실패했다. 한국은 어떤 의미에서 진보 정당이 제3정당으로 원내에 존재하고 상당한 성장 가능성을 가지고 있다는 점에서 미국식 민주주의의 보수 양당 구도를 뛰어넘는 성격이 있고 확대될 개연성도 크다. 한국에서는 미국 민주당식 자유주의(liberalism)의 폭이

자유주의의 합리적 핵심의 급진적 전유에서 중요한 접근태도는 자유, 다원성, 법의 지배, 인권, 시민권 등에 대한 '본질주의'적 인식이 아닌 '구성주의적' 인식이다. 자유민주주의적 견해는 정치의 고유한 역할과 위치를 간과하며, 나아가 민주주의가 정치의 구성적 실천의 결과물이라는 점을 간과한다. 자유민주주의관에서 중시하는 다원성이나 형평성은 사실은 (인)민의 민주주의의 급진적 확장 투쟁에서 구성된 것이다. 자유민주주의 내에서 실현된 다원성은 (인)민의 투쟁에 의해 근대 민주주의 내부에서 자유민주주의가 혁신되어감으로써 나타난 변화이다. 앞서 서술했듯이 근대 시민혁명에서 정점에 이른 (인)민 투쟁의 '성과물'로 (인)민의 주체적 정치 공간이 출현했고 이 공간에서의 지속적인 각축이 다원성으로 표현되는 변화를 낳았다. 이러한 아래로부터의 투쟁이 없었다면, 현실의 지배적 권력은 다원성을 해체하고 영역 간의 독점 연합을 실현하는 이른바 카르텔화로 질주함을 현실이 잘 보여주고 있다. 정치의 고유한 역할을 부정하고 시장적 기제로 정치를 해소하는 것이야말로 민주주의의 형식 속에서 (자유민주주의자들이 부각시키는) 다원성을 오히려 해체하는 결과를 만들어내게 된다. 오히려 다원성을 떠받치는

제한되기 때문에 이를 뛰어넘는 진보적 지향이 진보 정당에 의해 담지될 가능성도 크다. 이것은 자유주의가 내포하고 있는 정치적 자유주의와 경제적 자유주의(소유의 자유 및 시장의 자유)에서 어느 것이 지배적인가에 따라 달라질 것이다. 한국에서도 1990년대와 2000년대 두 측면은 각축과 긴장 상태에 있었으나, 1997년 전면적인 개방화와 신자유주의적 지구화의 영향 속에서 자유주의가 내장한 정치적 자유주의는 퇴색하고 소유적 개인주의, 사유재산 절대주의, 부르주아적 경제활동의 절대화 등과 같은 신자유주의적인 '경제적 자유주의'가 지배적인 방향으로 퇴락해가고 있다. 이런 상황에서 한국의 진보 정당 혹은 급진 정당이 자유주의가 담고 있는 개인의 자유와 자율, 다원성을 급진적으로 담지할 수 있는 공간은 크다고 할 수 있다. 민주주의를 급진적으로 확장하는 속에서, 경제적 자유주의를 공적·정치적으로 제약하고자 하는 진보의 과제는 자유주의의 한계지점에서 자유주의의 합리적 핵심을 급진적으로 확장하는 것을 의미한다. 급진민주주의가 자유주의의 비판적 전유의 입장에 서는 것은 현실적으로 이런 의미를 담고 있다고 할 수 있다.

사회적 힘은 (인)민의 아래로부터의 힘이다.

급진민주주의론은 (인)민의 투쟁에 의해 획득된 민주주의적 자유의 중요성을 부정하지 않는다. 오히려 그것을 급진적으로 확장하는 방식으로 민주주의의 진전을 이루고자 한다. 이런 점에서 급진민주주의는 자유주의와 다원주의의 급진적 전유로 설정될 수 있다.

아시아에서 민주화로 이행하는 많은 국가에서 보는 바와 같이 민주주의의 일차적인 병목 지점은 정치적 다원성의 실현이다. 구 독재하에서 고착화된 '정치적 독점'의 해체 자체가 다원성으로 가는 일차적인 관문이 된다. 여기서 급진민주주의가 착목하는 것은 바로 그러한 다원성조차 독점적 권력으로부터 소외된 소수자와 하위주체의 지난한 투쟁의 구성물이며, 또 다른 다원성의 확장 투쟁이 없는 한 그것은 현실의 권력에 의해서 부단히 포획되고 무력화된다는 점이다.

2) 급진민주주의와 마르크스주의의 성찰적 전유

급진민주주의는 기존의 마르크스주의에 대한 '성찰적 전유'를 지향한다. 급진민주주의론은 마르크스주의와 사회주의의 '민주주의의 도구론적 인식' 및 경제 환원주의적 정치 인식을 극복하고자 비판한다. 역사적으로 볼 때 현실 사회주의는 민주주의를 자기화하지 못하고 폐기하면서 전체주의로 전락해갔다. 이는 사회주의가 내적인 자기정정의 기회를 갖지 못하고 붕괴의 길로 가게 만든 계기였다. 마르크스주의는 근대 민주주의와 시민사회가 자본주의에 의해 한계 지워지고 내적으로 무력화되는 것에 정확히 주목했지만 근대 민주주의에 대한 '형식주의'적 시각과 '도구론'적 인식으로 가버렸다(하버마스, 1994). 이처럼 현실 사회주의 탈민주주의화는 반대로 민주주의가 자유주의에 의해 독점적으로 전유되는 계기를 만들었다. 동유럽 사회주의의 붕괴 과정에서 볼 수 있듯이 민주주의는 서방의 것이 되었으며 민주주의가 시장경제와 동일시되었다. 20세기 역사는 민주주의를 도구화함으로써 '야만적' 방향으로 전락해간 사회주의와 반대로 민주주의를 이용한 (인)민의 투쟁을 통해서 '문명적' 방향으로 변화가 강제된 자본주의 간의 대결에서 전자가 패배했음을 가르쳐주고 있다.

현존 사회주의가 민주주의를 기각하고 자유민주주의가 민주주의를 전유하게 되면서, 민주주의는 (인)민 투쟁의 무기가 아니라 우파와 반동의 이데올로기적 무기가 되었다. 그것은 이미 동유럽에서 드러났으며, 현재 이슬람권과 미국의 관계에서도 그러하다. 부시가 '민주주의의 이식'이라는 이름으로 이라크를 침공한 것은, 어떤 의미에서는 이슬람 세계의 '민주주의적 후진성' 문제를 제국주의가 활용하는 것이다.

이런 점에서 급진민주주의론은 기존 사회주의와 마르크스주의의 합리적 핵심을 적극적 계승하는 입장에 선다. 급진민주주의는 자유주의가 전유한 민주주의의 좌파적 재전유 시도이자 '좌파 민주주의'의 복원 시도라고 할 수 있다.

급진민주주의는 특히 사회주의와 마르크스주의의 경제적 평등을 향한 급진적 지향을 계승하고자 한다. 사회주의의 합리적 핵심의 하나는 '정치적 대의와 경제적 관리 사이의 분리'에 대한 비판이다. 앞서 필자는 민주주의가 자본권력과 시장권력에 의해 식민화되면서 허구화된다는 점을 지적했다. 급진민주주의는 경제권력에 의한 정치적 대의의 허구화를 비판하면서 역으로 정치적 민주주의의 급진적 확장을 통해 경제권력의 사회화를 지향한다는 점에서 마르크스주의와 사회주의에 대한 '성찰적 계승'의 입장에 선다고 할 수 있다. 근대 민주주의 속에서 내장된 '자본주의와 민주주의의 전쟁'에서 자본주의가 민주주의를 식민화하는 것에 대응해 후자는 명백히 전자의 공적·사회적 통제를 지향하는 입장에 선다. 비록 급진민주주의는 사회주의는 아니지만, 자본주의에 대항하는 노동자 투쟁은 급진민주주의 투쟁으로 규정될 수 있다. 이런 점에서 급진민주주의는 기본적으로 탈자본주의적 민주주의론이라고 할 수 있다.

기존의 마르크스주의 내부에서도 민주주의에 대한 재인식이 광범하게 존재한다. 밀리반트는 다음과 같이 단호하게 말한다.[47]

> 사회주의자의 주된 과제 가운데 하나는, 자본주의 체제 속에서 얻어진 민주적인 성과물을 가장 단호하고 설득력 있게 수호하는 것이요, 자본제적 민주주의의 결함을 가장 비타협적으로 비판하는 것이며, 나아가 자본주의적 지배가 가한 속박에서 마침내 민주주의를 해방시킬 사회질서를 가장 잘 선전하고 주장하는 것이다(밀리반트, 1994: 33).

또한 우드는 급진적으로 확장된 "민주주의는 사회주의와 동의어가 될 수도 있다"(Wood, 1995: 15)고 말한다. (인)민이 민주주의 이름으로 사회주의적 요구를 할 때 많은 부분은 민주주의의 이름으로 실현될 수 있다. 민주주의가 내포한 잠재적인 평등주의적 원리 — 1인 1표주의, (인)민의 자기통치, (인)민의 자기권력 — 를 급진적으로 확장하게 되면 사적 소유 자체를 폐지하지는 못하지만 사회주의론이 대결하는 경제적·계급적 불평등을 최대주의적으로 공적·정치적으로 규율한 상태를 실현할 근거를 가질 수 있다. 왜냐하면 소유, 분배, 통제가 계급에 따라 근본적으로 불평등하게 구조화된 사회에서 진정한 민주주의를 달성하는 것은 급진적 의미를 담고 있기 때문이다.[48] 이처럼

---

47) 그에 따르면, 민주주의를 옹호하는 점에서 사회주의자는 '부르주아 민주주의'자와 동일하지만, "전통적인 자유주의 원칙을 전면적으로 거부하기보다는 이 원칙을 자유주의 사상가는 꿈도 꾸어보지 못한 정도까지 근본적으로 확장한다"(밀리반트, 1994: 31). 이는 사회민주주의처럼 자본주의적 '국가'에 민주주의가 포획되는 것이 아니라 '국가 바깥에 수많은 권력 중심'을 길러내고 확장하는 것이어야 한다. 이 글의 논지에서 볼 때 민주주의를 확장하고 유지하는 것은 제도 또는 국가화된 공간 자체라기보다 제도정치 외부에 있는 (인)민의 강화된 힘이고 권력이다.

48) 물론 어느 정도까지 "사적 이익의 정당성에 대한 공격을 민주적 원칙과 양립하게

급진민주주의는 민주주의의 급진적 확장과 '생산수단의 사회화'로 표현되는 사회주의의 목표 사이를 연결하고자 하는 문제의식 위에 서 있다.

3) 급진민주주의와 포스트구조주의적 소수자론

급진민주주의론은 포스트구조주의적인 다양한 도전과 소통하면서 기존 해방 정치의 지평을 다양한 사회적 차별의 영역으로까지 확장하고자 한다. 여기서 포스트구조주의라 함은, 사회과학에서 우파적인 구조기능주의적 구조주의와 좌파적인 마르크스주의적 구조주의를 비판하면서 출현한 다양한 흐름 — 페미니즘, 탈식민주의, 탈민족주의, 포스트모더니즘, 다양한 해체주의, 문화주의적 접근, 반인종주의, 일상사, 신사회운동론, 탈물질주의론, 생태주의, 공동체론 등 — 을 말한다. 특별히 필자는 계급적 적대만이 아니라 다양한 사회적 차별과 적대, 억압을 쟁점화하는 논의를 염두에 두고 있다. 사회주의가 주로 경제적 불평등과 대결하며 다양한 사회적 차별을 경제 환원주의적으로 접근했다고 하면, 포스트구조주의의 다양한 흐름은 사회 속에 내재한 다양한 적대와 차별, 억압을 쟁점화함으로써 '사회적 해방'의 지평을 확장했다.

여기서 통상적 마르크스주의적 프레임이 중시하는 계급적 적대 프레임을 확장해 다양한 사회적 적대를 어떻게 급진적 프레임 속에 '내부화'해낼 수 있을 것인가, 나아가 계급적 주체로 환원되지 않는 다양한 사회적 저항 주체를 어떻게 기존 프레임을 급진적으로 재구성함으로써 위치지울 것인가 하는 점에 급진민주주의론적 문제의식이 있다고 할 수 있다.

탈근대주의를 포함한 다양한 포스트구조주의가 마르크스주의를 비롯한 구조주의적 시각에 던지는 도전의 핵심에는 '차이'의 인식론과 차이의 정치

만들 수 있는가"(일리, 2008: 59)라는 문제가 존재한다. 민주주의 원리의 급진적 확장으로 사회주의적 평등을 실현하는 데는 분명 한계도 존재한다.

학을 기존 좌파의 기획과 결합할 것인가 하는 고민이 있다. 만일 좌파의 정치학을 '혁명의 정치학' 혹은 '해방의 정치학'이라고 한다면, 급진민주주의는 이것을 '차이의 정치학'과 결합하는 문제의식 위에 서 있다는 의미이다. 현실에서 '인정투쟁(호네트, 1996)'과 사회경제적 분배투쟁은 긴밀히 연관되어 있다. 현재까지도 동성애자 등 소수자들은 '관용'이나 톨레랑스의 관점에서 포용이 강조되고 있을 뿐이다. 사실 구체적인 현장, 예컨대 직장에서 동성애자는 '존재' 자체가 인정받지 못함으로써, 예컨대 가족수당의 대상도 되지 못하며, 이성애적 기혼자에게 주어지는 각종 혜택으로부터 원천적으로 배제되는 상태에 있다. 삶의 현장에서 해방의 정치학과 차이의 정치학은 필연적으로 연관되지 않을 수 없다. 급진민주주의의 관점에서 '무한대로 급진적으로 확장된 민주주의'는 모든 사회적 차별이 그 자체로 존중되는 '차이'의 상태일 것이다. 이는 아마도 단일한 중심이 존재하는 것이 아니라 중심이 복수화·다수화되는 것이며, "중심을 제거하는 것이 아니라 중심이 과잉되는"(고병권·이진경 외, 2008: 177~178) 상태일 것이며, 모든 차이에서 차별의 흔적이 제거되고 차이 그 자체가 되는 상태일 것이다.

이런 점에서 급진적 민주주의론은 자유주의를 비판하면서 자유주의가 전유한 다원성과 형평성을 급진적으로 확장하고자 하며, 마르크스주의의 경제환원론적 탈정치주의가 내장하는 도구론적 민주주의·정치관을 극복하고 경제적 마르크스주의의 합리적 핵심을 급진민주주의론 속에서 성찰적으로 전유하고자 하는 것이다. 나아가 비판적인 포스트구조주의와의 소통 속에서 민주주의론을 다층적인 사회적 해방의 프로젝트로 확장하고자 한다. 이론적·개념적 측면에서 급진민주주의론은 기존 마르크스주의나 사회주의론의 입장에서 보면 자유주의론의 합리적 핵심을 비판적으로 전유하는 것이며, '구조주의적' 마르크스주의적 입장에서는 '포스트구조주의적' 논의를 급진적으로 전유하는 지적 시도라고 할 수 있다.[49]

49) 이상의 논의가 한국적 맥락에서 갖는 실천적 의미를 살펴보자. 필자는 급진민주주의 논의를 통해 반독재 저항운동의 중요한 정신적 가치 중 하나인 진보 세력이 자유주의적 가치의 급진적 실현 세력이 되고, 자유주의와 급진주의의 연대 실현이 지적 차원에서도 적극 사고될 필요가 있다고 생각한다. 자유주의와 마르크스주의 및 급진민주주의의 상호관계에 대해서 필자는 지적인 차원에서 자유주의의 급진적 전유와 마르크스주의의 성찰적 전유를 통해 자유주의 좌파, 사회주의적 좌파가 신자유주의적 지구화에 대항하는 민주주의 속에서 지적 공동 전선을 구축해야 한다고 생각한다. 제2차 세계대전 이후의 지적 흐름을 보면, 마르크스주의와 국가사회주의의 아킬레스건이라고 할 수 있는 전체주의에 대한 논쟁을 거치면서 좌파 지식인 중 일부가 마르크스주의와 단절하고 자유주의로 경도되었다. 국가사회주의의 전체주의화(좌파 자코뱅주의적 흐름) 속에서 서유럽의 자유주의적 좌파가 반(反)마르크스주의로 경도되고 급진주의자의 일정 블록이 자유주의화하는 경향이 나타났다. 국가사회주의의 전체주의화, 그리고 그러한 전체주의화에 대한 설명력을 상실한 마르크스주의에 대한 비판 속에서 "마르크스주의와 단절한 좌파 지식인은 사회적 권리에 대한 인정을 수용하면서 (사회주의적 지향이 자유주의 속에서 부분적으로 실현되는 속에서－인용자) 경제적 자유주의와 스스로를 구분하고 있던 정치적 자유주의자와 공동 전선을 형성한다. 즉, 반마르크스주의와 반경제적 자유주의라는 네거티브 공동 전선을 형성한 것이다"(홍태영, 2008: 260). 급진주의자, 좌파, 사회주의자가 자유주의와 민주주의를 전유하는 것이 아니라 오히려 자유주의가 사회주의를 전유하는 형국이 조성된 것이다. 이것이 사회주의의 혁신이 아니라 사회주의의 붕괴로 가는 주요한 통로였다. 사회주의 붕괴 이후 전 지구적인 신자유주의적 전선이 인간사회의 진보를 질곡하고 있는 점을 감안한다면 이에 대한 깊은 성찰이 필요하다. 우리가 사회주의 붕괴를 지적 차원에서 성찰해보면, 제2차 세계대전 이후 자유주의가 마르크스주의와 사회주의의 합리적 핵심을 전유해갔던 것과는 정반대의 노력이 필요함을 알 수 있다. 즉, 좌파가 자유주의와 민주주의를 급진적으로 전유하려는 노력을 수행해야 한다. 여기에는 국가사회주의와 북한의 민족적 사회주의의 퇴행에 대한 성찰적 인식이 담겨 있어야 할 것이다. 물론 이제 지적·실천적 공동 전선은 단지 자유주의 대 마르크스주의의 대립구도 속에서만 추구될 수 없다. 생태주의와 페미니즘 등 다양한 포스트구조주의적 급진주의가 출현했기 때문이다. 좌파의 혁신은 자유주의와 민주주의의 급진적 전유라는 과제뿐만 아니라 생태주의와 페미니즘 등 다양하고 새로운 급진주의와의 소통과 연대라는 과제에 직면해 있다. 새로운 연대 전선은 다양한 급진주의와 연대하는 복합성을 띠게 될 것이다. 이러한 새로운

4) 급진민주주의들

급진민주주의론의 이론적 위상을 분명히 하려면 기존 급진민주주의와의 연속성과 차별성을 논의해야 한다. 급진민주주의라는 표현은 일반적인 실천 운동 속에서 '민주주의의 급진적 확장'이라는 의미에서 통상 사용된다. 우리 의 급진민주주의는 이러한 의미 사용에 서면서 그것을 이론적·개념적으로

지적 공동 전선에서 보편성의 전제주의에 대항해 '차이의 정치학'을 전면화하는 다양한 포스트구조주의적인 소수자론이 중요한 위치를 점하고 있을 것이다. 바로 이런 접점에 급진민주주의가 있다. 특히 신자유주의적 지구화의 상황에서 마르크스 주의와 사회주의의 합리적 핵심을 급진적으로 전유하면서 자유주의 좌파, 생태주의 좌파, 여성주의 좌파, 사회주의의 반(신)자유주의적 공동 전선을 형성해내는 것은 실천적으로도 중요하다. '민주주의 좌파'는 바로 이런 복합적 구성을 갖는 것이 될 것이다. 이러한 연대 전선은 한국의 반독재 전선의 정신 속에 강력하게 존재해왔 다. 한국 및 아시아에서의 반독재 전선은 반파시즘 전선이었고 그만큼 정치적·경제 적 자유주의자와 급진주의자의 연합 전선이었다. 그러나 국가사회주의의 붕괴, 사회 주의의 전체주의화(그리고 민족적 사회주의 북한의 퇴행)로 인해 자유주의자가 급진 주의자로부터 분리되면서 자유주의자 내부에서 정치적 자유주의 대신 경제적 자유 주의가 지배적이 되었고, 심지어 자유주의자와 급진주의자의 일부가 분화되는 형국이다. 예를 들어, 뉴라이트의 분화는 북한의 민족적 사회주의의 왜곡을 계기로 반독재 속에서 급진화되었던 자유주의자와 급진주의자가 보수적 방향으로 선회한 것이라고 할 수 있다. 그러나 지구적 신자유주의는 (인)민의 삶에 대한 파괴성 때문에 자유주의자의 역(逆)분화를 만들어내고 있다. 그런 점에서 지구적 신자유주의는 새로운 의미에서의 자유주의 진보파와 급진주의자 연합의 조건을 제공하고 있다. 반파시즘 전선의 정신을 지구적 신자유주의의 조건 속에서 계승하는 것이라고 할 수 있다. 급진민주주의는 바로 이런 지적 연합 전선의 공간을 제공하는 것이라고 할 수 있다. 급진민주주의는 이런 점에서 국가사회주의의 전체주의화, 정치에 대한 경제주의적 마르크스주의를 비판하면서도, 반마르크스주의 공동 전선이 아닌 새롭 게 복합적인 반자유주의적 공동 전선을 지향한다. 신자유주의적 지구화 시대에 자유주의의 신자유주의적 공세와 그 파괴적 현실을 계기로 정치와 민주주의의 급진 적 전유를 통해 자유주의 진보파와 다양한 좌파, 그리고 혁신된 마르크스주의의 새로운 연대 전선을 지향하는 것이다. 이에 대한 자세한 서술은 조희연(2011a) 참조

심화하고자 하는 문제의식을 갖는다.

급진민주주의론은 반드시 하나의 이론적·개념적 표현 형태를 가질 필요는 없다. 그런 점에서 '급진민주주의들'로서 존재할 수 있다. 여기서는 보다 직접적으로 급진민주주의론을 이론적·개념적으로 사용하는 '부다페스트 학 파(Budapest School)'라고 부르는 급진민주주의 집단 그리고 라클라우와 무페로 상징되는 영국의 급진민주주의 집단과의 관계 속에서 우리의 급진민주주의 입장을 서술해보고자 한다.

우선, 부다페스트를 중심으로 해서 집단에 대해 살펴보자. 이들은 루카치 와 폴라니의 통찰력에 의존하는, 공산주의 정권에 대항하는 민주주의 집단인 동시에 공산주의의 합리적 핵심을 계승하고자 했던 집단이라고 할 수 있다. 특히 루카치의 문하생이었던 헝가리의 학자와 활동가로 구성된 집단을 통칭 한다. 페헤르(Ferenc Feher), 헬러(Agnes Heller), 마르쿠스(Georg Markus), 바즈다 (Mihaly Vajda) 등이 이에 속한다(Brown, 1988: 1). 그들 중 다수는 스스로 '네오마 르크스주의'적 지향을 갖는다고 자기확인을 했다.

그들은 현존 사회주의가 '정치적 사회'로 전락했다고 평가하면서, 이는 자본주의의 자율적인 경제 영역이 전체주의적 국가 형태에 의해 통합되었기 때문이라고 진단했다. 그들은 경직되고 억압적인 공산당 지배체제를 대립물 로 삼아 민주주의의 회복을 사고하고 사회주의의 긍정적 유산을 수용하고자 하는 지향을 가진다는 점에서 '탈공산주의적 급진민주주의론'이라고 할 수 있다.

그들은 전체주의적인 현존 사회주의와 서구 자본주의를 거부하는 대안적 모델을 고민했는데, 그것은 개인의 완전하고 자유로운 발전을 보장하는 급진 민주주의 모델이었다. 이 모델은 자본주의적인 입헌민주주의(정치적 다원주 의, 헌법적으로 보장된 시민적 자유, 개인의 자기결정권 보장, 국가와 시민사회의 분리 등), 집단적인 자주관리, 모든 기본 필요의 보장, 계층화된 사회적 의사결 정의 민주화 등을 포함한다. 또한 경제적으로는 계획과 시장의 혼합경제,

소유권의 혼합적 형태를 지향하면서, 자주관리와 시장에 대한 공적 관리를 결합하고자 했다. 그들은 서유럽에서 자본주의와 공산주의를 모두 '산업사회'라는 점에서 비판하는 '탈산업사회론' 지향을 가지고 있었으나 '체제수렴론'적 지향을 가지진 않았다.

주지하다시피 폴란드의 연대노조운동이나 동유럽의 민주화운동은 초기에는 공산당 정권을 '비판'하는 입장을 가지고 있었으나 공산주의 자체에 대한 전면적인 반대를 표방하진 않았다. 그러나 공산당 정권의 내부 개혁에 대한 기대가 소멸되어가고 저항 진영 내부에서 반공산주의적 개혁 집단이 강화되면서 점차 저항운동은 공산당 체제와 대립하는 입장을 취했다. 이런 점에서 그들의 급진민주주의는 공산주의와는 거리를 두지만 반공산주의가 아닌 공산주의 혁신에서 민주주의론을 접합하고자 했다고 볼 수 있다.

그들 스스로 자기확인한 '신좌파적' 성격은 생산 패러다임으로 자본주의나 현실 사회주의를 분석하는 것의 한계성, 계급 갈등으로 사회적 갈등을 환원하는 것의 문제점 등을 강조하는 것에서 나타났다(Brown, 1988: 4~7). 민주주의론과 관련해 그들은 민주주의의 사회적 성격을 주목하고 있었다. 폴라니가 자본주의로의 이행 과정에서 포착한 '이중적 운동'을 통해 드러내고자 한 것처럼, '민주주의와 자본주의로의 이행'에서 양자의 긴장과 모순관계를 주목하고 사회의 자기방어로서의 민주주의를 사고했다.

그러나 그들은 동유럽의 특수한 맥락을 중심으로 사고함으로써 일반적인 급진민주주의론으로서는 내포화가 충분히 진전되지 않았다. 그리고 그들은 '국가사회주의의 관료적 타락'이라는 역사적 맥락에 직면해 있었기 때문에 '공산주의의 한계' 문제에 주목했으며, 신자유주의적 자본주의에 대면하면서 갖게 되는 반(反)·초(超)자본주의적 문제의식은 상대적으로 약했다. 또한 그들은 마르크스주의적인 출발점에서 점차 멀어지면서 스스로를 '포스트마르크스주의'적이라고 표현할 수 있는 입장으로 변화해갔다.

두 번째로, 라클라우와 무페 등에 의해 정식화된 급진민주주의에 대해 살펴보자. 통상 급진민주주의라고 할 때 라클라우와 무페의 급진민주주의론을 연상한다(Laclau and Mouffe. 1990; 무페, 2006; 무페, 2007). 그들의 급진민주주의는 '포스트마르크스주의적 논의'와 결합되면서 계급적 적대로 환원되지 않는 다양한 사회적 적대와 생산관계적 차원으로 확장되었고, 정치적·이데올로기적 차원의 자율성, 프롤레타리아 이외의 다양한 사회적 주체의 독자적 지위 등에 중요한 통찰을 제공했다. 라클라우와 무페의 급진민주주의는 사회주의가 자유주의와 민주주의를 어떻게 대면할 것인가, 그리고 현대 자본주의에서의 다양한 적대와 주체 및 노동자계급적 주체의 관계 등에 대한 중요한 문제제기를 동반하고 있다.

라클라우와 무페가 보기에 "사회의 내적 질서의 형성과 그것의 외적 경계선은 선험적 필연성이 아니라 헤게모니적 우연성에 의해서 결정된다"(Lacalu, 1990: 199). 이것은 마르크스주의의 본질주의적 문제점을 극복하기 위한 반(反)본질주의적 시도로서의 의미를 갖는다. 라클라우는 "모든 사회 요소의 우연적 위치가 갖는 정치적 중요성을 강조하고, 그러한 우연성을 헤게모니 기획의 주체와 모든 사회구조로 확장시키면서 그람시의 헤게모니 개념에 남아 있는 본질주의적이고 환원주의적인 유산을 해체시킨다"(Laclau and Mouffe, 1990; Laclau, 1990; Laclau, 2000a; Smith, 1998: ch. 2). 우연성을 갖는 개별 요소는 헤게모니적 접합을 통해 특정 국면에서 고정적인 존재가 된다. 노동자계급은 '선험적 존재'로서가 아니라 "개별성과 보편성 사이의 접합적 실천으로서의 헤게모니 실천"(이승원, 2008: 90)을 통해 비로소 존재하게 되는 것이다. 라클라우와 무페는 접합이라고 하는 헤게모니적 실천의 시각을 노동자계급과 같은 본질적이고 환원주의적인 주체의 제한된 영역이 아니라 사회 자체의 구성에까지 확장시켰다. '사회적인 것(the social)'은 바로 그러한 접합적 실천을 통해 존재하게 된다.

그들의 노력은 서유럽 마르크스주의의 오랜 '본질주의'적 함정 — 포스트구조주의나 해체주의의 가장 핵심적인 도전 지점 — 에 대한 고민에서 출발하고 있다. 이런 점에서 존재론적으로 특권화되고 모든 해방의 궁극적인 중심이 되는 '자기완결적이고 충만한' 특권적 주체가 존재하지 않는다는 그들의 관점을 수긍할 수 있다. 또한 그것은 모든 갈등과 적대를 일거에 해결하는 모든 '적대의 중심'으로서의 계급 적대가 아니라는 것을 인정할 수 있다.

그러나 그들의 논의는 '경제적 사회구성체'를 이데올로기적 사회구성체로 전치해버린 문제, 경제주의와 환원주의에 대한 성찰적 반성에서 '담화 환원주의'적 경향을 드러낸 점, 총체화에 대한 비판에서 탈총체화의 경향을 드러낸 점, 다양한 사회적 주체의 인정에서 주체성의 구조적 근거 자체를 방기한 점, 필연성에 대한 비판에서 우연성의 논리로 환원한 점 등의 새로운 문제점을 드러내고 있다(엘린 메익신즈 우드, 1993; 제숍, 1985: 254~269).

특히 급진적 이론의 실천적 함의와 관련해, 다양한 적대 간의 관계 및 다양한 해방의 주체 간의 관계에서 모든 갈등과 적대의 선험적 위계성을 부정하는 것이 갈등과 적대의 역사적 구성에서의 '우연적' 관계를 반드시 상정해야 하는 것을 의미하지 않는다. 또한 모든 갈등과 적대는 우연적 관계를 가지며 고정적으로 동등한 것이라고 하는 것을 의미하지 않는다. 더구나 모든 역사적 사회구성의 우연성을 의미하는 것은 아니다. 오히려 모든 사회적 갈등과 적대의 '차이'를 긍정하면서도 또한 계급 환원주의적 입장에서 주체의 위계성을 선험적으로 설정하지 않으면서도, 역사적 시공간에서 주체 간의 특정한 역사적 관계 자체에서 여러 적대의 중요성의 차이를 인정할 수 있다. 경제 환원주의의 문제점은 주체의 역사적 구성을 주체의 초역사적 규정으로 전환시켰다는 데 있기 때문에 주체 간 상호관계의 역사적 특수성에 대한 고민을 폐기할 필요는 없다.[50] 그렇지 않으면 지젝이 포스트모던주의자를

---

50) 지젝은 레닌의 '특수한' 해법은 실패했지만, 레닌에게 실현되지 않았던 그리고 실패했던 잠재적 가능성을 부활시키는 것이 필요하다고 말한다. "과거(예컨대 레닌의 혁명 실험) 자체는 단순히 '거기 있었던 것'이 아니다. 과거는 비현실화된 잠재성을 포함하고 있으며 진정한 미래란 바로 과거의 반복·부활이다. 이 반복은 이미 있었던

비판하면서 표현했듯이, 역으로 "모든 것을 같은 색깔로 물들이는 숨은 동일성"(지젝, 2008b: 365)으로 환원될 수 있기 때문이다. '레닌이 죽었다'는 것을 인정하는 것은 그의 '특수한' 해법이 실패했다는 것을 의미한다. 그러나 지젝의 논의를 확장하면, 레닌의 특수한 해법은 특수한 역사적 시공간에서의 혁명적 주체연합의 한 특수한 형태였다. 그것은 특수하지만 그 안에 모든 혁명의 정신에 해당하는 우리가 다른 혁명을 재사유할 수 있는 '보편적' 요소를 가지고 있다. 그러나 레닌주의자가 레닌의 모델을 역사 특수적 모델이 아닌 고정된 보편 모델 ── 이제 혁명의 의무는 '적용'의 문제가 된다 ── 로 환치해 버리는 순간 '혁명의 과학'의 '일탈'이 시작된다.

모순의 다양성·중층성, 그리고 거기에서 나타나는 적대의 다양성·중층성은 적대의 공통성에 기초해 저항의 연대성으로 나아갈 수 있다.[51] 특히 자본의 식민화 영역의 확장은 다양한 사회적 적대는 자본 지배의 확장에 따라서 상이한 방식으로 자본 지배와 연계되면서 존재하고 그만큼 저항은 자본과의 일정한 연계성을 가진 채로 표현된다. 예컨대 신자유주의 상황에서 여성 문제는 신자유주의적 자본 지배와 연관되면서 표출되게 된다. 따라서 다양한 사회적 적대의 고유성과 독립성을 인정하면서 동시에 그에 대한 연계성을 이야기하는 방식으로 새로운 비(非)환원주의적 연대성을 생각할 수 있다.[52]

돌이켜보면, 근대 이후의 과정은 자본권력이 전근대적 경제권력을 압도하

___

것으로서의 과거를 반복하는 게 아니라 과거의 현실 속에서 실현에 실패하고 배신당하고 억눌린 요소의 반복이다. 오늘날 우리가 '레닌을 반복'해야 한다는 것은 이런 의미이다. ……레닌을 우리의 영웅으로 선택하는 것은 그를 따라서 똑같이 하는 것이 아니라 레닌주의에서 실현되지 않은 잠재성을 불러낸다는 의미에서 그를 반복·부활시키는 것이다"(지젝, 2009: 216).

51) 이에 대해서는 박영균(2009: 181~183) 참조.
52) 이와 관련해 '비환원주의적 유물론'을 통해서 사회주의운동, 생태주의운동, 여성주의 운동의 연계성을 근거지우고, 나아가 생태주의와 사회주의의 결합을 도모하는 논의로는 서영표(2009) 참조.

면서 근대적 패권을 확립하고 사회를 재편해가는 과정이었다. 그런데 이러한 자본 지배는 실상 대단히 불완전한 것이었다. 자본 지배의 일차적인 영역은 작업장이었다. 이 영역에서 자본은 노동에 대한 통제권을 가지고 있었다. 그러나 그것은 구매한 노동시간의 범위 내에서의 노동자 통제였으며, 심지어 작업장 내에서도 '형식적 포섭' 수준의 통제권을 가지고 있었다. 그러나 자본 내부에서 패권을 확립한 산업자본은 스스로 변화해가면서 더 많은 사회적 영역을, 그리고 그만큼 더 많은 (인)민의 삶의 영역을 자본의 지배하에 포섭하게 되었다. 20세기 자본주의는 소비자본주의로 이행하면서 예컨대 광고를 통해 인간의 요구와 욕망 자체를 지배하게 되었다. 작업장 영역에서 물적 기반을 확립한 산업자본은 이제 유통의 영역으로 자신의 지배를 확장해 갔다. 이제 자본의 지배는 '생체적(bio)' 권력으로까지 확장되었고 (인)민의 삶의 대부분 영역을 자본의 지배하에 두게 되었다. 다양한 사회적 적대는 이처럼 자본 지배의 전 사회적 확산 과정에서 나타난 대중의 저항성의 발현과 집단화라는 긍정적 현상이라고 할 수 있다. 이처럼 자본의 식민화 영역 확장 에서 발생한 적대의 다양성을 연대를 부정하는 논거로 사용할 필요는 없다.

이런 점에서 연대에서의 특권적 중심의 부재, 연대와 연결의 우연성 및 헤게모니적 계기 등과 같은 라클라우·무페의 '반본질주의'적 논의의 합리적 핵심을 수용하면서도, 앞서 서술한 (인)민의 주체화 확장이라는 점에서 그리 고 자본 지배의 확장에 따른 다양한 사회적 적대의 연계성이라는 관점에서 라클라우와 무페를 넘어서서 '연대의 우연성론'을 극복할 수 있다. 사회주의· 생태주의·여성주의의 담론적 연계성이나 노동운동·환경운동·여성운동의 '적·녹·보'의 연대성에서도 연대성을 가능케 하는 현실적 근거가 존재한다. 자본 지배의 확장은 (인)민의 몸속에 이미 연대의 물질적 기초가 존재하게 만들고 있다. 주체화의 확장은 지배의 헤게모니화에 따라서 분절화된 저항이 오히려 연계할 수 있는 가능성을 제고한다.[53]

다양한 적대 간의 관계는 단순히 이론적 관계만은 아니다. 오히려 적대에 근거해 이에 대결하는 운동의 현실적 관계이다. 그런 점에서 실제의 운동 현실에서 '중심성'이라고 하는 선험적 명제로 운동의 위계를 말하는 것은 의미가 없다. 실제에서 쟁점이 되는 것은, 다양한 민주주의적 투쟁 간의 선험적인 위계성이 아니라 특정한 투쟁의 국면에서 다양한 투쟁의 '대동소이(大同小異)'를 만들어내는 연대성의 현실적 형태이다.

이러한 주체에 대한 논의와 관련해, 포스트구조주의적 논의를 구조주의적 논의의 폐기가 아니라 그것의 확장으로 수용해내는 또 다른 급진민주주의적 접근방식이 가능하다고 생각한다. 이를 위해서는 먼저 주체 간의 관계 문제뿐만 아니라 하나의 주체 자체도 복합적 존재이고 구성적 존재라는 점을 인정할 필요가 있다. 주체는 특정한 시공간에서 체제에 의해 규정되면서 복합적 지향을 갖는다. 그리고 하나의 집단 주체는 단일하게 통일된 존재가 아니다. 이미 '균열과 틈새와 단정을 내장한, 내적 불화를 겪는 주체'로서 존재하며, 그 주체는 구성적 존재로서의 성격을 갖는다. 특정한 역사적 시공간에서 모든 주체는 단일한 주체로 존재하는 것이 아니라 '구성된 집단성'으로 존재했다.

톰슨의 통찰에 기대어 보면, 노동자계급은 경계와 외연이 고정화된 선험적인 존재가 아니라 '역사적 구성물'이다. "계급이란 것은 관계이지 사물이 아니며"(톰슨, 2000a: 9), "계급은 추상적으로나 혹은 따로 떼어 정의될 수 없고 오직 다른 계급과의 관계에서만 정의될 수 있는 (종종 제도로서 표현되는)

---

53) 근대 자본주의는 (인)민의 사회적 관계에서 사회적 관계의 모든 적대성을 '시장적 경쟁'으로 전환하며 사회적 관계의 연대성을 해체해 (인)민의 사회적 삶의 조직 원리 자체를 이익의 원리로 변화시킨다. 이것은 다양한 사회적 적대의 경제적 구성 원리를 변화시키는 것이다. 모든 사회적 관계가 상품화됨에 따라 자본주의에 의해 주어지는 계급적 적대는 여타의 사회적 적대에 '삼투적 모순'으로 존재한다. 이 점에서 계급 혹은 경제 환원론적 입장을 취하지 않으면서도 계급적 적대가 다양한 사회적 적대의 경제적 근거를 규정하는 중요한 모순으로 설정될 수 있다.

하나의 사회적·문화적 구성체이다"(톰슨, 2000b: 562~563). 또한 혁명적 주체는 하나의 단일한 주체가 아니라 '주체들'로 존재했다는 점도 추가되어야 한다. 심지어 러시아 혁명도 그러했다. 이런 점에서 노동자계급은 경계와 내용이 가변적인 구성적 존재였으며, 노동자계급을 포함한 한 시기의 특정한 혁명적 세력 혹은 계급은 구성된 연합적 주체 — 라클라우와 무폐가 지적하는 '헤게모니적 접합'의 결과로서의 현실적 주체 — 로 존재한다. 이런 점에서 볼 때, 라클라우와 무폐의 반본질주의적 문제제기를 수용하면서도 마르크스주의가 가진 주체 인식의 합리적 핵심을 확장적으로 재구성하는 방식이 가능하다.

따라서 필자가 말하는 급진민주주의는 '푸코의 그람시화(Gramsianizing Foucault)', 즉 포스트구조주의 논의를 그람시의 헤게모니론의 확장적 재구성이라는 관점에서 재전유하는 방식을 지향한다. 이는 제숍이 라클라우와 무폐의 도전을 마르크스주의적 국가론 속에서 비판적으로 융해하면서 시도한 '전략' 관계적 국가이론의 고민과도 궤를 같이한다. 이런 점에서 라클라우와 무폐의 급진민주주의를 '담화이론적 급진민주주의'로 규정할 수 있다면 우리의 급진민주주의는 '초/구조주의적 급진민주주의론'을 지향한다고 할 수 있다. 여기서 초/구조주의적이라고 하는 것은 마르크스주의적 구조주의의 합리적 핵심을 계승하면서 포스트구조주의의 도전과 소통하는 방식으로 그것을 재구성하는 것을 의미한다. 이럴 때 '혁신된 사회주의정치학'의 관점에서 라클라우와 무폐를 재급진화하는 작업인 것이다.

5) 다중적인 초/반자본주의 급진민주주의 전략

이제 마지막으로 급진민주주의가 자본주의에 반대하는 여러 지향과 맺는 관계를 서술해보자. 주지하다시피 마르크스주의적인 흐름은 자본주의체제에 반하는 '반체제적' 지향을 갖는다. 반면에 다양한 급진적 운동들 — 예컨대 급진적 생태공동체운동이나 자율주의 운동, 다양한 무정부주의적 운동, 기타 반(反)국가적 운동 등 — 은 자본주의체제로를 넘어서기 위해 이로부터 이탈하는 '체제 이탈적' 지향을 갖는다.[54] 이와 관련해서 보면, 급진민주주의는 정치(혹은 민주주의적 정치)의 급진적 확장을 통해 체제를 사회화하는 방식으로 자본주의를 넘어서고자 한다. 그런 점에서 '체제 위에서의 급진주의(radicalism on the capitalism, not in the capitalism)' 개혁이라고 표현할 수 있다.[55]

급진민주주의는 경제주의적 탈정치주의나 제도정치 중심적 정치주의의 친자본주의적 성격을 반대하면서 반체제적 지향과 체제 이탈적 지향과 동맹하는 관계라고 할 수 있다. 경제주의적 탈정치주의는 기본적으로 자본주의적 시장의 완전한 자율을 이상으로 지향한다. 제도정치 중심적 정치주의는 자본주의와 정치의 분리와 독자성, 정치의 자율성을 주장하는 방식으로 자본주의 체제를 인정한다. 반대로 반체제적인 마르크스주의적 흐름이나 체제 이탈적인 지향은 자본주의와 대결하면서 이를 변혁하고자 한다. 급진민주주의는

---

54) 1968년 혁명을 통해 주목을 받게 된 다양한 급진적 신사회운동(신사회운동 내부에 다양한 편차가 존재한다)은 사실 19세기적 수준에서 보면 '무정부주의적' 경향을 갖고, 스탈린주의적 입장에서 보면 '공상적 사회주의'로 규정될 수도 있는 것이다. 다양한 포스트구조주의 이론에서 주목하는 비(非)노동계급적 저항주체들은 기존의 국가사회주의 운동이 지향했던 '국가권력 쟁취지향적 운동'이라기보다는 '반국가적 운동'의 성격이 강하며(이에 대한 한국에서의 입장은 이종영(2005)에서 찾아볼 수 있다), '무정부주의'적 지향을 가지고 있다고도 말할 수 있다. 급진민주주의는 이러한 반국가적·탈국가적 운동의 급진성을 그 자체로 긍정하고 동맹하려는 입장이라고 할 수 있다.

55) '체제 내'라는 표현이 체제에 의해 포획되고 '개량적'이라는 의미로 읽히기 때문에 '체제 위'라는 표현을 사용했다. 체제를 혁명적으로 전복하고자 하는 좌파를 '반국가적 좌파'라고 표현한다면, 체제 이탈적 좌파를 '탈국가적 좌파'라고 표현할 수 있을 것이다. 급진민주주의는 기본적으로 체제의 정치적 프레임으로서의 민주주의를 긍정하지만, 반국가적 좌파와 탈국가적 좌파와의 동맹이 존재조건이 된다고 말할 수 있다.

이러한 흐름과 동맹하면서 체제의 수준에서 급진적으로 약자의 요구와 이해를 실현하고자 하는 지향인데, 민주주의의 존재론적 인정 위에서 그 체제를 넘어서고자 한다는 차이를 갖는다.

사실 이 세 개의 지향은 급진주의의 상이한 형태라고 할 수 있다. 이런 점에서 급진민주주의는 반체제적인 급진주의와 체제 이탈적인 급진주의와 함께 가는 급진주의로 이해될 수 있다.

먼저, 자본주의 체제에 변혁하고자 하는 반체제적인 급진주의적 실천은 많은 경우 혁명적 실천으로 표현할 수 있다. 급진민주주의의 관점에서 볼 때 혁명의 현실화는 민주주의가 공동화·무력화되면서 '제도화된 정치'가 '정치의 사회화'를 향한 요구와 투쟁을 전혀 수렴할 수 없을 정도로 폐쇄적이고 억압적인 상황, 정치와 사회가 극단적으로 괴리된 상황에서 발생한다. 무수한 소수자와 하위주체가 민주주의의 '구성적 외부'로 위치 지워지고 민주주의가 거의 무의미해지는 상황이 혁명을 가능케 하는 조건이다. 이런 점에서 반체제적 혁명의 가능성은 급진주의자의 전략이 아니라 '반혁명' 속에 '내재'해 있다는 것이 정확할 것이다. 이런 점에서 급진민주주의는 반체제적 급진주의와 같은 차원에서 대립하는 것은 아니다.[56]

---

56) 베른스타인과 카우츠키의 논쟁에서 베른스타인은 "민주주의를 먼저 갖게 되면 프롤레타리아트가 한발씩 승리를 향해 나아갈 수 있을 것이라고 말하지만, 나는 실제는 정반대라고 생각한다. 즉, 프롤레타리아트의 승리가 민주주의의 승리를 위한 전제조건이다"(Freeman, 1996: 441에서 재인용)라고 주장했다. 필자는 이러한 양분법적 시각에 대해 동의하지 않는다. 여기서 프롤레타리아트의 승리가 사적 소유의 철폐를 포함한 경제적 평등의 실현이라고 한다면, 이는 민주주의와 선후의 문제는 아니다. 베른스타인은 자본주의의 사회주의적 전환이 순전히 민주주의의 연속물이자 부수물로 사고하는 면에서 한계가 있으며, 카우츠키는 민주주의를 사회주의적 전환의 연속물이자 부수물로 파악하는 한계를 가지고 있다. '사회주의를 민주주의로 해소'하는 베른스타인의 사고가 서유럽 사회민주주의에 정착되었다. 이 점에서 필자는 '민주주의를 통한 자본주의의 사회화'의 중요성을 사회주의적 투쟁과 별개로 인정하면서도 그것의 한계 — 민주주의는 사회주의가 아니며 사회주의는 민주주의의

다음으로 체제 위에서의 급진주의는 체제 이탈적인 급진주의와 대립되는 것으로 보이지만, 체제 이탈적인 급진주의는 '체제 위에서의 급진주의'를 현실화하고 추동하는 동력이 되기도 한다. 여기서 체제를 이탈하는 운동과 반체제적 전략은 체제 내적인 전략의 상대화시키면서 그 급진성의 '지평'을 확장하는 효과를 가질 수 있을 것이다. 급진민주주의는 단지 체제의 결함과 불완전성에 저항하면서도 그것을 '반정치주의'적이나 '탈정치주의'적 방식이 아니라 '정치의 급진화'의 방식으로 표현하는 차이를 갖는다고 할 수 있다.

필자가 말하는 급진민주주의는 민주주의의 존재론적 긍정 위에서 출발한다는 점에서 다른 급진주의와 차이를 갖는다. 이것은 앞서 지적한 대로 근대 민주주의의 한계성에 주목하는 것만이 아니라 근대 민주주의의 '(인)민투쟁의 성취물'적인 성격, 그것이 지배 내부에서 갖는 구성적 긴장을 긍정하는 것을 의미한다. 근대 시민혁명에서 민주주의의 정립, 국가로부터의 시민사회의 자율성의 정립 등은 비록 자본주의가 이러한 조건 위에서 스스로를 재생산하는 방식으로 변화했다고 하더라도 사회적 해방의 과정에서 대단히 중요한 의의를 갖는다.[57]

연속물이나 부수물이 아니라는 것 ─ 를 인정하는 속에서 '비환원주의적으로 사고'하려고 하는 것이다. 이 점에서 앞서 언급한 것처럼 풀란차스(1994: 331)가 이야기한 이중 투쟁─국가 내부에서의 의회 투쟁과 국가 외부에서의 대중 투쟁─을 이야기하는 것과 같은 사고가 필요하다고 생각된다. 즉, 대의제 민주주의의 제도 및 자유(이것 역시 인민 대중이 획득한 성과이다)의 확대·심화와 직접 기층민주주의 확장 및 자주관리적 거점의 분산·확대를 접합하는 방식의 필요성을 말하는 것이다.

57) 물론 민주주의의 급진적 확장의 각도에서 시장의 사회화를 추구하는 것과 계급 착취의 극복이라는 관점에서 '생산수단의 사회화'는 질적으로 다르다는 인식을 철저히 하는 것이 필요하다. 그것이 민주주의의 한계를 성찰하는 것이기도 하다. 급진'민주주의' 역시 민주주의론인 한에서 사회주의와 구별될 수밖에 없다. 민주주의는 그 자체가 사회주의는 아니다. 이런 점에서 필자는 민주주의는 근원적으로 '보수적'이라고 하는 표현을 쓴다. 에머슨은 "민주주의자는 젊은 보수주의자이고 보수주의자는 늙은 민주주의자이다"라고 말한다. 민주주의는 정치적 평등의 전제로

그럼에도 마르크스주의는 민주주의의 자본주의 외피로의 전락, 시민사회가 계급적으로 분열된 장이 되는 것에 대한 통찰을 제기했다. 마르크스주의의 민주주의 비판을 수용하는 견지에서 보면 민주주의가 스스로를 급진화해 자본주의 외피로 전락하지 않고 부단히 '민주주의와 자본주의가 모순'적인 상태로 존재하지 않는 한 민주주의는 '자본주의의 외피'로서 비판받을 수 있다.

이런 점에서 급진민주주의는 다중적인 급진주의 전략을 긍정하는 기조 위에 서 있다고 할 수 있다. 즉, 자본주의 체제에 반하는 '반체제적인' 급진주의 및 '체제 이탈적인' 급진주의와 동맹하고 그 동력을 수용하고 소통하면서 체제 내부에서 민주주의를 통한 급진화 전략을 동시에 추구한다고 할 수 있다. 즉, 급진민주주의는 '다중적인 초/반자본주의 전략'을 지향한다고 할 수 있다.

민주주의의 급진적 확장 전략은 반체제적 전략에 대해 '개량화' 효과를 동반할 수 있을 것이다. 즉, 체제의 민주화를 촉진함으로써 체제 이탈 전략이나 반체제적 전략의 기반을 축소할 수 있다. 그러나 필자는 급진민주주의의 성과는 체제 내적 투쟁의 성과이기도 하지만, 반체제적 투쟁과 체제 이탈적 투쟁의 '연합 효과'라고 생각한다. 예컨대 한국에서도 1980년대 혁명적인 반파쇼 투쟁이 현재의 한국 민주주의를 가능케 하는 동력을 만들어냈다.

급진민주주의가 반체제적 전략과 체제 이탈적 전략과 소통하면서 연대해야 하는 이유가 여기에 있다. 급진민주주의의 역동성은 바로 이러한 반체제적 역동성과 체제 이탈적 역동성과 결합될 때 지속 가능하다.[58] 이런 점에서

서의 사회경제적 평등을 실현하고자 하는 것이며, 정치적 평등의 전제로서 사회경제적 평등의 현실 형태를 '사회주의' 그 자체로 가정하는 것은 아니라고 하는 점에서 '근원적으로 보수적'이라는 점을 인정할 필요가 있다. 그것이 민주주의의 '잠재적 급진성'을 새롭게 파악할 수 있는 출발점이기도 하다.

58) 이 점은 혁명적 좌파가 '국가적 좌파'로 전환된 중국이나 북한 등의 예에서 찾아볼 수 있다. 좌파가 국가권력의 담지세력이 되면 국가 재생산의 기본 흐름 — 예컨대

급진민주주의는 민주주의라는 체제의 정치적 형식을 긍정한다는 점에서 '체제 내에서의 급진주의'이지만, 그것을 넘어서고자 한다는 점에서 '체제 위의 급진주의'이다.

필자의 이런 시각은 영국의 그람시안 좌파 그룹인 적록그룹(A Red-Green Study Group, 1995)이 적색주의와 녹색주의의 연대와 상호 침투 위에서 자본주의에 저항하는 세 가지 정치 전략을 시사하는 것과도 맥락을 같이한다. 즉, 적록 그룹은 ① 지방적·지역적·국가적·지구적 수준에서 생산자, 소비자, 그리고 공동체를 연결하는 반자본주의적·반생산주의적 투쟁, ② 국가와 시민사회에서에 민주주의의 범위와 깊이의 완전한 확장을 위한 투쟁, ③ 비자본주의적 경제·사회·문화적 형태의 지속적인 창출을 위한 노력 등을 제시했다. 이를 필자의 표현으로 바꾸면, 지방적·지역적·국가적·지구적 수준 등 다층적인 수준에서 자본주의적 체제에 반대하는 투쟁, 국가와 시민사회의 제도 내부로부터 진행되는 체제 내적인 급진적인 투쟁, 비자본주의적 대안을 향한 '이탈적' 투쟁의 동시 진행을 의미한다. 급진민주주의의 전략은 이러한 세 가지 상이한 투쟁 전략을 선택의 문제로 보거나 환원주의적으로 보지 않으면서, 다중적인 급진주의 전략을 지향한다고 할 수 있다.

이상에서 필자는 급진민주주의론을 자유주의, 마르크스주의, 다양한 포스트구조주의, 기존의 급진민주주의 담론과의 관계 속에서 위치 부여하고자 했다. 나아가 급진민주주의를 자본주의에 반대하는 반체제적 급진주의와 체제 이탈적 급진주의와 함께 가는 급진주의로 정식화했다.

국민국가의 지배층으로서 '안보'를 지켜야 한다거나 '질서'를 사수해야 하며 또한 '권력의 자기절대화'와 '자기은폐화'의 논리(조희연, 1998: 3장 3절)의 빠지지 않을 수 없다 — 에 포획되지 않을 수 없다. 저항이 없는 사회를 이상으로 생각할 수 있지만, 현실에서 '저항이 없는 사회는 역동성을 잃어버린 사회이다.' 필자는 국가적 좌파, 국가개혁적 좌파, 반국가적 좌파를 상호작용 속에서 놓고 본다. 조희연(1998, 3장 3절) 참조.

5. 요약 및 맺음말: 민주주의의 이름으로 자본주의와 모든 사회 적 차별에 대항하라!

이 글은 '민주주의론의 급진적 심화'라는 문제의식에서 서술되었다. 민주주 의자들에게 1987년 6월 민주항쟁 당시와 현재는 두 가지 점에서 크게 다르다. 첫째, 개발독재를 대면했던 당시와 달리 신자유주의적 지구화라는 새로운 국제적 조건, 그리고 신보수 정권의 등장이라는 국내적 조건에 의해서 매개되 면서 필자가 '포스트 민주화' 시대라고 부르는 새로운 조건에 직면해 있다. 둘째, 지난 20년 동안의 변화 속에서 민주주의 좌파의 구성이 연속성을 가지면 서도 크게 달라졌다. 이 글에서 시도하는 한국적 급진민주주의론은 1987년 6월항쟁 당시와 달라진 객관적 조건에 대응하면서 그때와 상이한 주체적 구성을 갖는 민주주의 좌파를 위한 '민주주의의 급진화' 프로젝트이다.

이를 천착시키기 위해, 필자는 2절에서 현존하는 민주주의 담론을 '민주주 의의 자유화'론, '민주주의의 민주화'론, '민주주의 비본질론'으로 이념형적 으로 유형화하고, 이들과 '민주주의의 급진화' 프로젝트의 차별성을 서술했 다. 그리고 3절부터는 급진민주주의론을 민주주의론의 재구성이라는 시각에 서 정초하고자 했다. 먼저 서구 시민혁명으로 정립된 서구 근대 민주주의의 본원적 한계와 구성적 긴장을 점검했다. 즉, 근대 시민혁명을 통해 확립된 민주주의는 (인)민의 거대한 정치적 성취지만 그것은 대표자 정치와 (인)민 주체의 정치 간의 괴리 속에 정립되었다는 점을 지적했다. (인)민의 입장에서 보면, 정치의 주인이 (인)민임이 확인되고 권력의 궁극적인 원천이 (인)민이라 는 점을 정초하는 데는 성공했으나, (인)민의 지위 — 대표자를 선출하는 '인민주 권'을 보유하지만 — 는 직접적인 정치의 주체로 구현되기보다 대의자를 뽑는 선출의 주체로 형식화되었다. '(인)민 주체의 정치'와 '대표자 정치' 간의 괴리는, 근본적으로는 (인)민이 구성하는 '사회'와 대표자의 정치로 표현되는 '정치' 간의 근원적 괴리를 민주주의가 내장하고 있음을 의미한다. 이를 근대 민주주의의 '원형적 결손'이라고 표현했다.

둘째, 근대 시민혁명 이후의 민주주의는 '이상으로서의 민주주의'와 '현실로서의 민주주의'의 긴장 속에서 존재했으며, 현실의 민주주의는 언제나 이상으로서의 민주주의에 의한 도전 속에서 존재한다는 점을 지적했다. 민주주의라는 개념이 일종의 '비어 있는 기표'가 되어 '우리가 가질 수 없는, 그러나 끊임없이 가지고자 하는 것의 이름'이 되는 역설적 성격이 있다는 점을 지적했다. 그래서 민주주의에는 모종의 유토피아적 열망과 지향이 개재되며, 민주주의는 현실의 '불평등한 권력 질서에 대한 보편적인 용해제'로 존재하게 된다.

셋째, 현실의 민주주의가 이상으로서의 민주주의에 의해 부단히 도전받는 것과는 정반대로, 현실의 민주주의는 현존하는 권력 — 정치적·경제적·사회적 권력 — 에 의해서 부단히 포획되고 식민화되는 방식으로 존재하게 된다는 점을 지적했다. 예컨대 근대 민주주의는 '시민권'의 이름으로 모든 (인)민을 '동일한 정치의 주체'로 정립하지만, 대표자 권력은 '인민 정치'를 (인)민의 이름으로, 즉 '인민주권의 이름으로 '위임 정치' 혹은 '동원정치'로 작동하도록 한다. 나아가 현존하는 경제적 차별 질서(자본주의)와 사회적 차별 질서는 민주주의를 최소주의적인 절차로 한정하고 그러한 절차를 보장하면서 그것이 현존하는 경제적·사회적 차별 질서와 공존해서 유지되도록 한다.

이처럼 현실의 정치적·경제적·사회적 독점권력은 민주주의를 부단히 자기 방식으로 '식민화'하고 그것을 통해 스스로의 이해와 권력을 '영토화'해 지키고자 하고, 그 결과 민주주의의 내부에 있으나 '민주주의적' 방식으로 대의되지 못하고 배제되는 '구성적 외부'가 출현하게 된다. 필자는 이를 주민등록증 말소자, 비정규직 노동자, 이주노동자를 통해서 예시했다.

이상의 논의를 기초로 근대 민주주의는 (인)민의 주체적 정치 공간이면서 정치를 통해 지배가 재생산되는 공간이라고 하는 이중성을 가지고 있고, 이 이중적 공간에서 (인)민은 '이상으로서의 민주주의'로 현실의 민주주의를 변화시키기 위한 각축을 전개하며, 반대로 현실의 권력은 민주주의를 식민화하고 포획하기 위한 각축을 전개한다는 점을 지적했다. 따라서 민주주의는 현존 지배적 권력에 의한 '최소주의적 식민화'와 (인)민에 의한 민주주의의 '최대주의적 확장' 간의 각축 속에서 구성된다는 점을 지적했다.

마지막으로 필자는 기존의 다양한 이론적 흐름과의 대비 속에서 급진민주주의의 지향을 드러내면서 그 이론적 위치를 명확히 해보고자 자유주의, 마르크스주의, 다양한 포스트구조주의, 기존의 급진민주주의 담론과의 관계 속에서 위치 부여하고자 했다. 먼저 급진민주주의론은 자유주의의 합리적 핵심에 대한 '비판적 전유'를 지향한다. 급진민주주의는 자유주의가 기각한 적대의 원리를 복원하고, 그리고 자유주의가 긍정적으로 보유한 다원성의 원리의 급진적 확장을 지향한다. 다음으로 급진민주주의는 기존의 마르크스주의에 대한 '성찰적 전유'를 지향한다. 급진민주주의론은 마르크스주의와 사회주의에 대해서 '민주주의의 도구론적 인식' 및 경제 환원주의적 정치인식을 극복하고 비판한다. 그런데 급진민주주의론은 동시에 기존의 사회주의와 마르크스주의의 합리적 핵심, 특히 사회주의와 마르크스주의의 경제적 평등을 향한 급진적 지향을 계승한다는 점에서 '좌파 민주주의'로 규정될 수 있다는 점을 지적했다. 나아가 급진민주주의론은 포스트구조주의적인 다양한 도전과 소통하면서 기존의 해방 정치의 지평을 다양한 사회적 차별의 영역으로까지 확장하고자 하는 지향이라는 점을 서술했다. 여기서 통상적인 마르크스주의적 프레임이 중시하는 계급적 적대 프레임을 확장해 다양한 사회적 적대를 어떻게 급진적 프레임 속에 '내부화'해낼 수 있을 것인가, 나아가 계급적 주체로 환원되지 않는 다양한 사회적 저항주체를 어떻게 기존의 프레임을 급진적으로 재구성함으로써 위치지을 것인가 하는 점에 급진민주주의론적 문제의식이 있다는 점, 이런 점에서 급진민주주의는 마르크스주의의 '혁명의 정치학'과 포스트구조주의의 '차이의 정치학'을 '민주주의의 급진적 확장' 속에서 결합하는 것을 지향한다는 점을 서술했다.

그리고 동유럽의 '부다페스트 학파'의 급진민주주의론과 라클라우와 무페의 영국 급진민주주의론을 점검하면서 연속성과 차이점을 드러내고자 했다. 특히 라클라우와 무페의 반본질주의적 문제제기, 존재론적으로 특권화되고 모든 해방의 궁극적인 중심이 되는 자기완결적이고 충만한 특권적 주체가 존재하지 않는다는 점 등을 수용하면서도, 그들의 논의가 '경제적 사회구성체'를 이데올로기적 사회구성체로 전치해버리는 문제, 경제주의와 환원주의에 대한 성찰적 반성에서 드러낸 '담화 환원주의'적 경향, 총체화에 대한 비판에서 탈총체화의 경향을 드러내는 것, 다양한 사회적 주체의 인정에서 주체성의 구조적 근거 자체를 방기한 점, 필연성에 대한 비판에서 우연성의 논리로 환원하는 것 등의 문제점이 있음을 지적했다. 필자는 이를 넘어서는 노력 위에 새로운 급진민주주의의 정립이 가능하다고 보았고, 이러한 지향을 '초/구조주의적 급진민주주의론'으로 표현했다.

마지막으로 필자는 급진민주주의가 자본주의와 관련해서 갖는 실천적 지향을 '다중적인 초/반자본주의 급진민주주의 전략'으로 개념화하면서 자본주의 체제에 반하는 '반체제적인' 급진주의 및 '체제 이탈적인' 급진주의와 동맹하고 그 동력을 수용하고 소통하면서 체제 내부에서 민주주의를 통한 급진화 전략을 동시에 추구한다고 서술했다. 그리고 급진민주주의의 역동성은 이러한 반체제적 역동성과 체제 이탈적 역동성과 결합될 때 지속가능하다고 보았다. 이런 점에서 급진민주주의는 민주주의라는 체제의 정치적 형식을 긍정한다는 점에서 '체제 내에서의 급진주의'이지만, 그것을 넘어서고자 한다는 점에서 '체제 위의 급진주의'이다.

이러한 급진민주주의의 최종 지점은 과연 어디일까? 급진민주주의의 관점에서 볼 때 현실 속의 민주주의는 언제나 그 외부를 가지고 있다. 현실이 내포하는 특정한 관념과 제도, 권력관계는 특정한 의제와 사람, 집단, 목소리, 요구와 이해를 민주주의의 내부에서 실현하는 것을 제약한다. 특히 정치적·경제적·사회적 권력의 독점 여부가 민주주의의 외부를 존재하게 한다. 급진민주주의는 바로 민주주의의 내부와 외부의 경계를 부단히 변화시킴으로써 민주주의의 외부를 내부화하는 것을 지향하며, 궁극적으로는 '뫼비우스의 띠'처럼 '내부와 외부의 구분'이 무의미해지는 상태를 지향한다.

'민주주의의 급진화'를 통한 새로운 민주주의론의 재구성은 새로운 재구성을 실패한 국가사회주의의 이론 및 역사적 실험을 극복하기 위해서는 사회주의와 민주주의가 접합되어야 한다는 점, 그 연장선상에서 대안적 사회구성의 원리와 모델은 민주주의가 부단히 '구성적 외부'를 만들어내는 비민주주의화의 과정을 내부에 내포하고 있으므로 이를 넘어서기 위해 민주주의 자체의 급진적 재구성과정이라는 하는 점, 이를 위해서는 정치 영역으로 한정되지 않는 민주주의혁명을 모든 사회관계와 삶의 영역의 구성 원리로 확장하는 과정이라고 하는 점을 강조한다. 급진민주주의에 의해 파악된 민주주의의 핵심이 평등과 자율이라고 할 때 이는 (인)민의 전 삶의 영역에서 실현되어야 한다. 급진민주주의는 하나의 목표가 아니라— 현실에는 부단히 특정한 제도적 형태로 고정화되지만 — 과정 및 운동으로만 존재하는 것이라고 말할 수 있고, 그렇다고 할 때 급진민주주의의 핵심 전략은 모든 사회관계와 삶의 영역으로부터 발생하는 다양한 적대에 대항하여 출현하는 저항과 대안적인 삶의 기획을 접합해 새로운 정치성 혹은 정치적 주체를 출현시키는 전면적인 해방의 프로젝트가 될 수밖에 없다. 이런 의미에서 우리의 급진민주주의는 민주주의를 출발점으로 하고 '민주주의와 더불어' 가면서도 '민주주의에 대항하고, '민주주의 그 이후'로 가고자 하는 지적 프로젝트이다.

이제 노동 좌파적 급진민주주의자, 여성주의적 급진주의자, 생태주의적 급진주의자, 무정부주의적 급진주의자, 기타 다양한 사회해방운동적 급진민주주의자가 각자 상이한 방식으로 발전의 비전을 창출하기 위한 노력을 수행해야 할 것이며, 그 과정에서 서로 만나야 할 것이다. 급진민주주의는 신자유주의 지구화 시대, 포스트 민주화 시대의 진보주의자를 가로지르는 새로운 공통성의 또 다른 이름이다. 우리는 모두 급진민주주의자이다.

참고문헌

강문구. 1995a. 「민주적 변혁이론 지반의 심화·확장을 위하여: 김세균 교수의 '시민사회론' 비판에 대한 토론」, 유팔무·김호기 편. 『시민사회와 시민운동』. 도서출판 한울.

_____. 1995b. 「변혁지향 시민사회운동의 가능성과 한계, 그리고 일 전망」. 유팔무·김호기 편. 『시민사회와 시민운동』. 도서출판 한울.

고병권·이진경 외, 2007. 『소수성의 정치학』. 그린비.

_____. 2008a. 『목소리 없는 자들의 목소리: 대중의 소수화』. 그린비.

_____. 2008b. 『코뮨주의 선언: 우정과 기쁨의 정치학』. 교양인.

기든스, 앤서니. 2008. 『좌파와 우파를 넘어서』. 김현옥 옮김. 도서출판 한울.

그로스포구엘, 라몬. 2008. 「횡단근대성, 경계적 사유, 전지구적 식민성: 전지구적 자본주의를 재정의할 때 인식론적 타자성이 갖는 함의」. 고병권·이진경 외. 『목소리 없는 자들의 목소리: 대중의 소수화』. 그린비.

그람시, 안토니오. 1999. 『그람시의 옥중수고』 1·2. 이상훈 옮김, 거름.

김병권·손우정 외. 2007. 『베네수엘라, 혁명의 역사를 다시 쓰다』. 시대의 창.

김세균. 1995a. 「'시민사회론'의 이데올로기적 함의 비판」. 유팔무·김호기 편. 『시민사회와 시민운동』. 도서출판 한울.

_____. 1995b. 「그람시를 넘어서 나아가야 한다」. 유팔무·김호기 편. 『시민사회와 시민운동』. 도서출판 한울.

김수행·신정완 편. 2002. 『현대마르크스주의경제학의 쟁점들』. 서울대 출판부.

김재문. 2007. 『한국 전통 민주주의 이론과 법의 정신』. 아세아문화사.

나성린·박세일. 2008. 『공동체 자유주의』. 나남.

나카자와 신이치. 2004. 『사랑과 경제의 로고스: 물신 숭배의 허구와 대안』. 김옥희 옮김. 동아시아.

네그리, 안토니오. 1994. 『마르크스를 넘어선 마르크스』. 윤수종 옮김. 새길.

_____. 2008. 『다중: '제국'이 지배하는 시대의 전쟁과 민주주의』. 조정환·정남현·서창현 옮김. 세종서적.

_____. 마이클 하트. 2001. 『제국』. 윤수종 옮김. 이학사.

달, 로버트. 1999.『민주주의와 그 비판자들』. 조기제 옮김. 문학과 지성사.

뒤르켐, 에밀. 1992.『종교생활의 원초적 형태』. 노치준·민혜숙 옮김. 민영사.

라이트, E. O. 2006.「사회주의 대안을 가리키는 여러 나침반」. ≪실천≫, 2월호.

라클라우, 에르네스토 샹탈 무페. 1990.『사회변혁과 헤게모니』. 김성기 외 옮김. 터.

랑시에르, 카크. 2008.『정치적인 것의 가장자리에서』. 양창렬 옮김. 도서출판 길.

레닌, V. I. 1991.『국가와 혁명』. 강철민 옮김. 새날.

마르크스, 칼. 1988.『프랑스혁명 연구』 1·2·3. 편집부 옮김. 태백.

모스, 마르셀. 2002.『증여론: 태고사회에서 교환의 형태와 이유』. 이상률 옮김.
      한길사.

몽비오, 죠지. 2006.『도둑맞은 세계화: 지구 민주주의 선언』. 황정아 옮김. 창비.

무페, 샹탈. 2006.『민주주의의 역설』. 이행 옮김. 인간사랑.

_____. 2007.『정치적인 것의 귀환』. 이보경 옮김. 후마니타스.

_____ 편. 1992.『그람시와 마르크스주의이론』. 장상철 외 옮김. 녹두.

문순홍. 2000.「민주주의와 환경 결합 논의들의 재구성」. ≪한국정치학회보≫,
      34권 2호.

_____. 2006a.『생태학의 담론』. 아르케.

_____. 2006b.『정치생태학과 녹색국가』. 아르케.

뮬흘, 스테판. 애덤 스위프트 2001.『자유주의와 공동체주의』. 김해성·조영달 옮김.
      도서출판 한울.

밀리반트, 랠프. 1994.「공산주의 정권의 위기에 대한 성찰」. 로빈 블랙번 편저.
      『몰락 이후』. 김영희 외 옮김. 창작과 비평사.

바디우, 알랭. 2008.『사도바울』. 현성환 옮김. 새물결.

박명규. 2009.『국민·인민·시민: 개념사로 본 한국의 정치주체』. 소화.

박세일. 2006.『대한민국 선진화 전략』. 21세기북스.

박세일·나성린·신도철 공편. 2008.『공동체자유주의: 이념과 정책』. 나남.

박호성. 2009.『공동체론: 화해와 통합의 사회·정치적 기초』. 효형.

박영균. 2009.「오늘날 마르크스주의적 관점에서 적·녹·보라의 연대를 어떻게 모색
      할 것인가?」. ≪진보평론≫, 40호.

박정석. 2001.「어촌마을의 공유재산과 어촌계」. ≪농촌사회≫, 11집 2호.

백욱인. 1995. 「시민운동이냐, 민중운동(론)이냐: 김세균, 강문구 토론에 대한 비평」. 유팔무·김호기 편. 『시민사회와 시민운동』. 도서출판 한울.

버틀러, 주디스.. 가야트리 스피박. 2008. 『누가 민족국가를 노래하는가』. 주해연 옮김. 산책자.

베네수엘라 혁명연구모임. 2006. 『차베스, 미국과 맞짱뜨다』. 시대의 창.

벤하비브, 세일라. 2008. 『타자의 권리: 외국인, 거류민, 그리고 시민』. 이상훈 옮김. 철학과현실사.

보비오, 노르베르토. 1989. 『민주주의의 미래』. 윤홍근 옮김. 인간사랑.

_____. 1992a. 『자유주의와 민주주의』. 황주홍 옮김. 문학과 지성사.

_____. 1992b. 「대의제 민주주의와 민주주의의 확장」. 한국정치연구회 사상분과 편. 『현대민주주의론 2』. 창작과 비평사.

브라운, 웬디. 2010. 「오늘날 우리는 모두 민주주의자이다」. 아감벤 외. 『민주주의는 죽었는가: 새로운 논쟁을 위하여』. 김상운 외 옮김. 도서출판 난장.

서동진. 2009. 『자유의 의지, 자기계발의 의지: 신자유주의 한국 사회에서 자기계발의 주체의 탄생』. 돌베개.

서영표. 2009. 「한국의 녹색담론과 사회주의」. ≪진보평론≫, 40호.

센델, M. 2008. 『공동체주의와 공공성』. 김선욱 옮김. 철학과 현실사.

소르망, 기. 2009. 「건국 60년, 대만민국의 상은?」. ≪월간 중앙≫, 1월호..

손낙구. 2010. 『대한민국 정치사회 지도: 수도권 편』. 후마니타스.

손호철. 1993. 「니코스 풀란차스」. ≪이론≫, 여름호.

슈미트, 칼. 1992. 『정치적인 것의 개념』. 김효진 옮김. 법문사.

신영복·조희연 편. 2006. 『민주화·세계화 '이후' 한국 민주주의의 대안 체제 모형을 찾아서』. 함께읽는책.

신영복·조희연·장훈교. 2007. 「비합법 전위조직운동」. 정해구 외. 『한국정치와 비제도적 운동정치』. 도서출판 한울.

아감벤, 조르조. 2008. 『호모 사케르: 주권권력과 벌거벗은 생명』. 새물결.

아글리에타, 미셸. 1994. 『자본주의 조절이론』. 성낙선 외 옮김. 한길사.

_____. 1999. 「전환기의 자본주의와 조절이론」. 전창환 편저. 『현대자본주의의 미래와 조절이론』, 문원출판.

아렌트, 한나. 1996. 『인간의 조건』. 이진우·태정호 옮김. 한길사.

_____. 2006a. 『예루살렘의 아이히만』. 김선욱 옮김. 한길사.

_____. 2006b. 『전체주의의 기원 1』. 이진우·박미애 옮김. 한길사.

안병진. 1998. 「안토니오 네그리의 국가이론 연구」. 서울대 정치학과 석사학위논문.

_____. 2008. 「헤이! 리버럴리스트, 상상력의 한계를 넘어서시지:『정치적인 것의 귀환』 서평」. ≪교수신문≫, 1월 1일.

알튀세르, 루이. 2007. 『재생산에 대하여』. 김웅권 옮김. 동문선.

앤더슨, 페리. 1992. 「보비오의 자유주의적 사회주의론에 대한 비판」. 한국정치연구회 사상분과 편. 『현대민주주의론 2』. 창작과 비평사.

_____. 1995. 「안토니오 그람시의 이율배반」. 페리 앤더슨 외. 『안토니오 그람시의 단층들』. 김현우 외 편역. 갈무리.

엥겔스, 프리드리히. 1991. 『가족, 사유재산, 국가의 기원』. 김대웅 옮김. 아침.

오페, 클라우스. 1993. 「신사회운동: 제도정치의 한계에 대한 도전」. 한국정치연구회 정치이론 분화 편. 『국가와 시민사회』. 녹두.

우드, 엘린 메익신즈. 1993. 『계급으로부터의 후퇴』. 손호철 편역. 창작과 비평사.

월러스틴, 이매뉴얼. 2004, 『미국 패권의 몰락: 혼돈의 세계와 미국』. 한기욱·정범진 옮김. 창작과 비평사.

_____ 외. 1994. 『반체제운동』. 송철순 외 옮김. 창작과 비평사.

유철규. 2009. 「금융위기와 한국경제」. 비판사회학회 2009년 동계워크숍 발표 논문.

윤수종. 2002. 『자유의 공간을 찾아서: 자율사회의 밑거름』. 문화과학사.

_____. 2005. 『안토니오 네그리』. 살림.

윤순진. 2002. 『전통적인 공유지이용관행의 탐색을 통한 지속가능한 발전의 모색: 송계의 경험을 중심으로」. 한국환경정책학회 편. ≪환경정책≫, 10월 4호.

_____. 2006. 「제주도 마을 공동목장의 해체과정과 사회·생태적 함의」. 한국농촌사회학회 편. ≪농촌사회≫, 16권 2호.

이경숙·전효관 편. 1992. 『포스트마르크스주의』. 민맥.

이병천. 1992. 「포스트 마르크스주의와 한국 사회」. ≪월간 사회평론≫, 8월호.

이세영. 2006. 「'민중' 개념의 계보학」. 신정완·조희연 외. 『우리 안의 보편성』. 도서출판 한울.

이승원. 2008. 「민주주의와 헤게모니: 현대 민주주의의 특징에 관한 이론적 재검토」. ≪비교민주주의연구≫, 4(1).

이종영. 2001. 『지배와 그 양식들』. 새물결.

_____. 2005. 『정치와 반정치』. 새물결.

_____. 2008. 『부르주아적 지배: 원천, 메커니즘, 매개, 효과』. 새물결.

일리, 제프. 2008. 『The Left 1848-2000. 미완의 기획, 유럽 좌파의 역사』. 유강은 옮김. 도서출판 뿌리와이파리.

임영일. 2010. 「국가권력 쟁취서 사회권력 구축으로: 노동운동 위기와 진로 ③」. ≪레디앙≫, 3월 18일

임지현. 2001. 「한반도 민족주의와 권력담론: 비교사적 문제제기」. 『이념의 속살』. 삼인.

_____. 2004. 「대중독재의 지형도 그리기」, 임지현·김용우 편. 『대중독재: 강제와 동의 사이에서』. 책세상.

장훈교. 2011a. 「사회운동정당: 사회운동과 정치정당의 접합을 통한 민주주의의 급진화」. ≪데모스: 급진민주주의리뷰≫, 제2호. 데모스미디어.

_____. 2011b. 「민주주의의 자유화, 민주화 그리고 급진화」. 성공회대 급진민주주의연구모임. 『계급의 균열』. 성공회대 민주주의연구소.

정태인. 2009. 「위기의 시대, 대안은 있는가」. 비판사회학회 2009년 동계워크숍 발표 논문.

제솝, 밥. 1985. 『자본주의와 국가』. 이양구 외 옮김. 돌베개.

_____. 1996. 『풀란차스를 읽자』. 안숙영·오덕근 옮김. 백의.

_____. 2000. 『전략관계적 국가이론』. 유범상·김문귀 옮김. 도서출판 한울.

조정환. 2002a. 『21세기 스파르타쿠스』. 갈무리.

_____. 2002b. 『지구제국』. 갈무리.

_____. 2003. 『아우또노미아: 다중의 자율을 향한 네그리의 항해』. 갈무리.

조주현. 2009. 『벌거벗은 생명: 신자유주의 시대의 생명정치와 페미니즘』. 또하나의 문화.

조효제 편. 2003. 『NGO시대의 지식 키워드』. 아르케.

조희연. 1998. 『한국민주주의와 사회운동』. 당대.

_____. 2002. 『국가폭력·민주주의투쟁 그리고 희생』. 함께읽는책.

_____. 2003. 「인간·사회·체제·참여행동」. 조효제 편. 『NGO시대의 지식 키워드』. 아르케.

_____. 2004a. 『비정상성에 대한 저항에서 정상성에 대한 저항으로』. 아르케.

_____. 2004b. 「박정희 시대의 강압과 동의: 지배·전통·강압·동의의 관계를 다시 생각한다」. ≪역사비평≫, 67호.

_____. 2005a. 「박정희 체제의 복합성과 모순성: 임지현 등의 반론에 대한 재반론을 겸하여」. ≪역사비평≫, 70호.

_____. 2006a. 「지구촌 민주주의와 국민국가 민주주의의 대안적 재구성 원리 탐색: 지구촌 민주주의론 서설」. 신영복·조희연 편. 『민주화·세계화 '이후' 한국 민주주의의 대안 체제 모형을 찾아서』. 함께읽는책.

_____. 2006b. 「장외(場外)정치, 운동정치와 '정치의 경계 허물기': 비합법전위조직, 재야운동, 낙선운동, 광주꼬뮨」. 신정완·조희연 외. 『우리안의 보편성』. 도서 출판 한울.

_____. 2007a. 「'지적'의 올바름과 '진단'의 오류」. ≪레디앙≫, 1월 25일.

_____. 2007b. 「'제도정치 중심주의' 대 '사회중심주의'」. ≪레디앙≫, 1월 25일.

_____. 2008a. 「'신자유주의 지구화 시대의 정치'와 신보수정권」. ≪계간 동향과 전망≫, 72호.

_____. 2008b. 「'헤게모니 균열'의 문제설정에서 본 현대한국 정치변동의 재해석: 그람시의 헤게모니론의 재해석에 기초하여」. ≪마르크스주의 연구≫, 9호.

_____. 2008c. 「'신보수정권' 앞에서, '급진민주주의'의 관점에서 본 광주 5·18」. 성공회대 민주주의와 사회운동연구소, 전남대 5·18연구소, 5·18재단 주최 민주화운동 제28주년 기념 학술심포지엄 발표 논문.

_____. 2008d. 「촛불시위, 제도정치와 직접 행동정치: '급진민주주의'의 시각에서」. 박원석·이종구·이병천·정대화·조희연 외. 『촛불은 민주주의다』. 해피스토 리.

_____. 2008e. 「민주주의의 지구적 차원: '지구적 정체(政體)'의 형성과 그 사회화」. ≪경제와사회≫, 79호.

_____. 2009a. 「환호와 위기 속에서 전개되는 베네수엘라 혁명, 그 성격과 함의」.

≪진보평론≫, 39호.

_____. 2009b. 「87년 이후 한국에서의 민주화와 사회경제적 불평등의 정치사회적 동학」. 조희연·김동춘·오유석 편. 『민주화와 사회경제적 불평등의 동학: '사회경제적 독점'의 변형연구』. 도서출판 한울.

_____. 2011a. 「'포스트 민주화' 시대의 진보와 '민주주의 좌파'의 정치학: 급진화 전략과 헤게모니 전략의 결합을 지향하며」. ≪데모스: 급진민주주의리뷰≫, 2권. 데모스미디어.

_____. 2011b. 「급진민주주의론의 정립을 위한 한 탐색: 자본주의를 넘어서는 '민주주의의 급진화' 경로에 대한 연구」. ≪마르크스주의 연구≫ 7권 3호 가을호

조희연 편. 2008. 『복합적 갈등 속의 아시아 민주주의: '정치적 독점'의 변형을 중심으로』. 도서출판 한울.

조희연·김동춘 편. 2008. 『복합적 갈등 속의 한국 민주주의: '정치적 독점'의 변형을 중심으로』. 도서출판 한울.

조희연·김동춘·유철규. 2008. 「'민주화 이후 민주주의'의 복합적 갈등과 위기에 대한 새로운 접근」. 조희연·김동춘 편. 『복합적 갈등 속의 한국 민주주의: '정치적 독점'의 변형 연구』. 도서출판 한울.

주광현. 2006. 『두레 공동체, 농민의 역사』. 들녘(코기토).

줄레조, 발레리. 2007. 『아파트 공화국: 프랑스 지리학자가 본 한국의 아파트』. 김혜연 옮김. 후마니타스.

지젝, 슬로보예. 1999. 『까다로운 주체: 정치적 존재론의 부재하는 중심』. 이성민 옮김. 도서출판 b.

_____. 2008a. 『전체주의가 어쨌다구?』. 한보희 옮김. 새물결.

_____. 2008b. 『지젝이 만난 레닌: 레닌에게서 무엇을 배울 것인가?』. 정영목 옮김. 교양인.

_____. 2009. 『잃어버린 대의를 옹호하며』. 박정수 옮김. 그린비.

진보정치연구소. 2007. 『사회 국가, 한국 사회 재설계도』. 후마니타스.

촐, 라이너. 2008. 『오늘날 연대란 무엇인가: 연대의 역사적 기원, 변천 그리고 전망』. 최성환 옮김. 도서출판 한울.

최장집. 1983. 「그람시의 헤게모니 개념」. 『국가이론과 분단한국』. 도서출판 한울.

_____. 1989. 「그람시의 헤게모니이론」. 『한국현대정치의 구조와 변화』. 까치.

_____. 1993. 『한국 민주주의의 이론』. 한길사.

_____. 1995. 「변형주의와 한국의 민주주의」. ≪사회비평≫, 13호.

_____. 1996. 『한국민주주의의 조건과 전망』. 나남.

_____. 2006. 『민주주의의 민주화: 한국 민주주의의 변형과 헤게모니』. 후마니타

_____. 2010. 『민주화 이후의 민주주의: 한국 민주주의의 보수적 기원과 위기』. 후마니타스(2002년 초판; 2005년 1차 개정판).

최장집·박상훈·박찬표. 2007. 『어떤 민주주의인가: 한국 민주주의를 보는 하나의 시각』. 후마니타스.

최재송·이명석·배인명. 2001. 「공유재 문제의 자치적 해결: 충남 보령시 장고도 어촌계 사례를 중심으로」. ≪한국행정연구≫, 10권 2호.

카네티, 엘리아스. 2010. 『군중과 권력』. 강두식·박병두 옮김. 바다.

카터, 에이프릴. 2007. 『직접행동: 21세기 민주주의, 거인과 싸우다』. 조효제 옮김. 교양인.

크라우치, 콜린. 2008. 『포스트 민주주의: 민주주의 시대의 종말』. 이한 옮김. 미지북스.

크로포트킨, P. A. 2005. 『만물은 서로 돕는다: 크로포트킨의 상호부조론』. 김영범 옮김. 르네상스.

태혜숙. 2004. 『한국의 탈식민 페미니즘과 지식생산』. 문화과학사.

톰슨, E. P. 2000. 『영국노동자계급의 형성』 1·2. 나종일 외 옮김. 창비사.

페트라스, J, H. 벨트마이어. 2008. 『세계화의 가면을 벗겨라: 21세기 제국주의』. 원영수 옮김. 메이데이.

폴라니, 칼. 2009. 『거대한 변환: 우리시대의 정치경제적 기원』. 홍기빈 옮김. 길.

풀란차스, 니코스. 1994. 『국가·권력·사회주의』. 박병용 옮김. 백의.

하버마스, J. 1994. 「오늘날 사회주의란 무엇인가: 만회의 혁명과 좌파노선 수정의 필요」. 로빈 블랙번 편저. 『몰락 이후: 공산권의 패배와 사회주의의 미래』. 김영희 외 옮김. 창작과 비평사.

_____. 2007. 『사실성과 타당성: 담론적 법이론과 민주적 법치국가 이론』. 박영도·한상진 옮김. 나남.

헬드, 데이비드. 1991. 「민주주의, 민족국가, 그리고 지구촌」. 한상진 편저. 『마르크스주의와 민주주의』. 사회문화연구소.

_____. 2010. 『민주주의의 모델들』. 박찬표 옮김. 후마니타스.

헬드, 데이비드. 외. 1999. 『전지구적 변환』. 조효제 옮김. 창비.

호네트, 악셀. 1996. 『인정투쟁 - 사회적 갈등의 도덕적 형식론』. 문성훈 옮김. 동녘.

홍태영. 2008. 「'정치적인 것'을 위하여」. 『국민국가의 정치학: 프랑스 민주주의의 정치철학과 역사』. 후마니타스.

A Red-Green Study Group. 1995. *What on Earth is to be done?*(번역본은 서영표 편저. 2010. 『사회주의, 녹색을 만나다: 생태주의, 사회주의, 민주주의』의 「제1편 영국 녹색 사회주의의 한 견해」. 도서출판 한울).

Bohman, James and William Rehg. 1997. *Deliberative Democracy: Essays on Reason and Politics*. Cambridge, MA: The MIT Press.

Brown, Douglas M. 1988. *Towards a Radical Democracy: The Political Economy of the Budapest School*. London: Unwin and Hyman.

Buci-Glucksmann, Christine. 1980. *Gramsci and the State*. translated by D. Fernbach. London: Lawrence and Wishart.

Buraway. 2003. "For a Sociological Marxism: The Complementary Convergence of Antonio Gramsci and Karl Polanyi." *Politics & Society*, Vol. 31, No. 2, pp. 193~261.

Cho, Hee-Yeon. 2008. "Democratization as a multi-layered process of de-monopolization and its Asian types: comparative typology of complex conflict and crisis in the post-democratization." In Hee-Yeon Cho, Lawrence Surendra and Eun-hong Park(eds.). *States of Democracy: Oligarchic Democracies and Asian Democration*. Chinnai: Earthworm Books.

Dahl, R. 1956. *A Preface to Democratic Theory*. Chicago: Univ of Chicago Press.

Diamond, Larry. 1999. *Developing Democracy: Toward Consolidation*. Baltimore: The Johns Hopkins Univ. Press.

Dryzek, John. S. 2000. *Deliberative Democracy and Byeond: Liberals, Critics,*

Contestations. Oxford: Oxford Univ Press.

Fiss, Owen. Joshua Cohen and Joel Rogers. 1999. *A Community of Equals*. Boston: Beacon Press.

Freeden, Michael. 1996. *Ideologies and Political Theory*. New York: Oxford University Press.

Friedman, Milton and Rose Friedman. 1980. *Free to Choose*. Harmondsworth: Penguin.

Garner, Roberta. 1997. *Social Movement Theory and Research: An Annotated Bibliographical Guide*. Pasadena, CA: Salem Press.

Gramsci, Antinio. 1971. *Selections from the Prison Notebooks*. trans by Quintin Hoare. New York: International Publishers.

Hardt, Michael and A. Negri. 2001. "Adverntures of the Multitude: Response of the Authors." *Rethinking Marxism*, Vol. 13, No. 34, Fall/Winter.

Held, David. 1995. *Democracy and the Global Order: From the Modern State to Cosmopolitan Governance*. Stanford: Stanford Univ. Press.

Hirst, Paul Q. 1994. *Associative Democracy: New Forms of Economic and Social Governance*. Boston: Beacon Press.

Howarth, D. and Y. Stavrakis. 2000. "Introducing discourse theory and political analysis." in A. Norval, D. Howarth and Y. Stavrakis(eds.). *Discourse Theory and Political Analysis*. Manchester: Manchester University Press.

Jessop, Bob. 1999. "Narrating the future of the National Economy and the National State? Remarks on Re-mapping Regulation and Re-inventing Governance." in G. Steinmetz(ed.). *State/Culture*. Ithaca: Cornell UP.

_____. 2002. *The Future of the State*. Cambridge: Polity Press.

_____. 2008. *State Power*. Cambridge: Polity Press.

Laclau, Ernesto. 1990. *New Reflections of the Revolution of Our Time*. London: Verso.

_____. 2000a. "Structure, History and the Political." in J. Butler, E. Laclau and S. Žižek. *Contingency, Hegemony, Universality: Contemporary Dialogues on the Left*. London: Verso.

_____. 2000b. "Constucting Universality." in J. Butler, E. Laclau and S. Žižek.

Contingency, Hegemony, Universality: Contemporary Dialogues on the Left. London: Verso.

_____. 2005a. "Populism: What's in a Name?" in F. Panizza(ed.). *Populism and the Mirror of Democracy.* London: Verso.

_____. 2005b. *Populist Reason.* London: Verso.

Lefort, C. 1988. *Democracy and Political Theory.* trans. by David Macey. London: Polity Press.

Linz, Juan J. 1990. "Transitions to Democracy." *Washington Quartely*, No. 13.

Lummis, C. Douglas. 1996. *Radical Democracy.* Ithaca and London: Cornell Univ. Press.

Murphy, Viren. 2000. "The Democratic Potential of Confucian Minben Thought." *Asian Philosophy*, 10(1).

Panitch, Leo. 2008. *Renewing Socialism: Transforming Democracy, Strategy and Imagination.* Melin Press: Wales

Panizza, Francisco. 2005. "Introduction." in Francisco Panizza(ed.). *Populism and the Mirror of Democracy.* London: Verso.

Przeworski, Adam. 1991. *Democracy and the Market: Political and Economic Reforms in Eastern Europe and Latin America.* Cambridge: Cambridge Uni. Press.

Przeworski, Adam and John Sprague. 1986. *Paper Stones: A History of Electoral Socialism.* Chicago: The Univ. of Chicago Press.

Sandel, M. 1982. *Liberalism and the Limits of Justice.* Cambridge: Cambridge Univ. Press.

Schumpter, Joseph A. 1943. *Capitalism, Socialism and Democracy.* NY: Harper and Brothers.

Smith, Anna Marie. 1998. *Laclau and Mouffe: The Radical Democratic Imaginary.* NY: Routledge.

Stavrakakis, Y. 1999. *Laclau and the Political.* London: Rougledge.

Torping, Jacob. 1999. *New Theories of Discourse: Laclau, Mouffe and Zizek.* Oxford: Blackwell.

Townsend, Jules. 1996. *The Politics of Marxism: The Critical Debates*. London: Leicester Univeristy Press.

Trend, David(ed.) 1995. *Radical Democracy: Identity, Citizenship, and the State*. London: Routledge.

Wainwright, Hilary. 1994. *Argument for a New Left*. Oxford, UK: Blackwell.

Walzer, M. 1982. *Spheres of Pluralism and Equality*. Oxford: Martin Robertson.

Weber, Marx. 1968. *Economy and Society*. eds. by Guenther Roth and Claus Wittich. Vol. 3. NY: Bedminster Press.

Wood, Ellen Meiksins. 1995. *Democracy against Capitalism: Renewing Historical Materialism*. Cambrideg: Cambridge Uni. Press.

Young, Iris Marion. 2000. *Inclusion and Democracy*. Oxford: Oxford Univ. Press.

Žižek, S. 1990. "Beyond Discourse-Analysis." in E. Laclau(ed.). *New Reflections on the Revolution of Our Time*. London: Verso.

우리에게 급진민주주의란 무엇인가

서영표
성공회대 민주주의연구소 연구교수

1. '관료적' 국가와 '독점적' 시장

국가와 시장은 우리의 일상 그 자체이다. 우리에게 국가의 제도적 망의 바깥은 존재하지 않는 것처럼 보인다. 시장을 통하지 않고서는 우리의 생존에 필요한 어떤 물품도 조달하기 어려운 것이 현실이다. 물론 의식적으로 국가제도로부터 은둔하는 삶은 가능하며 자급자족적인 노동형태로 생계를 꾸려나갈 가능성이 완전히 없는 것은 아니다. 그러나 이러한 '탈주'는 매일 매일의 고단한 삶을 살아가는 우리 이웃의 평범한 사람들에게 열려진 선택이 아니다.

국가와 시장이 일상이라는 것은 그것이 우리의 의식을 형성하고 행동양식을 만들어내는 구조적 조건이라는 것을 의미한다. 시장과 국가는 중립적인 제도로 나타나며 삶 그 자체로 나타난다는 것이다. 그러나 일상은 때때로 평범한 시민으로 하여금 국가와 시장을 그들의 삶에 적대적인 것으로 경험하도록 한다. 광우병 쇠고기 수입 재개 때문에 촉발된 촛불시위는 국가가 시민의 요구에 대해 둔감하고 시장은 시민의 건강과 안전보다 이윤에 민감하다는 사실을 깨닫게 해주었다. 국가는 공공의 이해를 가장한 '관료적' 체제이고 시장은 개인의 선택과 자유를 가장한 '독점적' 제도라는 점이 드러난다. 국가가 '관료적'인 이유는 시민의 목소리에 귀를 기울이기보다 관료집단 그 자체의 이익과 거대 자본의 로비에만 민감하게 반응하기 때문이다. 시장이 '독점적'인 이유는 시민의 필요와 욕구를 반영하기보다 이윤을 쫓아 지속가능하지 않은 방식의 생산과 소비를 조장하기 때문이다.

문제는 자본주의적 시장과 자유주의적 국가라는 일상은 그것의 '피해자' 인 시민을 시장에서의 개별화된 소비자로, 그리고 형식적 정치공동체의 고립된 유권자로 구성함으로써 스스로를 재생산하는 이데올로기적 힘을 가진다는 것이다. 사람들은 체제로부터 억압받고 착취 받지만 바로 그 체제에 대해 동의하고 순응하는 역설적인 현상이 발생한다. 그렇다면 평범한 시민의 힘에 의해 '관료적' 국가를 민주화하고, '독점적' 시장을 사회적 통제 아래 둘 수 있는 가능성, 즉 국가를 시민의 목소리에 반응적이게 하고 시장을 시민의 필요와 욕구를 충족시킬 수 있게 할 수 있는 방법은 없는 것인가?

겉으로 드러난 현실만을 보았을 때 대답은 부정적일 수밖에 없다. 그러나 인류의 장구한 역사는 불가능해 보였던 것들이 실현되는 드라마에 다름 아니었다. 역사를 가득 매우고 있는 수많은 농민과 노동자의 반란과 봉기는 불가능해 보였던 요구, 즉 신분제 철폐, 선거권, 민주주의 등을 요구했다. 우리에게 이러한 요구는 이미 상식이 되지 않았는가? 역사를 되돌아보지 않더라도 우리의 일상은 셀 수 없는 시민의 자발적 행동과 요구로 채워져 있다. 다만 그들의 목소리를 개별화하고 고립시키는 국가와 시장의 힘을 대결하기에 버거워하고 있을 뿐이다.

2. 국가의 민주화와 시장의 사회화

우선 '국가의 민주화'와 '시장의 사회화'를 실현할 수 있는 가능성을 현실로부터 찾는 것이 중요하다. 첫째, 국가는 모든 것이 일사분란하게 돌아가는 완벽한 제도가 아니다. 풀뿌리 시민운동으로부터 성장한 급진적 세력이 지방적 차원에서 국가제도에 개입했던 많은 사례는 사회운동이 국가기구의 빈틈을 헤집고 들어가 그것을 민주화시킬 가능성이 충분히 존재함을 보여주었다.

둘째, IMF와 세계은행, 그리고 각국 정부가 선전하고 있는 것과는 달리 자본주의적 시장의 전면화는 지구상의 대다수의 인민에게 자유를 가져다주지 못했다. 사회민주주의적 복지국가를 무력화시킨 후 시장자유주의에 대한 신념을 회복한 (신자유주의로 무장한) 신우파는 인간 생활의 모든 영역의 제도적·인격적·자연적 조건을 상품화하려고 시도하고 있다. 경제사학자 폴라니 (Karl Polanyi)의 말을 빌리자면 시장은 사회(적 통제)로부터 스스로를 효과적으로 '분리(disembedded)'한 것이다. 그가 예측한 것처럼 그 결과는 재앙이었다. 국가적·국제적 제도는 초국적기업(삼성, LG, 현대 등의 재벌 기업은 이미 한국 기업이 아니라 초국적인 자본의 성격을 갖는다)의 이윤추구 운동을 규제하는 그들의 권력을 점차 상실했고, 지역 공동체와 사회 네트워크는 시장의 힘에 의해 파괴되었으며, 대다수 사람은 일자리 감소, 실업과 불안정한 일자리, 공적인 안전망의 감소의 결과로 정신적·육체적 손상을 입었다. 실업과 고용 불안정은 정신적 충격과 스트레스를 가져오고 이것은 질병발생률을 높일 수밖에 없다. 또한 자본 축적의 논리에 따라 이윤을 추구하는 자본이 경제성장의 자연적 한계를 고려하지 않은 채 이를 지속함으로써 기후변화, 오존층 파괴 같은 환경의 붕괴가 초래되었다.

이런 재앙에 직면해 사회는 시장을 다시 사회적 통제 아래 두려는 운동을 시작할 수밖에 없다. 시장 경제의 전면화가 가져온 이런 부정적 영향으로 인해 시장을 다시 사회로 들여오기 위해 사회운동 ── WTO, IMF, 세계은행,

초국적 자본에 의해 주도되는 자본주의적 세계화에 저항하는 세계적 네트워크에서부터 다양한 공동체 행동 — 이 생겨나게 된다. 이런 모든 운동은 생활의 모든 측면을 사유화하고 모든 활동과 가치를 상품으로 변형하려는 '신자유주의'에 대한 원초적인 저항에 기초한다.

셋째, 자본의 총체적인 상품화 시도에도 불구하고 수많은 형태의 비시장적 관계가 여전히 존재한다는 사실이 중요하다. 자본(시장)은 이런 비시장적 관계를 식민화하려고 하지만, 그리고 많은 경우에 식민화에 성공하지만 결코 모든 비시장적 관계를 완전하게 자본주의화할 수는 없다. 가족과 지역공동체는 자본의 현금계산의 논리에 의해 침식당하고 있지만 그 안에는 여전히 상호 호혜적인 원리가 살아 있다. 또한 더욱 의식적인 시비장적 관계가 만들어지고 있다. 다양한 형태의 생협운동과 공동체운동은 적극적인 방법으로 비시장적 관계를 만들려는 시도이다. 역사적으로 노동조합의 시작이 자본의 힘에 맞서 조합원의 상호 부조를 목적으로 했다는 것을 기억한다면 노동조합조차도 비시장적 관계로 이해될 수 있다.

많은 경우 공동체를 통해 드러나는 저항은 조직화되거나 정식화되지 않은 채 존재하지만, 이 영역에서의 행동은 미래 사회의 새로운 가능성에 대한 일말의 진실을 담고 있다. '다르게 살 수 있다'는 가능성과 희망을 보여주고 있는 것이다.

다양한 형태의 비시장적 관계와 풀뿌리 사회운동의 역량에 기초하지 않고 오로지 국가권력을 통해 시장의 힘을 통제하려고 했던 사회민주주의적 전략은 실패했다. 이런 의미에서 진보적 정당의 역할은 비시장적 관계와 풀뿌리 사회운동을 지원함으로써 시장의 힘을 사회화하려고 시도해야 한다. 이는 '국가 안에서 국가에 반대하는' 투쟁을 동반한다. 대중적 참여를 촉진하지 않고서 시장의 힘을 사회화하려는 시도는 일종의 온정주의에 빠질 수 있다. 진보정당은 제도적 장치로서의 자기 스스로를, 그리고 국가장치 자체를 풀뿌리 사회운동의 힘에 의해 끊임없이 변형될 수 있는 개방적인 태도를 견지해야 한다. 사회운동을 지원하고 활성화시키지만 동시에 사회운동에 의해 스스로를 변형하고 축소시킬 수 있는 전략이 요청된다.

3. 급진적 사회운동의 성격

세계적으로 1960년대 이래 출현한 다양한 형태의 운동은 공통적인 성격일 보여준다. 첫째, 그 모든 운동은 일상생활의 경험과 여기서 유래하는 실천적 지식을 정치화하려고 시도해왔다. 그 방법은 풀뿌리 참여를 토대로 이를 통해 국가를 민주화하려는 시도였다. 둘째, 국가에 침투해 그것을 반응적이고 민주적인 국가로 변형하려고 시도한 풀뿌리운동은 또한 국가를 압박해 시장을 사회적인 통제 아래 두려 시도했다. 셋째, 이 모든 운동은 일상생활과 시장을 정치화하는 과정에 피할 수 없는 위험이 도사리고 있음을 깨닫게 되었다. 풀뿌리에 기초한 사회운동에서조차 관료적인 위계질서가 출현할 수 있으며 제도정치 안으로의 진입은 사회운동이 가졌던 확장된 민주적 원리를 침식할 수 있다는 사실을 깨닫게 된 것이다. 이런 의미에서 사회운동은 개인의 자율성에 활력을 부여하고 개인이 자신의 역량을 키울 수 있도록 자원을 제공함으로써 스스로의 관료화를 막으려 했다.

그러나 개인의 자율성과 역량이라는 생각은 자유주의적 개인주의와는 달라야 했다. 한편으로 자율성과 역량은 공동체 생활에서 훈련·교육·개발될 필요가 있다. 이것이 개인(자율성)과 공공(참여)생활을 연결하는 일종의 결절점이 될 수 있다. '공동의' 이익이라는 이름하에 '개인적 이익'을 극단적으로 그리고 도덕주의적으로 거부하는 것은 자유주의적 개인주의만큼이나 위험하다. 우리는 박정희의 개발독재와 현실 사회주의를 통해 이러한 경향이 초래할 수 있는 부정적 결과를 알고 있다. 우리에게 필요한 것은 정의와 민주주의(평등)의 원리에 따라 일상생활 공식적 정치 영역으로 끌어들이는 동시에 권리와 민주주의(자유)의 원리에 기초해 개인의 자율성에 활력을 부여하는 이중의 운동이 필요하다.

4. 제도정치와 사회운동정치

좀 더 실천적인 문제에 대해 얘기할 필요가 있다. 우리의 질문은 '제도정치와 제도 바깥의 정치' 또는 정당과 사회운동을 어떻게 연결할 것인가에 있다. 제도외적 정치만을 추구함으로써 혁명을 추구했던 좌파의 전략은 이미 불가능해진 지 오래다. 이런 조건에서 남아 있는 가능한 길은 기존의 낡은 정치로 동화되는 않으면서도 제도 안으로부터 시작하는 길이다. 낡은 질서 안에서 낡은 질서를 바꾸어내고 더 많은 민주주의를 실현하는 과정에서 가장 중요한 요소는 제도 바깥의 정치, 즉 시민의 힘으로부터 나온다는 점은 아무리 강조해도 지나치지 않다.

제도 바깥의 정치는 다양한 형태로 나타난다. 하지만 공통점이 없지는 않다. 제도 바깥의 사회운동의 정치는 일상생활의 쟁점과 관련된 자발적 운동의 성격을 가진다. 물론 이러한 사회운동 정치는 비록 낡은 질서를 변혁하는 데 필요한 잠재력을 지니지만, 종종 특정한 쟁점과 관련해 낡은 제도 안의 정치 행위자를 압박하는 압력집단의 성격을 넘어서지 못한다. 이런 의미에서 사회운동정치가 가진 잠재력을 제도정치의 변형으로 이끌기 위해서는 장기적인 전략이 요구된다. 여기서 장기적인 전략은 다양한 형태와 내용을 가진 상대적으로 고립된 사회운동이 발생하는 사회적 조건에 대한 '비판적 분석과 연구'를 통해 '대중의 경험에 견고하게 뿌리내린' 운동을 지원할 수 있는 방법을 제시하는 것이다. '전략적 개입'은 제도 바깥의 운동정치가 급진적 성격을 상실하지 않으면서도 그 활동 분야를 제도 영역으로 확장할 수 있는 길을 제시해야 한다. 그러나 이러한 전략적 개입은 '아래로부터'의 운동의 경험, 즉 실천적 지식의 축적이 없이는 불가능하다. 이런 의미에서 사회구조에 대한 과학적 이해 또는 장기적 전략은 '위로부터'뿐만 아니라 '아래로부터'도 구성될 수 있다. '아래로부터' 유형의 핵심 지점이 다양한 운동의 연대라면, '위로부터' 유형의 핵심 지점은 정당과 사회운동의 연결이다.

5. 정당과 사회운동

다양한 사회운동, 즉 노동자운동, 여성운동, 생태운동, 평화운동 등의 연대에 대해서 생각해보자. 다양한 사회운동은 자본주의와 관료적 정치제도의 모순이 존재하는 곳이라면 어디든 출현한다. 그러나 이런 사회운동 각각이 대개 구체적인 쟁점에 초점을 맞추기 때문에 큰 그림, 말하자면 상호 이해와 미래의 전략에 관한 지속적인 토론의 실마리가 되는 큰 그림을 놓칠 위험이 있다. 각각의 사회운동이 연대하지 않는다면 그것은 자신을 산출한 사회조건을 변형할 수 없다. 이는 사회운동이 발생하는 다양한 하위구조가 복잡한 구조적 전체의 부분이기 때문이다. 그러나 운동은 단일 쟁점에 관여하므로 스스로 연대를 확립하는 데 곤란을 겪는다.

연대의 곤란은 현실적으로 정당과 사회운동의 관계와 밀접하게 관련되어 있다. 수많은 연대의 조직적 형태가 있을 수 있지만, 현실적으로 가장 유력한 형태가 정당이기 때문이다. 여기에는 두 가지 이유가 있다. 우선 일단 기존 사회를 바꾸려는 대항적 헤게모니 전략이 제도정치와 제도 바깥 정치의 연결을 추구한다면 제도정치에서 정당이 갖는 중요성을 인정할 수밖에 없다. 둘째, 제도정치 안에서 진지를 구축하기 이전이라도 정당은 제도정치 안의 정보·지식·자원을 사회운동에 제공하는 통로가 될 수 있다. 1980년대 초반 영국의 런던에서 런던시정부가 급진적인 풀뿌리 정치를 확장할 수 있었던 조건은 런던노동당을 통해 신좌파 분파가 국가제도 안의 정보와 자원을 급진적으로 분배할 수 있는 위치에 있었기 때문이다. 풀뿌리 사회운동의 제도정치로의 효과적인 참여를 위해 자원과 정보의 획득은 필수적이다. 런던의 급진적 시정부는 이러한 정보와 자원의 급진적 분배를 통해 서로 고립된 풀뿌리운동 사이의 대화를 촉진하여 갈등을 줄이고 부문적 이익을 넘어설 수 있도록 도와주었다. 지식과 정보의 분배, 그리고 이를 둘러싼 새로운 토론과 대화는 풀뿌리운동에 참여하는 개별 시민의 정치적 역량을 높이는 과정이었다. 사회운동을 연구하는 학자들은 이 과정을 '의식고양과정 (consciousness-raising process)'이라고 부른다.

사회운동이 총체적 정치 전략과 적합한 자원 및 정보의 부재로 고통을 겪는다면, 진보적 정당은 대중적 토대의 결핍에서 기인하는 관료화 경향이라는 문제에 직면한다. 관료화 경향을 막으려면 진보적 정당은 사회운동과의 창조적 '긴장'을 끊임없이 유지해야 한다. 정당은 선거와 의회정치에 스스로를 가두지 않아야 하며 사회운동 간의 연대의 거점, 즉 네트워크의 중심으로 스스로를 조직해야 한다. 이 같은 유형의 정당은 전통적인 사회민주당, 노동당 또는 공산당 모델과는 확연하게 달라야 한다. 몇몇 사회이론가들은 이러한 유형의 정당을 '사회운동형 정당'으로 개념화한다.

사회운동형 정당 모델에 따르면 정당과 사회운동 사이에는 제도정치 및 제도 바깥의 정치와 관련된 어떤 분업도 존재하지 않는다. 새로운 유형의 정당은 단순한 의회정당이 아니라 사회운동에 뿌리를 내려야 하기 때문이다. 반대로 풀뿌리 사회운동은 스스로를 제도 바깥의 공간에 제한할 필요가 없다. 사회운동의 조직된 형태로서 급진 정당을 통해 제도정치와 제도 외적 정치의 연결이 발전되고 강화될 수 있을 것이기 때문이다. 런던의 급진적 시의회의 경험은 진보적 정당과 풀뿌리 사회운동 사이에는 항상 긴장이 존재할 수밖에 없지만, 이 긴장은 부정적인 것이 아니라 생산적인 긴장임을 보여주었다. 이런 종류의 긴장은 폐쇄적이지 않은 대항 헤게모니 기획에 필수적인 것일지도 모른다.

6. 지식의 정치학

영국의 역사가 톰슨이 그의 역사학적 저작들에서 보여준 것처럼 억압과 착취가 존재하는 한 언제나 맹아적 저항과 그것으로부터 생겨나는 실천적 지식은 존재한다. 그 반대편에 맹아적 저항과 실천적 지식을 비과학적인 것으로 매도하고 과학만의 독자적인 영역을 강조했던 이론주의와 과학주의도 항상 존재했다. 톰슨은 비판 담론이 추상적인 역사 발전의 법칙, 대중의 구체적 삶과 동떨어진 정세 분석과 정치 전략이 아닌 실천적 지식이 구성되는 삶의 경험으로부터 시작해야 함을 지적했다. 우리가 필요로 하는 과학적 지식은 이러한 구체적 삶의 경험으로부터 출발해야 한다. 지배적인 담론에서 과학은 추상적인 법칙을 도출하고 그것을 일반화시키는 것이지만 저항적 담론에서의 과학은 구체적 삶의 경험을 통해 형성된 집단적 주체가 자신의 인식 지평을 넓혀가고 상호 이해하며 공통의 투쟁대상을 찾아가는 데 필요한 지식, 정보, 그리고 자원을 제공하는 역할을 해야 한다. 우리의 지식은 경쟁을 위한 것이 아니라 협동과 돌봄을 위한 것이어야 한다. 우리의 지식은 개인을, 때로는 시민으로, 때로는 소비자로, 때로는 투자자로 고립시키는 것이 아니라 공동체적 경험을 통해 개인의 자율성과 역능을 높이는 데 기여해야 한다.

실천적 지식과 과학적 지식의 결합은 우리의 일상을 지배하는 구조적 조건에 대한 저항을 의미한다. 많은 사회학자들이 지적했듯이 인간의 의식과 정체성은 문화와 생활방식, 즉 사회적 조건에 의해 형성된다. 이런 이유에서 자본주의적 시장관계를 벗어나지 못하는 한 불만과 저항 또한 자본주의적 방식으로 표현될 가능성이 높다. 물론 자본주의적 논리가 아무리 지배적 논리라고 하더라도 그것이 모든 사회적 관계를 완벽하게 자본주의화 또는 상품화할 수는 없다. 지금은 이것마저도 붕괴하고 있지만 가족공동체와 지역공동체를 자본의 논리로 완전하게 설명할 수는 없다. 이러한 공동체에서 가장 중요한 도덕적 원리는 상호 이해와 존중 그리고 협동이기 때문이다.

경쟁의 논리가 아니라는 것이다. 사회 곳곳에 수세에 몰려 있는 기존의 공동체뿐만 아니라 적극적인 대안적 공동체도 존재한다. 생활공동체, 생활협동조합 같은 대안적 운동이 바로 그것이다. 노동조합의 활동이 조합원의 이해를 대변하는 것을 넘어 지역공동체의 다양한 사회적 쟁점을 제기되고 그것을 민주적으로 해결하는 데 앞장서야 한다는 것을 보여줄 수도 있다. 반생태적인 자본주의를 대체할 새로운 사회를 기획하기 위해서는 이러한 대안적 생활, 실천의 공간을 지키고, 만들고 확장시켜야 한다. 그 속에서 대안적 인간관계, 타자를 배려하는 공동체적 윤리와 더불어 개인의 자율성을 존중하는 인간관계가 만들어질 수 있을 것이다.

사람들은 일상생활 속에서 무수히 많은 모순과 갈등에 직면한다. 그러나 그들 모두는 고립된 개인으로서 그것을 경험하는 것이 아니라 사회계급 또는 사회세력(여성, 성적 소수자, 인종적 소수자, 장애인 등)의 구성원으로서 그렇게 한다. 사회적으로 불리한 사회계급 또는 사회세력은 현존하는 질서에 대해 도전적이고 비판적일 수밖에 없는데, 문제는 그들의 현실 인식이 파편적이라는 것에 있다. 일상에서 얻어진 실천적 지식은 문제를 즉각적으로 인식할 수 있게 하지만 그것을 넘어선 총체적 분석까지 나가지 못하는 경우가 많다. 그들에게 필요한 것은 사회구조가 어떻게 작동하고 있는지, 자신이 직면한 당장의 문제가 더 큰 사회적 모순가 어떻게 결부되어 있는지를 보여주는 것이다. 이것은 과학적 분석이라고 부를 수도 있을 것이다.

과학적 분석이 완벽하게 사회구조를 설명하고 미래 사회에 대한 청사진을 제시하는 것은 아니다. 억압, 착취, 빈곤, 차별, 불평등 같은 사회적 모순이 현존하는 자본주의적 시스템에서 드러나고 있는 양상에 대해 비판할 수 있는, 동시에 다양한 비판적 시각이 접근방법이나 초점의 차이에도 불구하고 공통된 사회구조를 향하고 있다는 사실을 확인시키는 것이 과학적 분석이 할 수 있는 최대치이다. 이것을 넘어가는 '과학적' 지식은 교조, 독단, 권위로 귀결될 가능성이 높다고 할 수 있다. 과학적 지식이 합리적이라면 그것은 과학이 증거, 일관성, 적합성 등의 합리적 기준을 제시하고 그것을 통해 서로 토론함으로써 발전될 수 있어야 한다.

7. 새로운 정치의 영역

이제 정치는 이미 구획된 좁은 의미의 정치의 장에서 이루어지는 것이 아니라 낡은 제도적 질서가 규정한 '비공식적' 또는 '비정치적' 영역을 정치화 하는 것이어야 한다. 즉, 경제의 영역과 사회의 영역을 정치화시키는 것이어 야 한다. 이러한 비정치적 영역의 정치화는 좁은 의미의 정치, 즉 제도정치의 확장과 변화를 의미한다. 비공식적 영역의 정치화란 정치와 사회, 그리고 경제의 모든 영역을 민주적 참여와 토론에 개방하는 것을 의미할 것이기 때문에 제도정치의 영역을 확장하는 것에 멈추지 않고 그것의 원리 자체를 근본적으로 변화시키는 것이다. 이것이 '국가의 민주화'다. 국가 민주화의 제1의 목표는 자원·지식·정보를 급진적 재분배해 대중의 역량을 강화하는 것이다.

자유주의자들은 시장만큼 효과적으로 인간의 필요를 충족시킬 수 있는 제도는 없다고 주장한다. 그러나 시장은 이윤의 논리에 의해 작동하기 때문에 인간의 필요를 고려하지 않는다. 가사노동, 육아, 돌봄노동이 사회를 지탱하 고 있는 중요한 부분임에도 불구하고 제대로 평가받고 있지 못하다. 자연자원 의 낭비와 환경오염과 생태계의 이상변화(기후변화를 보라)는 가격과 이윤을 통해 인식될 수 없기 때문에 심각하게 고려되지 않는다. 그렇기 때문에 대안 적 헤게모니 전략은 사회(사회운동)가 시장을 통제할 수 있도록 가능한 자원과 정보를 제공하는 것을 목표로 삼아야 한다. 가능한 정보와 자원을 통해 시장 을 통제하는 것은 사회(사회운동)이어야 하지만 그 자원과 정보를 민주적으로 배분하는 것은 민주화된 국가일 수밖에 없다. 즉, 국가의 민주화는 시민의 능력을 높이는 것을 통해 국가 스스로뿐만 아니라 시장 또한 사회의 민주적 통제에 종속시키는 전략의 일부인 것이다. 다시 말하면 국가의 민주화와 시장의 사회화의 두 과제는 사회(사회운동) 또는 시민의 능력의 신장 없이는 불가능하다. 진보적 정당 또는 정치세력이 국가 권력을 장악하지 못한 상황이라면 국가기구와 지방자치단체를 사회로부터의 캠페인을 통해 압박할 수 있다. 진보정치세력이 영향력을 행사할 수 있는 지방자치단체로부터 예시적 (pre-figurative) 실천을 보여줄 수도 있을 것이다. 국가가 시민사회에 자원과 정보를 제공하는 것은 국가 자체가 사회의 통제를 받는 방향으로 변화되는 것을 의미한다. 그리고 그 과정을 통해 제고된 사회의 역능은 시장을 통제할 수 있다.

　대안적 사회변혁전략의 제도화는 '국가의 민주화'와 '시장의 사회화'를 의미하며 이것은 곧 제도화가 고착되는 것이 아니라 한층 진일보한 운동의 정치를 보장하기 위한 단계를 의미한다. 대중의 능력을 제고하는 급진적 민주주의 전략이 국가의 민주화와 시장의 사회화의 목표이기 때문이다. 역으로 운동의 정치(대중의 확장된 민주적 참여와 이를 통한 국가와 시장의 민주적 통제는 다시 더 많은 사회의 직접적 참여를 보장하는 국가의 민주화와 시장의 사회화, 즉 운동의 제도화를 강제할 수 있다. 이것을 '제도화와 운동의 변증법'이라고 부를 수 있을 것이다. 여기서 제도정치와 비제도정치의 결합, 정치운동과 사회운동의 결합은 일상생활의 실천적 지식이 어떻게 과학적 분석과 결합할 수 있는가라는 앞에서 제기한 문제로 우리를 되돌아가게 한다.

마르크스 민주주의 이론의
과학적 재구성을 위한 시론

김진업
성공회대 사회과학부 교수

1. 들어가는 말

마르크스는 혁명가인가 이론가인가? 얼핏 진부하게 느껴지는 질문으로 글을 시작하는 이유는 마르크스를 연구하는 사람들이 빠지기 쉬운 함정을 피하고 싶어서다. 사회 이론을 탐구하는 궁극적인 이유는 물론 사회 변혁을 이루기 위한 것이다. 적어도 근대 초기의 사회과학은 이와 같은 실천적 목적을 염두에 둔 것으로 보인다. 그러나 과학적 이론으로부터 혁명의 당위성이나 혁명을 위한 구체적 실천 전략이 직접적으로 도출되지는 않는다. 일생의 절반이라는 시간을 런던의 도서관에서 책과 씨름했던 마르크스의 과학적 이론에서도 마찬가지이다. 그의 과학은 혁명을 꿈 꾼 많은 사람들에게 성공적인 실천을 위해 꼭 필요한 정보들을 제공했지만, 결코 그 자체로 직접적인 정치적 실천 전략을 제공할 수는 없었다. 혁명가의 기대와 무관하게, 과학적 이론이 할 수 있는 일은 역사의 전개에 대한 완전한 예측이 아니라 그 원인에 대한 최선의 설명일 뿐이기 때문이다. 그러나 그렇다고 해서 새로운 사회를 꿈꾸는 사람들이 과학적 이론에 근거하지 않고 임의로 실천 전략을 수립한다면, 그것은 물론 역사적 우연에 모든 것을 내맡기는 무모한 일이 될 것이다. 실천의 구체적인 형태는 역사적 상황에 따라 매우 다양하게 발전되어나갈 수 있지만, 과학 이론에 위배되는 실천은 결코 실현될 수 없는 것이다.

마르크스의 정치 이론을 과학적으로 재구성하려면 우선 과학에 대한 올바른 이해에서 출발해야 한다. 혁명 전략이나 이행기 전략과 같은 실천 전략을 수립하는 것은 과학적인 정치 이론을 구성하는 것과 불가분의 관계에 놓여 있다. 그러나 실천 전략은 과학적 이론과 엄격하게 구분된다. 그리고 이러한 구분은 마르크스 자신의 저술에도 적용되어야 마땅하다. 말하자면 당대의 역사적 사건에 대한 마르크스의 정치적·실천적 대응 전략을 낱낱이 수집하고 이를 체계적으로 짜깁기하는 방식으로 그의 과학적 정치 이론이 재구성될 수는 없는 것이다. 무엇이 마르크스주의의 정통인가라는 질문을 던지고 그에 대한 대답을 마르크스의 진술 내용 그 자체가 아니라 그의 방법론에서 찾아야 한다고 했던 루카치는 적어도 이 점에서는 옳았다고 할 수 있다(Lukács, 1970: 58~59). 『자본론』은 마르크스의 대표적인 과학적 저술이고 『자본론』에 견줄 만한 그의 정치 이론이 서술되지 못했다면, 체계적이지 않은 그의 정치적 서술들에서 무엇이 과학적 진술이고 무엇이 실천 전략적 진술인지를 구분하는 일, 또는 과학적으로 무엇이 더 중요한 진술이고 덜 중요한 진술인가를 구분하는 일은 마르크스의 『자본론』에 서술된 그의 과학에 의존할 수밖에 없다. 달리 말하면, 『자본론』의 과학에 근거하지 않는 한 마르크스의 정치 이론을 재구성하는 일은 자칫 '마르크스 문헌학'으로 변질되거나 정통주의와 수정주의의 논쟁처럼 현실의 권력투쟁에 종속될 위험에 놓이는 것이다.

물론 마르크스의 정치 이론이나 민주주의 이론 자체는 우리에게 전혀 새로운 주제가 아니다. 동유럽 현실 사회주의의 정치적 경직성을 비판하기 위해 마르크스 자신의 정치 이론 또는 국가 이론이 집중적으로 연구되어왔고, 이 과정에서 그의 민주주의 이론도 함께 논의되어왔기 때문이다.[1] 그렇지만 기존의 논의는 다음과 같은 한계를 갖는 것 같다. 기존의 논의는 마르크스의 핵심 저서인『자본론』보다는 오히려 다른 저작, 예컨대 초기 저작 또는 프랑스 내전이나 고타 강령 비판 등과 같은 정치적 저술에 주로 기대어 마르크스의 정치 이론을 재구성했다. 그들은『자본론』의 중요성을 강조하면서도 실제로는 그것을 경제 영역에 국한된 저술로 간주해 사실상 무시하거나, 기껏해야 지극히 추상적인 개념 장치와 방법론을 제공하는 저술로 활용했을 뿐이다(배로, 2010: 11~48). 그들이『자본론』을 결정적 전거로 삼지 않는 이유는 무엇일까?『자본론』을 자본주의체계의 구조와 운동법칙에 관한 서술로 이해하고 있을 뿐만 아니라『자본론』의 행위자는 이러한 구조와 법칙의 담지자로서만 역할을 한다고 믿었기 때문일 것이다.『자본론』의 과학은 행위, 즉 정치의 가능성이 아니라 오히려 그 불가능성을 서술하는 이론으로 해석되는 것이다. 여기서 예외를 이루는 것이 '국가도출론'인데, 왜냐하면 국가도출론은『자본론』에서 정교화된 개념이 경제구조는 물론이요 정치적 계급구조의 해명에도 적용될 수 있는 역사유물론의 범주라고 주장하기 때문이다(배로, 2010: 23). 그렇지만 국가도출론은 그 이름이 말해주듯이 결과적으로 정치의 자율성 자체를 부정함으로써 결국 마르크스의 정치 이론을 재구성하는 데 실패하고 만다. 거칠게 요약하면,『자본론』을 전거로 삼는 국가도출론의 실패는『자본론』을 핵심적 전거로 삼지 않는 다른 이론들과 마찬가지로,『자본론』의 과학을 구조와 법칙에 관한 이론이자 동시에 행위 및 정치의 불가능성에 관한 이론으로 해석한 데서 비롯된다고 할 수 있다.

간단히 말해, 마르크스의 정치 이론에 대한 기존 논의의 한계는 ― 설령 마르크스의 역사유물론 전체를 그렇게 보지는 않는다고 하더라도 ―『자본론』의

---

1) 이에 대해서는 Bob Jessop(1982)과 크리스토퍼 피어슨(1989)을 참조.

과학을 실증주의적인 의미의 과학으로 잘못 해석한 데 기인한다고 볼 수 있을 것이다. 따라서 『자본론』 및 『자본론』의 과학으로부터 '독립'된 마르크스의 정치 이론이 모색될 수밖에 없었으며, 혹시라도 『자본론』을 전거로 삼을 경우에는 궁극적인 실패가 이미 예정되어 있었다. 다시 말해 『자본론』의 과학을 실증주의적으로 해석하는 한 『자본론』을 빼놓고 재구성되는 마르크스의 자본주의 정치 이론 및 민주주의 이론은 과학적 이론이라기보다는 철학적 또는 '인문학'적 이론으로 자리매김 될 수밖에 없으며, 『자본론』에 기대어 재구성되는 '과학적' 정치 이론은 결국 자본주의에서의 정치 및 민주주의의 불가능성을 입증하는 이론으로 귀결되는 것이다.

이 글은 이러한 딜레마를 벗어나려는 의도에서 집필되었다. 그러므로 2절에서는 최근의 과학철학적 성과에 기대어 기존의 마르크스 과학의 해석에 어떤 방법론적 문제가 있는지를 살피고 그 해결 가능성을 간단하게나마 추적한다. 과학 및 마르크스 과학에 대한 탈실증주의적 해석은 자본주의와 민주주의의 접합 가능성에 대한 새로운 설명을 제시할 수 있을 것으로 기대한다. 3절에서는 마르크스의 초기 저술에 주로 기록되어 있는 마르크스의 민주주의 이념과 대의제민주주의에 대한 마르크스의 비판을 검토한다. 여기서 특별히 강조되는 것은 대의제민주주의에 대한 마르크스의 비판과 『자본론』에서 분석되는 마르크스의 자본주의 비판이 서로 다른 층위에 놓여 있다는 사실이다. 달리 말하면, 초기 저작에 서술되고 있는 마르크스의 대의제민주주의 비판은 정치 행위로부터 비롯된 역사 현상을 윤리적으로 비판하는 데 그치고 있을 뿐 그러한 현상의 원인에 대한 구조 분석에 이르지는 못하고 있다. 따라서 대의제민주주의에 대한 마르크스의 비판으로부터 곧바로 민주주의와 자본주의의 결합 불가능성이 과학적으로 추론될 수는 없으며, 이 문제는 『자본론』의 분석을 기다려야 한다. 4절에서는 2절에서 논의되는 마르크스의 과학방법론을 토대로 자본주의와 민주주의의 접합 가능성과 접합의 한계를 검토하며, 이를 통해 민주주의를 실현하려면 자본주의를 전복해야만 한다는 마르크스주의의 '상식'을 재음미한다. 2절에서 논의된 비판적 실재론에 따를 경우 자본주의의 구조와 기제는 행위를 결정하는 것이 아니라 행위를 제약하는 힘이 된다. 따라서 마르크스가 『자본론』을 통해 입증하려 한 것은 자본주의 구조와 민주주의 행위의 결합이 불가능하다는 데 있는 것이 아니라는 점을 논증하고자 한다. 마르크스의 『자본론』에는 민주주의 실현의 한계뿐만 아니라 그 가능성이 함께 서술되어 있다고 주장할 것이며, 이러한 주장은 과학적 근거를 갖는다고 주장할 것이다.

2. 마르크스의 과학방법론

1) 마르크스의 변증법과 유물론

청년 시절의 마르크스는 '철학자'였던 반면에 장년의 마르크스는 '과학자'였으며, 그의 과학은 철학과의 인식론적 단절을 거쳐 발전된 것이므로 마르크스의 과학적 저작은 그의 후기 저작에서 찾아야 한다는 알튀세르의 주장은 많은 주목을 받아왔다(알튀세르, 1990). 알튀세르에 대한 평가와 상관없이 그에 의해 확산된 전후기 마르크스의 '인식론적 단절'에 대한 관심은 소련의 정통주의에 대한 서유럽 마르크스주의의 비판, 그리고 전자가 후기 마르크스를 강조했던 반면에 후자가 초기 마르크스를 강조했던 상황과 맞물려 있다. 예컨대 "초기 마르크스가 강조되는 것은 경제결정론과 생산력 이론에 지나치게 경도되었던 마르크스주의에 대한 반발 때문이며, 후기 마르크스가 강조되는 것은 초기 마르크스의 소외론이 부르주아적인 인간학의 수준으로 마르크스주의를 환원시켜버리는 데 대한 반발 때문이다. 다시 말해서 스탈린주의에 대응해서 초기 마르크스가 서 있고, 초기 마르크스의 휴머니즘에 대응해서 반인간학적인 후기 마르크스가 서 있다"(고진, 2003: 75).

이러한 인식론적 '단절'에 대해 마르크스 스스로도 언급하고 있다. 마르크스는 1859년에 쓴『정치경제학 비판을 위하여』의「서문」에서 비록 그 경로는 달랐지만 엥겔스와 함께 동일한 '역사유물론적' 결론에 이르렀음을 밝히고 있다. 그들이 도달한 결론은 "우리의 그 이전의 철학적 사고방식을 청산"하는 것이었고, 이러한 결론에 근거해 "헤겔 이후의 철학에 대한 비판"을 서술한 것이 바로『독일 이데올로기』였다는 것이다. 마르크스는 이 글에서 "우리는 우리의 주요한 목적인 자기명료화를 달성했다"(Engels, 1983: 10)고 쓰고 있다. 이와 같은 '청산'을 거친 '자기명료화'가 구체적으로 무엇일까? 이에 대한 논쟁은 수많은 문헌으로 나타났지만, 그 핵심적인 내용은 의외로 간단하다. 마르크스는『자본론』에서 다음과 같이 밝히고 있다.

> 나는 거의 30년 전 헤겔 변증법이 아직 유행하던 시기에 헤겔 변증법의 신비로운 측면을 비판했다. 그러나 내가『자본론』제1권을 쓰고 있던 시기에는 거만하고 형편 없는 속물들이 독일의 지성계에서 목소리를 높이면서, 레싱 시대에 풋내기 모제스 멘델스존이 스피노자를 대하듯이, 헤겔을 '죽은 개'로 다루고 있었다. 그래서 나는 내 자신이 이 위대한 사상가의 제자임을 밝히고, 심지어 가치론에 관한 장에서는 군데군데 헤겔의 특유한 표현방식을 흉내 내기까지 했다(Marx, 1983b: 27).

비록 "신비로운 측면"에 문제가 있긴 하지만 변증법은 헤겔을 "위대한 사상가"로 만들었고, 자신은 그것을 받아들였다는 점에서 그의 "제자"라는 것이다. 무엇이 헤겔의 문제가 있는 '신비로운 측면'이고 무엇이 헤겔의 위대한 점인가? 거칠게 요약하면 헤겔의 신비로운 측면은 물질이 아니라 신을 궁극적인 존재로 간주하는 그의 관념론에서 비롯된다. 그러므로 마르크스는 포이어바흐를 통해서 세계는 궁극적으로 물질이라는 당대의 상식적인 유물론을 받아들임으로써 헤겔의 '신비로운 측면'을 해소한다. 그러나 유물론만으로는 특수한 물질로서 인간이 갖는 고유의 자유를 설명할 수 없다.

즉, 뉴턴의 운동법칙으로 인간의 역사 현상을 설명할 수 없다. 헤겔의 위대한 점은 바로 여기에 있었다. 헤겔은 뉴턴 물리학으로 대표되던 당시 자연과학의 기계론적 세계관이 사회와 역사에 대해 충분한 설명 기제를 제공하지 못한다는 점을 인식했고, 이를 극복하기 위해 역사를 이해하는 사고방법으로서 변증법을 발전시켰다(캘리니코스 2000: 84). 이런 이유에서 엥겔스는 「카를 마르크스, 정치경제학의 비판을 위하여」라는 서평에서 헤겔을 "역사의 발전과 역사의 내적인 연관을 증명하려고 시도한 최초의 인물"로 평가하면서 헤겔의 역사관은 "새로운 유물론적 역사관의 직접적인 이론적 전제"(Engels, 1983: 477)라고 평가했던 것이다.

마르크스의 과학은 자연의 법칙에 위배되지 않으면서, 동시에 자연법칙으로 환원되지 않는 인간 역사에 고유한 법칙을 서술하려는 것, 즉 자연필연성에 구속되면서도 인간의 자유를 잃지 않는 사회·역사 현상의 이율배반을 서술하려는 것으로 이해될 수 있다. 그런데 앞에서 살펴본 초기 마르크스를 강조하는 입장과 후기 마르크스를 강조하는 입장은 바로 이 점을 충분히 살려내지 못했다. 거칠게 요약하면, 초기 마르크스를 강조하는 입장은 인간의 자유를 강조하느라 인간이 자연필연성에 종속된다는 사실을 간과했고, 후기 마르크스를 강조하는 입장은 그 반대의 경향을 보임으로써 마르크스가 의도했던 이율배반의 의미를 드러내지 못하고 오히려 마르크스가 극구 피하고자 했던 환원주의에 빠졌다.[2] 이를 명확하게 드러내기 위해 환원주의의 문제를 좀 더 살펴보기로 하자.

2) 과잉자연주의와 반자연주의

실증주의 과학철학은 자연과학의 방법론을 사회 현상의 설명에 확대 적용

---

[2] 마르크스는 자신의 입장을 자연주의 또는 인본주의라고 부르면서 "나의 자연주의 혹은 인본주의는 관념론이나 유물론이 아니라 양자를 통일하는 진리"라고 했다.

하자는 입장, 즉 자연주의를 대표한다고 할 수 있다. 이에 따르면 사회는 자연의 일부일 뿐이므로 자연을 연구하는 방법이 사회에도 적용되어야 마땅하다. 사회학을 애초에 사회물리학으로 호칭했던 콩트의 입장이다.[3] 그러나 이후로 전개된 실증주의는 궁극적으로 물리학적 환원주의라는 비판을 받아왔다. 환원주의, 즉 사회학을 생물학으로, 생물학을 화학으로, 화학을 물리학으로 환원하는 '방법론적 제국주의'가 도대체 왜 문제인가? 환원주의가 문제가 되는 이유는 우선 세계가 층화되어 있다는 사실과 각 층위는 발현적 속성을 갖는다는 사실을 이론에 반영할 수 없고,[4] 따라서 자연적 존재임에도 불구하고 인간은 자유를 갖는다는 사실을 있는 그대로 서술하는 데 실패하기 때문이다. 예컨대 원자로 구성된 분자는 원자의 속성으로는 설명될 수 없는 속성, 즉 분자 층위에서 비로소 발현하는 새로운 속성을 갖게 되므로 분자의 속성은 원자의 속성으로 환원될 수 없다는 사실을 반영하지 못하는 문제가 있다. 그러므로 환원주의의 문제를 해결하지 못하는 실증주의가 결국 정신을 물질로 또는 사회를 개인으로 환원해 설명하는 것은 피할 수 없는 일이며, 이런 점에서 실증주의 및 후기 마르크스를 실증주의로 해석하는 마르크스주의를 과잉자연주의라고 부를 수 있다(아처, 2005a: 21~22).

초기 마르크스를 강조하는 입장은 이와 반대에 선다. 이 입장은 '자유'에서 비롯되는 정신 및 사회세계는 자연세계의 원자적 현상으로 환원될 수 없다고

---

3) "오랫동안 신학 원칙과 형이상학 원칙에 점진적인 변화를 초래했던 새로운 철학 원칙이, 데카르트와 베이컨 이후에는 분명히 이전 단계를 결정적으로 대신하려 하고 있다. 이와 같이 차츰차츰 과거 체계를 뛰어넘은 모든 예비적인 연구를 거친 새로운 철학 원칙은 이제 사회 현상에 대한 연구로 범위를 넓힘으로써 스스로를 일반화시키는 일만이 남아 있다"(콩트, 2001: 39~40).
4) 전체 사회의 특성은 사회구성원의 개인 특성으로 설명되지 않는다는 생각은 모든 사회과학의 전제이다. 즉, "사람들의 고유한 속성을 가리키는 술어는 모두 그것이 사용되는 사회적 맥락을 전제한다. ……설명은…… 언제나 환원 불가능하게 사회적인 술어를 포함한다"(Bhaskar, 1989: 28).

주장한다는 점에서 실증주의와 달리 환원주의를 피할 수 있다. 그러나 이 입장은 인간이 자연의 일부이고 '자유'를 포함하는 정신 및 사회세계 또한 자연세계의 일부라는 점이 이론에 충분히 반영되지 않는다는 점에서 과학 그 자체를 놓쳐버리고 있다. 잘못된 과학관을 버리려다 과학 자체를 포기하고 '철학'으로 되돌아가는 역사적 퇴행에 빠진 것이다. 인간과 자연, 철학과 과학을 완전히 분리한다는 점에서 반자연주의라고 부를 수 있는 이러한 입장은, 자연 현상과 사회·역사 현상을 폭력적으로 구분하고 후자를 자연필 연성으로부터 자유로운 인간의 자발적 활동으로 서술하게 되므로, 궁극적으 로는 자원적 행위이론으로 귀결될 위험에 놓인다.

그런데 흥미로운 것은, 초기 마르크스를 강조하는 반자연주의적 입장과 후기 마르크스를 강조하는 과잉자연주의의 입장은 서로 대립하고 있음에도 동일한 과학관을 공유하고 있다는 점이다(아처, 2005a: 21~22). 달리 말하면, 두 입장 모두 실증주의에 의해 해석된 과학관을 암묵적 또는 명시적으로 받아들이고 있다. 그러므로 만약에 우리가 환원주의를 야기하는 실증주의적 과학관을 해소하고 환원주의로부터 벗어난 '새로운' 과학관을 세울 수 있다 면, 반자연주의와 과잉자연주의의 대립을 해소하고 마르크스가 의도했던 "관념론이나 유물론이 아니라 양자를 통일하는 진리"로서의 과학, 다시 말해 서 환원주의에 빠지지 않는 자연주의, 즉 '비판적 자연주의'를 견지하는 과학을 정립할 수 있는 가능성이 열린다.

3) 비판적 자연주의와 비판적 실재론

실증주의가 환원주의를 극복할 수 없는 이유는 암묵적으로 원자론적 존재 론을 전제하고 있기 때문이다(세이어, 1999: 228 이하). 실증주의는 체계를 원자로 환원할 뿐만 아니라, 하나의 체계를 이루는 것은 그 구성요소 또는 원자의 속성으로 설명될 수 없는 새로운 속성을 갖게 된다는 사실, 즉 '전체는 부분의 합보다 크다'는 사실을 부정한다. 그러므로 환원주의의 극복은 존재론의 재구성에서 시작되어야 하는데, 이것은 흄의 암묵적인 원자론적 존재론에 의해 부정되어왔던 현상과 본질의 구분을 되살리는 일, 즉 전통적인 철학적 존재론을 복원해 세계가 층화되어 있으며 실재하는 세계는 경험세계로 환원될 수 없다는 오래된 '상식' ─ 자연과학자가 자신의 일상적인 과학 행위의 전제로 삼고 있는 '상식' ─ 을 재확인하는 일일 뿐이다(아처, 2005a: 103). 원자론적 존재론이 아니라 현상과 본질을 구분하는 존재론을 받아들인다면, 모든 현상을 원자의 운동과 경험으로 환원해 설명하는 실증주의의 '방법론적 제국주의'가 비합리적이라는 것을 이해할 수 있게 되며, 과학의 임무는 경험을 귀납해 이를 일반화하는 것이 아니라 오히려 경험 또는 현상의 원인이 되는 본질, 즉 구조와 기제를 규명하는 데 있다는 것을 이해할 수 있게 된다. 말하자면 경험세계를 야기하는 원인으로서 "세계는 사건으로 구성되는 것이 아니라 기제로 구성되는 것"이며, 과학은 "지속적으로 활동하는 자연의 기제 ─ 우리가 사는 세계의 현상을 만들어내는 기제 ─ 에 대한 지식을 생산하는 것"(아처, 2005a: 91)을 임무로 한다는 '비판적 실재론'[5]의 타당성을 확인할 수 있게 된다.

　현상과 본질을 구분하는 존재론의 복원이 필요한 또 다른 이유는 세계가 실험실과 같은 폐쇄 체계가 아니라 우연의 요소를 전제하는 개방 체계로 이루어져 있기 때문이다. 개방 체계에서 필연적 인과 기제는 어떤 우연한 조건과 결합하느냐에 따라 사건을 만들어내기도 하고 만들어내지 못하기도 한다(세이어, 1999: 166). 이것을 역사 현상에 적용하면, 발생한 사건은 필연적 인과 기제를 재생산할 수 있지만 그렇게 하지 못할 수도 있다는 것을 의미한다. 즉, 개방 체계로서 사회·역사의 어떤 인과 기제는 대단히 지속적이지만

---

5) 정통적인 과학철학을 비판하는 과학철학의 새로운 입장인 비판적 실재론에 대한 간략한 소개는 아처(2005a, 「개관」) 참조.

다른 것은 쉽게 소멸되기도 한다. 이러한 개방 체계의 우연한 조건은 오직 경험적으로만 연구될 수 있다. 그런데 과학의 일차적인 역할이 우연과 필연을 구분하고 필연에 대한 인과 기제를 찾아내는 데 있다고 해서 그것만으로 과학의 역할을 제한할 수는 없다. "구조적 분석은 연구를 위한 가능한 출발점을 제공하는 것이지 종착점을 제공하는 것이 아니"(세이어, 1999: 150)기 때문이다.

과학에 대한 비판적 실재론의 이러한 입장은 앞에서 비판했던 초기 마르크스를 강조하는 입장과 후기 마르크스를 강조하는 입장의 대립을 극복할 수 있게 해준다. 비판적 실재론의 과학은 필연적 인과 기제와 우연한 조건이 공존하는 실제의 개방적인 세계를 이론의 전제로 삼음으로써 자연필연성과 인간의 자유 중 어느 하나도 희생시키지 않기 때문이다. 비판적 실재론의 입장에서 보면 '과거의 철학적 인식을 청산'한 후기 마르크스의 과학은 초기의 인간해방이라는 인본주의적 관점과 모순되지 않는다. 또한 이러한 입장에서 마르크스의 과학 및 『자본론』을 해석하면 마르크스가 특히 『자본론』에서 서술하고 있는 법칙은 규칙성을 표현하는 경험법칙이 아니라 인과적 구조와 기제를 표현하는 것으로 이해되어야 마땅하다. 또한 마르크스가 서술하고 있는 자본주의의 구조와 기제는 필연성을 서술하고 있음에도 불구하고 역사적으로 변할 수 있는 것으로 간주되어야 한다. 구조와 기제는 하나의 인과적 힘으로 작용하지만 이것이 실제로 현상을 만들어내느냐 마느냐는 특정의 조건이나 여러 층위에 존재하는 다른 인과적 힘과의 우연한 관계 속에서 결정될 뿐이다. 사회체계의 구조와 기제는 우연성을 포함하는 인간 행위에 의해서만 재생산될 수 있기 때문이다(세이어, 1999 : 166). 그러므로 마르크스의 경우에도 그리고 『자본론』의 경우에도 "구조적 분석은 연구를 위한 가능한 출발점을 제공하는 것이지 종착점을 제공하는 것이 아니다"(세이어, 1999: 150). 다시 말해서 마르크스가 『자본론』에서 서술하고 있는 구조와 법칙은 사건에 대한 예측이 아니라 행위를 제약하는 인과적 힘으로 이해되어야 하며, 구체적인 사건의 전개를 이해하기 위해서는 역사적으로만 제공되는 우연한 조건과 자발적 행위가 경험적으로 연구되어야 하는 것이다.

3. 마르크스의 민주주의 이념과 부르주아민주주의 비판

마르크스 과학방법론에 대한 거친 논의를 서둘러 마치고, 이제 이 글의 주제인 민주주의로 넘어가자. 민주주의를 인민주권이라는 고전적 의미로 이해할 경우 마르크스가 이를 지지했다는 것은 두말할 나위도 없다. 그러나 마르크스가 특별한 관심을 끄는 이유는 그가 민주주의의 정치적 옹호자에 머물지 않고 민주주의의 실현을 가로막고 있는 현실적 조건을 탐구했기 때문이다. 그는 민주주의의 실현을 가로막고 있는 사회구조적 원인을 규명하고자 시도함으로써 철학자에서 과학자로 진화한 최초의 인물인데, 마르크스의 진화 과정은 주체와 객체가 분리된 폐쇄 체계의 자연과학을 재귀적인 개방 체계의 과학일반으로 확장하는 과정으로 이해될 수 있다. 이 문제를 추적하기 위해서 우선 마르크스의 초기 저술에 주로 기록되어 있는 민주주의 이념을 확인하고 대의제민주주의에 대한 그의 비판을 살펴보기로 하자.

1) 인본주의와 민주주의

인간이 자연의 생산물이자 동시에 사회의 생산물이라는 것은 오늘날에는 당연한 전제, 즉 공리이다. 마르크스는 틀림없이 이러한 전제에 동의할 것이다. 왜냐하면 그는 인간이 초역사적인 본성과 역사적인 본성을 동시에 지닌다고 주장하기 때문이다. 자본주의에서 살아가는 사람의 행위 양식을 초역사적인 본성으로 간주하는 벤담을 비판하면서 마르크스는 "유용성의 원리로서 인간 행위나 운동, 관계 등을 평가하려는 사람은 우선 인간 본성 일반을 보편적으로 다뤄야 하며 그러고 나서 각각의 역사적 시기에서 변형된 본성을 다뤄야 한다"(Marx, 1983b: 636 주63)고 말한다. 다시 말해서 자본주의라는 사회구조가 '변형된 본성'을 낳는다는 것을 벤담이 놓치고 있다고 비판하면서 마르크스는 "돈에 대한 욕망이야말로 근대의 국민경제가 낳은 욕망이며 유일한 욕망"(Marx, 1983g: 547)이라는 주장한다. 그런데 자본주의를 포함하는 모든 역사적 사회는 역사적 인간의 역사적 행위로 만들어진 것이다. 그러므로 인간이 역사적 본성을 지닌다는 것은 인간이 스스로 만든 사회를 통해 자신의 본성을 변화시킨다는 뜻이기도 하다. 즉, 인간은 역사의 생산물이자 동시에 역사를 만들어나가는 주체이다. 그러므로 마르크스는 "소위 세계사란 바로 인간의 산출물이다. 그것도 자연의 인간화로서의 인간노동을 통한 인간의 산물이다. 따라서 인간은 명백하고 반박 불가능한 자기창조와 자기발생과정의 증거를 갖고 있는 것이다"(Marx, 1983g: 546)라고 말하는 것이다.

이처럼 개념으로서의 인간이 아니라 자연적 존재인 개별 인간을 역사의 주체로 간주하는 마르크스의 인본주의가 민주주의로 발전하는 것은 지극히 자연스러운 일이다. 사실 마르크스에게 두 단어는 주로 사용되는 철학적 영역과 정치적 영역이라는 제한을 없애버릴 경우 동일한 뜻을 반복하고 있을 뿐이다. 마르크스는 "만인이 개개인으로서 국가의 보편적 업무에 대한 심의와 결의에 참여해야 한다고 하는 것, 이런 생각은 아무런 이성적 형식도 갖지 않은 민주주의적 요소를 오직 이성적 형식에 의해서만 존재하는 국가유기체 안에 삽입하고자 하는 것"이라고 주장하는 헤겔을 정면으로 비판하면서 "민주주의적 요소는 전체 국가유기체 속에 자신의 이성적 형식을 부여하는 현실적 요소이지 않으면 안 된다"고 주장했다. "만일 이와는 달리 민주주의적 요소가 국가유기체 혹은 국가 형식주의 안에 '특수한 요소'로서 나타난다면, 이 현존재의 '이성적 형식'은 길들임, 조절 또는 민주주의적 요소가 자신의 본질의 특수한 성격을 숨김없이 드러내지 못하는 형식을 의미"(Marx, 1983e: 321)한다. 마르크스는 헤겔의 국가가 이성이라는 개념의 지배를 추구함으로써 계몽군주를 옹호하는 것에 반대하면서 민주주의, 즉 각 개인이 그것을 구성하고 있는 국가유기체의 실질적 주인이 되는 것을 옹호했다. 즉, 그에게 "민주주의는 형식이자 동시에 내용"(Marx, 1983e: 231)이며, 민주주의는 "보편자와 특수자의 진정한 통일"(Marx, 1983e: 231)이다. 다시 말해서 마르크스는 개인의지의 집합이 곧 이성적인 일반의지가 될 수 있다고 주장함으로써 전통적인 철인정치와 결정적으로 결별했다.

마르크스는 정치적 해방, 즉 신분제의 철폐와 민주주의를 표방하는 공화국의 수립을 역사적 진보로 판단한다. "정치적 해방은 물론 위대한 진보이다. 그것은 비록 인간해방의 마지막 형태는 아닐지라도 지금까지 존재해온 세계질서 안에서는 마지막 형태의 인간해방이다"(Marx, 1983f: 356). 그렇지만 다른 한편 마르크스는 이러한 정치해방을 마지막 형태의 해방 또는 완전한 민주주의로 간주하지 않는데, 이것은 인본주의에 뿌리를 둔 그의 민주주의 이념에 비추어볼 때 지극히 당연한 일이다. 왜냐하면 그의 인민주권론은 인민 각자가 '형식이자 동시에 내용'상으로 모든 객체에 대해 주체가 되어야 함을 주장하는 반면에, 당시의 공화국에서는 정치해방에도 불구하고 또는 바로 그 정치해방을 매개로 해서 여전히 인간에 의한 인간의 실질적인 지배가 지속되고 있었기 때문이다.

2) 마르크스의 부르주아민주주의 비판

자본주의의 구조를 분석하기에 앞서서 이루어진 근대 국가와 대의제민주주의에 대한 마르크스의 비판은 규범적인 수준에 머물러 있다. 즉, 그의 민주주의는 그의 '자유의 왕국'에 나타나는 공산주의나 이상적인 사회주의[6]

---

6) "그것은 인간과 자연, 인간과 인간 사이의 대립에 종말을 고하는 것이다. 사회주의야말로 실존과 본질, 대상화와 자기확신, 자유와 필연, 개인과 유 사이의 대립에 대한

와 똑같은 의미로서 인간해방을 지향하는 사회 이념에 머물러 있다. 그러므로 그의 비판은 근대 국가의 정치해방에도 불구하고 그것이 사회해방으로 이어지지 않고 있는 상황, 즉 형식적인 민주화에도 불구하고 내용적인 민주화가 실현되지 않고 있는 현상에 초점을 맞춘다. "대의제는 위대한 진보이다. 왜냐하면 근대 국가의 현황에 대한 공개적이고 왜곡이 없으며 수미일관한 표현이기 때문이다. 대의제는 모순을 그대로 드러낸다"(Marx, 1983e: 279). 마르크스는 당시의 대의제민주주의가 인민 일반의 이해가 아니라 부르주아의 계급적 이해가 관철된 결과라는 것을 명확히 인식하고 있었다. "근대적 의미로 보면 정치적 삶은 인민생활의 스콜라주의이다. 군주제는 이러한 소외의 완성형이다. 공화제는 단지 소외의 형식만을 변경할 뿐이다. 그러므로 사적 영역의 독립적인 존재가 요구되었던 곳에서만 정치적 헌법 자체가 만들어졌다는 것은 당연한 것이다"(Marx, 1983e: 233). 마르크스에 따르면 당시의 대의제민주주의 또는 공화제에 기초하는 국가는 사적 소유권에 대한 부르주아의 요구를 법적으로 보장하기 위한 기구에 불과하다. 달리 말하면, 사적 소유권의 보장으로 형성된 시민사회의 자율성은 실제로는 계급정치의 결과이며 국가권력의 본질은 부르주아의 계급지배에 있는 것이다. 따라서 마르크스는 헤겔의 피상적인 정치 분석을 결정적으로 논박할 수 있게 되었다. "헤겔은 시민사회를 사적 신분으로 서술함으로써 시민사회에서의 신분 차이를 비정치적인 것으로 선언하며, 이로써 시민사회에서의 삶과 정치적 삶을 별개의 삶으로, 심지어 대립적인 것으로 선언한다"(Marx, 1983f: 280).

정치해방이 이루어졌지만 근대 국가가 인민의 이익을 옹호하는 대신에 재산소유자의 이익을 옹호하는 것은 당연하다. 직접적인 현상으로부터 추론하면, 그 이유는 투표로 선출된 대표자가 유권자를 대표하지 못하기 때문이

참된 해결이다. 사회주의는 역사의 수수께끼의 해답이며, 스스로를 또 그렇게 알고 있다"(Marx, 1983g: 536).

다. 선출된 대표자가 일반이익을 대표하지 못하는 현실은 결국 누가 선출할 권리를 갖느냐와 대표자로 선출될 수 있는 자격의 문제를 제기한다. 따라서 마르크스는 "선거권과 피선거권을 아우르는 일반적 참정권을 통해서 시민사회는 비로소 실제로 자기 자신의 추상태로, 자신의 진정한 보편적·필수적 존재로서의 정치적 존재로 스스로의 지위를 끌어 올린다"(Marx, 1983e: 326)고 주장했는데, 이것은 물론 정치해방이 보통선거로 확장될 경우 정치해방에 의한 사회해방이 가능하다는 것을 함축하는 것이다.

다른 한편 마르크스는 정치해방이 사회해방으로 진전되지 못하는 원인을 국가와 시민사회의 분리에서 찾는다. 국가와 시민사회의 분리라는 말은 시민사회가 국가의 권력으로부터 독립해 자율적인 질서를 갖는다는 뜻이지만, 마르크스에게는 국가권력이 사적 소유권을 침해하거나 제한할 수 없게 된다는 뜻이다. 논리적으로만 보면 이것은 앞에서 언급한 '일반적 참정권'과 모순된다. 왜냐하면 일반적 참정권의 보장, 즉 직접민주주의가 이루어지거나 또는 보통선거에 의해 국가권력이 민주화된다면 사적 소유권 또는 사유재산 제도 자체도 정치적 통제와 결정의 대상이 될 수 있기 때문이다. 그러므로 국가와 시민사회의 분리라는 마르크스의 주장은 논리적 타당성이 아니라 근대 국가가 부르주아계급의 주도로 형성되었다는 역사적 사실에 기초하고 있다고 해석해야 할 것이다. 국가와 시민사회의 분리를 보장하는 새로운 국가, 다시 말해 사적 소유권을 절대적으로 보장하는 근대 국가는 부르주아계급의 역사적 요구에 의해 수립되었다. 그러므로 부르주아계급의 지배가 실질적으로 유지되는 한, 즉 부르주아국가가 존재하는 한 사적 소유권은 절대적 권리로 보장될 것이며 정치사회와 시민사회의 분리는 지속될 것이다.[7]

---

7) 이런 의미에서 마르크스는 정치 또는 정치적 국가를 민주주의를 저해하는 요소로 간주한다. 그는 "진정한 민주주의에서는 정치적 국가가 사라진다"(Marx, 1983e: 232)고 쓰고 있다

이처럼 국가와 시민사회의 분리라는 근대 국가의 특성이 근대 국가의 불가피한 구조적 특성이 아니라 우연한 역사적 사실에 근거한다는 것, 다시 말해 근대 국가가 시민사회와 반드시 분리되어야 할 구조적 필연성이 존재하지 않는다는 것은 근대 국가가 하나의 딜레마를 피할 수 없게 된다는 것을 의미한다. 즉, 정치해방이 진전되어 실제로 보통선거권이 주어진다면 노동대중은 국가권력을 장악할 수 있을 것이고 이를 통해 절대화된 사적 소유권을 상대화하거나 심지어 사유재산제도의 폐지를 요구할 수도 있을 것이다. 그렇지만 국가와 시민사회를 분리시킨 현실의 지배계급, 즉 부르주아계급이 소유권의 정치화 또는 사유재산제도의 폐지를 용인할 것인가? 마르크스는 1848년 혁명 이후 프랑스 공화국의 헌법에 바로 이러한 딜레마가 담겨 있음을 간파한다. "이 헌법의 가장 포괄적인 모순은 다음과 같다. 이 헌법은 프롤레타리아, 농민, 프티부르주아지의 사회적 노예 상태를 영구화하려 하지만, 보통선거권을 이 계급에게 부여함으로써 이들에게 정치적 권력을 넘겨주게 되었다. 반면에 이 헌법이 지켜주려 했던 원래의 사회권력을 부르주아계급에게 더 이상 보장해줄 수 없게 되었다. 부르주아지의 정치적 지배는 민주주의라는 조건을 충족시키지 않을 수 없게 되었고, 그 때문에 언제라도 적대계급이 승리해 지배계급이 될 가능성을 갖게 되었으며, 결국 부르주아 사회의 기초 자체가 무너질 위기에 놓이게 되었다. 말하자면 헌법은 한편으로는 피지배계급의 정치해방이 사회해방으로 발전되는 것을 막아야 했고, 다른 한편으로는 지배계급의 반사회해방이 반정치해방으로 후퇴하지 않게 만들어야 했다"(Marx, 1983h: 43).

부르주아계급은 자신의 지배를 유지하려면 동시에 두 개의 전선에서 승리해야 한다. 하나의 전선에서는 전통적인 국가계급과 싸워야 한다. 즉, 귀족계급이나 관료계급의 권력으로부터 사적 소유권을 보호해야 한다. 이를 위해서 부르주아계급은 노동자계급 등 모든 피지배계급과 연대한다. 이것이 봉건적 특권의 폐지와 평등을 의미하는 정치해방이다. 다른 하나의 전선에서는 정치적으로 해방된 노동자계급 등 모든 피지배계급이 그들의 정치해방을 사회해방으로 진전시키지 않도록 통제해야 한다. 이를 위해서 부르주아계급은 어떤 방법을 취할 수 있을 것인가? 역사적으로 자주 나타났던 방법은 전통적인 국가계급의 권력과 다시 타협함으로써 정치해방 자체를 제한하는 것이다. 이런 점에서 부르주아계급은 민주주의의 옹호자인 동시에 민주주의의 발전을 가로막는 훼방꾼이 된다. 그렇지만 후자의 방법은 정치해방 자체를 무위로 만듦으로써 자칫 사적 소유권에 대한 국가적 통제를 다시 불러들일 위험이 있다. 따라서 정치해방 자체를 막는 방법보다는 정치해방과 사회해방을 분리시키는 방법이 보다 더 궁극적인 대책이 된다. 왜냐하면 국가와 분리된 시민사회로서 '시장'은 소유권의 평등을 보장하고 있음에도 불구하고 프롤레타리아에 대한 부르주아의 실질적 계급지배를 가능하게 해주는 '신비한' ─아무도 왜 이러한 지배가 가능한 지를 과학적으로 규명하지 못했으므로 ─ 기제로 작동하기 때문이다. 정치로부터 자유로운 시민사회, 즉 경제의 자립화는 부르주아계급이 자신의 딜레마를 해결하는 역사적 열쇠이다.

국가와 시민사회의 분리 그리고 이로부터 가능해진 자립적 시민사회는 부르주아계급에게 **새로운 의미**를 갖는다. 그것은 전통적인 봉건국가의 통제로부터 독립한 자유로운 공간을 의미할 뿐만 아니라 부르주아계급이 프롤레타리아계급에 대해 계급적 지배를 실현할 수 있는 공간으로 기능한다. 그리고 이러한 자립적 시민사회에서 이뤄지는 부르주아계급의 지배는 특권이 아니라 오히려 정치해방, 즉 소유권의 평등에 기초한다. 다시 말해서, 만약 국가와 시민사회의 분리가 잘 유지된다면 근대 국가의 정치해방은 사회해방의 수단이 아니라 오히려 사회해방으로의 진전을 가로막을 수 있는 유력한 기제로 작동하게 된다.

정치해방으로 소유권의 평등이 보장되었으나 결과적으로 시민사회의 불평등이 초래되는 이유는 도대체 무엇인가? 사회구조에서 비롯되는가 아니면 개인의 능력 차이에서 비롯되는가? 만약 개인의 능력 차이에서 비롯되는 것이라면 개인에게 소유권을 부여하는 것 자체가 시민사회의 불평등 원인이라고 하지 않을 수 없다. 그러므로 결과로서의 평등이 요구될 경우에는 소유권 또는 사유재산제도 자체의 폐기가 요구될 수밖에 없다. 그렇지만 사유재산제도의 폐기는 동시에 근대적 정치해방과 근대적 개인의 폐기를 의미한다. 왜냐하면 근대적 정치해방은 역사적으로 개별 인간에게 권력, 특히 소유권을 부여함으로써 비로소 성취될 수 있었기 때문이다. 이러한 문제를 인식하고 있었기 때문에 마르크스는 사유재산제도의 직접적인 폐기를 주장하기는커녕 오히려 이러한 주장을 비판했던 것이다.8) 말하자면, 젊은 마르크스는 역사적으로 초래된 시민사회의 불평등이 개인의 능력 차이에서 비롯되는 것이 아니라는 것을 직관적으로나마 인식하고 있었던 것으로 보인다. 이러한 인식이 없다면 사회해방을 위해서 사유재산제도의 직접적인 폐기를 요구하지 않을 수 없기 때문이다.

국가로부터 분리된 시민사회는 이제 마르크스에게도 **새로운 의미**를 갖게 된다. 지금까지 마르크스는 국가와 시민사회의 분리를 부르주아계급의 요구가 역사적으로 실현된 결과로 간주했다. 따라서 부르주아의 주도로 이루어진 정치해방이 인민 전체의 사회해방으로 이어지지 않는 것은 당연한 것이다. 즉, "공화제는 단지 소외의 형식만을 변경할 뿐이다. 그러므로 사적 영역의 독립적인 존재가 요구되었던 곳에서만 정치적 헌법이 만들어졌다는 것은 당연한 일이다"(Marx, 1983e: 233). 여기서 이루어지고 있는 마르크스의 부르주아민주주의 비판은 근대 국가의 정치해방이 불완전할 수밖에 없음 ── 왜냐하

---

8) "이러한 공산주의는 인간의 인격을 완전히 부정하고 있다는 점에서 사유재산제도의 극복이 아니라 그것의 궁극적 귀결일 뿐이다"(Marx, 1983g: 534). "이런 식의 사유재산의 철폐가 진정한 전유와 거의 무관하다는 점은 그것이 전체 문화 문명세계에 대한 추상적 부정으로 퇴행하는 데서, 그리고 사유재산을 극복하기는커녕 그것을 손에 넣어보지도 못한 채 가난하고 아무 욕구도 없는 개인의 부자연스러운 단순성으로 퇴행하는 데서도 드러난다"(Marx, 1983g: 535).

면 정치해방이 부르주아계급의 요구로 이루어졌기 때문에 ─ 을 고발하는 데 그치고 있다. 즉, 근대 국가는 보통선거로 표현되는 완전한 정치해방을 허용할 수 없을 것으로 판단했으며, 근대 국가의 정치해방이 사회해방으로 이어지지 않는 이유는 정치해방 자체가 여전히 계급적 속성을 갖는 불완전한 해방이기 때문인 것으로 분석했다. 그러나 이제 부르주아계급은 보통선거를 지지함으로써 탈계급적 정치해방의 가능성을 열어놓는다. 이러한 정치해방이 실현된다면, 근대 국가의 계급적 속성은 행위 차원의 정치적 공간 안에서는 더 이상 드러나지 않는다. 물론 경험적 사실에 의존해 국가의 계급적 속성을 비판하거나 고발하는 것은 여전히 유효하겠지만 그것만으로는 충분하지 않다. 왜냐하면 경험적 사실 자체는 계급관계가 구조적으로 재생산되고 있는 현실을 설명해주지 못하기 때문이다. 부르주아는 이제 더 이상 정치해방을 방해하거나 저지함으로써가 아니라 오히려 그것을 완성함으로써 사회해방의 가능성을 차단하고 있는 것이다. 그러므로 마르크스는 정치해방의 불완전성 때문이 아니라 정치해방 '덕분에' 사회해방이 이뤄지지 않는 시민사회의 내적 구조 ─ 형식적 등가교환 속에 내재하는 실질적 부등가교환의 구조 ─ 를 규명해야 하는 과제를 떠안게 되었다.

4. 마르크스의 민주주의론

1) 자유와 평등의 전도: 마르크스의 시민사회 해부

인본주의를 지지하는 마르크스의 입장에서 볼 때 보통선거권조차 허용되지 않는 근대 국가의 대의제민주주의는 결코 민주주의로 간주될 수 없는 것이었다. 그럼에도 근대 국가가 스스로를 민주주의로 표방함에 따라 마르크스는 자신의 인본주의적 해방 이념을 민주주의 대신에 사회주의 또는 공산주의라는 단어로 대체했다.[9] 그런데 마르크스가 자신의 이념을 사회주의 또는 공산주의로 부른 것은 단지 명목상의 변화에 그치는 것이 아니다. 왜냐하면 이와 함께 근대 사회에 대한 마르크스의 윤리적 비판이 마침내 과학적인 비판으로 전환되었기 때문이다. 정치해방에도 불구하고 이것이 왜 사회해방 으로 발전되지 않느냐는 질문에 대해 그 사회에는 여전히 계급적 지배가 존재하기 때문이라고 대답하는 것은 현상을 재현하는 서술에 그치고 만다. 문제는 부르주아계급이 자신의 계급지배를 위해서 왜 정치해방을 필요로 하느냐를 규명하는 것이고, 사회해방이 이루어지지 않는 원인이 무엇인지를 찾아내는 것이기 때문이다. 신분사회를 깨뜨리고 나타난 근대 사회의 정당성, 다시 말해서 봉건계급을 대체한 부르주아계급의 지배 정당성은 자유와 평등 에 기초하는 계약 질서에서 찾아진다. 즉, 국가권력은 궁극적으로 자율적인 개인으로부터 나오고, 각 개인의 권리는 평등하다는 생각이야말로 근대 사회 를 지탱하는 핵심 이념인 것이다(비데 1995: 11 이하). 물론 정당성이 없는 부당한 지배라고 하더라도 강제력을 동원할 경우에는 유지될 수 있다. 그렇지 만 강제력의 동원에는 막대한 비용이 요구된다. 따라서 경제적 이익을 목적으 로 하는 부르주아계급에게 정치해방에 기초하는 지배는 매우 효율적인 수단 인 것이다. 그렇지만 프랑스 혁명이 보여주었듯이 정치해방은 사유재산의 국가적 보장이라는 부르주아의 계급적 이해 자체를 파괴할 수 있다. 그러므로 부르주아계급의 입장에서 볼 때 정치해방의 전제 조건은 바로 국가와 시민사 회의 분리, 즉 소유권을 자연권으로 절대화함으로써 국가권력으로부터 자유

---

9) "1848년 마르크스와 엥겔스는 민주주의자라는 이름을 전혀 부끄러워하지 않았다. 그러나 1864년에는 '사회민주주의자'라는 이름이 그들에게는 레드뤼 - 롤랭과 루이 블랑의 파산당한 회사의 부흥같이 보였다. 그들은 이 좋지 않은 이름이 라싸알레주의 자에게는 충분할 정도로 좋다는 확신 아래 결국 그 이름과 그럭저럭 타협했다. 이처럼 기이하게도 '사회민주주의자'라는 표어가 마르크스주의적 노동자정당들을 위해 생겨나게 되었던 것이다"(로젠베르크, 1990: 155).

로운 시민사회를 정립하는 것이다. 그런데 이러한 소유권의 절대화는 역사적으로 볼 때 개인의 자발적 동의에 기초하기보다는 국가권력에 의존한다.[10] 따라서 부르주아민주주의는 정치해방에도 불구하고 소유권의 절대화를 위한 계급적 권력, 즉 부르주아 국가를 필요로 한다는 점에서 궁극적으로는 딜레마를 피할 수 없다.

그러나 국가와 시민사회의 분리, 즉 소유권의 '절대화'만으로는 정치해방이 사회해방으로 발전되지 않는 이유가 충분히 해명되지 않는다. 왜냐하면 소유권을 절대적인 권리로 인정하는 것 자체가 곧 부르주아의 계급적 이익을 보장하는 것은 아니기 때문이다. 독립적인 개인이 자신의 소유물을 자발적으로 교환하는 경제에서 부르주아는 프롤레타리아를 '지배'하게 되지만, 이러한 지배는 '자연적'인 것으로서 결코 사회적 불평등을 의미하지 않는다고 주장될 수 있는 것이다.[11] 마르크스 당시의 '속류' 정치경제학이 제시했고 오늘날의 주류경제학이 필사적으로 계승하고 있는 이러한 주장이 '사기'임은 이미 루소의 '직관'에 의해서 고발되었지만(루소, 1995: 75), 소유권의 형식적 평등에도 불구하고 결과적으로 나타나는 소유의 불평등이 개인의 자연적 능력 차이가 아니라 사회구조에서 비롯된다는 것을 도대체 어떻게 입증할 수 있겠는가? 완전경쟁시장을 전제했을 때 교환으로부터 이익을 얻게 될 확률은 누구에게나 똑같다. 그러므로 평등을 전제로 하는 소유권의 보장을 프롤레타리아계급이 반대해야 할 논리적 근거가 없다. 모든 사회구성원이

---

10) 자본의 원시축적에 관한 마르크스의 서술은 자본주의적 소유권을 내면화하는 과정이 얼마나 폭력적이었는가를 잘 보여준다. Marx(1983b: ch.24) 참조.

11) 예컨대, 스미스의 노동가치설을 지배노동가치설로 부르는 이유는 임금이 '노동'을 지배한다는 사실이 그의 이론에 반영되어 있기 때문이다. 그렇지만 스미스는 정상적인 시장에서 형성되는 가격을 자연가격이라고 부름으로써 계급을 사회적 지배관계를 지시하는 개념이 아니라 단순한 분류를 위한 개념으로 사용하고 있다. 스미스의 계급은 선천적으로 불평등한 개인의 자연적 관계로 나타나는 것이다.

평등하게 교환에 참여할 수 있다면, 비록 교환의 결과로 빈부격차가 나타난다고 하더라도, 그러한 사회를 불평등이 구조적으로 재생산되는 사회, 즉 부등가교환이 구조화되어 있는 계급사회라고 주장할 수 없기 때문이다. 그러므로 소유권을 포함한 인간 권리의 평등에 기초하는 근대 사회가 결과적으로 평등의 전도, 즉 계급사회를 초래하는 역설은 누구에게나 부여되어 있는 소유권 자체, 즉 사유재산제도 자체에서 비롯되는 것이 아니다. 말하자면 결과로서의 불평등 자체를 문제 삼는 것은, 설사 대다수의 인민 대중이 그것을 문제 삼는 일에 동의한다고 하더라도 근대적 정당성을 확보하지 못한다. 근대는 개인을 통해서 탄생했고, 개인은 권리 특히 소유에 대한 권리를 통해서 탄생했으며, 마르크스 자신도 소유권이 인간의 개인화의 핵심적인 요소라는 것을 인정하고 있다.[12]

　그러므로 개인의 자유와 평등에 기초하는 시민사회가 불평등을 구조적으로 재생산하는 계급사회라는 것을 증명하는 일은 마르크스에게 가장 중요한 이론적 과제가 되었다. 『경제학·철학 수고』에서 이미 마르크스는 자본주의 사회가 자본과 임금노동이라는 계급관계에 기초하는 사회임을 밝히고 있다. 그러나 그것이 구체적으로 어떻게 작동하는지에 대한 분석은 『자본론』에서 비로소 완성되는데, 그 핵심은 등가교환을 전제로 하는 시장에서 잉여가치가 어떻게 생산되는지를 규명하는 것, 즉 이윤의 기원을 해명하는 것이라고 할 수 있다. 마르크스에 따르면 순수한 상품교환사회에서는 계급적 착취로서의 이윤이 발생할 수 없으며, 이것은 오직 노동력이 상품으로 등장해 '상품에 의한 상품생산'이 이루어지는 자본주의사회에서만 가능하다. 생필품을 소비함으로써 노동력을 갖게 되는 노동자는 자신이 소비한 생필품, 즉 임금으로 구매한 상품보다 더 많은 상품을 생산할 능력을 갖고 있다. 당연한 얘기지만

---

12) "인간은 원래 유적 존재, 부족적 존재, 군집동물로서 등장한다.……교환 자체가 개인화의 주된 담당자 중 하나이다"(Marx, 1983d: 404).

자본가는 노동자가 이러한 능력을 갖고 있기 때문에 고용하는 것이며, 자본가의 능력은 노동자가 자신의 이러한 능력을 발휘하도록 독려하는 데 있다. 노동력상품의 구매에 지출한 가치와 구매된 노동력을 투입해 생산해낸 가치의 차이가 바로 잉여가치이며 잉여가치의 전화된 형태가 이윤이다. 그러므로 사람의 능력, 즉 노동력이 상품으로 생산되고 교환되고 소비되도록 만드는 제도, 즉 임금노동제도야말로 근대 사회의 자유와 평등에 기초해 근대 사회를 계급사회로 전도시키는 충분조건이 되는 것이다.

2) 계급투쟁과 민주주의의 가능성

『자본론』에 이르러 마침내 마르크스는 사회해방이 이뤄지지 않는 근본적인 원인이 불충분한 정치해방 또는 대의제민주주의의 한계, 즉 행위 차원의 강제 ― 물론 이러한 강제가 실제로 존재하지 않는다는 것은 결코 아니다 ― 에 있는 것이 아니라 시민사회의 구조가 발휘하는 힘이라는 것을 과학적으로 증명할 수 있게 된다. 자립화된 시장, 다시 말해서 정치해방이 가져다준 형식적 평등에도 불구하고 실질적 불평등이 초래된다면, 그 원인은 사회구조가 아니라 자연에서, 즉 개인의 능력 차이에서 찾아야 한다. 이것이 자유와 평등에 기초하는 근대의 개인에 의해서 지지되는 근대 사회질서이다. 그런데 만약에 실질적 불평등이 형식적 평등의 결과가 아니라 구조적 불평등의 결과라는 것이 입증된다면 그러한 불평등은 근대성에 비추어서도 정당화될 수 없다. 마르크스는『자본론』을 통해서 자본주의가 이러한 근대적 정당성을 갖지 못한다고 비판했다. 즉, 등가교환에서 정당성을 찾는 자본주의 사회질서에 부등가교환이 내재함을 밝혔다. 노동력상품에 대해서 자본가가 갖는 힘은 그것을 구매하지 않을 권리로부터 나온다. 노동자의 힘도 마찬가지로 판매하지 않을 권리로부터 나온다. 권리가 충돌해 거래가 성립되지 못할 경우 서로에게 손해가 발생하지만, 자본가와 달리 노동자에게 거래의 성사

여부는 생존이 달린 문제이다. 그러므로 임금노동제도는 자본가에게 '기껏해야' 자본 축적의 기회를 제공하지만 노동자에게는 '필수불가결한' 생존의 기회를 제공하는 것이다. '경제적 자발성'과 '경제적 강제'가 충돌하기 때문에 임금과 노동력상품의 교환은 부등가로 이루어지며, 이러한 임금과 노동력상품의 부등가교환 때문에 잉여가치가 생산된다. 달리 말하면, 노동자도 자본가와 마찬가지로 '경제적 강제'가 아니라 '경제적 자발성'에서 참여할 경우에만 비로소 등가교환이 성립되는 것이다. 왜냐하면 마르크스의 가치형태 분석이 증명하듯이[13] 등가교환은 물리적 관계가 아니라 상대적 가치형태와 등가형태를 서로 맞바꿀 수 있을 때, 다시 말해서 자본가와 노동자가 서로의 입장을 바꿀 수 있을 때 비로소 성립되는 사회적 관계이기 때문이다.

시민사회의 부등가교환구조를 해명함으로써 마르크스는 과학적 근거 위에서 프롤레타리아 정치를 논의할 수 있게 되었다. 왜냐하면 마르크스에게서 정치는 계급 사이의 '부등가교환'을 강제하는 국가권력을 의미하는 것이고 프롤레타리아 정치는 이러한 부등가교환에 맞서 싸우는 계급투쟁, 즉 '민주주의'의 실현을 위한 투쟁을 의미하기 때문이다. 그런데 이러한 계급투쟁이 일어나는 곳은 도대체 어디인가? 『자본론』에는 노동일을 둘러 싼 계급투쟁의 역사가 상세하게 서술되어 있으나, 그러한 역사는 자본운동에 아무런 영향을 미치지 않는 부록으로만 다뤄질 위험이 크다. 왜냐하면 『자본론』의 중심 주제는 자본운동의 법칙을 서술하는 데 있고, 이를 위해서 마르크스는 행위자들을 구조의 '담지자'로 가정하기 때문이다. 이러한 위험은 『자본론』에 서술된 법칙을 실증주의적으로 해석할 경우 특히 더 커지게 되는데, 실증주의에서 과학적 법칙은 귀납을 통해서 포착된 사실들의 규칙성으로 이해되

---

13) 가치형태 분석에서 마르크스는 돈이 상품보다 더 큰 힘을 갖는 이유는 상품과 달리 판매의 강제에서 자유롭기 때문 — 자발성과 강제의 차이 때문 — 이라고 분석한다. Marx, 1983b: 83 참조. 이에 대한 더 자세한 분석은 Krause(1979: 20) 참조.

기 때문이다. 말하자면 실증주의적으로 이해할 경우 법칙으로 표현된 자본의 운동은 인과 기제에 관한 추상적 서술이 아니라 노동자가 실제로 구조의 담지자로서 행위하기 때문에 나타난 결과에 관한 서술이다. 달리 말하면, 여기서 노동자계급은 구조의 담지자로 가정되는 것이 아니라 실제로 그렇게 행위하는 객체로 경험되는 것이다. 따라서 이 경우 계급투쟁은 아예 존재할 수 없게 되거나 기껏해야 '주체 없는 과정'으로 신비화되며, 노동자가 주체로 복귀할 수 있는 자본주의 체계 바깥의 '시민사회' 또는 '생활세계' 어딘가로 계급투쟁의 장소가 옮겨질 수밖에 없게 된다. 후기 마르크스를 강조하는 입장이 전자의 경우라면, 초기 마르크스를 강조하는 입장은 후자의 경우에 해당될 것이다.

그런데 2절에서 논의했듯이 『자본론』의 과학은 실증주의적인 방식으로 이해될 수 없는 것이다. 『자본론』에서 서술되고 있는 법칙은 사건의 규칙성을 표현하는 경험법칙이 아니라 인과적 구조와 기제에 관한 서술로서, 구조와 기제는 단지 행위를 제약하는 힘으로 이해되어야 한다. 그러므로 현실의 역사 과정을 서술할 경우에는 구조와 기제를 잘 드러내기 위해서 전제된 가정, 즉 행위자를 구조의 담지자로 전제하는 가정이 철회되어야 하며, 이럴 경우 현실의 계급투쟁의 장소는 자본의 구조적 강제가 작동하고 있는 체계 안이라고 해야 할 것이다. 마르크스가 자본의 과학에서 서술하고 있는 계급투쟁의 장소, 즉 부등가교환을 강제하는 구조적 힘과 이에 저항하는 노동자의 힘이 서로 맞서는 장소는 체계 바깥이 아니라 체계 안의 시장과 공장이다. 마르크스는 노동력상품의 구매에 지출한 가치와 구매된 노동력을 투입해 생산해낸 가치의 차이를 잉여가치로 파악한다. 그런데 노동력상품으로 등장하는 노동자는 물건이 아니라 근대적 개인이다. 따라서 싼 임금에 많은 노동을 뽑아내려는 자본가의 권리와 비싼 임금에 적은 노동을 희생하려는 노동자의 권리는 동등한 것으로 인정될 수밖에 없다.

상품교환 그 자체의 성질로부터는 노동일의 아무런 한계도, 따라서 잉여노동의 아무런 한계도 나오지 않는다. 자본가는 가능한 한 노동일을 연장하려고 하는데……그것은 구매자로서의 권리를 주장하는 것일 뿐이다. 다른 한편 노동자는 노동일을 일정한 크기로 제한하려고 하는데……그것은 판매자로서 자신의 권리를 주장하는 것이다. 따라서 여기서는 일종의 **이율배반**이 일어나고 있다. 즉, 쌍방이 모두 똑같은 상품교환법칙에 호소하면서 **권리와 권리가 충돌**하고 있는 것이다. 동등한 권리와 권리가 서로 맞서 있을 때에는 힘이 문제를 해결한다(Marx, 1983b: 249. 강조는 필자).

바로 이것이 자본주의 **체계 내부**에서 **불가피**하게 **발생**하는 계급투쟁이다. 근대적 개인으로서 자본가와 노동자는 개인의 권리를 극대화하기 위해서 동일한 입장에 있는 개인들끼리 서로 연대한다.

그리하여 자본주의적 생산의 역사에서 노동일의 표준화는……총체로서의 자본가, 즉 자본가계급과 총체로서의 노동자, 즉 노동자계급 간의 투쟁으로 나타난다 (Marx, 1983b: 249).

앞에서 살펴본 것처럼 부르주아계급이 정치해방에 동의하는 이유는 바로 국가와 시민사회의 분리, 즉 소유권을 자연권으로 절대화함으로써 국가권력으로부터 자유로운 시민사회를 정립할 수 있기 때문이었다. 정치해방과 동시에 '정치'에 의해서 '정치'가 경제에 개입하는 것을 금지시킴으로써 시민사회에서의 실질적인 계급지배가 이루어지는 것이다.

그러나 마르크스는 노동일에 대한 분석을 통해 국가와 시민사회의 절대적 분리, 즉 소유권의 절대화가 현실적으로 불가능하다는 것을 서술하고 있다. 일반적인 상품과 달리 노동력상품의 소유권은 매매 이후에도 여전히 구매자와 판매자 모두에게 동등하게 인정되므로 어느 누구에게 독점적으로 귀속될 수 없고, 따라서 **노동력상품의 가치는 시장의 가격기구에 의해 구조적으로 결정**될 뿐만 아니라 개인 및 계급에 의해서 정치행위적으로도 결정되는 것이다.[14)]

다른 한편 여기서의 권리와 권리의 충돌, 즉 계급투쟁을 동일한 이익을 둘러싼 집단 간의 갈등으로 오해해서는 안 된다. 왜냐하면 노동자계급과 자본가계급이 주장하는 권리는 형식적으로만 같을 뿐 서로 다른 내용을 갖기 때문이다. 상품생산사회에서 어떤 상품의 판매자는 동시에 다른 상품의 구매자이다. 그러므로 판매자와 구매자의 상품에 대한 권리는 사물에 대한 사람의 독점적 처분권리라는 점에서 형식은 물론 내용에서도 똑같다. 그렇다면 노동력상품의 판매자와 구매자가 노동력상품에 대해서 갖는 권리는 어떤가? 노동력상품의 판매자는 노동력상품에 대해서 형식적으로는 다른 상품의 소유자와 마찬가지로 독점적 처분권을 갖는다. 그러나 이러한 형식적 소유권의 실질적 내용은 사물에 대한 처분권이 아니라 **자기 자신에 대한 주권**이다. 그러므로 노동력상품의 판매자가 주장하는 권리는 사물에 대한 소유권자로서의 권리가 아니라 **인간으로서의 권리**이다. 반면에 노동력상품의 구매자가 노동력상품에 대해서 갖는 소유권은 형식과 내용에서 다른 상품에 대해서 갖는 소유권과 똑같다. 그러므로 자본가가 주장하는 권리의 내용은 사람이 아니라 상품에 대한 소유권인 반면에, 노동자가 주장하는 권리의 내용은 사람에 대한 권리, 즉 인권이다. **계급투쟁**은 정치해방을 사회해방으로 발전시킴으로써 인간의 권리를 보장하려는 노동자계급과 정치해방이 사회해방으로 진전되는 것을 저지함으로써 상품소유자의 권리, 즉 돈의 권리를 극대화하려는 자본가계급 사이의 투쟁, 즉 **인권과 민주주의에 대한 투쟁**으로 나타나는 것이다.[15)] 노동자계급이 보편적 계급인 이유는 물론 여기에서도 찾아진다.

---

14) 이런 점에서 가치가 정치적으로 결정된다는 클리버(1986: 247~250)의 해석은 전적으로 옳다.

15) 따라서 노동자계급의 투쟁은 단순한 임금투쟁이나 노동조건을 개선하기 위한 투쟁이 아니라 노동의 강제는 물론이요 모든 사회적 강제에서 벗어나려는 투쟁, 즉 인간해

그렇지만 노동력상품을 둘러싼 권리와 권리의 투쟁이 개인 사이의 투쟁을 넘어 계급투쟁이 되느냐는 역사적 우연에 달렸다. 달리 말하면 계급투쟁의 가능성은 구조에 의해서 주어져 있지만 그것이 현실화되느냐 마느냐는 구체적인 행위에 달려 있는 것이다. 노동자가 연대에 실패해 정치적 계급을 형성하지 못한다면 노동력상품의 가치는 다른 일반 상품의 가치와 마찬가지로 독립적인 상품소유자들의 경쟁, 즉 시장의 가격기구에 의해 결정되며, 그 결과 임금수준은 고전경제학이 주장하듯이 '생존비용'으로 귀결될 것이다. 개별 노동자는 경제적 강제와 상품관계라는 구조적 힘에서 벗어날 수 없기 때문이다. 앞에서 지적했듯이 마르크스도 가치법칙이나 자본운동의 일반법칙 등을 서술하면서 현실의 노동자를 구조의 담지자로 전제함으로써 그들이 정치적 계급을 형성하지 못한 채 독립적인 상품소유자로 존재하고 있다고 '가정'하고 있다. 그러나 다른 한편으로 마르크스는 노동일이나 노동강도에 관한 정치적 투쟁의 역사를 서술함으로써 노동력상품을 둘러싼 계급투쟁이 논리적 가능성에 그치는 것이 아니라 역사적 현실임을 드러내 보이고 있다.

마찬가지로 국가와 시민사회의 분리, 상품관계에 의한 소외 등과 같이 개인을 탈정치화시키는 기제가 자본주의의 '정치'를 결정하는 유일한 힘으로 간주되어서는 안 된다. 마르크스의 정치학을 『자본론』에 근거해 재구성하는 일이 불가능했던 이유는 바로 이러한 기제를 실증주의적으로 해석했기 때문이다. 노동자의 연대가 이루어지고 계급정치가 현실화되어 민주주의가 진전되는 만큼 소유권은 계급정치의 통제를 받게 되며, 그만큼 국가와 시민사회의 분리는 해소된다. 달리 말해서, 자본주의 국가가 자본가계급의 국가인가 아닌가는 자본주의의 구조적 힘에도 불구하고 구조에 의해 선험적으로 결정되는 것은 결코 아니며, 오직 현실의 계급투쟁에 의해 역사적으로 결정될 수 있을 뿐이다. 마르크스의 과학은 실증주의의 오해와 달리 단순한 구조의

방을 위한 투쟁이 되는 것이다. 이에 대해서는 클리버(1986: 261~264) 참조.

과학 또는 단순한 행위의 과학으로 환원되지 않는 것이다.

5. 맺음말

과학적 지식에 대한 관심은 실천에 대한 관심에서 비롯된다. 과학은 종교나 철학과 달리 궁극적인 문제보다 실천적인 문제를 해결하기 위한 것이기 때문이다. 그러나 과학이 인간의 미래를 예측할 수 있는 것은 아니다. 역사가 예측 가능하리라는 우리의 기대는 잘못된 것이며, 이것은 과학의 본질에 대한 잘못된 이해에서 비롯된 것이다. 이 글은 과학적 지식에 대한 이러한 문제의식에 따라 민주주의에 관한 마르크스의 이론을 재검토했다. 마르크스에게 민주주의는 인간해방에 다름 아니며 그의 과학은 민주주의 또는 인간해방의 실현을 가로막는 구조적 힘에 대한 연구에 집중되어 있다. 마르크스의 자본주의 분석에 따르면 인간해방을 가로막는 일차적 기제는 구조적 부등가교환이다. 그런데 부등가교환을 강제하는 자본주의의 구조에는 부등가교환에 저항할 수밖에 없는 행위 기제가 내재해 있다. 따라서 자본주의 체계는 그 안에 계급투쟁을 내포한다. 자본주의 체계가 야기하는 계급투쟁은 사람의 권리와 돈의 권리의 충돌에서 빚어지는 투쟁이며, 상품으로 치환된 사람이 결국 사람임을 자각하게 되기 때문에 생기는 현상이다. 그러므로 자본주의에서 계급투쟁은 궁극적으로 인권과 민주주의를 실현하려는 계급과 그것을 저지하려는 계급 사이의 투쟁으로 나타난다.

끝으로 사족을 달자. 마르크스의 저작을 낱낱이 뒤진다면, 레닌이 했던 것처럼 민주주의에 관해 더 많은 것을 마르크스로부터 끌어낼 수 있을 것이다. 그렇지만 나는 과학일반과 마찬가지로 마르크스의 과학이 미래의 구체적인 전개과정에 관해서 말해줄 수 있는 것은 제한적이라는 점을 오히려 강조하고자 했다.[16]

참고문헌

가라타니 고진(柄谷行人). 2003. 『마르크스 그 가능성의 중심』. 김경원 옮김. 이산.
로젠베르크, 아르투어. 1990. 『프랑스대혁명 이후의 유럽정치사』. 박호성 옮김.
    역사비평사.
루소, 장 자크. 1995. 『불평등기원론 / 사회계약론』. 최현 옮김. 집문당.
배로, 클라이드. 2010. 「마르크스주의 국가 이론에서 마르크스의 문제」. ≪실천≫,
    3월호(통권40호).
비데, 자크. 1995. 『자본의 경제학·철학 이데올로기』. 박창렬·김석진 옮김. 새날.
세이어, 앤드루. 1999. 『사회과학방법론』. 이기홍 옮김, 도서출판 한울.
아처, 마가렛 외. 2005a. 『초월적 실재론과 과학』. 이기홍 옮김. 도서출판 한울.
_____. 2005b. 『비판적 자연주의와 사회과학』. 이기홍 옮김. 도서출판 한울.
알튀세르, 루이(알튀세, 루이). 1990. 『마르크스를 위하여』. 고길환·이화숙 옮김.
    백의.
콩트, 오귀스트. 2001. 『실증주의 서설』. 김점석 옮김. 한길사.
클리버, 해리 M. 1986. 『자본론의 정치적 해석』. 권만학 옮김. 풀빛.
프롬, E. H. 포핏츠. 1983. 『마르크스의 인간관』. 김창호 옮김. 동녘.
피어슨, 크리스토퍼. 1989. 『마르크스주의와 민주주의 정치이론』. 어수영 옮김.
    학문과 사상사.

Bhaskar, Roy. 1990. *The Possibility of Naturalism*. Routledge.
Engels, Friedrich. 1983. "Karl Marx, Zur Kritik der Politischen Oekonomie." in
    MEW, 13. Dietz Verlag.
Jessop, Bob. 1982. *The Capitalist State*. New York University Press.

---

16) "공산주의란 우리가 만들어내야 할 하나의 상태도 아니고 현실이 따라가야 할 하나의
    이상도 아니다. 우리는 공산주의를 현재의 상태를 폐기해나가는 현실운동이라고
    부른다. 이 운동의 여러 조건 역시 지금 현재 존재하고 있는 전제로부터 생겨난
    다"(Marx, 1983a: 35).

Krause, Ulrich. 1979. *Geld und abstrakte Arbeit*. Campus Verlag.

Lukács, Georg. 1970. *Geschichte und Klassenbewusstsein*. Luchterhand Literaturverlag.

Marx, Karl. 1983a. *Deutsche Ideologie*. in *MEW*, 3. Dietz Verlag.

_____. 1983b. *Das Kapital Erster Band*. in *MEW*, 23. Dietz Verlag.

_____. 1983c. *Das Kapital Dritter Band*. in *MEW*, 25. Dietz Verlag.

_____. 1983d. *Grundrisse der Kritik der politischen Oekonomie*. in *MEW*, 42. Dietz Verlag.

_____. 1983e. *Kritik der Hegelschen Staatsrechts*. in *MEW*, 1. Dietz Verlag.

_____. 1983f. *Zur Judenfrage*. in *MEW*, 1. Dietz Verlag.

_____. 1983g. *Oekonomisch-philosophische Manuskripte aus dem Jahre 1844*. in *MEW*, 40. Dietz Verlag.

_____. 1983h. *Die Klassenkaempfe in Frankreich 1848 bis 1850*. in MEW, 7. Dietz Verlag.

민주주의와 헤게모니*

현대 민주주의의 특징에 관한 이론적 재구성

이승원
성공회대 민주사회연구소 연구교수

1. 민주주의의 '불협화음'

민주주의는 현대 세계에서 특정한 정치 변동의 형태를 민주화 과정으로서 승인하기 위한 중요한 정치적 기표이다. 그러나 이 기표가 엄밀하고 구체적이며 명확한 지시대상, 기의 또는 내용을 가지고 있다고 말하기는 어렵다. 이에 대한 베커(Carl Becker)의 지적은 문제제기의 출발이 될 수 있을 것이다.

그것(민주주의 — 옮긴이)은 약간만 조작하면 우리가 담기를 원하는 어떤 사회 요소도 담을 수 있는 개념상의 여행용 가방과 같이 서로 다른 사람에게 서로 다른 내용을 함의하는 단어이다(Becker, 1941: 4).

---

* 이 글은 ≪비교민주주의연구≫, 제4집 1호(2008년 6월)에 실린 글을 재수록한 것이다.

'여행용 가방'이라는 표현에서 알 수 있듯이, 민주주의 기표가 함의하는 의미는 다의적이며 모호하다. 다의성의 차원에서 민주주의의 의미를 이해한다는 것은 특정한 정치적 맥락과 양립 가능한 민주주의의 다양한 정의를 나열한다는 것을 의미한다. 이러한 차원에서 파악되는 민주주의의 다양한 정의는 상호 간에 어떠한 논쟁이나 긴장 없이 각각의 정치적 맥락에서 독립적이고 완전한 정치적 의미를 나타낸다고 할 수 있다(Laclau, 1996c). 그러나 이 글에서 다루고자 하는 것은 상이한 정치적 맥락 안에서 나열된 민주주의의 다양한 정의가 아니라 하나의 맥락에 존재하는 경쟁적이고 논쟁적인 정의이다.

  서구 유럽에서 19세기 중반까지 '과두제'로 간주되어온 demokratia(그리스어로 demos는 '인민'을, kratos는 '통치'를 뜻한다)라는 용어를 현대 정치체제에 적용한다면, 민주주의의 이러한 어원학적 의미가 '대의민주주의', '위임 민주주의' 또는 '참여 민주주의' 같은 현대 민주주의의 다른 의미와 논쟁적이고 갈등할 수밖에 없다는 것은 분명하다. 또한 제3세계의 상이한 민주적 정치 형태를 서구 유럽과 비교한다면, 제3세계 고유의 전통과 역사적 맥락이 고려되지 않은 채 서구의 자유민주주의 사상과 과정이 제3세계의 공간에 수용될 수 있을 것인가에 대한 판단은 대단히 회의적일 수밖에 없다. 제3세계가 서구 유럽과는 극단적으로 이질적인 식민주의에 종속되어왔던 반면, 대부분의 서구 유럽 국가는 근대 식민주의의 혜택을 통해 장기간 민주주의와 시민사회 사이의 진화된 관계를 유지해왔다. 또한 오늘날 지구적 차원에서의 정치가 자유시장 체제, 초국적 자본, 노동 유연성을 강조하는 신자유주의적 민주주의와 이에 도전하면서 더 많은 다원성과 자유·평등을 실질적으로 요구하는 급진민주주의 사이의 긴장에 직면하고 있다는 것은 주지하는 사실이다.

  결국 하나의 정치적 맥락 속에서 발생하는 민주주의의 다양한 정의는 상호 간 충돌을 의미하며, 이는 민주주의를 명확하게 정의내릴 수 없는 '모호함'을 야기한다. 여기서 한손(R. L. Hanson)의 설명은 민주주의에 담겨있는 이러한 모호성을 정치적으로 이해하도록 도움을 주고 있다. 한손에 따르면 현대 민주주의는 특정한 정치적 맥락에서 완벽한 정의를 가지지 못하는데, 그 이유는 '민주주의의 가치가 초월적이게 되면서 그 의미가 민주주의에 대한 해석을 둘러싼 경쟁이 만드는 불협화음과 함께 상실되어버렸기 때문'이다(Hanson, 1995: 69). 이 '불협화음'은 민주주의의 대립하고 논쟁적이며 불완전한 의미를 실증적이고 다의적인 것으로 해석하는 정치적 경향으로부터 발생한다. 한손은 이러한 불협화음에 대한 학술적 인지란 '그 진정한 의미가 어느 곳에서도 이해되지 못하고 있음에도 모든 곳에서 승인되고 있는 민주주의'를 비관적으로 주목해온 현대 민주주 연구의 출발점이 될 것이라 지적하고 있다(Hanson, 1995: 69).

사실 그러한 불협화음의 인지와 함께 대부분의 정치이론가는 민주주의의 완전한 실현을 회의적으로 여겨왔다. 예를 들어, 달(Robert Dahl)은 효과적인 참여, 평등한 투표, 계몽된 인식, 의제의 조정, 성인의 참여 등과 같은 이상적인 민주주의에 도달하기 위한 다섯 가지 척도를 제시한다(Dahl, 1998: 37~38). 그러나 달은 어떠한 근대 국가도 민주주의의 이상에 도달하지 못했으며, 따라서 민주주의는 그것의 경험적 귀결과 이상적 가치 ― 이론적 유토피아 ― 사이에서 요동하고 있다고 역설한다. 따라서 그는 '실재적 민주주의'와 '이상적 민주주의' 사이의 구성적 불가능성을 포함하는 '다두정치'로 민주주의를 기술하고 있다(Dahl, 1971; 1998). 한편 존 던(John Dunn)은 '민주주의란 우리가 가질 수 없는, 그러나 끊임없이 가지고자 하는 것의 이름'이라고 말한다(Dunn, 1972: 28). 이 밖에도 오도넬(G. O'Donnell), 슈미터(P. Schmitter), 쉐보르스키(A. Przeworski) 같은 민주화 이론가들은 기술적으로 민주주의의 광의의 의미를 정치적 민주주의의 불확실한 결과로 보면서 슘페터의 절차적 최소를 기반으로 해 그 광의의 의미를 정치적 민주주의의 제도화로 환원시켜왔다(O'Donnell & Schmitter, 1986: 8). 그러나 이러한 회의적 경향은 민주주의의 불협화음을 해결하지는 못하고 있다. 왜냐하면 이 회의적 경향은 실재적 민주주의와 이상적 민주주의 사이의 간격으로부터 도출되고, 민주주의의 제도화의 과정에서 나타나는 '민주적으로 배제된 것', 즉 현실 제도로서의 민주주의가 수용할 수 없는 다양한 문제에 대한 처방을 보류하고 있기 때문이다.

회의주의를 넘어서 민주주의의 불협화음, 그리고 민주적으로 배제된 것을 민주주의의 연구대상으로 설정하려면 무엇보다 특정한 맥락에서 민주주의의 의미를 나열하는 것이 특정한 정치적 귀결을 수반한다는 것을 인정해야 한다. 경쟁적이고 갈등적인 민주주의의 다양한 의미가 동일한 시공간 내에서 상호 작용하고 뒤섞이고 있을 때 각각의 의미는 상호 인정하거나 함께 배열하려 하기보다 적용 가능한 영역으로부터 상대의 일부 의미와 충돌하고 그 충돌하는 부분을 서로 배제하려는 경향을 가지고 있다. 특정한 의미적 질서로부터 제거된 이 배제된 것은 그 질서의 '외적 잔여'로 남게 된다. 이 '외적 잔여'에 대한 인식은 특정한 정치적 지평 위에 있는 민주주의의 경쟁적이고 갈등적인 요소를 가시적으로 만든다. 이 '가시성'에 대해 반본질주의적 입장에서 영속적인 급진민주주의의 확장을 정치적 과제로 제시하는 라클라우 (Ernesto Laclau)는 다음과 같이 언급하고 있다.

(사회적인 것의) 제도와는 정반대 형태의 출현 가능성은 역사적 경쟁의 장에서 이 정반대의 형태가 실질적으로 요구되고, 이 형태를 위한 투쟁이 전개될 때 드러난다. 왜냐하면 제도의 개별 작용이 가지는 우연성은 오로지 다른 기획에 대한 이 정반대 형태의 적대적 관계를 통해서 드러나기 때문이며, 이 정반대 형태에게 정치적 특징을 제공하는 것이 이러한 우연성이기 때문이다(Laclau, 1994: 4).

라클라우에 따르면, 특정한 제도의 경계 외부에 남겨진 '배제된 것' 혹은 잔여, 즉 '제도와는 정반대 형태'가 그 제도의 질서에 배열되지 못한 채 드러난다는 것은 곧 그러한 제도가 자신의 외부가 존재하지 않는 보편적이고 필연적인 것이 아니라 반대로 우연적이라는 것을 의미한다. 특정한 제도가 보편적 질서로 유지·고정되지 못하도록 하는 '제도와는 정반대 형태'란 그 제도에 '적대적'일 수밖에 없다. 또한 제도가 가지는 반본질성, 즉 '우연성'이란 바로 제도 외부의 잔여로 존재하는 '제도와는 정반대 형태'가 제도의 한계를 드러내고 제도의 재구성을 요구하는 정치적 특징을 가지게 한다. 이러한 측면에서 민주주의가 지닌 다양한 의미의 특정한 배열이 야기하는 배제된 집단 혹은 잔여의 가시화란 민주주의 연구의 방향을 민주주의의 제도적 기제의 내적 논리를 살피고 사회적 배열을 기술하고 분석하는 존재적 수준에서 민주주의의 특정한 형태를 통해 구성된 사회적 배열의 경계가 구성되어지는 논리를 재검토하는 존재론적 관점으로 이동시키는 작업을 의미한다.

존재적 수준에서의 민주주의에 대한 분석과 기술은 일반적으로 기존 정치이론과 정치과학 내에서 받아들여지는 동의된 기준 아래에서 실시된다. 존재적 분석은 특이한 현상 그 자체를 동의된 기준을 통해 정당과 선거제도의 관계, 내각제와 대통령제 사이의 상대적인 차이 등과 관련해 서로 다른 정치제도를 기술·분류·비교하는 수준에서 현상 그 자체를 조사한다(Howarth, 2004: 266). 그러나 존재적 수준에서의 분석은 기존의 정치제도 자체에는 질문하지 않는다. 반면 존재론적 분석은 존재적 분석이 간과하고 있는 것, 즉 정치제도가 가지는 개념 자체에 질문하고, 정치 실천이나 정치 행동의 규준을 재검토하고, 정치 분석 조건의 기원과 그 조건이 유지되는 동학을 탐구한다(Howarth, 2004). 즉, 존재론적 관점에서 출발하는 민주주의 연구는 특정한 정치적 맥락에서 발생하는 상이하고 다양한 민주주의 의미의 충돌과 경쟁에 대한 회의주의적 접근을 극복하고, 오히려 이러한 충돌과 경쟁의 특징과 정치적 효과를 민주주의 연구의 주제로 다루고 있다고 할 수 있다.

2. 민주주의, 구성과 전복 사이의 요동성

앞서 언급했듯이, 민주주의의 상이하고 다양한 의미, 그리고 특정한 민주적 질서와 그 외부의 잔여 사이의 충돌과 경쟁은 민주주의의 불협화음을 발생시키고, 이 불협화음은 정치의 가능성을 함의한다. 이 불협화음이 특정한 민주적 질서 주위에서 점점 더 크게 울려 퍼지고, 이 울림이 그 질서를 더욱 흔들수록 민주적 질서는 제도화의 위기에 점점 더 직면하게 된다. 위기에 따른 새로운 제도화 과정은 새로운 민주적 질서 안에서 불협화음을 조화의 상태로 전환시키려 한다. 즉, 민주주의의 불협화음이 가지는 정치의 가능성이란 불협화음을 기존 질서 속에서 흡수하거나 혹은 새로운 질서로 재구성하는 정치 기획의 가능성을 의미한다. 따라서 민주주의는 정치적이고 사회적인 질서가 민주주의의 이름으로 구성·재구성되는 현대 정치 변동의 논리라 할 수 있다.

여기서 현대 정치 변동 ― 따라서 정치 ― 논리로서의 민주주의란 서로 상이한 두 개의 사회 공간에서 수행된다고 할 수 있다. 하나는 특정한 정치체제가 구성되는 사회의 내적 공간이다. 즉, 이는 특정한 민주적 질서로 제도화된 정치사회 공동체 내에서 대중의 주체위치가 결정되어지는 공간을 의미한다. 다른 하나는 앞의 공간의 내적 메커니즘의 안정성이 외부의 잔여 혹은 '제도와는 정반대 형태'의 간섭과 방해, 그리고 배제된 사회적 잔여가 남겨진 사회 외부로부터의 영향을 막기 위해 구성된 경계선이다. 전자는 이미 합의된 규칙 안에서 유지되지만, 후자는 특정한 정치체제의 내적 규칙과 영역을 유지하기 위해 권력이 작동하는 중심이다. 이것은 '구성'과 '전복'라는 민주적 형태를 긴장되고 비결정적이며 불안정하게 만드는 민주주의의 이중적 정치동학으로 귀결된다.

사실 신자유주의적 현상과 이에 대한 비판적 도전에서 묘사되는 오늘날의 정치 현상은 대부분의 정치공동체(또는 사회구조)가 동시적으로 '구성의 논리'

와 '전복의 논리'를 가지고 있음을 보여주고 있다. 전자는 현존하는 권력 체제를 유지하고 재생산하기 위해 정치질서와 사회구조의 총체성을 헤게모니적으로 재구성하는 것을 의미한다. 반면, 후자는 전자의 논리를 기반으로 한 현존 정치체제의 정치적 한계와 불가능성을 드러내며, 민주적 질서의 외부에서 드러나는 잔여와 새로운 질서를 구성하기 위해 '탈구'의 계기로부터 '사회적 적대'를 기반으로 한 헤게모니 투쟁을 촉발시키는 동학을 의미한다.

1) 탈구, 그리고 카이사르주의

여기에서 특정한 정치적 (민주적) 질서가 '보편성'이라는 이름으로 영속적으로 유지되는 것을 그 질서의 '우연성'과 한계를 드러냄으로써 부정하는, 즉 질서 내의 게임이 아니라 질서 내부와 외부 간의 정치 투쟁의 가능성을 의미하는 '탈구'의 정치적 의미에 대해 살펴보도록 하자. 라클라우는 탈구를 현존하는 대의 체제가 대표할 수 없거나 또는 기존 정치적 독해 코드로는 상징 불가능한 어떤 것이 출현하는 계기라고 설명하고 있다(Laclau, 1990). 따라서 탈구적 계기란 현존하는 사회질서의 불가능성과 전복의 가능성을 제공한다(Laclau, 1990).

라클라우에 따르면, 탈구란 이중적 운동의 메커니즘을 함의하며 이는 기존 사회질서 혹은 사회구조의 경계선에서 발생한다. 즉, 기존 질서 내에서 일반화된 특정한 의미와 사회적 관계가 탈구적 계기를 통해 탈고정되는 반면, 탈구적 계기는 동시에 탈고정화된 기존의 정치적이고 사회적인 배열을 다시 고정시키려는 시도를 포함한다(Laclau, 1990). 다시 말해서 '탈구'란 균열된 사회구조를 하나의 폐쇄된 총체성으로 완벽하게 봉합하는 것이 궁극적으로 불가능하다는 것을 드러낸다. 동시에 탈구는 사회구조가 특정한 결절점을 중심으로 구성된 사회·정치적 제도 위에 사회적인 것을 고정시키려는 경향을 가지고 있다는 것을 보여준다.[1] 따라서 탈구란 사회구조(그리고 구조를 대표하는 정치권력)가 더는 특정한 결절점에 영구적이고 절대적으로 고정되지 못하고 구조 내의 사회적 관계가 대표되거나 상징화될 수 없어서 결국 새로운 제도화를 위해 새로운 결절점이 요구되는 이중적 운동의 차원에서 이해될 수 있다.

일단 탈구가 기존 질서와 그것에 의해 고정되어 있는 대중의 사회적 정체성을 뒤틀어놓을 때, 그것은 또한 그렇게 뒤틀어지고 균열되어버린 질서와 사회적 정체성 사이의 결핍을 드러낸다. 이 결핍 때문에 뒤틀어진 사회적 정체성은 균열된 질서를 봉합시키는 새로운 주체로 전환되는 기회를 가지게 된다. 이 새로운 주체는 이전 질서로의 복귀와 치료, 혹은 새로운 질서의 구성이라는 정치적 실천을 요구받는다. 따라서 탈구는 단순히 기존 질서의 외상일 뿐만 아니라 새로운 질서와 정체성의 구성을 위한 '자유, 일시성, 가능성'의 순간이다(Laclau, 1990: 41~45). 결과적으로, 탈구는 주체의 주체성의 전환을 촉발하고 현존하는 질서의 전복과 새로운 질서의 구성의 가능성을 만들어낸다. 즉, 탈구는 전복과 구성의 이중적 특성을 가지며, 새로운 정치적 실천의 공간을 만들어낸다(Laclau, 1990: 39).

이러한 측면에서 탈구적 사건의 출현은 기존 질서를 재생산하는 정치 논리의 한계를 드러낸다. 또한 탈구적 사건의 출현은 그 질서에 배열되어온 대중의 주체위치가 전복되고 재구성되는 과정으로 나아간다. 그러한 주체의

---

1) 결절점은 라캉의 정신분석학적 개념인 '(소파 등받이의) 고정점(point de capiton)'에서 정치학적으로 차용된 것이다. 지젝에 따르면, 결절점은 의미의 매듭의 한 종류이며, 이것은 단순히 그 매듭을 통해 가장 풍부한 의미를 꿰어 매고 있는 특정한 한 단어를 의미하는 것은 아니다. 오히려 결절점 혹은 고정점은 기표 그 자체의 수준에서 주어진 의미의 영역을 통일하고, 하나의 정체성을 구성하는 단어이다. 그러므로 결절점이란 어떤 특정한 기의와 필연적으로 고정되어 있지 않은 '비어 있는 기표'인 것이다(Žižek, 1989: 87~95). 라클라우에 따르면, 이 결절점은 특정한 의미의 사슬을 형성하고 고정시킬 수 있는 특권적인 기표이며, 결절점의 출현은 특정한 담론적 접합 실천을 수반한다(Laclau & Mouffee, 1985: 112~113).

전환은 새로운 질서를 구성하기 위한 정치투쟁의 지평 위에 적대를 각인시키는 작업을 동시에 수반한다.

탈구의 이러한 이중효과는 기존 질서를 부정하거나 반동적으로 재구성하려는 새로운 정치적 주체에 의해 '일시적이며 정태적 균형상태'로 귀결되는 경향을 가진다. 그람시주의적 관점에서 보면, 만일 탈구적 계기가 전통적인 지배계급과 다양한 대중적 계층 어느 쪽에서도 어떠한 유기적 해결책을 통해 해소되지 않는다면, 이 계기는 일시적이며 정태적 균형상태의 출현으로 이어진다. 정태적 균형 상태란 '요소가 절망적이며, 진보세력은 성숙되어 있지 못하고, 결국 보수든 진보든 그 어떤 집단도 승리를 위한 능력을 가지고 있지 못하며, 심지어 보수세력은 지배자를 요구하고 있는 상태이다'(Gramsci, 1971: 210~211). 그람시의 '카이사르주의(Caesarism)'는 이러한 균형상태의 정치적 표현으로서 이해될 수 있다. 카이사르주의란 '갈등하는 세력이 파국적인 방식으로 서로 균형을 유지하고 있는 상황'을 말한다(Gramsci, 1971: 219). 카이사르주의적 상황에서 갈등하는 정치세력은 '계속되는 투쟁이 오직 서로의 파멸을 통해서만 종결될 수밖에 없기' 때문에 이를 피하기 위해 균형을 유지하려고 한다.

'일시적이며 정태적 균형 상태'는 기존의 대립하고 적대적인 주요 세력이 아닌 정치 공간에서 그저 단역에 지나지 않았던 정치 집단 혹은 정치적 인물이 이 균형 상태를 새로운 질서로 재구성하는 과정에서 새롭게 부상될 수 있는 가능성을 제공한다. 즉, 파국으로 치닫고 있는 진보세력 '갑'과 반동세력 '을' 사이의 정치적 균형 상태를 타개하려면 '병'이라는 제3세력의 중재가 요구되는 가능성이 형성된다. 즉, 정치적 균형 상태를 타개하는 '카이사르'는 '갑'이나 '을' 또는 그에 종속된 세력으로부터가 아니라 제3세력인 '병'(혹은 '정', '무', '기', '경' 등)이 '중재' 역할 혹은 '정치적 대표체' 역할을 위임받을 수 있을 때 나타날 수 있으며, 중재의 역할을 위임받은 '병'은 정치 공간에서 새로운 카이사르로 부상하게 된다. 이러한 측면에서 '카이사르'의 정치적 경향은 '갑'이나 '을'을 통해 결정되는 것이 아니라 구체적인 정치동학의 맥락을 통해서 확실해진다. 이에 대해 그람시는 다음과 같이 설명하고 있다.

> 카이사르주의는 진보적인 형태와 보수적인 형태 모두를 포함하고 있다. 최종 분석에서 각각의 형태가 지니는 정확한 의미는 사회학적으로 어림잡는 것이 아니라 오직 구체적인 역사를 통해서만 재구성될 수 있다. 카이사르주의는 그 개입이 진보세력이 승리하도록 도울 때, 비록 그 승리가 타협과 한계로 인해 다소 경감되긴 했어도 진보적이다. 그 개입이 반동세력의 승리를 도울 때 반동적이며, 이 경우도 역시 일정한 타협과 한계를 가지고 있지만 이 타협과 한계는 진보세력의 경우와는 다른 가치·범위· 의미를 가지고 있다. 카이사르와 나폴레옹 1세는 진보적 카이사르주의의 예이며, 나폴레옹 3세와 비스마르크는 반동적 카이사르주의의 예이다(Gramsci, 1971: 219).

카이사르·중재자가 출현하는 동학은 반드시 주요한 두 세력 사이의 정치투쟁에 제한되지는 않는다. 그것은 기존의 정치투쟁에 개입해 우연적 계기를 새로운 정치권력의 탄생의 가능성으로 만드는 정치 실천에 달려 있다. 즉, '전통적인 정치체제의 틀 속에서는 상상할 수도 없고 통제할 수도 없는' 사회적 혼란과 정치적 균형 상태를 재조정하는 정치 실천이 그 행위자를 '카이사르'로 만들어낸다고 할 수 있다(Laclau, 1996: 118).

결론적으로 탈구적 계기의 출현은 다양한 실천의 정치적 가능성을 동시에 만들고, 이는 '카이사르주의'에서 살펴본 바와 같이 기존 정치세력의 세력 재편만이 아니라 새로운 정치적 주체의 권력을 향한 부상까지도 포함한다. 즉, 탈구적 계기는 기존 질서에서 탈고정된 모든 주체위치가 새로운 정치적 주체로 전환되면서 새로운 질서 수립을 위해 상호 대립하고 충돌하고, 적대적인 그리고 때로는 서로 타협하는 정치 실천의 가능성의 계기인 것이다. 그러나 탈구 그 자체가 어떠한 사회적 적대나 그것을 기반으로 한 정치 실천으로 즉각적으로 전환되지 않는다. 현재의 질서의 불가능성을 드러내는 탈구는 그러한 적대와 정치 실천이 시작되는 공간이며 계기이며 사건이다. 따라서 탈구와 정치 실천의 단계를 의미하는 적대에 대한 명확한 구분이 요구된다.

2) 적대

라클라우는 무페와 함께 초기 저작인 『헤게모니와 사회주의 전략』에서 적대란 "모든 객관성의 한계, 즉 부분적이고 불완전한 객관화로서 드러나는 모든 객관성의 한계를 구성하는 것"(Laclau & Mouffe, 1985: 125)이라고 언급하고 있다. 먼저 그는 모순이 아니라 적대가 정치와 정치 투쟁을 가능하게 한다는 것을 강조하고 있다. 라클라우에 따르면, 모순은 '갑'과 '갑이 아닌 것' 사이의 논리적 관계를 의미한다. 이 모순적 관계는 적대적인 것이 아니라 객관적인 것이다. 즉, 결정적이고, 한정적이고, 또한 개념 사이에서 균등하게 한정된 관계이다. 그러나 모순과 달리 적대에서 '갑'은 본질적으로 완전한 '갑'이 될 수 없는 '갑'이다. 라캉의 주체 개념에 따르면, 이 '갑'은 사실상 불완전하고 '결핍' 그 자체로서의 '갑'이다. 이러한 상황에서 적대는 '갑'이 '완전한 갑'으로 완성되는 과정이 방해받고 억제될 때 '갑'을 통해서 '갑'을 방해하는 대상을 향해서 발생한다. '갑'은 자신의 완전한 실현을 위해 자신을 방해하는 대상을 제거해야만 한다. 따라서 '갑'과 그것의 적대적 대상은 모순의 경우처럼 논리적으로 공존할 수 있는 관계가 아니라 둘 중 하나가 없어져야 하는 관계이다. 이러한 측면에서 적대는 '모든 객관성의 한계가 보이는 관계이며', 그것은 사회 내부에서가 아니라 외부에서 발생한다. 오히려 적대는 현존하는 질서의 한계를 구성하며, 그 질서의 불가능성 그 자체이다(Laclau & Mouffe, 1985: 125).

『헤게모니와 사회주의 전략』에서 라클라우는 적대의 개념은 대중이 자신의 정체성을 완전하게 실현하는 것을 방해하는 외적인 타자(적)의 현존을 함의했다. 적대의 초개 개념이 다소 급진적 의미를 함의한다고 볼 수 있으나, 이 개념은 여전히 적대에 대한 전통적 마르크스주의의 유산을 유지하고 있으며, 결과적으로 보편적 계기로 환원 불가능한 특수한 사회 영역 안에 있는 다양한 적대를 활성화시키기에는 일정한 한계를 가지고 있다.

슬라보예 지젝은 전통적 마르크스주의의 적대가 가지는 두 가지 상호 연관적인 특징을 다음과 같이 정의했다.

① 다른 모든 적대(계급 적대, 경제적인 착취)에 대한 중재에는 존재론적으로 우월하고, 그 적대의 위치와 개별적 비중을 결정하는 근본적인 적대가 존재한다.

② 역사 발전은 필연적이지 않지만 적어도 근본적인 적대를 해결하고, 그 해결 과정에서 다른 모든 적대를 중재하는 '객관적 가능성'을 만들어나간다(Žižek, 1989: 4).

전통적 마르크스주의의 적대 개념은 '환원 불가능한 여러 개별 투쟁'을 이해하는 데 한계를 가지고 있다. 전통적 마르크스주의와 일정한 거리를 둔 채 라캉주의적 정신분석학에 기대어 정치적 독해를 시도하는 지젝은 적대 개념을 모든 상징화의 과정에서 나타나는 실재계의 잔여와 직면하는 어떤 상태로 발전시킨다(Žižek, 1989).

상징계와 실재계 사이의 충돌에 대한 라캉주의적 이해 속에서 지젝은 타자와의 적대란 사실상 구성적으로 이미 부정된 정체성의 외화이자 각인일 따름이다. 그는 외적인 타자에 의해 '갑'이 완전한 '갑'으로 실현되지 못하는 것이 아니라 오히려 '갑'은 이미 그 자체로 구성적인 결핍에 의해서 방해받고 있다고 말하고 있다(Žižek: 1990: 252). 즉, 적대를 통해 부정된 것은 언제나 이미 부정되어 있으며, 적대적 세력에 의한 부정은 항상 부정의 부정인 것이다(Torfing, 1999: 52). 또한 "적대적 타자의 실질적인 제거 이후에 나는 적대를 완전히 종식시키고 나 자신의 정체성에 도달할 것이다'라는 것은 단순히

'착각일 뿐'이라고 지젝은 지적하고 있다. 왜냐하면 적대적 타자는 "단순히 작은 대상, 우리가 완전한 나 자신의 구성적 불가능성을 투영하거나 외화시키는 현실의 잔여일 뿐"(Žižek, 1990: 251~252)이기 때문이다. 그러므로 기존 질서 내의 모든 사회적 관계는 구성적으로 불가능하며, 사실상 분열증적 본질을 가지고 있다고 할 수 있다. 지젝은 "나의 완전한 실현을 방해하는 외적인 적대적 타자란 내 자신의 자동적 부정성 및 내 자신 스스로의 방해의 외화"(Žižek, 1990: 252~253)라고 말한다.

지젝은 또한 라클라우의 적대에 대한 초기 관념을 비판하면서, 그것을 '상징화될 수 없는 외상적 사회분화'라고 정의한다. 따라서 적대는 그 자체가 현 질서를 부정하는 것이기 때문에 현 질서의 해체와 새로운 질서의 재구성을 위한 정치 투쟁으로 발전하게 된다. 이러한 관념은 상징적 질서가 현실을 완전하게 반영하는 것을 불가능하게 하는 라캉의 '실재계(the Real)'에 대한 이해로부터 기원한다. 따라서 지젝은 "우리는 반드시 적대적 투쟁의 사회적 현실로부터 실재적인 것으로서의 적대를 구별해야 한다"고 말하고 있다.

라클라우는 지젝의 적대 개념에 대한 비판을 받아들이면서, 적대란 사회적 질서의 탈구에 대한 담론적 대응이라고 정정한다(Torfing, 1999: 129). 이것은 적대란 구조의 한계와 결정 불가능성이 드러나는 탈구적 계기의 정치적 귀결임을 의미한다. 따라서 주체성의 결핍을 기반으로 한 적대는 적대적 타자의 현존으로부터가 아니라 그 자신이 배열되어 있는 사회·정치 질서의 불가능성의 외화, 즉 탈구로부터 그 조건이 주어진다고 말할 수 있다. 즉, 탈구와 적대는 사회의 내적 질서의 형성과 그것의 외적 경계선이 선험적 필연성이 아니라 헤게모니적 우연성에 의해서 결정된다는 측면에서 완전한 총체성의 실현 불가능성을 의미하는 것이다(Laclau, 1990: 199). 특히 후자는 탈구가 제공하는 '자유, 순간성, 가능성'의 공간 속에서 뒤틀려지고, 재구성을 원하는 대중의 사회적 정체성을 새로운 질서를 위한 정치적 주체성으로 구성하는 바로 그것이다.

1970년 노동자 전태일의 분신, 도시빈민의 광주대단지 시위, 1979년 YH 사건, 1980년의 광주항쟁, 1997년 IMF 경제위기 등은 현대 한국 사회에서 '탈구적 계기'로서의 대표적인 사건들이라고 할 수 있다. 이러한 탈구적 사건은 사건 당시의 인식 지평이나 정치 논리로서는 설명될 수 없었던, 따라서 기존의 정치 질서의 한계를 드러내고 그것을 부정하기 시작했던 대표적인 사건이었다. 이 사건들은 또한 당시의 대중의 사회적 정체성이 사실상 그 시기 정치 질서와 사회적 관계로부터 보호받을 수 있는 안전한 것이 아니었음을 간접적으로 드러내는 사회적 외상이었다. 이 사건들이 어떻게 정치적으로 해석되는가에 따라서, 그리고 이 현상을 대중이 어떻게 자신의 정체성의 의미와 연결시켜 해석하는가에 따라 사회적 적대의 특징을 결정한다. 이러한 적대의 확장은 새로운 질서 수립을 위한 투쟁의 공간으로서의 정치 전선을 구성한다. 한국에서 이러한 탈구적 사건은 그것에 대한 해석과 해석을 통한 사회적 인식 결과에 의해 '군부독재 대 민중', '민주 대 반민주', '제국주의 대 반미자주화', '독점자본 대 노동계급' 같은 사회적 적대와 이러한 적대를 기반으로 한 정치 전선과 새로운 정치적 주체를 구성했다고 말할 수 있다.

요컨대 특정한 정치 질서 혹은 사회구조 내의 모든 사회적 관계는 구성적으로 불안정하며 분열증적인 본질을 가지고 있다. 따라서 특정한 사회적 관계 내에 배열된 주체의 결핍이 외적으로 각인된 적대는 구성적으로 불완전한 정체성과 결핍된 주체의 욕망이 자신의 구성적 결함을 채우고 완전한 정체성을 실현하려는 과정에서 드러난다.

3) 민주주의의 요동성

앞의 논의로 돌아가서, 구성의 논리는 한편으로 특정한 민주적 질서로 제도화된 기존의 정치·사회적 공동체 내에서 대중의 주체위치를 결정하고, 다른 한편으로 사회 질서의 내적 메커니즘의 안정성이 외부 잔여의 간섭과 방해 그리고 배제된 사회적 잔여가 남겨진 사회 외부로부터의 영향을 막기 위해 작동한다. 따라서 구성의 논리는 특정한 정치 질서 내에서 자유와 평등 같은 민주적 원리를 제한하거나 수용하는 방법에 집중한다. 구성의 논리는 또한 자유와 평등의 원칙을 사회에 급진적으로 적용해 발생하는 정치적 귀결의 불확실성을 '우리 동네 게임'일 뿐인 제도적 틀 내에 체제화하는 방식에 주목한다. 그러나 이 구성의 논리는 언제나 탈구적 계기로부터 발생하고 자유와 평등의 원칙을 확장시키면서 새로운 민주적 공간의 경계선을 재구성하려는 '전복의 논리'에 의해 흔들리고 도전받는다.

일반적으로 구성의 논리는 모든 사회적 요구가 민주주의의 제도화를 통해 실현될 수 있다는 판타지를 실행한다. 반면 전복의 논리는 구성의 논리의 한계를 드러내고 기존 민주적 질서가 야기한 사회적으로 배제된 집단을 가시화해 그 질서를 문제 삼는다. 따라서 전복의 논리에 의한 민주주의의 유토피아적 수준과 구성의 논리에 따른 제도적 수준 사이의 적대적이고 긴장감 있는 상호 작용은 특정한 정치적 배열을 결정한다. 여기서 구성과 전복 사이에서의 요동성(vacillation)이라는 현대 민주주의 정치의 가능성의 조건이 발견된다.

클로드 르포르(Claude Lefort)의 근대 민주주의에 대한 분석으로부터 민주주의의 요동성이 가지는 특징을 좀 더 명료하게 다듬어보도록 하자. 르포르는 권력의 구현이며 육화인 군주를 기반으로 한 총체적 통일체가 민주주의 혁명이라는 전대미문의 힘에 의해 해체되면서 '권력의 중심부가 비어 있는 장소가 되었다'라는 주장을 통해 민주주의 혁명 이후 변화된 권력의 특징을 설명하고 있다(Lefort, 1988: 17). 이것은 민주주의 혁명 이후 사회적 통일체와 정치권력이 더는 신학·정치적 기원과 같은 어떤 근본적인 토대에 의해 보장되지도 않을 뿐만 아니라 특정한 인물 또는 정치집단과 동체로 파악되지 않는다는 것을 의미한다. 오히려 '권력의 실행은 주기적인 재분배의 과정에 종속되며' 민주주의 사회는 '항구적인 규칙에 따른 통제된 경쟁의 결과물'에 따라 성립한다(Lefort, 1988: 17). 따라서 민주주의 사회는 권력의 비어 있는 장소를 채우기 위한 헤게모니 투쟁이 보장되고 분화와 사회적 적대가 승인될 때만 유지될 수 있다(Stavrakakis, 1999: 123~124).

> 민주주의란 확실성의 작위자를 제거함으로써 제도화되고 유지된다. 그것은 사람들이 분화, 특히 집권자와 집권자에게 종속되어 있는 자 사이의 분화가 사물의 본질이나 초자연적인 원리에 대한 신념의 결과로서 접합될 수 있는 모든 단계에서 근본적인 비결정성을 경험하는 역사의 막을 열고 있다(Lefort, 1988: 19).

그러므로 민주주의의 제도적 장치는 구체제의 억압적 장치와는 달리 권력과 주체의 '동체화'를 막을 수 있으며, 정치적 적대를 제도화함으로써 상이한 정치세력이 구체제의 억압과 폭력으로부터 벗어나서 자유롭게 정치권력의 소재지 점령을 위한 헤게모니 투쟁을 할 수 있는 정치 공간을 형성한다고 말할 수 있다. 결국 르포르가 묘사하는 근대 민주주의란 '확실성의 작위자를 제거'함으로써 유지되고, 지배권력과 피억압집단의 경계선을 구분하는 어떠한 신념도 '근본적 비결정성'의 차원에서 고려되는 제도라 할 수 있다.

명백하게도 '민주주의'는 어떤 특정한 의미가 민주주의 권력의 빈자리를 채우는가에 따라 그 기표의 '순수한' 메타포와는 전혀 상이한 정치적 효과를 발생시켜왔다.[2] 이것은 민주주의가 단순히 시간적으로 상이함을 보이면서 하나의 진화적인 단계로 나아가는 것이 아니라, 동일한 시공간 내에서도

---

2) 이에 대한 선구적이며 탁월한 연구는 맥퍼슨(C. B. Macpherson)에 의해 이루어졌다. 그는 냉전체제 질서에서 작동하고 있는 민주주의의 세 가지 형태(자유민주주의, 소비에트 민주주의, 제3세계 민주주의)를 주목하면서 민주주의가 그것과 공간적으로 얽혀 있는 '자유주의', '노동자계급 독재', '반(反)식민주의·민족주의'의 상이한 이데올로기 속에서 불균등하고 불안정하게 나타났음을 보여주고 있다(Macpherson, 1960; Laclau, 1989).

상이한 의미와 중첩되고 또 불일치하면서 사실상 각각의 상이한 개념은 상이한 정치세력으로 대립하고 충돌했던 것이다.[3] 그 상이함에도 불구하고 '민주주의'라는 기표가 현대 세계에서 사회구성의 제1원리로서 사용된 것은 그것이 함축한 역사적 상징과 함께 그것이 구성과 전복 사이에서 요동하면서 자유와 평등을 기반으로 한 유토피안 이미지를 정치적으로 조작 가능하게 만들기 때문이다.

　민주주의의 이러한 특징으로 구성과 전복 사이에서 민주주의의 요동성이 가지는 논리를 설명할 수 있다. 구성의 논리가 정치·사회적 통일체의 구성을 완전하게 실현할 수 없는 반면, 전복의 논리는 구성의 논리를 기반으로 한 특정한 민주주의의 공간의 경계선을 끊임없이 비판하고 도전한다. 기존 통일체의 비결정성을 드러내고 기존 질서를 탈구시켜 새로운 질서로 사회적 잔여를 접합시킴으로써 새로운 민주주의 질서를 만드는 정치 과정을 수반하는 것이 바로 전복의 정치적 출현이다. 이 과정은 구성 논리의 한계를 드러내고 현존하는 정치 질서의 잔여를 드러내는 과정을 통해 권력이 작동하는 공간의 파열 지점을 다시 봉합시키기 위해 특정 세력을 중심으로 새로운 정치 프로그램을 제시한다. 구성의 논리란 확실성의 작위자를 해체하는 것이

---

3) 제2차 세계대전 이후 민주주의는 '제도적 절차로서의 민주주의 대 규범적 이상으로서의 민주주의', '직접민주주의 대 대의민주주의', '엘리트 민주주의 대 참여 민주주의', '자유민주주의 대 비자유·민중, 마르크스주의, 급진적 민주주의', '성찰적 민주주의 대 대중 민주주의', '정치 민주주의 대 사회 민주주의', '다수적 민주주의 대 합의적 민주주의', '개인적 권리로서의 민주주의 또는 집합적 선으로서의 민주주의', '평등의 실현으로서의 민주주의 또는 차이의 협상으로서의 민주주의' 등과 같은 대립의 형태를 띠는 양상을 보였기 때문에, 실로 '민주주의'가 무엇인가에 대한 정의는 특정한 역사적·정치적·사회적 문맥 속에서 충분히 고려되어야 하며, 그것을 '정의'하는 것 자체가 이미 이론의 영역을 넘어선 것이라 할 수 있다(Barber, 1984; Benhabib, 1996; Dahl, 1971; Duncan, 1983; Held, 1996; Lijphart, 1984; Macpherson, 1960, Pateman, 1970, Beetham, 1999).

보장되고 특정한 제도화의 과정을 통해 권력의 분화를 승인하는 계기에서 적용된다. 구성의 논리를 가시화시킴으로써 전복의 논리의 극단적 적용에 의해 야기될 수 있는 정치·사회적 통일체 구성의 불가능성을 피할 수 있다. 반대로 민주주의가 전체주의를 합리화시키는 도구로 왜곡되거나 배제의 논리에 의해 발생한 사회적으로 배제된 집단이 민주주의 공간의 외부에 영구적으로 고정되는 것을 방지하는 것이 바로 전복의 논리이다.

따라서 민주주의란 특정한 정치 질서의 승인 과정을 통해 사회의 구성을 가능하게 하는 원리이자, 그러한 질서가 영구적으로 고착되거나 억압적인 어떤 것으로 변질되는 것을 방지하기 위해 현존하는 질서의 한계를 드러내는 정치 변동(민주화)의 논리이다. 이러한 관점으로부터 우리는 민주화란 단순히 권위주의 정권에서 민주 정권으로의 이동과 같은 '정권 변화'만을 의미하는 것이 아니라 정치권력의 장소와 본질을 전환시키는 혁명적 과정 또한 함의한다고 말할 수 있다. 즉, 민주주의(그리고 민주화)는 새로운 질서를 구성하는 가능성에 대한 우리 시대의 정치적 표현이라고 할 수 있다.

3. 민주주의의 헤게모니 논리

1) 보편화 과정으로서의 접합 논리

민주주의라는 기표가 구성과 전복의 이중적 정치 실천을 촉진하는 경향을 가지고 있다면, 특정한 민주적 체제로 귀결되거나 민주화를 위한 상이한 형태의 정치 투쟁을 촉진시키거나 새롭게 제도화된 민주주의 질서로 재구성하는 과정에서 민주주의 기표와 다양한 의미 사이의 접합의 논리를 다루는 것이 중요하다.

앞서 언급했다시피, 민주주의 기표와 그것의 다양한 의미 사이의 완전한 접합은 실재적 민주주의와 이상적 민주주의 사이의 간격을 메우는 작업처럼 구성적으로 불가능할 수밖에 없다. 이러한 측면에서 많은 민주주의 이론가들은 민주주의의 특정한 의미를 보편화시키고 완성시키는 작업이란 언제나 실패할 수밖에 없으며, 현실 사회가 민주주의의 유토피아적 수준으로 도달하는 것은 사실상 불가능하다는 회의주의적인 태도를 보였다. 그러나 민주주의 기표와 의미 사이의 접합 논리가 가지는 비본질적이고 비결정적인 특징은 민주주의 정치가 그렇게 회의주의적 태도에 머물러 있을 수밖에 없는 것이 아니라, 유토피아적 수준과 실재적인 민주주의 제도 사이의 간격을 채우는 적극적이고 영속적인 정치적 실천이라는 사실로 해석될 필요가 있다.

　이러한 접합적 실천은 상이한 개별 투쟁을 공동체적 투쟁으로 묶어내며 다양한 요소로부터 새로운 형태의 사회 질서를 만들어낸다. 또한 이 실천은 상이하고 비교할 수 없는 것을 대표하고, 나아가 개별적인 이해를 일반화되고 보편적인 것으로 만드는 활동(universalisation)을 포함한다. 여기에서 한 사회에서 하나의 개별 세력이 자신의 독특한 내용을 '해방'이나 '지배'와 관련된 보편적인 이해나 과제로 전환시키려할 때 그 개별 세력은 '상이하고 비교할 수 없는 다른 어떤 것의 상징으로 나타내져야' 하기 때문에 비유적인 전치를 사용해야만 한다(Laclau, 2001: 9). 즉 개별적인 것의 보편화 과정은 하나의 결절점을 중심으로 구성되는 등가적 관계 속에 사회의 이질적인 것을 배열하거나 접합시키는 과정이다. 그런데 이 과정에서 어떤 개별적인 것이 또 어떤 개별적인 내용과 완전히 일치할 경우 전자는 후자 이외의 어떤 것도 대표할 수 없기 때문에 전자를 중심으로 한 보편화 작업은 실패할 수밖에 없다. 따라서 보편화 과정은 어떤 개별적인 내용과도 절대로 일치하지 않는 '결여된 충만함(absent fullness) 또는 비어 있는 기표'라는 이름에 의지해야 한다. 어느 특정한 계기에서 특정한 세력이 다른 어떤 것을 대표하면서 보편적 위치를 점유하고자 할 때 서로 일치하지 못함으로써 발생하는 비어 있는 어떤 것을 채우기 위해, 이 보편화 작업을 수행하는 개별 세력은 상이한 것을 등가적 관계 위에 배열하려는 특정한 내용의 비유적 전치를 사용한다(Laclau, 2001: 9). 또한 이러한 보편화 과정은 이질적인 것을 하나의 등가적 관계 속으로 균일화하는 것인 만큼 비유적일 뿐만 아니라 오용적 질서(catachrestic order)를 수반하기도 한다. 즉, 대표할 수 없는 것을 대표한다는 차원에서 이러한 과정, 즉 접합적 실천은 보편적이고 필연적인 것이 아니라 우연적이고 헤게모니적인 정치 실천이다.

그렇다면 헤게모니 실천으로서의 접합적 실천이 가능한 정치 영역은 어디일까? 전통 마르크스주의의 유산 속에서 그람시는 헤게모니를 프롤레타리아트가 보편적인 총체성이자 지적·도덕적 개혁을 조직하는 집합의지의 측면에서 자신의 이해를 넘어서 '인민' 또는 '민족'의 보편적 이해를 대표하는 차원에서 파악했다(Howarth et al., 2000: 15). 그람시는 헤게모니에 대한 자신의 사고를 새로운 '상식'을 기반으로 한 '지적·문화적·도덕적 지도력'과 '역사적 블록'이라는 관념을 가진 정치 일반의 논리로 발전시켰다(Gramsci, 1971: 181~182). 이러한 측면에서 그는 또한 소극적이고 예비적인 '수동 행동'에 머물러 있는 '총파업 신화'라는 소렐주의적 신화의 한계를 명확하게 설명하면서 신화적 특징의 중요성을 강조했다(Gramsci, 1971: 126~128). 그람시에게 헤게모니 실천이라는 역사·정치적 지도력은 지적이고 도덕적인 개혁을 조직함과 동시에 이질적인 것을 등가적인 사슬로 '신화적으로' 구성하는 것을 목적으로 한다(Gramsci, 1971: 133). 이를 위해 민족·민중적 집합의지를 적극적이고 활동적으로 표현하는 정당의 중요성이 강조된다. 그러나 사회 변화를 위한 노동자계급의 핵심적 역할과 '경제활동의 중요성'을 강조하면서 그람시의 헤게모니 개념에 남아 있는 전통 마르크스주의 유산과 본질주의적이고 환원론적인 토대는 그의 헤게모니 개념이 광의의 정치 활동으로 적용되지 못하는 한계를 가지도록 하고 있다(Gramsci, 1971: 161).

라클라우는 모든 사회 요소가 갖는 우연적 위치의 정치적 중요성을 강조하고, 그러한 우연성을 헤게모니 기획의 주체와 모든 사회구조로 확장시키면서 그람시의 헤게모니 개념에 남아 있는 본질주의적이고 환원주의적인 유산을 해체시킨다(Laclau & Mouffe, 1985; Laclau, 1990; 2000a; 2000b; Torfing, 2000; Howarth, Norwal & Stabrakakis, 2000). 라클라우는 헤게모니란 근본 계급을 통해 구성되고 노동자계급의 지도력 중심으로 한 여러 계급 세력의 동맹을 기반으로 한다고 보는 레닌으로부터 그람시에 이르는 헤게모니 개념을 비판하면서, 헤게모니가 출현하는 모든 영역이란 본질적이고 환원주의적인 영역이 아니라 아직 '요소'가 계기로 구체화되지 못한 모든 가능한 영역, 즉 접합적 실천이 요구되는 영역이라는 사고를 기반으로 한 새로운 헤게모니 이론을 발전시킨다(Laclau & Mouffe, 1985: 134).

개별성과 보편성 사이의 접합적 실천으로서의 헤게모니 실천이란 비유적이고 오용적인 의미의 전치에 기반을 두기 때문에, 그에 따른 보편화의 과정은 결코 완성되지 못하며 헤게모니 세력이 권력과 완전한 동체화를 이룰 수도 없다. 따라서 접합적 실천이 반복되는 공간은 헤게모니 실천이 불완전하게 진행되고 있는 공간이자 권력이 끊임없이 재생산되는 공간이다. 이렇게 개별성과 보편성 사이의 접합적 실천의 반복과 권력의 재생산이 보장되는 공간이 바로 민주주의 정치의 필요조건인 것이다. 이에 대해 라클라우는 다음과 같이 명확히 하고 있다.

> 오직 보편성과 개별성이라는 이분법이 끊임없이 재조정될 때 헤게모니가 존재한다. 즉, 보편성은 오로지 개별성을 구현하고 전복시키면서 존재한다. 그러나 반대로 어떠한 개별성도 이러한 보편화 과정의 중심이 되지 않는 한 정치적일 수는 없다. 결론적으로, 이러한 재조정의 공간을 제도화하는 것으로서의 민주주의만이 사실상의 유일한 정치체제인 것이다 (Laclau, 1990: 10).

결국 보편성과 개별성 사이의 재조정의 공간, 즉 정치권력의 공간을 되풀이해서 재구성해가는 헤게모니 실천으로서의 접합적 실천은 민주주의 기표에

원래의 의미가 형해화된 다양한 요소를 접합시키면서 민주주의의 제도화를 끊임없이 촉진한다. 여기서 간과해서는 안 될 것은 이러한 헤게모니 실천의 동학은 결코 사회 내에서 합의된 논리와 규범에 따라 진행되는 이성적이거나 제도적인 실천이 아니라는 점이다. 오히려 접합적 실천으로서의 헤게모니 실천은 사회의 규범을 넘어서고 지적·도덕적 인식을 재구성하기 때문에 사회적 배제, 처벌, 숙청, 공포, 학살 등과 같은 고통의 현실적 경험을 수반한다고 할 수 있다. 즉, 접합적 실천 — 특히 민주주의 기표를 중심으로 전개되는 — 은 단순히 언어적 유희의 차원에 머무르는 것이 아니라 일상의 공간에서 사회적·법적 금기를 강화하거나 깨뜨리기 위해 전개되는 '치열한' 정치 투쟁의 형태를 띨 수밖에 없다.

2) 비어 있는 기표의 정치적 함의

명백하게도 현대 정치에서 민주주의 기표를 기반으로 한 특정 형태의 접합적 실천을 '민주화'라고 부를 수 있다. 앞서 언급했다시피, 이 접합 실천은 헤게모니적이기 때문에 새롭게 제도화된 민주주의 질서를 구성하기 위해 새로운 유토피아의 상을 생산하고 공동체적 투쟁을 촉진하는 과정을 통해서 상이한 요소가 민주주의 기표와 접합될 수 있다. 혹은 반대로 이 접합적 실천은 탈구적 계기에 직면한 기존 질서의 위기를 봉합하기 위한 지배세력의 다양한 통치 전술로 나타날 수 있다. 여기서 접합이라는 헤게모니 실천의 가능성을 '노동자계급'과 같은 본질적이고 환원주의적인 주체의 제한된 영역이 아니라 '요소'가 아직 '계기'로 구체화되지 못한 모든 영역으로 확장시켜 설명하기 위해 탈근대적 언어학 개념인 '비어 있는 기표'의 정치적 의미를 살펴보고자 한다.

소쉬르(Ferdinand de Saussure)가 말한 것처럼, 모든 언어는 관계적이며 언어의 의미 체계는 차이의 체계 내에 수반된다(Saussure, 1983; Laclau, 1996c: 37). 이에 따르면, 하나의 기표란 다의적이거나 모호한 것이 아니다. 구체적으로 기표란 '기의의 과잉 결정 또는 불충분 결정', 즉 완전하고 보편적인 의미 체계를 결코 구성할 수 없는 '구성적 불가능성'을 담지하는 '부유하는 기표'라고 할 수 있다(Laclau, 1996c: 36~37; Barthes, 1977). 이 부유하는 기표는 사실상 그 자체와 일대일 대칭하는 본질적인 기의를 가지고 있는 것이 아니기 때문에 기의 없는 기표, 즉 '비어 있는 기표'라고 할 수 있다(Barthes, 1987). 앞서 살펴본 바와 같이, 비어 있는 기표는 특정한 개별적인 기의 혹은 의미와 완벽하게 일치하지 않기 때문에 비유적인 혹은 오용적인 전치를 통해 보편화 과정의 중심이 되는 결절점으로서 역할을 한다. 따라서 만일 비어 있는 기표 자체가 특정한 담론적 총체성을 구성하는 결절점으로서 기능한다면 담론적 총체성은 완벽하게 폐쇄된 보편적 의미 영역이 아니라 특정한 기의가 접합되고 제거되는 과정으로부터 우연적으로 주어진다(Laclau, 1996c: 37~39).

따라서 비어 있는 기표는 개별적인 기의와의 비본질적 접합을 통해 새로운 정치적 의미와 효과를 만드는 가능성을 대표한다. 여기서 비어 있는 기표는 상이한 기의 혹은 기표를 접합하거나 제거하는 과정을 통해서 '경향적인 비어 있음(tendential emptiness)'이라는 특징을 가지게 된다. 이 '경향성'은 대단히 정치적이다. 왜냐하면 이 경향성은 어느 하나의 비어 있는 기표와 특정한 의미가 접합되는 과정, 즉 새롭게 접합되는 의미가 보편성의 차원으로 나아가는 과정에서 특정 의미가 '선택되거나' 원래의 의미가 '약해지는' 과정을 의미하기 때문이다. 즉, 이 경향성은 접합의 과정이 기표와 기의의 선험적 본질이 아니라 비결정적이고 비본질적이며, 따라서 이 접합이란 곧 '정치적 실천'을 의미한다는 것이다.

그렇다면 하나의 결절점으로서의 비어 있는 기표가 보편화 과정을 통해 상이한 기의 혹은 기표를 중심으로 등가적 관계를 형성할 수 있는, 즉 결절점으로서의 기표가 비유와 오용의 질서를 통해서 상이하고 개별적인 것을 대표할 수 있는 조건은 무엇일까? 한 사회 질서 속으로 이질적이고 개별적인 의미를 접합시키고, 이러한 사회 질서를 보편적으로 만드는 것은 오로지 개별적인 것을 보편성이라는 측면에서 대표할 수 있는 '신화'의 생산을 통해 가능하다. 즉, 비교할 수 없고 이질적인 개별적인 것이 특정한 보편적 질서에 접합된다는 것은 어떤 선험적인 논리에 의해서가 아니라 결절점의 기능을 하는 특정한 비어 있는 기표를 기반으로 한 비유와 오용의 질서를 통한 신화적 공간의 생산을 통해서 가능한 것이다.

라클라우는 기호학자 롤랑 바르트(Roland Barthes)의 '신화'개념을 '주어진 상황에 대한 독해 원칙'으로 그 의미를 발전시킨다(Barthes, 1987; Laclau, 1990: 61). 신화는 이데올로기의 한 형태로서 작동하며, 구조의 불완전성이라는 조건 속에서 특정 구조를 지배하는 담론적 질서 내에서 길들여지거나, 상징화 되거나, 대표되거나 혹은 통합될 수 없는 하나 혹은 집단적인 사건의 출현으로부터 결과하는 담론적 구조의 파열 혹은 불안정화로부터 나타난다(Laclau, 1996c: 61; Torfing, 1999: 148~149, 301). 왜냐하면 신화의 기능은 '새로운 대표성의 공간' 구성의 한계, 무능력, 그리고 우연성을 드러내는 '혼돈'과 '위기'의 사건에 의해 탈구되어진 공간을 봉합하기 위해 필요하기 때문이다(Laclau, 1990: 61; Torfing, 1999: 149). 따라서 신화의 기능을 하는 비어 있는 기표는 '실재의 인물', '구체적인 개인' 또는 '최고의 유토피아' 같은 개념과 일치하는 것이 아니다. 오히려 신화로서의 비어 있는 기표는 접합적 실천을 통한 보편화 과정에서 우연적인 요소를 중심으로 만들어진 특정한 이데올로기적 사슬을 필연적이고 보편적인 표상관계로 해석하는 독해 코드로서의 기능을 수행한다. 이러한 독해 코드, 즉 신화로서의 기능은 비유와 오용의 질서에 기대어 비어 있는 기표를 개별적인 것을 대표할 수 있는 결절점으로서의 기능, 즉 헤게모니 실천이 작용하는 핵심적인 지점이 되도록 한다.

결론적으로, 하나의 비어 있는 기표를 결절점으로 해 특정한 이데올로기적 사슬, 그리고 이를 기반으로 한 특정한 질서의 형성이란 분산되고 흩어진 대중으로부터 하나의 집합의지를 만들어가는 구체적이고 활동적인, 나아가 대단히 정치적이며 헤게모니적인 실천 과정이라는 것을 의미한다. 뿐만 아니라 비어 있는 기표의 이러한 의미는 접합이라는 헤게모니 실천의 가능성을 '노동자계급'과 같은 본질적이고 환원주의적인 주체의 제한된 영역을 넘어서도록 하는 정치적 중요성을 포함한다.

3) 등가와 차이의 논리: 진지전과 변형주의

라클라우는 '개별적인 정체성이 서로 상이한 것을 대표하는 관계가 가지는 존재론적 가능성이란 무엇인가'라는 문제제기와 함께 보편적인 것과 개별적인 것 사이의 동일화와 관련한 헤게모니 실천에 관한 새로운 문제를 지적한다(Laclau, 2000a: 56). 앞서 살펴보았듯이, 비유적 전치를 통해서만 가능한 보편화의 과정은 보편성의 '결여된 충만함'을 채울 수 있는 개념이란 존재하지 않는다는 의미를 가지는 '오용'을 함의한다. 이러한 비유와 오용의 관점에서 볼 때 보편적인 것과 개별적인 것 사이의 관계는 사실상 '불가능성을 대표하는 관계'가 된다(Laclau, 2000a: 56). 즉, 보편성은 어떠한 방식으로든 직접적으로 대표될 수 없다. 개별적인 것이 획득하는 보편성이란 오직 '끊임없이 개별적인 것이 되고자 하는 보편화의 시도'와 다양한 요구를 하나의 '등가 사슬' 속으로 접합시키려는 개별적인 것의 접합 실천을 통해서 '경향적으로' 대표될 수 있을 뿐이다(Laclau, 2000a: 56). 여기서 '등가 사슬'의 의미에 대한 분석을 통해 '불가능성을 대표하는 관계'의 동학을 살펴보도록 하겠다.

등가 사슬은 의미의 모든 사회적 차이가 가지는 실정성(positivity)의 붕괴와 함께 구성된다. 따라서 등가 사슬이 확장될수록 그것이 개별적인 것과 대응해서 만드는 의미의 구체성은 점점 약해진다(Laclau, 2000c: 304). 즉, 등가의 사슬이 특수한 이름 또는 기표를 통해서 대표되면 될수록, 그 이름이 개별적 의미와 형성한 원래의 연결고리는 점점 약해지며, 그 이름은 더욱더 비어 있는 기표 상태가 된다(Laclau, 2001: 11). 이러한 측면에서, 앞서 언급했다시피 그러한 기표란 오직 경향적으로 비어 있다고 할 수 있다(Laclau, 2000b; 2006c). 등가 사슬을 형성하기 전에 특정한 의미와 접합된 특정한 기표는 등가 사슬을 구성하는 동안 특정한 의미를 상실하기 시작하며 동시에 비교 불가능한 의미와의 접합을 통해 새로운 등가 사슬로 구성된다. 이 과정에서 '경향적으로 비어 있는' 기표는 이질적인 요소의 정치적 배열을 가능케 하는 결절점이 자 그 정치적 배열에 '보편적' 의미를 부여하는 독해 코드, 즉 신화로서의 기능을 하게 된다(Laclau, 2001: 11; 2000a: 57). 이러한 과정을 통해서 형성된 등가 사슬은 기존 사회 통일체에 도전하고 전복시키면서 새로운 보편적 질서를 제시하려는 동학을 만들어간다.

등가 사슬의 동학이 전개되는 동안 구성적 실천을 기반으로 해 기존 사회 통일체를 유지하려는 반동적 동학이 발생하는데, 전자가 '등가의 논리'에 따른다면 후자는 '차이의 논리'라고 할 수 있다. 등가의 논리가 기존 질서 내 모든 사물의 실정성을 해체하고 정치 전선의 형태로서 적대적인 대립을 구성하는 기능을 하는 반면, 차이의 논리는 주어진 등가 사슬을 깨뜨리고 사회적 차이의 실정성이라는 탈정치화된 영역으로 사회적 적대가 가지는 긴장을 해소시키는 기능을 한다(Laclau & Mouffe, 1985: 128~130). 즉, 차이의 논리는 불가능성의 대표를 가능케 하는 등가 사슬의 구성에 대한 반동적 형태이다.

각각의 적대적인 두 논리는 그람시의 헤게모니 개념이 가지는 두 가지 전략적 형태와 일치한다고 할 수 있다. 라클라우는 다음과 같이 이에 대해 설명하고 있다.

억압적 정권은 그 자체로 헤게모니적 작업에 관여하고 있으며, 반대세력의 요구를 (그람시적인) 변형주의적으로 흡수하려고 한다. 이러한 방식으로 억압적 정권은 사회를 분리시키려는 전선을 약화시킬 수 있다. 이것은 개별적인 요구와 서로 다른 요구가 만드는 등가적인 관계 사이의 연결고리를 깨뜨리는 것이다. 만일 등가의 논리가 특정한 요구를 개별적인 것을 초월하는 의미로 만드는 과정을 통해 보편화시킨 다면, 변형주의적 작업은 그 요구가 가지고 있는 등가적 잠재력을 무력화시킴으로 써 그것을 개별화시킨다. 정확히 등가의 논리와 반대되는 이 두 번째 논리를 나는 차이의 논리라고 부른다(Laclau, 2000c: 303).

중심이 되는 개별적인 핵심을 둘러싼 등가 사슬을 확장시키는 과정을 통해 만들 어지는 관계적 보편화의 과정만 존재할 뿐이다. 그람시의 '진지전' 개념은 다음의 내용을 정확히 표현하고 있다. 코포라티즘적인 것으로부터 헤게모니적인 계급으로 의 변화는 헤게모니 세력에 구성적인 개별적 목표의 포기가 아니라 사회 내 다른 종 속된 세력과의 등가적 관계를 기반으로 해 개별적 목표를 보편화하는 과정을 전제로 한다(Laclau, 2000b: 208).

'혁명 복원(revolution-restroration)' 또는 '수동혁명(passive revolution)'이라는 역사적 형태의 하나를 의미하는 그람시의 변형주의(transformism)는 이탈리아 의 근대 국가 형성 과정에서 찾을 수 있다. 근대 이탈리아에서 변형주의는 "다양한 효과를 만들어내는 방법을 통해서 성취되며, 동맹 집단에 의해 생산 되는 활동적인 요소 ─ 뿐만 아니라 적대적 집단이자 화해 불가능한 세력 ─ 를 점진적이며 계속적으로 포섭하는 작업"(Gramsci, 1971: 59)을 포함한다. 변형주 의적 전술은 상대적으로 약한 헤게모니를 가지고 있는 지배계급이 새로운 민중적 요소를 포섭한다(Sassoon, 1982: 135). 이와 함께 이 전술은 적대적 정치세력을 무력화하고 대중을 분열로 이끄는, 즉 수동혁명을 통해 정치·경 제적 위기에도 불구하고 부르주아 세력이 즐기는 정치적 생존을 위해 그들의 한계를 설명하는 수동적 합의를 만들어낸다(Mouffe, 1979: 182; Sassoon, 1982: 131). 이것은 개별적인 것의 사회적 차이에 따른 정체성을 탈정치화시키고, 실정적인 주체위치 속으로 이 모든 정체성을 배열시키며, 그러한 주체위치의 종속관계를 정당화시키는 억압질서의 정치 전략이라는 측면에서 정확히 차이의 논리가 의미하는 것이다.

변형주의는 지배 블록 내의 흔들거리고 약한 분파를 단일한 블록으로 모으기 위해 사용된다. 동시에 변형주의는 반대 세력을 해체하고 포섭하고 배제시키는 방식을 통해서 지배 블록의 헤게모니를 재강화하는 기능을 한다. 비록 이탈리아에서의 변형주의는 헤게모니 실천을 의회적 차원에서 보여주고 있으나, 대의민주주의를 기반으로 한 의회 제도가 거의 유일한 민주주의 제도의 형태로 받아들여지고 있는 현대 사회에서 정치 정당의 변형주의적 흡수와 제휴가 정치적 쟁점을 고려하는 대중적 선호성의 제약과 통제, 그리고 수동혁명 차원에서 정치 공간을 반동적으로 재조정하는 것을 포함한다는 것을 인지하는 것이 중요하다.

변형주의와 달리, 그람시에 따르면 '진지전'은 '무한한 대중의 엄청난 희생'을 동원하는 '전대미문적인 헤게모니의 집중'에 의존한다(Gramsci, 1971: 238). 정면 공격을 의미하는 '기동전'과는 반대로, 그람시에게 진지전은 "기대와 희망의 시기를 만들어내고…… 반대 세력에 대항해 더욱 열린 공격을 취하고 내적인 분열이 지속적으로 불가능하도록 하는 보다 '개입주의적' 통치 — 정치, 행정 등 모든 가능한 통제를 통한 지배집단의 헤게모니적 '지위'의 재강화 — 를 위한 헤게모니적 능력을 전적으로 필요로 한다"(Gramsci, 1971: 238~239). 따라서 진지전은 등가 사슬의 확장을 의미하며, 기존 질서의 전복이나 질서의 유기적 위기에 대한 대응인 것이다. 이 대응 과정에서 진지전은 정치 지평 위에서 새로운 정치적 정체성을 구성하며, 이 구성과 함께 도전적인 신화적 공간을 형성함으로써 새로운 정치 전선을 구성하려 한다.

그러나 '변형주의'와 마찬가지로 '진지전' 또한 수동혁명을 위한 전략적 방법으로서 기능한다는 것에 주목할 필요가 있다(Gramsci, 1971: 57, 120, 238). 이 두 전략적 방법을 통해 지배 블록은 '가장 높은 단계의 헤게모니 투쟁'을 경과하면서(Gramsci, 1971: 242) "(정치사회+시민사회=국가, 즉 강제의 갑옷에 의해 보호되는 헤게모니라는 점에서) 시민사회라는 관념으로 재검토해야 할 요소"(Gramsci, 1971: 52, 263)를 포함하는 역사적 통일체의 헤게모니적 형태로서의 '통합국가(integral state)'를 완성한다. 기존 질서에 도전하는 새로운 정치 전선의 구성이라는 측면에서 이해되는 진지전은, 이처럼 수동혁명을 완성시키는 효과적인 정치 전략의 형태로서도 이해될 수 있는 것이다.

물론 변형주의와 진지전이라는 헤게모니 실천을 단순히 수동혁명의 양태에서만 이해한다면, 그것은 '무관심주의'와 '숙명론'이라는 '역사적 패배주의의 위험'으로 빠져들게 될 것이다(Gramsci, 1971: 114). 뿐만 아니라 새로운 민주화 과정을 시작할 수 있는 정치 공간 또한 부재하게 될 것이다. 그러나 그람시가 수동혁명이 지배 질서에 도전적인 정치적 잠재력을 대표할 수 있는 강력한 반정립을 필요조건으로 전제한다는 지적처럼(Gramsci, 1971: 114), 헤게모니 실천은 기존 정치 공간뿐만 아니라 그 공간과 외부를 가르는 경계선 위에서도 작동한다는 것을 인지한다면 수동혁명이란 결국 이에 맞서는 정치적 대응 혹은 새로운 질서를 위한 정치적 실천의 가능성을 반증한다는 것을 알 수 있다.

요컨대 차이의 논리로서의 변형주의는 오직 외부 요소를 흡수해 정치적 주도권을 취해온 헤게모니 블록의 형성을 통해서, 그리고 지배 블록의 억압 기구를 강화하기 위한 헤게모니 전술로서 수동혁명을 가능하게 할 수 있을 뿐이다. 결과적으로, 변형주의는 오로지 기존 사회 질서 내에 있는 주체위치를 실정적으로 고정시키려 한다(Gramsci, 1971: 58, 109; Sassoon, 1982: 135). 변형주의와는 반대로, 등가의 논리로서의 진지전은 그 적용 가능한 공간을 사회적 통일체의 경계선 너머까지 확장시키면서 '수동혁명'과 '반수동혁명' 이라는 두 개의 적대적 계기를 포함하는 모든 정치적 전환의 총체적 동학과 중복된다(Buci-Clucksman, 1979: 210~211). 따라서 진지전은 '집합의지'를 생산함으로써 상부구조와 사회적 생산관계로부터 도출되는 '경향적으로 관계적인 정체성의 복합적이고 모순적이며 오로지 상대적으로 통일되는' '헤게모니 구성체(그람시의 역사적 블록)'를 구축하는 것을 목적으로 한다(Gramsci, 1971:

125～133).

앞서 라클라우의 헤게모니 실천에서 '불가능한 것을 대표하는 것'에 대한 질문에 대해 개별적인 것이 보편성의 차원에서 자신과는 다른 어떤 것을 대표한다는 것은 등가와 차이의 논리를 기반으로 한 보편화의 정치적 과정을 통해서 가능하다는 답변이 제시될 수 있다. 나아가 이 두 가지 헤게모니 실천은 필연적으로 주체(종속 관계로서의 주체 또는 현존하는 질서를 부정하는 새로운 정치적 주체)의 생산을 수반하며, 사회적 통일체를 구성 또는 재구성하려는 '변형주의', '수동혁명', '진지전' 같은 정치적 실천에 해당한다고 정리할 수 있다.

4. 맺음말

이상의 개론적인 연구는 민주주의에 관한 두 가지 이론적 결론을 도출시킨다. 첫째, 민주주의 정치에서 헤게모니 실천은 특정한 정치적 맥락과 양립 가능한 특정한 민주주의적 주체라는 정체성을 구성하려 한다. 따라서 한편으로 민주주의적 주체는 수동혁명의 변형주의적 지지자이자 비적대적이며 제도화된 주체 — 소위 민주적 시민이라고 부르는— 로서 실정적으로 구성된다. 다른 한편으로 특정한 맥락에서의 반수동혁명적 진지전에서 (대항적) 헤게모니 실천은 기존 질서로부터 배제된 사회집단을 민주주의적 통일체를 위한 새로운 기획과 함께 구성된 정치적 주체로 변화시키려 한다. 둘째, 후자의 주체화 과정에서 헤게모니 실천은 필연적으로 현대 정치에서 민주주의의 제도적이고 이데올로기적인 공간을 확장시키기 위한 정치 투쟁(민주화)을 수반한다.

끝으로 민주주의에 대한 연구는 단순히 현 상태 혹은 사회 내 질서의 내적 메커니즘을 설명하는 수준이 아니라 현대 세계에서 나타나는 다양한 민주주의의 형태 속에 숨어들어 작동하고 있는 억압적 관계에 대한 철폐를 지향하는 목적의식을 가져야 할 것이다. 민주주의를 바로 사회 내 질서의 유지와 이에 대한 도전과 새로운 질서의 재구성, 즉 구성과 전복 사이에서 요동하는 정치 논리로 파악하는 것은 바로 이러한 목적의식의 이론적 반성이라 할 수 있다.

참고문헌

Barber, B. 1984. *Strong Democracy*. Berkeley: UC Press.

Barthes, Roland. 1977. *Image-Music-Text*. London: Fontana.

_____. 1987(1957). *Mythologies*. New York: Hill & Wang.

Becker, Carl L. 1941. *Modern Democracy*. London: Yale University Press.

Beetham, David. 1999. *Democracy and Human Rights*. Cambridge: Polity Press.

Benhabib, S.(ed.). 1996. *Democracy and Difference*. Princeton: Princeton University Press.

Buci-Glucksman, Christine. 1979. "State, Transition and Passive Revolution." in C. Mouffe(ed.). *Gramsci and Marxist Theory*. London: Routledge & Kegan Paul.

Butler, Judith. Ernesto Laclau & Slavoj Žižek. 2000. *Contingency, Hegemony, Universality: Contemporary Dialogues on the Left*. London: Verso.

Cardoso, Fernando Henrique & Enzo Faletto. 1979. *Dependency and Development in Latin America*. trans. by Marjory Mattingly Urquidi. Berkeley: University of California Press.

Collier, David & Steven Levisky. 1996. "Democracy with Adjectives: Conceptual Innovation in Comparative Research." *World Politics*, 49, no. 3.

Dahl, Robert A. 1971. *Polyarchy: Participation and Opposition*. New Haven: Yale University.

_____. 1989. *Democracy and Its Critics*. London: Yale University Press.

_____. 1998. *On Democracy*. New Haven: Yale University.

Diamond, Larry & Kim Byung-Kook(eds.). 2000. *Consolidating Democracy in South Korea*. London: Lynne Rienner Publisher.

Duncan, G.(ed.). 1983. *Democratic Theory and Practice*. Cambridge: CUP.

Dunn, John. 2005. *Democracy: a History*. New York: Atlantic Monthly Press.

_____(ed.). 1992. *Democracy: the Unfinished Journey, 508BC to AD1933*. New York: Oxford University Press.

Gramsci, Antonio. 1971. *Selections from the Prison Notebook*. eds. & trans. by Quintin Hoare and Geoffery Nowell Smith. London: Lawrence and Wishart.

Gunther, Richard. P. Nikifiris Diamandouros & Hans-Jürgen Puhle. 1995. *The Politics of Democratic Consolidation: Southern Europe in Comparative Perspective*. London: the John Hopkins Press.

Hanson, Russell L. 1995(1989). "Democracy." in Terence Ball. James Farr & Russell L. Hanson(eds.). *Political Innovation and Conceptual Change*. London: Cambridge University Press.

Held, David. 1992. *Prospects for Democracy: North, South, East, West*. Cambridge: Polity Press.

_____. 1996. *Models of Democracy*. Cambridge: Polity Press.

Howarth, David. 2000. *Discourse*. London: Verso.

_____. 2004. "Hegemony, Subjectivity, Democracy." Simon Critchley & Oliver Marchart(eds.). *Laclau: a Critical Reader*. New York: Routledge.

_____ & J. Torfing(eds.). 2005. *Discourse Theory in European Politics: Identity, Policy and Governance*. Hampshire: Palgrave Macmillan.

_____. A. Noval & Y. Stavrakakis(eds.). 2000. *Discourse Theory and Political Analysis: Identities, Hegemonies and Social Change*. Manchester: Manchester University Press.

Laclau, Ernesto. 1989. "The Signifiers of Democracy." paper in the conference on the legacy of C. B. Macpherson, Department of Politics, University of Toronto.

_____. 1990. *New Reflections of the Revolution of Our Time*. London: Verso.

_____. 1993. "Discourse." Robert E. Goodin & Philip Petit(eds.). *A Companion to Contemporary Political Philosophy*. Oxford: Blackwell.

_____. 1995. "The Death and Resurrection of the Theory of Ideology." *Journal of Political Ideologies*, 1(3).

_____. 1996a. "Beyond Emancipation." *Emancipation(s)*. London: Verso.

_____. 1996b. "Universalism, Particularism and the Question of Identity." *Emancipation(s)*. London: Verso.

_____. 1996c. "Why do Empty Signifiers Matter to Politics?" *Emancipation(s)*. London: Verso.

_____. 1997. "On the Name of God." Working Papers 16, the Centre for Theoretical Studies in the Humanities and the Social Sciences, University of Essex.

_____. 2000a. "Identity and Hegemony: The Role of Universality in the Constitution of Political Logics." in Butler, Laclau & Žižek. *Contingency, Hegemony, Universality: Contemporary Dialogues on the Left*. London: Verso.

_____. 2000b. "Structure, History and the Political." in Butler, Laclau & Žižek. *Contingency, Hegemony, Universality: Contemporary Dialogues on the Left*. London: Verso.

_____. 2000c. "Constructing Universality." in Butler, Laclau & Žižek. *Contingency, Hegemony, Universality: Contemporary Dialogues on the Left*. London: Verso.

_____. 2001. "Democracy and the Question of Power." *Constellations*, 8(1), March.

_____. 2005a. *On Populist Reason*. London: Verso.

_____. 2005b. "Populism: What's in a Name?" in Francisco Panizza(ed.). *Populism and the Mirror of Democracy*. London: Verso.

_____(ed.). 1994. *The Making of Political Identities*. London: Verso.

_____ & Chantal Mouffe. 1985. *Hegemony and Socialist Strategy: Toward Radical Democracy*. London: Verso.

_____ & Lilian Zac. 1994. "Minding the Gap: The Subject of Politics." E. Laclau(ed.). *The Making of Political Identities*. London: Verso.

Lefort, Claude. 1986. *The Political Forms of Modern Society*. Cambridge: Polity Press.

_____. 1988. *Democracy and Political Theory*. trans. by David Macey. London: Polity Press.

Lijphart, A. 1984. *Democracies*. New Haven: Yale University Press.

Macpherson, C. B. 1960. *The Real World of Democracy*. Oxford: Oxford University Press.

O'Donell, Guillermo & Philippe C. Schmitter. 1986. *Transitions from Authoritarian Rule: Tentative Conclusions about Uncertain Democracies*. London: The John Hopkins University Press.

Pateman, C. 1970. *Participation and Democratic Theory*. Cambridge: CUP.

Przeworski, Adam. 1986. "Some problems in the study of the transition to democracy." G. O'Donnell, P. Schmitter & L. Whitehead(eds.). *Transition from Authoritarian Rule: Comparative Perspectives*. Baltimore: Johns Hopkins University Press.

_____. 1992. "The Game of Transition." Scott Mainwaring, Guillermo O'Donnell and J. Samuel Valenzuela(eds.). *Issues in Democratic Consolidation*. Notre Dame: University of Notre Dame Press.

Sassoon, Anne Showstack. 1982. "Passive Revolution and the Politics of Reform." A. Sassoon(ed.). *Approaches to Gramsci*. London: Writers and Readers Publishing Cooperative Ltd.

Saussure, Ferdinand de. 1983(1916). *Course in General Linguistics*. trans. by Roy Harris. London: Duckworth.

Schumpeter, Joseph. 1975. *Capitalism, Socialism and Democracy*. New York: Harper & Row.

Stavrakakis, Yannis. 1999. *Lacan and the Political*. London: Routledge.

Torfing, Jacob. 1999. *New Theories of Discourse: Laclau, Mouffe and Žižek*. Oxford: Blackwell.

Žižek, Slavoj. 1989. *The Sublime Object of Ideology*. London: Verso.

_____. 1990. "Beyond Discourse-Analysis." in Ernesto Laclau. *New Reflections on the Revolution of Our Time*. London: Verso.

_____. 1991. *Looking Awry: An Introduction to Jacques Lacan Through Popular Culture*. Cambridge: MIT Press.

_____. 1999. *The Ticklish Subject: The Absent Centre of Political Ontology*. London, Verso.

시민에서 비시민으로

잉여성의 관리구조와 불안, 그리고 연대

장훈교
급진민주주의 연구모임 데모스

민주주의가 대중의 삶을 방어하고 그것의 지속을 위한 대중 자신의 무기로 작동하지 못하면서, 대중이 삶과 노동의 현장으로부터 축출·추방되고 있다. 이러한 대중의 추방은 1987년 민주화 이후 1990년대를 경유하면서 한국 민주주의와 정치·사회운동의 중심 담론으로 군림해온 '시민' 담론에 심각한 정치적 문제제기를 하고 있다. 정치공동체의 구성원에 대한 동등한 법적 평등의 원리에 입각해 있는 전통적인 시민 담론은 삶과 노동의 현장으로부터 발생하는 대중의 추방, 동시에 시민 내부에 존재하는 다양한 불평등과 시민을 '구성'하는 동일성으로부터 배제된 특수한 차이의 세계를 포착하는 데 한계를 갖기 때문이다. 이러한 민주화 이후 삶과 노동의 현장에서 발생하는 대중의 추방과 배제, 그로 인해 생명의 유지와 존속 자체가 문제가 되는 시대상황은 시민으로 환원되지 않는 새로운 주체성의 영역을 탐구할 것을 요청하고 있다.

이 글의 기본 관점은 민주주의 이론과 현실적인 작동 과정이 그 위에서 있으면서도, 민주주의 이론을 구성하기 위해 망각되고 민주주의가 작동하기 위해 민주주의의 '외부'로 추방된 하나의 토대를 '가시화'해야 한다는 것이다. 민주주의는 '의사결정' 과정을 포함하지만, 의사결정 과정으로 환원될 수 없는 '외부'의 차원을 포함한다. 만약 민주주의를 의사결정 과정으로 제한하면, 의사결정 과정에서 배제된 존재의 몫과 목소리에 대한 우리의 탐구는 민주주의와 분리되어 다른 개념과 언어로 정의되어야만 한다.

이런 입장과 구별해 의사결정 과정에서 배제된 존재의 몫과 목소리를 민주주의와 연결하여 사유하고 실천할 수 있는 길을 탐구하는 것, 즉 의사결정으로 환원될 수 없는 배제된 자들의 주체화 자체를 민주주의의 중심 문제로 부상시키는 탐구를 위한 초보적인 입론을 전개하는 것이 이 글의 중심적인 목적이다.

1. 시민에서 비시민으로

『정치적 자유주의』에서 롤스(John Rawls)는 자신의 『정의론』과 자신이 정치적 자유주의라고 부르는 것의 연속성을 설명하면서 정치적 자유주의가 '자유롭고 평등한 개인으로서의 시민(협력에 관계된 자들)'이라는 근본 개념 위에 구축되어 있다고 설명한다(롤스, 1998: 17). 이런 전제하에 구축된 정치적 자유주의의 목적은 시민의 외부나 시민을 초월한 형이상학적 토대로부터 정치적인 정의의 원칙을 도출하는 것이 아니라 시민의 공적 이성으로부터 정치적인 정의의 원칙과 그에 적합한 특정한 제도를 도출해내는 것이다.

롤스가 제안하는 정치적 정의의 근본 질문은 다음과 같다. 즉, "자유롭고 평등한, 그리고 일생을 통해 정상적이고 완전하게 협력하는 사회의 구성원으로 간주되는 시민 사이에 사회적 협력의 조건을 규정하기 위해 가장 적합한 정의관은 무엇인가"(롤스, 1998: 24). 여기에서 확인되는 것처럼 정치적 자유주의는 기본적으로 시민으로 인정된 혹은 전제된 개인 사이의 협력관계라는 토대 위에서 질문을 구성하며 그에 대한 해답을 요청한다.

이러한 정치적 자유주의에 대한 무페(Chantal Mouffe)의 비판, 즉 정치적 자유주의는 민주주의로부터 그 고유한 정치의 영역을 박탈하고 있다는 비판은 바로 이 지점에서 타당성을 인정받는다(무페, 2006; 2007). 시민 사이의 '사회적 협력관계'라는 전제 위에 성립된 정치적 자유주의는 민주주의를 협력관계의 토대 위에서 바라볼 뿐 시민의 내부로 진입할 수 없는 하지만 시민 그 자체의 성립의 토대가 되는 배제된 존재의 세계와 시민의 세계 사이에 존재하는 적대의 관계를 포착하지 못하기 때문이다. 정치적 자유주의가 롤스의 지적처럼, 다원적인 원리 간의 갈등의 문제에 직면하여 이 문제로부터 지속적이고 안정적인 사회의 구성을 위한 공정한 절차의 개발에 착수하더라도 여기에서 정의되는 갈등은 이미 시민의 갈등, 몫의 분배를 인정받은 존재 간의 경쟁과 갈등이라는 점에서 시민 그 자체로부터 추방된 존재의 몫과 목소리는 시민 내부의 성찰적 반성에 근거할 수밖에 없게 된다.

의사결정의 절차적인 정의를 통해 결과의 정의를 담보해내려는 입장은 의사결정 과정 그 외부에 위치한 자들의 존재 자체에 의해 합당성을 의심받는다. 롤스의 정의처럼, 합당성이 정치사회의 여러 시민이 공존할 수 있는 논리로서의 정의감을 표현하는 것이며, 정치적 자유주의가 그의 표현처럼 '자유롭고 평등한 존재로서, 전 생애에 걸쳐 사회의 완전한 협력적 구성원인 시민 상호 간에 세대에 걸친 공정한 사회적 협력의 조건을 규정하는 가장 적합한 정치관'에 대한 타당한 답변이라면 이러한 정치적 자유주의의 원리에서 배제된 것은 바로 그 의사결정 과정의 외부에 위치한 자들이다. 의사결정 과정의 외부에 위치한 이들, 이 '외부'를 이 글에서는 '비시민'으로 정의한다. 비시민의 입장에서 민주주의는 의사결정 과정과 동일시될 수 없으며, 오히려 민주주의는 배제된 자들의 주체화를 통해 정의되어진다.

2. 잉여성의 관리구조

일차적인 연구대상은 "시민 사이의 정치적 평등과 인민의 권력"(마넹, 2004: 17)으로 정의되는 근대적 혹은 더욱 정확히 표현하면 서구의 시민혁명에서 표방된 18세기의 이상을 제도화한 대의정부의 체계이다. 일반적 의미에서 고대 민주주의와 구별되는 현대 민주주의의 특성은 정부를 구성하는 주체가 시민으로부터 '시민의 대표'로 이동한 것으로 받아들여진다. 현대 민주주의는 이런 의미에서 대의정부=대의민주주의의 문제로 정의된다. 대의정부= 대의민주주의가 소위 3대 시민혁명의 결과로 출현한 것이고 그 구체적인 형태와 운영원리, 그 조건 및 실현 상태는 해당 사회의 역사·사회 조건에 의해 변형되었지만, 그것은 마넹에 따르면 '대의제'라는 차원에서 다음 네 가지 원칙을 공유한다.

첫째, 일정한 시간적 간격을 두고 선거를 통해 통치할 사람을 임명한다. 둘째, 통치하는 사람의 정책 결정은 유권자의 요구로부터 일정 정도 독립성을 가진다. 셋째, 피통치자는 통치자의 통제에 종속되지 않고, 자신의 의사와 정치적 요구를 표현할 수 있다. 넷째, 공공 결정은 토론을 거친다(마넹, 2004: 19).

하지만 '의사결정'의 외부에 존재하는 자들의 입장에서 대의제=대의민주주의를 바라보면, 현대 민주주의는 더욱 층화된 구조를 갖는 것으로 보인다. 즉 비시민의 입장에 선다면, 현대 민주주의를 구성하는 기본적인 세 개의 층위가 존재한다. 대의제를 기본으로 하는 현대 민주주의는 정치의 행위를 위임받은 ① 대의의 공간과 ② 대의의 공간과 결합해 대의의 공간을 유지·존속시키는 '셀 수 있는 자들'의 공간, 그리고 ③ 그 셈에서 제외된 자들의 공간이다. 현대 민주주의를 유지하는 기본 원리가 N=D라는 원리, 즉 수(Number)가 민주주의(Democracy)로 환원되는 원리에 기반을 둔 현대 민주주의는 시민이

'수'라는 매개를 통해 민주주의와 접속하도록 한다. 민주주의가 '셈'과 연결되어 있다는 사실로 인해 민주주의는 '셈'을 권력의 자원으로 변형시키는 독특한 과정과 구조를 발전시키며, 동시에 '셀 수 없는 대상'에 대한 정의를 요청한다. 셈의 외부에 위치한 자들, 셀 수 있는 자들과 구별되는 '셀 수 없는' 자들의 공간이 발생하는 것이다.

마르크스가 『헤겔 법철학 서설』에서 말한 것처럼 "프롤레타리아란 사회 속의 한 계급이 아닌 계급, 즉 '셀 수 없는' 계산 밖의 존재이며, '분배에 관여할 수 없는' 배제된 부분"(다카시, 2007: 105에서 재인용)이라고 할 때 프롤레타리아란 정확히 이 제3의 공간, 근대 민주주의를 유지·존속시키기 위해 필연적으로 요청되는 '셀 수 없는 이들의 공간'인 바로 이 제3의 공간에 속한 자들이다. '셀 수 없는 존재'란 셈에서 제외된 존재이기에 분배에서 제외된, 분배에서 배제된 존재이고 바로 이로 인해 그들은 "항쟁을 작동하게 하는 사람들이며 셀 수 없는 자를 계산해내기 위한 이름, 모든 사회집단의 현실에 겹쳐진 주체화의 양식"(다카시, 2007: 105)이다. 프롤레타리아가 사회 내의 계급이 아닌 사회를 구성하기 위해 필수적으로 요청되는 그 외부의 존재라는 마르크스의 언급은 근대 민주주의가 그 셈의 외부에 기반을 둔다는 사실을 탐구해나갈 수 있는 길을 보여준다.

1) 군주인간: 현대의 군주

셀 수 없는 자들의 공간은 프롤레타리아만의 공간은 아니다. 셀 수 없는 자들의 공간은 동시에 그 셈의 규칙을 생산하는 자들의 공간이기도 하다. 질서 그 자체의 규칙을 적용하는 자들은 규칙의 외부에 존재하기에 그들 역시 셈의 외부에 존재한다. 이른바 '군주인간'의 집합이다. 철학자 뢰비트는 니체가 예외인간에 대한 탁월한 통찰자라고 규정한다. "민주정치의 군맹인간에다 생존의 목적을 주는 것을 과제로 삼고 다가올 '군주 - 인간'이라는 이념"

(뢰비트, 2006: 332)이기 때문이다. 일상을 영위하는 평범한 인간의 집단을 부정하지 않는다. 오히려 그 집단의 존재를 자신의 도래를 위한 준비 단계로 바라보는 이 '군주인간'은 규칙의 대상이 아니라 규칙의 설립자로 자신을 정의한다. 그들은 자신이 만들어낸 규칙의 외부에 존재하면서 평범한 인간이 자신이 만들어낸 규칙의 내부에서 살아가는 모습을 바라보면서 그들을 선도하기 위한 노력을 진행한다. "대부분의 인간이 '범용'하다는 것은 '예외'가 존재하기 위한 제1조건이 되고 '사회적 동물'이 있는 곳에서야 '선도 동물'도 나타난다"(뢰비트, 2006: 334).

규칙으로부터의 '예외'라는 것이 예외집단이 가진 권력의 근본 토대가 된다. 슈미트는 '예외'와 권력의 관계를 가장 노골적으로 포착한 학자이며, 호만스의 사회심리학 연구는 사회적 위계의 상층에 존재하는 이들, 즉 "사회적으로 높은 위치에 있는 개인은 다수와 다른 반응, 다수를 무시하는 행동을 보이는 데 아무런 거리낌이 없다"(모스코비치, 2010: 78)고 보고하는데 이 특성은 바로 이 규칙으로부터의 '예외'라는 것에서 발생하는 구조적 특성이다. 그들이 시민과 구별되는 지점은 그들은 규칙을 정립하지만 규칙의 외부에 위치하는 예외적 특성을 갖는다는 점이다. 바로 이 점에서 다음에 살펴볼 잉여인간과는 정반대의 집합이라고 정의할 수 있다.

2) 잉여인간: 존재하지만 의미 없는 자

질서 구축의 과정에서 배제된 두 유형의 인간이 존재한다. 하나는 질서 그 자체를 부여하는 '현대의 군주'로서의 예외인간, 다른 하나는 질서 그 내부로부터 추방된 '존재하지만 의미 없는 자'로서의 잉여인간이다. 그 내부로부터의 '추방'으로 인해 질서 자체와 낯선 관계를 만들어내는 이들은 '이방인'도 '내부인'도 아닌 이방인과 내부인의 교차 과정에서 발생하는 단지 하나의 '잉여', 남는 인간의 집합이다. 비시민은 무엇보다도 '잉여'이다. 잉여인간의 공통된 특징은 그들이 '국가 없는 자'라는 것이다. ' 국가 없는 자'라는 특성은 그들이 난민의 성격을 갖고 있음을 의미한다. 난민은 무국적자와 구별된다. 난민은 자신의 힘으로 이겨낼 수 없는 거대한 폭력의 구조와 직면하고 있는 개인이나 집단을 의미한다. 무너지는 베를린 장벽 앞에서 첼로를 연주했던 세계적인 첼로 연주가인 로스트로포비치는 1978년 프랑스 TV 뉴스를 보다가 자신이 '소련의 위신에 해로운 행위'로 인해 소련 국적을 박탈당했다는 것을 알게 되었다. 훗날 그는 인터뷰에서 이렇게 말했다. "우리는 제거됐다. '가치 없는 시민'이 된다는 게 얼마나 수치스러운 것인지 당신은 모른다. 그들은 우리를 몰아냈다." 이 인터뷰는 잉여인간의 핵심 메커니즘을 파악할 수 있는 단서를 제공한다. 즉, ① 잉여인간은 사회의 내부로부터 제거된 인간이다. 왜냐하면 ② 그들은 '가치 없는 시민'이기 때문이다. 즉, 시민의 질서 구축 과정에서 가치를 생산하지 못하는 하나의 잉여일 뿐이다. ③ 수치, 잉여인간의 내면은 시민으로부터의 추방에 대한 비인간적 내면화를 동반한다.

바우만의 표현을 옮긴다면, 그들은 '대량폐기물'이다. 사회는 질서 구축 과정에서 폐기물을 생산하는 동시에 폐기물을 처리하는 과정이 준비되어야 한다. '쓰레기가 되는 삶'을 관리하기 위한 과정이 사회 내에, 하지만 모든 쓰레기가 그렇듯이 시민의 불편을 초래하지 않도록 시민과 분리되는 방식으로 관리되어야 한다. 다르게 말한다면 '대량생산 - 대량소비 - 대량쓰레기'라는 공식에서 '대량쓰레기'의 요소를 생산과 소비로부터 분리해 쓰레기가 생산·관리되면서도 생산과 소비가 지속적으로 관철될 수 있도록 조직해야만 한다.

따라서 잉여인간의 관리가 정치 과정의 중심 문제로 부상한다. 현대 정치 과정은 부르디외가 강조하듯이 사회로부터 독립적인 '정치의 장'에 의해 주도되는 동시에 대중의 일상에 대한 책임이 종교로부터 국가로 이행된 근대 이행의 과정을 통해 형성된 관료 시스템과 결합되어 있다는 측면에서 ① 정치 계급(political class. 다수의 동의에 입각을 둔 소수 정치엘리트)과 ② 정치의 기술·관료적 합리성이라는 양면을 띤다. 소수의 지배가 반드시 다수의 이해와 상충하는 것은 아니며, 소수의 지배는 기술·관료적 합리성의 발전을 통해 다수의 질서에 가장 안정적인 조정과 질서를 부여할 수 있다는 가능성과 믿음 자체가 근대 정치 과정의 일부를 형성한다. 그렇다면 현대 정치 과정의 핵심은 잉여인간의 생산과 그 관리를 위한 조정과 질서를 부여하는 기술·관료적 합리성을 창안하고 발전시키는 것이다.

3) '권리 없는 비노동'의 인간 유형

뢰비트는 '시민사회'에 대한 언급에서 루소를 통해 다음과 같이 쓰고 있다.

> 루소가 쓴 수많은 저서는 시민사회의 인간에 대한 문제를 가장 명료하게 서술한 최초의 책들이다. 그 문제성은 시민사회의 인간이 통일적이고도 온전한 것이 못 된다는 점에 있다. 시민사회의 문제는 국가와의 관계에서 이루어지는 것이기 때문에 시민사회의 인간은 일면에서는 사인이며 타면에서는 국민이 된다. 양자의 불일치는 루소 이래 모든 근대적 국가 학설뿐만 아니라 사회 학설의 근본 문제이며 현재의 전체주의 국가는 루소의 설문, 즉 필경 인간은 태어날 때부터 벌써 그 자신이 있는 그대로인데도 그는 어떻게 해서 '정치적 사회'라는 전혀 다른 전체와 일치할 수 있을까 하는 문제를 해결하는 것에 집중하고 있다(뢰비트, 2006: 303).

여기에서 핵심은 시민사회의 인간이 통일적이지도 그렇다고 완전하지도 않다는 점에 있다. 이런 이유로 인해 시민은 끊임없이 자기정당화의 문제에 직면한다. 그렇다면 현대의 시민이 어떻게 하면 정당하고 완전한 것이 되는가? 그것은 바로 '노동'을 통해, 즉 노동을 통해 시민이 된다. 노동은 권리를 발생시키며 그중에서도 권리를 발생시키는 권리, 즉 바로 소유의 토대를 제공한다. 시이예스의 『제3계급이란 무엇인가』 이후로 제3계급이 모든 권리를 가지는 것은 제3계급이 바로 '유용한 노동'을 하는데 반해, 다른 계급은 제3계급이 수행한 노동의 무익한 용익권자이기 때문이었다.

하지만 지금 우리가 목격하고 있는 것은 정확히 그 반대의 과정, 즉 하나의 '권리 없는 비노동의 인간 유형'이다. 왜냐하면 노동으로부터 추방당한 비노동의 인간 유형은 노동으로부터 촉발되는 모든 권리를 박탈당하기 때문이다. 즉, '권리 없는 비노동'의 인간 유형으로서 '잉여인간'이 출현하고 있다. 이 잉여인간은 전통적인 시민이나 민중과도 구별되는데 시민과 민중이 모두 시민사회를 경제적 특성(무엇보다도 '노동')으로 정의되기 때문이다. 시민과 민중의 공통성은 경제적 이해관계의 공통성에 기초하고 있고 이것이 또한 동등한 정치적 권리의 기초로 작동한다. 이는 헤겔과 마르크스에게서 동일하다(뢰비트, 2006: 308). 노동시장으로의 강제적인 영입을 위해 이른바 '본원적 축적' 과정이 필요했다면, 그들에게 부여되었던 노동과 그에 결합한 권리를 박탈하기 위해 지금 작동하는 것은 정확히 그 반대의 과정이다.

루카치는 『역사와 계급의식』의 유명한 프롤레타리아 분석에서 이렇게 쓰고 있다. "상품 범주의 보편성과 함께 근원적으로 질적으로 변화된다. 노동자의 운명은 사회 전체의 보편적 운명이 되는 것이다"(루카치, 2005: 189). 하지만 지금 문제는 변화했다. 문제는 '노동자의 운명'이 사회 일부의 특수한 집단의 운명으로 다시 구조화되는 과정, 즉 새로운 질서 구축의 과정에 우리 사회가 직면했다는 사실이다. 노동시장의 새로운 질서 구축 과정에서 '잉여'로 존재하는 집단의 등장, 그들은 이제 '예비'인력이 아닌 단지 '잉여', 즉 남아도는 인력이다. 집단의 경영에서 차이의 경영으로 자본주의가 재구조화되면서 가치의 근원이 '차이'로 이동하고 있다. 경영은 실시간으로 변화하는 시장 상황에 적합한 경영 혹은 지배관계를 구축하기 위해 자신을 끊임없는 유동성의 공간으로 이동시키고 있다. 공간의 차이로부터 이윤을 획득하는 상업자본주의의 기본 메커니즘과 시간의 차이로부터 이윤을 획득하는 유동하는 자본주의의 성격이 중첩되어 나타나고 있는 것이다.

문제는 여기에서 창조성 자체가 자본 이윤의 근거라는 사실이다. '차이의 경영'으로서의 자본주의가 재구조화되는 과정에서 노동은 새로운 두 가지 형태로 분화되어 나타난다. 하나는 창조성의 원천으로서의 새로운 노동 형태인 지식노동이며, 다른 하나는 이와 결합되어 있으면서 동시에 유동하는 자본주의의 특징인 유동성의 원천인 노동 형태와 결합되어 그 유동성의 내부에 위치하지만 노동의 외부로 추방된 잉여노동이다. 이것은 잉여가치를 생산하는 노동 형태가 아닌 노동 자체의 외부로 추방된 노동이라는 측면에서 잉여인간으로 존재한다.

노동력이 상품의 권리를 상실하고, 늘 상품을 욕망하면서 시장의 주변을 배회하지만 상품으로서 노동력이 실현될 기회는 점점 더 희박해진다. 이런 의미에서 상품으로부터 분리된 노동력은 상품을 준비하는 예비 단계인 '산업 예비군'이 아니다. '예비'는 유동성의 내부에 위치하지만 이 잉여는 시장의 유동성을 구성하는 과정에 필요한 하나의 외부일 뿐이기 때문이다. 생산과정으로부터 추방된 그들은 생산과정에선 하나의 '쓰레기'일 뿐이다. '잉여성'의 구조가 하나의 근본 범주로 작동하기 시작한다.

사회 전체의 근본 범주로서의 사물화된 잉여성의 구조는 욕망의 충족을 상품의 소비로서 실현하는 소비주의와 밀접한 연관을 맺는다. 따라서 생산과정의 외부로 추방되었음에도, 잉여인간의 삶의 형식은 자본주의와 분리되어 존재하지 않고 오히려 자본주의의 소비과정과 밀접한 연관을 맺는다. 문제는 소비의 불안정이다. 생산의 외부로 추방되었는데도 자신의 욕망을 충족할 충분한 수단이 준비되어 있다면 잉여는 하나의 축복이다. 전문적인 엘리트 집단에게 노동 유연성은 삶의 여가와 새로운 인생을 위한 기회로 존재하듯이 말이다. 그들에게 공장노동 같은 형태의 노동은 천형에 가까운 것이다. 잉여를 자신의 삶의 통제로 받아들일 수 있는 개인이나 집단에게 잉여는 여가와 같은 것이라면 잉여를 주어진 삶의 명령으로 받아들여야 하는 잉여인간 혹은 잉여계급에게 잉여는 죽음과 같다.

우리는 지금 잉여에 대한 적응을 요청받는 단계이자 잉여의 영역으로 추방되지 않기 위해 '관리'의 영역으로 진입하려는 새로운 단계의 계급투쟁을 목격하고 있다. 이것을 이해하게 되면, 존재하지만 의미 없는 삶의 영역인 잉여의 공간으로 전화되지 않기 위한 삶 자체의 존속과 유지를 위한 투쟁이 우리 시대의 중심 투쟁이 되는 이유를 이해할 수 있다. 2009년 6월 평택에서 해고 노동자가 외쳤던 "해고는 살인이다"라는 구호와 2006년 평택의 농민이 외쳤던 "올해도 농사짓자"는 구호는 공장노동과 농사라는 일상적인 노동의 반복에 대한 요청이 현대 사회에서 가장 전복적인 실천으로 전화될 수 있음을 보여주는 직접적인 사례이다.

하지만 삶이 수행될 수 없다는 이 근본적인 잉여성의 구조에 직면한 우리 사회의 반응은 무엇보다도 일차적으로 '병리적'으로 나타난다. 마르크스가 사회가 공장으로 변형되는 과정을 관찰했다면, 지금 한국의 사회과학도는 사회 전체가 하나의 '병원'으로 형성되어나가는 과정을 목격하고 있다. 여기서 병의 징후는 너무나 정상적인 것으로 이해되어 병으로 이해되지 않는다. 루카치는 부르주아 근대 과학의 한계를 다음과 같이 지적한다.

> 근대 과학은 — 그것이 발전할수록 그리고 과학적일수록 더 한층 — 특수한 부분법칙의 형식적 완결 체계가 된다. 이 체계에서는 자신의 영역 바깥에 놓여 있는 세계, 심지어는 무엇보다도 자신에게 인식되도록 부과하는 질료, 곧 체계 자체의 구체적 현실 지반이 방법적으로 그리고 원리적으로 포착 불가능한 것으로 치부된다(루카치, 2005: 206).

루카치는 포착 불가능한 것으로 치부하는 부르주아 사회과학의 이율배반을 칸트의 '물 자체'로부터 끌어와 부르주아 사회과학의 공통된 특성이라고 지적한다. 이 문장을 인용하는 이유는 잉여성이 루카치가 지적하는 근대 과학의 한계처럼 체계 자체의 구체적인 현실 지반임에도 방법적으로 그리고 원리적으로 포착 불가능한 것으로 우리에게 보인다는 점에 있다. 잉여성이 생산하는 병리성은 우리의 지배적인 사회적 상상 내부에서 파악되지 않고, 정상적인 삶의 유지와 존속을 위해 필수적으로 요청되는 삶의 경로로 파악되기 때문이다.

잉여성의 구조는 우리의 삶을 지배하고 있지만 한국 사회에서 원리적으로 포착 불가능한 것으로 인식된다는 점에서, 이것은 인식과 존재의 범주를 늘 불안정하고 위협적인 것으로 느끼도록 만드는 불안과 공포를 생산한다. 그러나 그것은 정확하게 포착되지 않는 과학의 영역 밖에 위치하는 무엇, 느낄 수는 있지만 말할 수 없는 그 무엇으로 존재한다. 1997년 IMF로 대표되는 '공황' 이후 발생한 잉여성의 구조는 잉여성을 분배하고 관리하는 새로운 관리사회를 발생하고 만들어냈다. 실업의 관리라는 이름으로 행해지는 이 관리는 사실상 실업의 불가능성을 은폐하면서 실업을 관리하는, 즉 실업을 유동시키는 유동성의 구조로 만들어져 있다.

잉여성의 구조가 포착 불가능하다는 사실, 즉 이해할 수 있는 인식의 범주로 그것이 정립되지 않는다는 사실은 잉여성이 과학의 범주가 아닌 늘 '상식'의 범주로 이해되고 그것을 규정하는 것 역시 상식이라는 사실과 밀접한 연관을 맺는다. 잉여성은 과학의 범주로 포착될 수 없는 상식의 범주이다. 따라서 잉여성은 늘 '그들', '저 사람', '너처럼'이라는 모호한 대명사와 함께 발생한다. 그들처럼 되지 않기 위해서 '우리'와 '그들' 혹은 나와 '너'를 구별하는 경계에 의해 모호한 잉여성의 구조는 불안과 공포, 유동하는 공포의 이름으로 느껴질 뿐 이해되지 않는다. '유동하는 공포'와 잉여성의 접합이 우리의 배후에 존재하는 진정한 적의 범주 그 자체인 것이다.

하지만 프롤레타리아트의 자기인식이 프롤레타리아트라는 물질적 힘으로의 전환에서 근본 전제였다면, 잉여인간의 자기인식이 잉여인간의 물질적 힘으로의 전환에서 전제일 수 있을까? 이데올로기에 대한 가장 전통적인 견해는 "사회적 현실과 우리의 왜곡된 표상 사이의 거리와 차이, 그것에 대한 우리의 허위의식"(지젝, 2001: 60)이라는 견해이다. '허위의식', '오인'이라는 개념을 중심으로 배치된 이데올로기의 개념은 '인식' 혹은 '직면'이라는 과정과 절차를 통해 현실과 왜곡된 표상 사이의 거리를 줄여나가는 과정 혹은 현실과 표상 사이의 일치를 통해 현실 자체의 재구성을 요청한다. 그것이 무엇이든 전통적인 이데올로기의 견해는 현실에 대한 우리의 개입을 가로막고 있는 장애물을 '오인'으로부터 발견한다. 지젝의 표현처럼 "그들은 그것을 알지 못한 채 행하고 있다"는 것이다.

하지만 우리는 이제 이데올로기에 대한 전통적인 견해가 유지될 수 없는 어떤 단계에 직면했다. 우리는 은폐된 혹은 망각된 사회와 직면하고 있다기보다 너무나 투명하게 그래서 너무나 산만하게 비추어지는 현대 사회와 직면하고 있다. 그들은 모든 것을 알고 있지만 그것을 행하고 있는 것처럼 보인다. 우울하게도 이미 그들은 자신의 잉여성이 삶의 형식에 미치는 힘을 자각하고 있다. 그것을 모른다고 가정하는 것은 늘 '과학적 인식'을 강조하는 과학자들 뿐이다. 냉소, 그들은 냉소로 자신의 운명을 비틀어낸다. 시시포스가 바위산을 내려오면서 던지는 짧은 냉소가 신이 부여한 모든 형벌을 인간적인 것으로 전환시키는 실존의 계기이듯, 잉여인간은 냉소적 이성비판의 소유자이다. 잉여성이 잉여인간의 삶을 지배하는 폭력의 근본 구조임에도 잉여성의 구조에 직면한 잉여인간의 이성이 냉소적이라는 이 지형이 잉여성을 정치적 적의 범주로 전환해야 하는 진보·좌파의 기본적인 문제 지형이다.

3. 내전적 삶의 원리: 불안과 타자로부터의 분리

모든 형태의 질서 구축 과정은 질서를 구성하는 과정에서 자신의 내부로 포섭할 수 없는 '잉여'를 생산한다. 여기서 잉여란 '여분, 불필요, 무용함'을 의미하고, 잉여로 규정된다는 것은 "다른 사람은 당신을 필요로 하지 않으며,

당신 없이도 잘할 수 있고, 당신이 없으면 더 잘할 수 있다. 당신이 거기 있어야 할 어떤 자명한 이유도 없고, 당신이 거기 있어야 한다고 주장할 만한 어떤 뚜렷한 정당성도 없다. 잉여로 규정된다는 것은 버려져도 무방하기 때문에 버려졌다는 것을 의미한다"(바우만, 2008: 32). 현대 한국 사회는 '잉여성'의 폭발적인 증가를 목격하고 있으며, 잉여성의 폭발로 인해 점점 더 많은 인간이 '잉여인간'이 되어가고 있다. 잉여인간이 된다는 것, 그것은 돌아갈 자신의 자리가 존재하지 않는다는 것을 의미한다. 그들에게 부여된 사회의 자리는 존재하지 않으며 지금 이 상황이 예외적인 상황이 아닌 영구적인 상황이라는 것을 함축한다. "어떤 비정상적인 상태, 이상한 것, 잠깐 건강하지 않게 된 것이나 일시적인 하락 등의 의미와는 완전히 무관한 것이다. '잉여'는 그러한 상태가 영원할 것이라고 속삭이며 그러한 상태가 일상적이라는 것을 암시하고 있다"(바우만, 2008: 31).

1) 잉여성, 몰락에 대한 불안과 정신병리적 일탈성

잉여인간으로의 몰락에 대한 불안과 공포가 현대 한국인의 삶의 경험에 직접적으로 내재화되어 있으며, 몰락에 대한 불안으로 인해 다양한 형태의 정신병리학적 '일탈행위'가 우리의 삶에서 급증하고 있다. 자본주의적 삶의 양식 자체가 몰락의 불안에 내재된 생산과 경쟁의 명령이지만(이종영, 1998: 79),[1] 현대 한국인의 삶의 양식에 내재된 생산과 경쟁의 명령은 준군사적 상황 정의에 입각한 내전체계처럼 생산되고 있다. '개별 경쟁에 입각한 사회

---

1) 경쟁은 하나의 명령이다. "~하지 않으면 몰락한다." 경쟁은 부정의 명령이자 긍정의 명령이다. 몰락에 대한 불안이라는 이데올로기는 억압의 이데올로기가 아닌 생산과 경쟁의 이데올로기이다. 끊임없이 무엇인가를 찾아야만 하며, 무엇인가를 생산하고 움직이고 해야만 하는 이데올로기이다. 끊임없는 생산, 따라서 그것에 실패했을 때 사람들은 차라리 '자살'을 선택한다.

진화'라는 근대의 출발과 함께 내면화된 한국인의 근대적 삶의 양식이 신자유주의라는 극단적 형태의 개별 경쟁체제와 접합되면서 '몰락에 대한 불안'은 기성 체제로의 안정적 진입 자체가 불투명해지는 '잉여인간'으로의 현실적 전환 가능성 앞에서 만성적인 정신병리적 상태로 발전하고 있는 것이다.

불안은 분리로부터 발생하는 것이고, 자본주의적 삶의 양식에 내재된 근본적인 불안은 생산수단 및 생존수단으로부터의 분리에 기초한 사회적 분리로부터 발생한다. 생존수단으로부터의 분리는 생존에 대한 위험이 실질적이고 항상 존재한다는 것을 의미하기 때문이다. 현대 한국인이 갖고 있는 불안의 배후에는 바로 사회 일반으로부터의 분리, '사회로부터의 배제'라는 현실적 위험이 존재한다. 사회로부터 배제된다는 것은 단지 특정 집단으로부터의 분리와 배제를 의미하지 않는다. 그것은 사회적 삶의 죽음을 의미한다. 왜냐하면 "대체로 현대 사회의 동선은 연인(배우자)과 친구, 결혼과 직장, 가정과 회사로 양분되었다. 이 두 가지 회로에서 이탈하는 자는 심지어 법적 보호역이나 사회안전망으로부터 종종 탈락"(김영민, 2008: 235)하기 때문이다. 연인과 친구, 결혼과 직장, 가정과 회사라는 기존 질서가 보장하던 평범한 삶의 양식이 어느 순간부터 점령하거나 방어해야 하는 '요새'로 받아들여지고 요새의 점령과 방어를 위한 치열한 경쟁을 벌여야만 하는 상황으로 내몰린 상태에서 이 두 회로로부터 배제된다는 것은 정상적인 사회구성원의 일부로 받아들여지지 않는다는 것을 의미한다. 동시에 이것은 김영민의 언급처럼, 실질적인 삶의 존속 자체가 의심스러운 상황으로 너무나 쉽게 내몰린다. 사회가 보장하던 '평범한 삶'이 점령과 방어를 위한 하나의 치열한 요새로 변한 근본 이유 중 하나는 사회에 내재된 객관적 기회와 주관적 희망을 조정하던 사회조절기능이 현대 한국 자본주의 구조에 의해 심각하게 파괴되었기 때문이다.

이러한 현대 한국 사회에 내재된 객관적 삶의 기회와 주관적 희망 사이에 발생하는 불일치가 '불화'의 근본 원인이다. 사회가 부여하던 정상적인 삶의 양식에 내재된 조절양식이 파괴되면서, 객관적 삶의 기회와 주관적 희망 사이에 발생하는 불일치를 해결하기 위한 '은폐'와 '자기기만'의 시도가 강화된다. 여기에서 특히 주목해서 보아야 할 것은 객관적 삶의 기회를 붙잡을 수 없는 존재가, 즉 사회의 질서 외부로 추방된 잉여존재가 자기 자신을 과대평가하면서 "자신을 위해선 전혀 존재하지 않는 가능성을 스스로에게 부여함으로써 바로 자신의 추방에 협조하도록 만들며, 또 자신의 위치와 자격의 객관적 진실을 있는 그대로 수락하지 않도록"(부르디외, 2006: 286) 만드는 새로운 체계가 다양한 방식으로 조장하는 통설의 구조이다.

　자기 자신에 대한 자기기만은 단지 자신의 객관적 지위와 위치에 대한 은폐만 의미하는 것이 아니라, 자신과 동일한 지위와 위치를 지닌 존재의 추방을 허용하고 그것에 협조하도록 만드는 것을 의미한다. 하지만 이런 식으로 은폐와 자기기만을 통해 이루어지는 객관적 기회와 주관적 희망 간의 조정은 더욱 불안하고 위험하며 불안정할 수밖에 없다. '은폐'와 '자기기만'의 통설 구조가 다시 불안과 불안정을 더욱 증폭된 형태로 재생산하는 증폭의 과정을 연출한다. '불화'의 공간은 더욱 커져가고, 이 불화를 해결하기 위한 개인의 선택은 첫째, 자신의 현재 위치와 미래 위치에 대한 이미지를 모호하게 유지하면서 주어진 한계를 인정하면서도 그 한계를 부정하는 이중적 태도를 견지하는 것이든지, 둘째, 상상속의 기대에 견주어 몰락에 대한 불안과 공포, 탈락에 분노하며 현실에 대한 모호한 낭만성을 숭배하는 허위의식을 통해 도피하는 것이다. 하지만 불안의 배후에 존재하는 실질적 위협은 우리의 삶을 숨 막히게 옥죄어 온다. "불안의 밑에는 실질적 위협이 깔려 있지만 그 실질적 위협은 눈에 띄지 않게 잠재화되어 우리의 주위를 감돌면서 우리를 숨 막히게 한다. 그리하여 우리는 숨이 막히지 않게 해주는 것이 무엇이건 간에 그 '무엇'에 굴복한다. 자본은 불안을 통해 우리를 지배한다"(이종영, 1998: 83).

　이런 불일치, 사회와 개인의 관계에서 발생하는 불화로부터 잉태된 불안은 사회적 삶을 기본적으로 자기보존을 위한 투쟁의 관점에서 바라보면서 개인 사이의 영원한 적대적 경쟁 상태로 정의되는 사회적 삶의 정의를 확산시킨다. 이러한 사회적 삶의 정의로부터 이른바 홉스식의 공포의 균형체제로서 사회적 삶의 조절과 관리를 위한 행위 체계가 발전한다. 타자와의 관계가 잠재적인 동시에 현실적인 경쟁관계로 존재하고, 그 경쟁에서의 패배가 사실상의 삶의 조건의 열등화일 때 불특정한 타자와의 연대는 자신의 권력 확장을 방해하는 불합리한 선택이 된다. 이것은 공공성이 시장이 보장하는 열린 공공의 선택보다 늘 열등하고 열악한 것으로 파악되는 이유를 제공한다. 공공성은 우리에게 삶의 인정으로 받아들여지지 않는다. 주어지는 공공성은 자기 삶에 대한 긍정관계를 창출하지 못하기 때문이다. 타자와의 연대를 통해 자신의 삶을 구성하는 행위는 열등한 혹은 그렇지 않다고 하더라도 홉스적인 공포의 행위이론에선 자신의 권력에 대한 자기긍정의 기회를 박탈하기 때문에 그것은 주어지더라도 자신이 소유하거나 미래에 소유할 수 있는 시장기회보다 늘 열등하거나 열악한 형태로만 제공되어야 한다.

불특정한 타자와의 연대에 의존하는 것보다는 돈의 소유를 통해 자신의 권력을 확대해 타자와의 경쟁을 승리로 귀결시키는 전략이 합리적이다. 타자와의 연대는 돈을 소유할 수 있는 관계, 즉 가족관계로 한정된다. 환언하면, 돈을 소유할 수 있는 관계란 확장된 '가족관계'이다.[2] 짐멜은 "소유는 우리 힘의 범위 확대, 대상에 대한 통제권을 의미하며, 그리하여 그 대상은 우리의 자아의 범위 속에서 포함된다"고 말한다. '자아의 범위'는 화폐를 매개로 한 소유의 범위와 일치한다. 따라서 자아의 불안정성과 사회로부터의 배제의 불안이 점증할수록 자아의 범위를 확대하려는 개인의 열망과 집착은 강해진다. 소유에 대한 집착은 기본적으로 자아의 범위를 확대하고자 하는 열망이지

---

2) 화폐를 직접적으로 공유하는 관계가 가족의 경계를 설정한다. 이런 측면에서 이종영은 연애를 돈을 공동으로 소유할 수 있는가에 대한 탐색으로 설정한다.

만, 노동체계의 불안정성과 잉여적 성격으로 인해 소유는 늘 열망의 대상이지만 도달할 수 없는 대상으로 존재하고 이 간극과 균열은 소유에 대한 집착을 병리화시킨다.

따라서 이러한 소유로부터의 불안 혹은 소유로부터 사실상 배제되었다는 '자기박탈감'은 자아에 대한 심각한 폭력을 동반한다. 자신이 직면하고 있는 사회와의 관계를 사회로부터 배제된 자라는 '자기박탈'의 관점에서 정의할 때, 이러한 자기박탈 상황 정의는 자신과 사회의 경계를 분할한다. 자기박탈의 관점은 자신을 사회의 구성을 위한 하나의 기계, 부품 혹은 노예로 정의한다. "노예로서의 나는 '그들의 행복한 세계'에 들어갈 수가 없다." 바로 여기에서 나와 그들 사이에 경계가 발생한다. 나와 그들은 동일한 집단이 아니다. 자신이 직면한 사회로부터 분리된 자신의 경계를 타자로부터 배제된 식민화된 자아로 인식하는 이러한 과정을 통해 '노예의식'이 성립한다(이종영, 1998: 35).

'노예의식'의 특징은 ① 자신을 하나의 이방인 혹은 부품으로 자각하며, ② 자신의 장소가 아닌 타자의 장소에서 타자에 의한 전유의 과정으로 삶을 바라보는 태도로 구성된다. 이종영의 언급처럼, 이 특징은 "내면을 부정당한 육체로서의 인간은 노예이다"(이종영, 1998: 35). 소유의 부정, 소유에 대한 자기박탈감이 자신을 타자와 평등한 존재로부터 그들과 구별되는 하나의 부품, 타자에 의해 식민화된 자아로 바라보는 이런 노예화의 과정은 자기부정, 자기 자신에 대한 포기와 현실의 수용으로 귀결된다. 즉, '자기사물화'의 경향을 촉발시킨다. '자기사물화'는 다음과 같은 구성을 가진다. ① 평등한 자의 공동체로부터 배제된 불평등한 존재의 신체와 정신에 대한 노예화, ② 사회에 적응하는 과정에서 발생하는 인간의 육체와 정신에 대한 폭력의 과정, ③ 이러한 폭력의 과정은 인간의 생물학적 상태 그 자체도 변형시킨다.

이런 한국 사회는 끊임없이 개인의 삶에 상처를 발생시키지만, 화폐의 공동 소유관계에 의해 규정되는 가족관계는 근본적으로 소유에 입각한 '자아의 범위'가 충돌하는 공간으로 전환되고 타자와의 연대는 늘 끊임없는 자기기만과 은폐의 연속이기 때문에, 개인의 상처는 늘 은폐되고 외면당한다. "술자리가 아니면 상처를 말하지 않는 회사 인간들처럼, 자본주의 단말기로 혹은 그 배달부로 기능하며 쉼 없이 이동하는(시키는) 그 이동의 속도주의 앞에서 상처를 외면한다"(김영민, 2008: 335). 상처입지만 상처를 외면하는 특정한 사회관계에 지속적으로 반복해서 노출되는 상황은 삶의 양식에 내재된 불안과 접합되어 특정한 병리적 형태로 타자와의 관계를 발전시키는 경향을 낳는다. 즉, 타자를 소비하는 것, 타자와의 관계를 상품소비의 영역으로 끌어들이고 '소비자'로서 상품에 대한 통제와 지배력을 행사하는 것이다. 이것이 '도박'과 '술' 그리고 '여자'라는 중독을 통해 한국 사회가 자신의 삶에 새겨진 상처와 직면하는 방식이다.

2) 내전사회와 '구경꾼'의 삶의 논리

삶의 경험에 내재된 이런 잉여에 대한 불안은 동시에 질서로의 진입에 대한 욕망을 강화한다. 따라서 질서에 주어진 객관적 기회와 이런 주관적 희망 사이의 괴리가 커지면 커질수록 역설적으로 잉여에 대한 불안과 공포를 은폐하고 진입에 대한 낭만적 환상을 강화하는 판타지가 삶을 지배하기 시작한다. 이런 '잉여의 판타지'가 초래하는 가장 심각한 결과는 자신과 동일한 자의 질서로부터의 배제 및 축출을 질서 구축 과정에서 허용하고 용인하는 것이다. 자신과 동일한 자의 축출을 허용하는 사회는 동일한 공동체에 귀속된다는 이유만으로 평등과 연대가 보장되는 사회와는 질적으로 다른 사회로 진입한다는 것을 의미한다. 그는 나와 '동일한 자'이기 때문에 나의 잠재적 경쟁상대로 정의되고, 나와 동일한 타자의 관계는 평화적인 공존상황이라기보다 홉스가 말하는 자연상태와 유사해진다. 자연상태로부터 개인의 안전과 평화를 보장하기 위해 '시민사회'로 진입하는 과정에서 동일한 공동체의 구성원을 '적(敵, enemy)'에서 나와 공존할 수 있는 '타자(他者, others)'로 전환시킨 것이 홉스의 균형이라면, 타자를 나의 생존을 위협하는 적대적 경쟁관계 내부에서 파악하는 것은 시민사회로부터 자연상태로 회귀하는 것을 의미하기 때문이다. 이것은 시민의 삶이 '내전 상황'에 직면해 있다는 것의 다른 표현으로 읽을 수도 있다. 시민의 삶이 (준)군사적 상황 정의와 같은 내전적 삶의 원리에 지배되는 사회를 이 글에서는 '내전사회'라고 부르고자 한다.

시민사회로부터 내전사회로의 이행이 잉여의 판타지와 결합되어 있다는 점에서 이러한 새로운 사회구성으로의 도입은 민주주의의 구성 토대 그 자체를 침식한다. 민주주의는 킨(John Keane)의 주장처럼 나와 동일한 공동체의 구성원을 나와는 다른 타자로 인식하는 토대 위에서만 작동 가능하기 때문에, 타자를 잠재적인 적으로 여기는 내전사회의 사회구성은 민주주의를 자신의 잉여의 판타지를 실현하기 위한 도구로 작동시키고자 한다. 민주주의를 통해 자신과 동일한 자의 질서로부터의 배제를 생산하기 때문이다. 전체의 죽음과 몰락으로부터 탈출하기 위해 다수의 희생을 통해서라도 소수의 삶을 방어해야 한다는 이른바 '구명선' 논리가 사회 전체를 지배하는 논리와 힘으로 작동할 때, 한 사회의 시민은 서로를 잠재적인 적대의 대상으로 인식할 수밖에 없으며 동시에 자신의 삶의 존속을 방해하는 장애물이자 위협으로 정의된다.

'그들의 축출'이 우리의 생존과 안전을 위해 필수적으로 요청된다는 점에서 사회는 배제된 존재의 바다 위에서만 존재할 수 있는 '또 하나의 사회'로 구조화되어야만 한다. 다른 이들의 희생 위에서만 존재할 수 있는 사회는 '시민사회'가 아니기에, 시민사회와 구별되어 분리된 사회이다. '평화와 공존의 사회=시민사회'로 진입하기 위한 경쟁 자체가 사회를 구성하는 과정에 각인된 사회, 시민사회의 유지와 존속을 위해 사회의 생산을 위해 필수적으로 요청되어야만 하는 사회, 배제된 존재의 사회가 존재한다. 고등학교와 대학을 졸업하고 사회로 진출하는 청년과 학생이 직면하는 질문은 바로 어느 세계에 속할 것인가의 문제이다. 두 세계로의 분리 그리고 분리된 세계와 질서에 대한 구성원의 사회적 상상이 잉여의 판타지와 결합되어 나타날 때, 나와 동일한 구성원에 대한 배제와 축출의 허용에 대한 방관과 동조는 부정할 수 없는 지배적인 '사회적 상상'이 된다. 잉여의 세계에 편입된다는 것은 '존재하지만 의미 없는 자'의 세계로 들어간다는 것을 의미하기에, 나의 삶을 방어하기 위한 유일한 선택은 세계를 분할하고 '구명선'에 올라서는 것이어야만 한다.

'구명선'을 향한 치열한 삶의 경쟁이 우리의 삶을 지배할 때 동일한 공동체에 귀속된 구성원에 대한 '연대'는 내전사회에서 타자와 맺는 지배적인 모델은 타자의 삶으로부터 탈출하는 '구경꾼'의 논리이다. 타자에 대한 인정과 연대와 연결되면 타자의 삶을 시민사회의 외부로 추방하는 과정에 동조할 수 없게 되기 때문이다. 잠재적 적의 대상으로 존재하는 타자와의 관계를 '적'도 '동지'도 아닌 제3자의 영역으로 범주화하고, 그들 삶에 대한 관조적 삶의 태도를 유지하는 것만이 합리적인 선택으로 남는다.

타자에게 행해지는 사회적 배제와 질서로부터의 추방이라는 폭력의 직접적인 원인이 '나'는 아니라는 의미에서 내가 그들의 '적'은 아닐지라도, 나는 그들의 추방을 방관하고 동조한 존재라는 입장에서 '동지'도 아니다. 내전사회에서 살아남아, 존재하지만 의미 없는 존재로 몰락하지 않기 위해선 타자의 삶에 대해 '적'도 '동지'도 아닌 방관과 동조의 삶을 동시적으로 유지해야 하기에 내전사회는 살아남으려는 이들을 '적'도 '동지'도 아닌 '구경꾼'으로 존재하도록 하는 것이다.

내전적 삶의 원리는 삶의 방어를 위한 '우리'의 구축 과정을 해체하고, 타자의 폭력에 대한 방관과 동조에 기초한 '구경꾼'의 논리와 선택으로 우리를 밀어붙인다. '우리'의 구성이 내전사회를 살아가는 불합리한 선택이자 전략일 때 타자와의 전면적 결합이 갖는 불안과 공포 속에서, 타자를 언제라도 버려야 하는 과정에 직면하는 내전사회의 구성원이 정착할 수 있는 유일한 대상은 오직 자기 자신뿐이다. 다음과 같은 김명민의 고뇌는, 내전사회를 살아가는 '우리'의 구성에 지속적으로 실패해온 우리 사회가 직면한 질문을 가장 노골적인 형태로 드러낸다.

블랙홀 같은 에고(ego) 속으로 하염없이 회귀하면서 기껏 나르시시즘의 거품이나 헐떡이듯 뱉어내는 원자화·비주체화된 소비자·인간으로 하여금 연대와 사회적 실천에 적절하고 효과적으로 나설 수 있게 하는 정도와 방식의 역사화는 어떻게 구성되는가(김영민, 2008: 347).

4. 비시민의 삶의 전략: 공간 점거, 저항 그리고 생산

민주주의의 외부로 추방된 혹은 민주주의 자체의 질서를 재생산하고 질서를 구축하기 위해 그들의 필요에 의해 민주주의의 외부로 추방된 비시민은 삶과 노동의 공간에서 진행되는 일련의 새로운 질서 구축 시도에 직면해서 새로운 삶의 전략의 선택을 강제 받는다. 허쉬만의 행위자 선택 이론을 빌려와 표현한다면, 이들 집단은 자신이 속한 공간에서 발생하는 기존 질서로부터 새로운 질서로의 이행 과정에 직면해 저항과 탈퇴 그리고 충성이라는 전략 중 하나만을 선택할 수 있기 때문이다(허쉬만, 2005).

2009년 6월 16일 쌍용자동차 평택공장의 공장 점거 현장은 이 상황을 단적으로 보여준다. 6월 16일 오전 정리해고 대상에서 제외된 쌍용자동차 관리·연구·생산직 임직원 삼천 여 명이 정리해고자 및 노동조합이 '점거' 파업을 벌이는 평택공장으로 '정상' 출근을 시도했다. 그들은 파업 철회와 정상적인 공장 출근을 요청하며 오전 9시 45분부터 '파업 중단 및 생산 재개 촉구 결의대회'를 열었다. "회사의 생존을 위해서는 정상 출근이 불가피하다"는 그들의 요구에 대해 흰 상복을 입은 쌍용자동차 가족대책위원회

여성 이십여 명은 비폭력을 상징하는 장미꽃과 '함께 살자'라고 쓴 바람개비를 손에 들고 "공장에 들어가지 말라"고 호소했다. 그들은 정문 앞 공터에서 정리해고 대상에서 제외된 직원의 집회가 열리자 사회자의 마이크를 빼앗아 "해고는 살인"이라고 절규하며 한때 직원들과 몸싸움을 벌이기도 했다(≪한겨레신문≫, 2009년 6월 16일).

'공장 진입'과 '공장 점거'라는 상반된 형태로 표현된 쌍용자동차 평택공장 노동자의 '공장 - 공간'에 대한 입장의 분화는 자신이 '귀속'되어 있지만 자신의 '통제' 외부에 존재하는 공간의 질서 구축 과정에서 비시민이 선택할 수 있는 기본적인 삶의 전략을 보여준다. '공장으로부터의 추방'을 의미하는 '정리해고'라는 '공장 - 공간'의 새로운 질서 구축에 직면해 정리해고에서 제외된 대상은 자신의 생존을 위해 공장으로의 진입을 위한 '충성' 전략을 선택한 반면, 정리해고에 포함된 대상은 '해고는 살인'이라고 외치며 자신의 생존을 위해 공장의 점거라는 저항 전략을 선택한다. '진입'과 '점거' 전략의 배후엔 공장으로부터의 추방에 의한 생존기회의 박탈이란 공통의 폭력구조가 존재하지만, 정리해고 대상으로의 포함과 배제라는 새로운 '공장 - 공간'의 질서 구축 과정이 '진입'과 '점거'라는 상반된 전략을 강제한 것이다.

생산수단으로부터 분리된 노동의 형식을 강제하는 자본주의는 삶이 곧 임금노동일 수밖에 없는 자본주의의 삶의 양식을 발전시키고 바로 이로 인해 생산수단에 대한 통제의 권한을 갖지 못하는 노동자는 자본 질서의 재편 과정에서 끊임없는 공장으로부터의 추방이란 불안과 직면할 수밖에 없다. 공장으로부터의 추방은 단지 공장으로부터의 추방을 의미하는 것이 아니라, '해고는 곧 살인'이라는 쌍용자동차 정리해고자의 외침처럼 사실상 사회적 삶의 파괴 및 상실을 가리킨다는 의미에서 이것은 곧 사회적 삶의 종언을 의미하는 것이기도 하다. 공장으로부터의 추방이 사회적 삶의 종언으로 연결되는 자본주의의 구조로 인해 공장의 질서 재편 과정은 질서 내로 진입하기 위해 질서의 외부로 추방되는 이들을 허용하는 삶의 전략을 발전시키고, 이러한 삶의 전략으로 인해 질서 구축 과정에서 배제된 자와의 '연대'는 그 내부로부터 균열된다.3) 공장으로부터의 추방이라는 공통의 폭력구조 앞에서 정리해고라는 질서 재편의 과정에서 발생하는 포섭과 배제의 이중 운동이 자본주의의 노동양식에 내재된 불안을 호출하고, 이 불안이 동일한 공동체 내부에서의 연대 자체를 균열시키는 것이다. 노동자와 노동자의 대립이 발생하는 근본 원인은 바로 자본이 부여하는 노동양식 안에 내재된 근원적인 불안과 공포, 즉 생산수단으로부터의 분리에 의해 삶의 수단에 대한 통제의 권한을 소유하지 못한다는 사실로부터 비롯되는 것이다.

삶이 곧 노동의 양식일 수밖에 없는 자본주의에서 사회적 삶의 종언으로 연결될 수 있는 '공장 - 공간'의 재편 과정이 공장노동자의 통제 외부에 위치한다는 사실로 인해 노동자는 자신의 삶에 대한 결정적인 통제력을 상실한다. '민주주의'가 삶에 대한 자기결정의 권한을 지속적으로 강화하는 삶의 자기 조직화 과정을 의미한다면, 공장은 삶의 자기결정 능력을 제약하는 대표적인 공간 중 하나이다. 하지만 유일한 공간은 아니다. 이렇게 자신이 귀속되어 있지만 자신의 통제에서 벗어나 있는 공간을 이 글에선 '민주주의의 외부'라고 개념화한다.

---

3) 이 균열을 방어하고 정당화하는 대표적인 논리는 '공장 점거는 곧 모두의 죽음일 뿐'이라는 일종의 변형된 '구명선' 논리이다. 구명선 논리를 주창하는 대표적인 학자인 하딘(Garrett Hardin)은 서로 다른 인구와 자원을 가진 부유한 구명선과 가난한 구명선을 가정하고, 만약 인구의 과잉으로 인해 자원의 부족을 경험하는 가난한 구명선의 인구가 풍부한 자원과 적절한 인구규모를 가진 부유한 구명선으로 이동하기 위해 바다에 뛰어내려 부유한 구명선에 구조를 요청한다면 부유한 구명선은 이 구조 요청을 거부해야 한다고 주장한다. 왜냐하면 자원과 토지가 한정되어 있듯이 구명선의 수용능력도 제한되어 있기 때문이다. 모든 이들을 구하기 위해 구조요청을 받아들일 경우 구명선은 수용능력을 벗어나기 때문에 모든 이들이 함께 침몰할 것이다. 모두 침몰하기보다 부유한 구명선에 타고 있는 사람을 보호하고 방어하는 것이 보다 윤리적이라고 하딘은 주장한다.

민주주의가 사회로부터 분리된 독립적인 '정치의 장'에 대한 대중의 동의에 기반을 둔 통치의 체제로 이해될 때 민주주의는 '정치의 장'이라는 특정한 공간에 귀속된 관리의 '원리'와 '기술'의 집합을 의미한다. 이런 관점에서 본다면 민주주의 그 자체 또한 '정치의 장'이라는 특정 공간을 지배하는 질서를 구축하는 '공간-권력'의 형태로 작동한다고 볼 수 있다. '공간-권력'이란 공간의 질서를 지배하는 권력을 의미한다. 권력은 늘 특정한 장치를 통해 작동하며 이러한 장치는 늘 특정한 형태의 공간과 밀접한 관계를 맺고 있다. '정치의 장' 외부에 존재하는 공간을 지배하는 이러한 '공간-권력'은 민주주의의 외부에 존재하기 때문에 특정 공간을 지배하는 권력의 질서 구축 과정에서 발생하는 일련의 폭력은 민주주의의 대상이 되지 못하며, 따라서 '정리해고'라는 공장의 질서 구축 과정이 보여주는 것처럼 대중은 사회적 삶의 종언으로 연결되는 다양한 질서 구축의 시도를 통제할 수 없다.

반대로 그들은 자신의 삶이 귀속된 공간에 대한 민주주의로부터 배제되어 있다는 의미에서 비시민이며, 비시민은 바로 이러한 사실로 인해 공간의 질서 구축 과정에서 발생하는 포함과 배제의 이중 운동에서 잉태되는 폭력을 일상적으로 경험하며, 이러한 폭력에 직면해 공간이 부여한 특정한 삶의 양태로서의 '일상'과는 구별되는 새로운 삶의 전략을 선택할 것을 강요받는다. 비시민이 전통적으로 시민에게 부여되어 있던 정치공동체의 구성원의 원리로서의 정치적 권리를 박탈당한 존재, 즉 존재하지만 정치적으로 의미없는 자들의 이름이라면, 그들이 직면한 폭력은 비시민을 사회적 삶의 종언으로 연결시킨다는 점에서 존재하지만 사회적으로 의미 없는 자, 즉 한 사회의 '잉여'로 생산한다.

민주주의로부터 배제된 자들의 집합적 정서구조는 '상호 작용 상대방에 대한 긍정적 기대의 붕괴'에 기반을 둔다. 자신을 동일한 시민으로 인정해줄 것이라는 긍정적 기대의 붕괴는 타자에 대한 '범죄'나 자신에 대한 '범죄'로 발전한다. 이 범죄의 핵심 특성은 민주주의로부터 배제된 자들이 타자에게 자신을 다시 인식시키기 위한 것이다.

호네트는 배제된 주체의 실천적인 대항 행위는 "부정적인 것, 즉 사물을 목표로 한 것이 아니라 타자의 자기인식"(호네트, 1996: 92)을 목표로 한다고 지적한다. 배제된 주체의 실천적인 대항 행위에서 공통적으로 발견되는 특성은 자기 자신을 권리의 소유자로 긍정하고 있다는 점이다. 이것은 배제된 자신의 상황을 정의하는 '상황 정의'가 권리 담론과 결합되어 있다는 것을 의미한다. 자신이 권리로부터 배제되어 있다는 것은 각각의 사회 구성원이 자기존중을 형성할 수 있는 기회를 박탈당하고 있다는 것을 의미하는 동시에 그 권리의 소유로 자신을 긍정한다는 것은 사회적으로 인정된 요구를 제기할 수 있다는 것을 의미한다. 배제된 주체의 실천적 대항 행위에서 공통적으로 발견되는 이러한 '권리인정'의 경험은 "자기 자신을 담화적 의사 형성에 참여할 수 있는 속성을 다른 모든 공동체 구성원과 함께 공유하고 있는 인격체"(호네트, 1996: 207)로 바라보도록 한다. 이는 '권리인정'의 경험이 '소통'이라는 대화에 대한 실질적인 요청과 그에 대한 인정을 요청하는 것과 결합되는 이유를 설명해준다.

권리인정의 경험 형태는 사회적으로 정당하게 충족되어야 할 요구를 제기할 수 있는 권리가 기능적으로 분업화된 특정 집단과 결합되어 있던 형태로부터 진화되었다는 것을 보여준다. 자기 자신의 권리를 긍정하는 '자기존중'의 형태로 나타나는 권리의 소유 형태는 대학생 혹은 지성인 같은 특정 사회집단이 자신의 사회적 지위와 결합된 기능 혹은 명예와 우월성 같은 '지위재'적 특성을 통해 사회에 대한 발언의 정당성을 확보하던 이전의 사회운동과 매우 다르다는 것을 의미한다. 한국 사회운동의 제3세계적 특성은 사실상 사회운동의 주체가 문화적으로 사회적 발언을 정당화할 수 있는 자기이해를 가진 집단, 다른 말로 하면 특정한 방향으로 문화적으로 전형화된 '신분집단'의 운동이라는 것이다. 제3세계에서 대학과 대학생 중심의 (대학)학생운동이 민주화운동에서 일반적인 주도성을 획득하는 이유는 사회가 그들에게 허용하는 사회적 부정의 경계와 대학인 스스로 자신에게 부여하는 자기이해가 만들어낸 문화적 자기구성을 통한 신분집단에 대한 이해 없이는 불가능하다. 실제로 (대학)학생운동은 자신의 신분에 특정한 가치를 부여하는 사회적 가치 척도를 자신의 운동과 투쟁에 적극적으로 이용하는 전략을 일관적으로 견지했다. 이런 의미에서 민주주의는 사회적 발언을 특정 신분집단으로부터 분리해 비시민 일반의 집단 투쟁과 연결시키는 결정적 계기를 제공한다.

'비시민'에서 '잉여인간'으로의 전화 과정을 촉발하는 이러한 공간 질서의 구축 과정에 대항해 삶의 유지와 존속을 위해 공간 질서의 재편 과정에 대항하는 이들의 전략은 자신을 추방한 공간 질서로의 개입을 통해 공간을 새롭게 정의내리기 위한 시도를 진행하는 것이다. 이 전략의 대표적 형태는 2009년 쌍용자동차 평택공장 노동자의 선택처럼 공장 점거라는 '공간 점거'의 형태로 나타난다. 공간 점거는 자신을 질서의 외부로 추방한 공간을 지배하는 권력과 대항한다는 측면에서 타자의 공간을 점유하는 전략이며, 바로 이러한 사실로 인해 타자로부터의 자유, 무엇보다도 타자로부터 소유의 권리를 방어하기 위한 치안 질서와의 대결을 함축한다. 2009년 1월 20일 서울 용산구 한강로2가 남일당 건물 옥상을 점거하고 농성을 진행하던 철거민 다섯 명과 진압을 위해 투입되었던 경찰관 한 명의 목숨을 앗아간 '용산 참사'는 자본주의의 공간 질서가 치안 체계와 밀접히 결합되어 있음을 보여주는 가장 상징적인 사건이 되었다.

삶의 공간에서 추방당한 철거민의 생존 권리와 공간에 대한 소유의 원리에 기반을 두고 이를 방어하기 위해 투입된 경찰 병력과의 충돌 과정에서 발생한 이 사건은 공간 점거의 배후에 존재하는 갈등과 적대의 기본 구조를 보여주는 동시에 비시민이 삶의 유지와 존속을 위해 공간을 점유하고 그것을 통해 그 공간을 '정치 공간'으로 전유하는 과정을 보여준다. 공간 점거는 자신을 추방한 공간의 질서를 재편하기 위해 특정 공간을 정치 공간으로 전유하고 이를 통해 사건을 사회화하는 저항 전략이기 때문이다. 공간을 지배하는 질서로부터 배제된 비시민과 같은 사회적 약자는 공간 질서의 재편을 위해 공간 질서의 외부에 위치하는 제3의 타자와 접속해야만 하고, 바로 이러한 비시민의 전략이 소유의 원리에 입각해 그 공간에서 발생하는 갈등을 '사사화(私事化)'하려는 전략에 대항해 그 공간을 정치적인 공간으로 전환시킨다. 정치는 제3의 타자와의 접속 과정에서 창출되기 때문이다.

비시민의 공간 점거로부터 발생하는 이러한 정치의 과정으로 인해 공간 점거는 공간의 질서 외부에 존재하는 제3의 타자와의 집단적인 교통 방식을 창안하고 발전시킬 것을 요청받는다. 그리고 바로 이러한 집단적 교통관계로 인해 기존의 교통관계와는 다른 새로운 형태의 교통관계가 비시민과 제3자의 집단적 교류 과정에서 발생할 수 있다. 사회가 하나의 교통 형식으로 정의될 수 있다면, 이 연대의 과정에서 출현하는 것은 바로 기존의 질서와는 다른 새로운 교통 형식의 창안 혹은 발견이며 이것이 공간 점거에서 발견되는 기존의 질서에서 찾아볼 수 있는 새로운 사회를 구성할 수 있는 대안 세포이다. 공간의 점거를 새로운 사회의 생산과 연결하는 이러한 과정은 새로운 사회를 현재 사회와의 전면적인 단절이란 관점에서 파악하는 이행의 관점을 '지금 여기'에서의 우리의 '경험'으로 이동시킴으로써 새로운 사회를 유토피아로부터 '경험'으로 이동시키는 중요한 전략의 변화를 초래한다.

푸코는 19세기의 과학적 사회주의와 20세기의 진정한 사회주의를 비교하면서 "19세기 과학적 사회주의가 유토피아를 통해 분명해졌다면, 아마 20세기의 진정한 사회주의화는 경험을 통해 나타날 것"(푸코, 2004: 236)이라고 언급한다. 미래 사회를 현재 사회로부터의 단계적이고 점진적인 혹은 질적인 단절을 통한 이행의 목적으로 규정했던 과학적 사회주의의 '미래'는 우리에게 '유토피아'를 선사했지만 그것은 유토피아의 단어 뜻 그대로 어디에도 존재하지 않는, 즉 우리가 지금 경험할 수 없는 관계와 질서를 의미하는 것이었다. 이에 반해 19세기의 과학적 사회주의와 결별한 새로운 사회주의는 유토피아를 추구하는 것에 반대하면서 반대로 '지금 여기'에서의 경험에 주목하고 그 경험과의 접속에 관심을 갖는다.

이 경험은 근대성의 내부 공간이자 전반적인 통치의 위기 과정에서 출현하는 새로운 주체 형성의 경험이지만, 국지적이고 그래서 사회의 질서를 근본으로부터 흔들어놓는 경험이다. 이 경험의 조합은 이미 자기 소멸한 유토피아에 대한 환상을 보강해주는 실험의 결과로 받아들여져서는 안 된다. 이 경험은 정확히 그 반대로 작동한다. 경험은 대학, 정신병원, 군대, 유치원, 공장, 경찰 그리고 우리가 일상적으로 이용하는 다양한 공간과 시설, 정상과 비정상에 대한 경계, 법과 위반 등 모든 곳으로부터 발생하고 새로운 미래는 단지 이 경험과의 접속을 통한 새로운 집합적 실천과 의지를 형성해나가는 과정에서 만들어질 뿐이다. 즉, 새로운 미래는 지금의 경험과 단절된 어떤 미래에서 오는 것이 아니다. 경험의 조합이 만들어내는 가능성의 조합, 현실 공간에 내재된 잠재성을 통해 공간을 구획하는 근본 경계에 도전하고 그것을 통해 공간을 정치화하는 방향에서 이루어지는 모든 경험이 다른 경험과 조우하면서 만들어내는 경험의 매트릭스가 새로운 사회주의를 지금 물질화시키는 다양한 가능성을 제공한다.

5. 나가며: 타자의 고통, 연대를 위한 슬픔의 해석학

연대의 토대는 타자의 고통을 '우리'의 슬픔으로 해석하는 것에 있다. 이러한 관점은 '우리'라는 말로 "당면의 문제가 타인의 고통에 눈을 돌리는 것이라면, 더는 '우리'라는 말을 당연시해서는 안 된다"는 손택(Susan Sontag)의 지적과 배치되지 않는다. 거부해야 하는 것은 타자의 고통을 그들의 문제로 돌려버리고 나의 문제에만 집중하는 그래서 '우리'의 생성을 근본적으로 불가능하게 만드는 것임과 동시에 타자의 고통을 은폐하기 위해 임의로 확장된 나의 표현으로 '우리'를 발전시키는 것이다. 둘은 동일한 구조를 갖는다. 그것은 사실상 타자의 문제를 배제한다. 남는 것은 오직 '나'뿐이다.

문제는 "타자의 고통은 감정이입의 자동성에 의해 삼투되는 것이 아니라 힘겹게 배워야 하는 것"이라는 니체의 지적이다. 타자의 고통이 그 자체로 배움의 대상이 되어야 한다는 사실은, 다른 말로 표현하면 타자의 고통을 망각하고 변형시키는 것이 가능하다는 것을 의미한다. 연대는 바로 그러한 타자의 고통을 망각하고 그것을 나의 세계에서 배제시키는 일련의 반사회성과 대결하는 것임을 의미한다. 따라서 연대의 문제는 타자의 고통을 우리의 슬픔으로 어떻게 해석할 수 있는가, 우리는 그것을 통해 무엇을 배울 수 있는가의 문제로 전환된다. 우리는 어쩌면 이 질문을 '배제된 존재'의 걸음 자체에서 시작할 수 있을지도 모른다.

최근 우리가 발견한 혹은 발명한 가장 직접적인 저항 형식은 사람들이 걷기 시작했다는 것이다. 걷는다는 것은 '행진'과도 다르고 '교통'과도 다르다. 김영민의 언급처럼 '상처받은 사람'만이 걷는다면, 우리가 발견한 가장 큰 사회 변화는 상처받은 사람이 걷기 시작했다는 점이다. 이것은 행진과 교통의 대상이던 '도로'가 우리에게 '길'로 전유되는 공간적 전유가 발생하고 있다는 사실을 보여준다. 걷는 사람이 '도로'를 '길'로 전유하는 것, 이것이 2000년대 한국 사회운동에 나타난 가장 급진적인 저항 형태이다. 자전거 '도로'를 만들려는 민주주의에 대항해 인간의 '길'을 내려는 인간의 걸음, 우리의 질문은 그 '걸음'에 대한 문제이다.

'상처받는 자만이 걷는다'는 김영민의 언급에 근거한다면, 우리의 질문은 우리 사회가 상처의 문제를 체계적으로 회피하거나 억압한 자리에 식민지, 전쟁, 근대화, 산업화 그리고 민주화라는 우리의 역사가 존재한다는 사실을 깨닫는 것으로부터 시작해야 한다. '술자리가 아니면 상처를 말하지 않는 회사 인간들처럼' 우리는 일상적으로 '자본주의의 단말기로 혹은 그 배달부로 기능하며 쉼 없이 이동하면서 그 이동의 속도주의 속에서 상처를 외면'하고 있다.

서로의 상처를 외면하는 한, 스스로가 자신의 상처를 외면하고 그것을 은폐하는 한, 그들은 걷지 않는다. 걷는 것이 가장 급진적인 저항의 형태로 부상한 이유는 걸음 자체가 '자본주의적 동선과 속도', 즉 자본주의의 시간으로부터 이탈하는 것이기 때문이다. 전근대적 중상주의가 공간의 차이화를 통해 이윤을 창출하는 체제였다면, 근대 자본주의는 시간의 차이화를 통해 이윤을 창출하는 체제이고 따라서 시간의 조직과 통제는 자본주의의 핵심이다. 자본주의가 이동하는 도로와 교통의 공간에서 벌어지는 '걷기'는 그 속도와 동선을 어긋나게 한다.

참고문헌

김영민. 2008. 『동무론』. 한겨레출판사.
뢰비트, 칼. 2006. 『헤겔에서 니체로』. 강학철 옮김. 민음사.
마넹, 버나드. 2004. 『선거는 민주적인가』. 후마니타스.
모스코비치, 세르주. 2010. 『다수를 바꾸는 소수의 심리학』. 문성원 옮김. 뿌리와이파리.
무페, 샹탈. 2006. 『민주주의의 역설』. 이행 옮김. 인간사랑.
_____. 2007. 『정치적인 것의 귀환』. 이보경 옮김. 후마니타스.
바우만, 지그문트. 2008. 『쓰레기가 되는 삶들』. 정일준 옮김. 새물결.
부르디외, 피에르. 2006. 『구별짓기』 상·하. 최종철 옮김. 새물결.
사카이 다카시. 2007. 『폭력의 철학』. 김은주 옮김. 산눈.
이종영. 1999. 『욕망에서 연대성으로』. 백의.
허쉬만, 앨버트. 2005. 『떠날 것인가, 남을 것인가: 기업, 조직 및 국가의 퇴보에 대한 반응』. 나남출판.
호네트, 악셀. 1996. 『인정투쟁』. 문성훈 옮김. 동녘.

Bourdieu, Pierre. 1982. *Language and Symbolic Power*. Edited and with an introduction by John B. Thompson. Harvard University Press.

적대의 다원화와 민주주의적 헤게모니

헤게모니와 정당화의 변증법

정태석
전북대 사회교육학부 교수

1. 민주주의와 헤게모니에 대한 성찰

2007년 말 대통령 선거를 통해 이명박 정권이 집권한 이후로 미국과의 쇠고기 수입 협상 과정, 4대강 사업, 세종시 행정복합도시 법안 수정 등 대중적 여론을 무시한 일방적 정책 수정과 사업 추진으로 대의제에 대한 신뢰가 약화되면서 민주주의가 다시 질문거리가 되고 있다. 먼저 '법, 제도, 절차'가 통치자, 즉 그 운영자의 성향이나 이념적·정책적 지향으로부터 완전히 자유로울 수 없다는 점이 드러나면서 중립성의 신화가 더는 유지될 수 없다는 점이 분명해졌다. 또한 선거를 통한 대의제적 위임이 다수 시민의 요구나 의견에 대한 무시와 억압, 소통의 부재, 시민의 일상적인 정치 참여의 배제마저도 정당화하면서 정치적 무관심을 조장하고 있다는 점에서 대의제 민주주의의 한계도 분명해졌다.

이런 점에서 민주주의에 대한 회의는 확실히 절차적·형식적 민주주의의 한계에 대한 비판으로 확장될 필요가 있다. 즉, '민주주의 없는 민주주의', 법과 절차를 무시하는 권위주의적·독단적 통치에 대한 반성이 필요하며, 나아가 법과 절차는 국가권력의 성격과 결코 무관할 수 없으며 그 자체가 정치적·헤게모니적 투쟁의 대상이 된다는 점을 분명히 인식할 필요가 있다. 그런데 이것은 민주주의에 대한 이해를 심화시키기 위해 중요하게 다루어야 할 문제인 것은 분명하지만, 여기서 이 문제를 직접적으로 다루지는 않을 것이다. 대신에 여기서는 국가권력을 장악하고 있는 집권세력에 대해서가 아니라 특정한 세력의 집권을 가능하게 하는 시민의 사고방식과 행동방식에 대한 질문에서 시작할 것이다. 민주주의 사회에서 국가권력은 선거 방식의 한계에도 불구하고 어떤 형태로든 일정하게 국민 다수의 동의를 획득한 결과라고 한다면, 대중이 동의하게 된 이유는 무엇인지, 대중의 사고·의식·정서·감정이 어떠한 과정을 거쳐 형성되었고 또 형성될 것인지에 대해서도 질문해야 하는 것이다.

그동안 한국 사회에서 경제적 생활수준 및 교육수준의 상승과 더불어 대중의 민주주의적 의식이 지속적으로 성장해왔지만, 민주화운동 과정에서 그리고 1987년 6월항쟁에 따른 민주화 이후 지속적인 보수 우파 정권의 집권 과정에서 민주화세력과 진보개혁세력은 대중의 정치의식 수준이 낮았다는 점을 늘 한계로 지적해왔다. 그런데 대학 진학률이 고졸자의 80퍼센트를 넘어서고 있는 한국 사회의 현실에서 여전히 정치의식의 수준을 따지고 있다는 사실은 아이러니가 아닐 수 없다. 대중의 학력이 점점 높아지고 있는 민주주의 사회에서 도대체 대중의 정치의식이 취약하다는 사실 또는 주장을 어떻게 이해해야 하는가?

좌파 이론에서는 전통적으로 사회적 존재조건과 의식 간의 괴리를 설명하기 위해 이데올로기와 헤게모니 개념을 도입해왔다. 자본주의 사회에서 개인이 처해 있는 계급적 위치와 계급의식의 불일치는 흔히 자본주의 체계 자체의 이데올로기 효과나 지배계급에 의한 지배이데올로기의 생산·조작·은폐 —

등가교환, 자유로운 노동계약, 노동에 따른 임금 지급, 물신주의, 시장경제의 효율성과 합리성, 개인의 능력과 노력에 따른 분배 등에 대한 믿음, 소유권 절대주의 등 ― 를 통해 설명되었다. 이런 설명 방식에 따른다면, 낮은 정치의식은 지배 이데올로기의 효과에 따른 허위의식의 산물이다. 그래서 프랑크푸르트학파는 과학적 비판을 통해 허구적인 이데올로기를 해체시켜야 한다고 주장했다. 하지만 그람시는 이에 앞서 이데올로기를 단순히 허위의식으로 이해할 수는 없다는 점을 인식하고 있었다. 그는 지배계급이 다양한 이데올로기 기구 또는 헤게모니 기구를 소유하거나 통제하면서 그것을 통해 지배이데올로기를 생산하고 확산시켜 피지배 대중의 일상적 의식과 실천을 사로잡고 있다는 점에 주목했다. 시민사회와 헤게모니는 바로 이러한 현상을 해명하기 위해 그가 도입한 개념이었다.

그런데 계급적인 분화가 진행되어 이해관계가 복잡화되고 있고 또한 계급 적대로 환원할 수 없는 다양한 적대·갈등이 분출되고 있는 현대 민주주의적 자본주의 사회에서 시민사회와 헤게모니의 문제를 계급 적대의 관점에서 해명하려고 했던 전통적인 그람시의 사고는 새로운 혁신을 요구받아왔다. 게다가 민주주의에 대한 요청이 확산되고 있는 현실에서 헤게모니의 민주주의적 차원을 더욱 확장시켜나갈 필요가 있다. 이것은 평등한 사회를 추구해온 좌파에게 전통적인 사회주의 이념의 혁신을 요구하는 것이라고 할 수 있다. 일찍이 라클라우와 무페가 새로운 사회주의 전략으로서 '다원적·급진적 민주주의'를 주장한 것도 바로 이러한 맥락에서였다.

지배 - 종속 관계, 적대와 갈등의 양상이 다원화되어 있는 현대 민주주의 사회에서 좌파가 추구하는 사회주의는 어떤 모습을 띠어야 하며 또한 어떻게 실현 가능할 것인가? 이러한 질문에 답하기 위해서는 좌파가 어떻게 다원적인 지배 - 종속 관계를 해체하면서 다원적인 평등을 실현할 수 있을 것인지에 대한 이론적·실천적 전략이 제시되어야 한다. 이를 위해서는 라클라우와 무페가 주장하듯이 전통적인 계급 중심성의 틀을 넘어서 적대의 다원성과 등가성을 인정하는 데에서 출발할 필요가 있다. 그런데 이러한 다원적·급진적 민주주의의 실현은 현실적인 적대관계 속에서 피지배 대중의 해방을 실현할 수 있도록 하는 권력의 획득 없이는 불가능하며, 이것은 헤게모니 투쟁을 통한 피지배 대중의 광범한 동의 형성 없이는 불가능하다. 그리고 이러한 광범한 동의 형성은 역으로 다양한 종속적 위치에 있는 피지배 대중의 연대를 필요로 하는 것이다.

이런 점에서 보면, 헤게모니 투쟁은 필연적으로 민주주의를 요청하고 있다고 할 수 있다. 그렇지만 헤게모니와 민주주의의 관계는 여전히 불투명하다. 지배 세력 역시 선거라는 민주적 절차를 통해 권력을 획득했다고 할 때 선거를 통한 집권 이후에 이루어지는 그들의 통치는 늘 민주적이라고 할 수 있는가? 이러한 통치는 실질적으로나 절차적으로 민주주의를 어떻게 보증할 수 있는가? 이러한 질문은 민주주의의 내용과 형식에서의 정당성에 관한 것들로서 피지배 세력이 국가권력을 획득해 평등한 사회를 실현해가는 과정에 대해서도 제기되어야 할 질문이다. 확실히 민주주의는 권력을 추구하는 현실적인 헤게모니 투쟁의 과정과 분리될 수 없다. 그렇지만 동시에 헤게모니적 지배는 민주적 정당화에 대한 요구에서 벗어날 수 없다. 그래서 헤게모니적 지배는 민주주의적 정당성을 지속적으로 유지해나갈 수 있는 합리적 절차와 실질적 내용을 끊임없이 요구한다고 할 수 있다.

다원적 적대가 공존하고 있는 현대 민주주의 사회에서 좌파가 다원적인 지배 - 종속 관계를 해체하고 다원적 평등이 실현되는 사회를 추구해나가기 위해서는 무엇보다도 사회주의의 모습을 새롭게 구성하고 헤게모니와 민주주의의 관계를 새롭게 사고하는 데에서 출발할 필요가 있다. 그리하여 이 글에서는 그람시의 시민사회와 헤게모니 개념을 비판적으로 재구성함으로써 포스트그람시주의 시민사회이론을 구성해보고자 한 이전의 작업[1]에 기초

---

1) 필자는 2007년의 저작 『시민사회의 다원적 적대들과 민주주의』의 「제5장 그람시

해 현대 사회의 다원적 적대 속에서 민주주의를 헤게모니와 정당화의 변증법적 과정으로 이해하면서 좌파적 헤게모니 형성의 가능성을 모색하기 위한 유물론적인 문제틀을 제시해보고자 한다.

2. 다원적 적대, 헤게모니, 민주주의

다원화된 현대 사회에서 헤게모니와 민주주의의 변화된 지형을 이해하려면 무엇보다도 자본주의와 시민사회의 변화에 주목할 필요가 있다. 유럽 선진국의 역사를 보면 자본주의적 산업화와 시장경제의 발달은 계급 적대의 확산과 더불어 개인주의적·합리주의적 사고의 확산을 통해 다양한 권리의식의 향상을 가져왔으며, 이후 산업화의 확대는 환경오염과 환경피해의 증대를 낳아 생명과 생태 가치의 보호에 대한 요구를 확산시켜왔다. 이러한 다양한 권리 주장과 사회적 요구의 확산은 기존의 계급 적대를 넘어선 권위주의 적대, 성 적대, 환경 적대, 소수자 적대 등 다양한 적대의 분출로 이어졌다. 물론 한국 사회의 경우 오랜 군사독재 체제하에서 민주화가 지체되고 자본주의적 계급 적대의 분출이 국가에 의한 노동운동의 탄압으로 억압되면서, 시민사회의 발달 과정과 그 성격이 유럽 선진국과 분명한 차이를 보이고 있다. 그렇지만 정치적 민주화와 시민사회의 활성화가 이루어지면서 기존의 반공주의, 권위주의, 지역주의, 계급적 불평등 등을 둘러싼 적대·갈등에 더하여 점차 다원적이고 복합적인 적대·갈등이 분출되어왔다. 게다가 기존의 적대 역시 다양한 변형을 겪고 있다.

시민사회론의 비판적 재구성」에서 필자의 작업이 '포스트그람시주의 시민사회론'을 구성하기 위한 시도임을 밝혔다(정태석, 2007). 이 글에서는 많은 부분에서 '제5장'의 내용을 재구성해 소개하면서도 새로운 논의를 담고자 했다.

이처럼 현대의 시민사회에서 지배 - 종속 관계, 적대·갈등이 다원화되고 복잡화되면서 시민사회의 다원성과 복합성을 반영하는 새로운 좌파 이론의 필요성이 대두되었는데, 이를 위해 적극적으로 재해석된 이론은 그람시의 시민사회와 헤게모니 이론이라고 할 수 있다. 그람시의 이론은 그 자체로 여전히 현대 사회의 변화를 설명하는 데 한계를 지니고 있지만, 마르크스의 이론이 지니고 있던 내적인 결함이나 시대적 한계를 넘어설 수 있게 해주었다고 할 수 있다. 그람시가 활동하던 시기에서 보면 그의 시민사회이론은 "단순히 경제적 토대, 즉 자본주의적 관계로만은 해명하기 어려운 복합적인 사회적 조건과 상황을 이해하기 위한 하나의 좌파적 대안이었다"(정태석, 2007: 130~131)고 할 수 있다. 이런 점에서 그람시의 시민사회론은 다음과 같은 이론사적 의의를 지닌다고 할 수 있다.

첫째, 시민사회를 상부구조의 한 영역으로 개념화함으로써 마르크스주의 시민사회론의 혁신을 가져다주었다. 그람시의 시민사회 개념은 마르크스의 '이데올로기적 상부구조' 개념을 정교화해 시민사회를 상대적으로 자율적인 사회적 영역으로 규정하면서 시민사회의 고유한 작동 메커니즘을 보여주고자 했다. 둘째, 국가 - 시민사회 - 경제(구조)라는 삼분법 도식을 제시함으로써 경제(토대)에 대한 마르크스주의적 문제의식을 유지할 수 있게 해주었다. 그람시는 시민사회에서 피지배계급의 헤게모니 투쟁이 궁극적으로 경제관계의 재구조화를 목표로 한다는 점을 강조함으로써 마르크스주의적 관점에서 경제적 토대와 시민사회 간의 연관을 주제화할 수 있도록 해주었다. 셋째, 지배의 이중적 메커니즘을 보여줌으로써 '계급 지배'의 복합성을 이해할 수 있도록 해주었다. 억압적 지배가 강제에 의존하는 반면에 헤게모니적 지배는 동의에 의존한다는 점을 강조하면서, 시민사회에서 지배계급의 헤게모니적 지배가 국가권력과 자본주의 경제관계의 안정적인 재생산에 기여한다는 점을 보여주었다. 넷째, 시민사회에서 헤게모니적 지배가 지배계급에 의해서 일방적으로 이루어지는 것이 아니며 대항 헤게모니의 형성을 통한 헤게모니 투쟁이 일어날 수 있다는 점을 보여줌으로써 시민사회의 헤게모니 투쟁을 통한 혁명 또는 이행의 가능성을 제시했다. 다섯째, 동의에 기반을 둔 헤게모니의 중요성을 강조함으로써 마르크스주의 이론에서 계급 연합과 민주주의의 문제를 체계적으로 사고할 수 있는 길을 제시했다. 그람시는 다수의 동의에 의한 지배라는 민주주의의 중요한 원리를 인정하고 또 이를 적극적으로 실천하려는 사고를 보여주었다(정태석, 2007: 131~134).

그런데 그람시의 시민사회이론이 '국가 - 시민사회 - 경제' 도식을 통해 마르크스 이론의 한계를 일정하게 보완하는 면이 있기는 하지만, 한편으로는 자본주의 경제구조가 국가 및 시민사회와 어떤 방식으로 연관되어 있는지를 구체적으로 설명하는 데 취약하며, 다른 한편으로는 자본주의적 계급 적대를 넘어서 현대 사회의 다양한 적대를 사고하는 데 한계가 있다. 이런 점에서 그람시의 시민사회이론은 재구성되고 확장될 필요가 있다. 여기서 알튀세르의 '사회형성체의 재생산·변형 또는 계급투쟁의 관점' 및 '중첩결정' 이론과 라클라우와 무페의 '헤게모니적·담론적 접합' 및 '다원적·등가적인 급진적 민주주의' 이론은 이론적 혁신의 중요한 준거가 될 수 있다.

'경제 - 정치 - 이데올로기'의 각 영역의 상대적 자율성과 중첩결정의 문제에 주목하는 알튀세르의 이론은, 그람시의 '국가 - 시민사회 - 경제' 도식에서 각 영역이 상대적 자율성을 지니면서도 서로 연관되는 방식을 전체적인 시각에서 사고할 수 있도록 해준다. 그런데 알튀세르 역시 초기에는 그람시처럼 자본주의적 계급 적대의 문제를 해명하는 데 몰두하고 있었으며, 후기로 오면서 마르크스주의 이론이 제한적이라는 점을 인정하면서 자본주의의 현실적 역사에 열려 있을 뿐만 아니라 다양한 사회적 갈등과 적대에도 열려 있다는 점을 강조하게 되었다(알튀세르, 1992; 정태석, 1991; 1993). 이처럼 변화된 현실 속에서 알튀세르의 계급투쟁의 관점은 현대 자본주의 사회의 다원성을 사고할 수 있는 '다원적인 사회적 투쟁의 관점'으로 재구성할 필요가 있다.

한편 그람시의 헤게모니 개념을 재해석한 라클라우와 무페의 '헤게모니적·담론적 접합' 및 '급진적 민주주의' 이론은 다양한 적대가 공존하고 있는 현대 자본주의 사회의 변화된 조건을 고려하고 있는 설득력 있는 정치이론이다. 라클라우와 무페는 마르크스주의에서 사회에 대한 결정론적·선험적 사고와 노동자계급에 대한 본질주의적·고정적 사고를 해체하면서 그람시의 헤게모니 개념이 사회적 정체성과 주체위치의 비결정성·비고정성을 함축하고 있다고 보았다. 이러한 비결정성·비고정성은 마르크스주의의 '사회형성체'를 '담론형성체'로 대체함으로써 보다 분명해진다. 라클라우와 무페는 모든 사회적 실천과 사회적 구성은 의미 관련적이라는 점에서 담론적이며, 따라서 담론과 비담론의 구분은 무의미하다고 본다. 여기서 "담론은 사회적 의미가 소통되는 언어적 과정으로서 특정한 방식으로 구조화되어 있으면서도 다양한 방식의 접합에 열려 있다." 그리고 "차별적이고 우연적인 의미의 흐름 속에서 의미가 소통되는 방식을 특정한 형태로 구조화하는 것이 담론적 접합이다. 이것은 또한 의미의 특정한 구조화를 통해 헤게모니 형성을 동시에 지향하고 있다는 점에서 헤게모니적 접합이기도 하다"(정태석, 2007: 138).

라클라우와 무페의 담론 이론은 모든 현실을 담론으로 환원하려고 한다는 점에서 인식론적 상대주의의 위험성을 안고 있다(정태석, 1993). 그렇지만 이에 기초한 정치이론인 '다원적·등가적인 급진적 민주주의' 이론은 좌파 정치이론의 의미 있는 혁신을 보여주고 있다. 여기서 중요한 점은 이들이 결정론과 다원주의 모두를 거부하면서 다원적 등가성에 기초한 '민주주의적 헤게모니 전략', '등가적 연대 전략'을 제시하고 있다는 점이다. 그들은 "다원적 적대가 공존하는 사회에서 새로운 사회주의 전략은 적대의 등가성을 인정하면서 등가성에 기반을 둔 담론적·헤게모니적 접합 또는 다양한 피지배 세력 간의 등가적 연대를 추구하는 '급진적 민주주의'를 지향해야 한다고 주장한다"(정태석, 2007: 139). 말하자면 전통적인 계급 적대뿐만 아니라 환경, 여성, 인종, 소수자 등 다양한 쟁점을 둘러싼 갈등과 적대가 서로에 대한 우선성 주장 없이 동등한 가치를 인정하면서 각각의 자율성에 기초한 다원적인 민주주의를 추구해야 한다는 것이다.

그런데 민주주의는 다원적인 적대, 지배 - 종속 관계에서 종속 집단 간의 등가적 연대에만 한정될 수 없으며, 지배 집단과의 관계에서도 작동해야 한다. 그렇다면 민주주의는 적대 관계를 해소시키는 힘이 될 수 있을 것인가? 여기서 무페는 '경합적 다원주의' 이론을 제시하면서, 합의를 추구하는 하버마스의 토의민주주의는 적대의 제거를 시도함으로써 정치의 차원을 지워버린다고 비판한다. 민주주의 정치가 '적들' 간의 적대적 관계를 '경쟁 상대' 간의 경합적 관계로 변형시키는 것을 목적으로 하더라도 사회적 다원성, 차이, 적대는 폐쇄될 수 없는 환원 불가능한 정치의 요소라는 것이다(Mouffe, 2006; 정태석, 2007: 140; Kapoor, 2002: 464~465). 이처럼 무페는 적대의 원초적·구성적 성격을 강조함으로써 민주주의가 타협을 넘어서는 적대의 근원적 해결을 가져다주는 것은 아니라고 보았다. 그런데 이렇게 적대의 원초적·구성적 성격을 강조하는 것은 한편으로는 자신이 거부하고자 했던 경제와 계급의 본질주의를 '적대의 본질주의'라는 형식으로 재도입함으로써 필연성에 대한 비판이 우연성의 절대화로 나아가게 하는 딜레마에 봉착하도록 한다.

라클라우와 무페의 이론은 다원적 적대가 복합적으로 공존하는 현실에서 차이와 등가성의 논리를 통해 등가적 민주주의에 기초한 헤게모니적 접합의 가능성을 보여줌으로써 민주주의를 급진화했고, 헤게모니적·담론적 접합에서 정치의 현실적 차원의 중요성을 보여주었다. 특히 헤게모니와 민주주의가 서로를 요구하고 있다는 점을 분명하게 보여주었다. 이러한 긍정적인 이론적 기여에도 불구하고 그들의 급진적 민주주의, 경합적 다원주의 이론은 한편으로는 정치 논리에 관심을 집중함으로써 다원적 적대가 기초하고 있는 현실적·물질적 조건 및 근거에 대한 사고와 국가이론에 취약성을 보여주고 있으며, 다른 한편으로는 '적대의 본질주의'로 나아가면서 민주주의를 통한 적대의

화해 가능성을 차단해버린다.

이러한 한계를 넘어서기 위해서는 무엇보다도 다원적 적대의 현실적·물질적 근거가 무엇인지 질문해야 하며, 이를 통해 '국가 - 시민사회 - 경제'의 각 영역 간의 관계에 대한 복합적인 이론틀의 구성으로 나아갈 필요가 있다(정태석, 2007: 141~142). 이런 점에서 다양한 관계·영역의 상대적 자율성과 이들 간의 중첩결정을 사고할 수 있는 알튀세르의 이론을 적극적으로 도입할 필요가 있다. 그리고 이를 통해 적대의 다원적 근거를 파악할 수 있도록 함으로써 적대의 해소 가능성을 사고하고 또한 다양한 적대 간의 중첩결정 또는 상호 연관의 형태를 파악함으로써 등가적인 헤게모니적 접합의 현실적 가능성과 한계를 이해할 수 있게 된다. 즉, 적대의 현실적·물질적 근거에 대한 사고 없이 정치이론의 수준에서 단순히 다원성, 차이, 적대를 강조하는 것만으로는 민주주의적 헤게모니의 다양한 정치적 가능성을 충분히 보여줄 수 없는 것이다.

라클라우는 1980년대 이후 "자본주의에서 일어난 구조적 변동과 그것의 사회적 효과를 고려하는 것이 필요하다"는 점을 인식하면서, "농민층의 소멸, 노동자계급 수의 급격한 저하, 마르크스주의 계급 분석이 기반으로 삼는 것과는 아주 상이한 사회적 계층화의 출현"(버틀러·라클라우·지젝, 2009: 282~283)에 주목하고 있다. 이것은 적대의 물질적·현실적 근거와 중첩결정의 형태를 사고하는 중요한 방식을 보여주고 있는데, 특히 자본주의가 다른 적대의 형태에 미치는 규정적 성격을 보여준다. 그러므로 이러한 사고를 보다 체계화함으로써 자본주의 경제 메커니즘과 이를 기반으로 한 산업적·계급적 구조 변화를 국가이론 및 정치이론과 접합시키고, 다양한 적대가 자본주의와 연관되어 있는 방식을 보여줄 수 있는 전체적 이론틀과 복합적 설명이 필요하다.

한편 무페가 '적대의 원초적 성격'을 강조하는 것은 민주주의의 규범적 차원에 대한 사고를 제약하는 효과를 낳고 있다. 라클라우와 무페가 다원적 적대의 등가성을 주장하는 것은 정치적인 동시에 규범적인 판단이다. 이것은 헤게모니와 민주주의의 관계를 보여주기는 하지만 민주주의의 규범적 차원을 충분히 보여주지 못한다. 그러므로 헤게모니 투쟁, 담론 투쟁에서 민주주의적 과정이 적대의 성격을 다양하게 변화시킬 수 있는 가능성을 포착할 필요가 있다.

3. 민주주의의 이중적 과정: 헤게모니와 정당화

라클라우와 무페가 다원성, 차이, 적대의 원초적 성격을 강조하면서 민주주의를 현실 정치의 헤게모니 투쟁 과정으로 이해하는 것은 민주주의를 이해하는 중요한 방식을 보여주는 것임에 틀림없다. 그렇지만 민주주의를 권력과 헤게모니의 정치 또는 권력 게임으로만 이해하는 것은 민주주의의 규범적 차원을 놓치게 된다는 점에서 한계가 있다는 점도 분명하다. 이런 점에서 민주주의의 규범적 성격을 강조하고 있는 하버마스의 논의를 적극적으로 끌어들일 필요가 있다. 따라서 민주주의를 좀 더 폭넓게 이해하기 위해서는 민주주의 정치의 과정을 현실과 규범 간의, 현실적 헤게모니와 규범적 정당화 간의 변증법적 운동 속에서 이해하는 것이 중요하다.

라클라우와 무페가 급진적 민주주의와 경합적 다원주의를 통해 현실 정치의 헤게모니 투쟁, 담론 투쟁의 성격을 강조한다면, 하버마스는 토의민주주의를 통해 민주주의의 규범적·절차적 정당화의 성격을 강조하고 있다. 그런데 양자는 현실과 규범 간, 절차와 실질 간의 변증법적 운동에 충분히 주목하지 않음으로써 다소 일면적인 논리를 전개하고 있는 것처럼 보인다(정태석, 2007: 145).

사실 헤게모니 개념은 다수의 동의를 지향한다는 점에서 절차적·실질적 민주주의를 내포하고 있다. 그렇지만 헤게모니 개념은 권력 정치의 틀을 넘어서 정당화의 절차나 민주주의의 규범적 차원을 적극적으로 사고하도록 하는 데는 한계가 있다. 헤게모니와 민주주의의 관계를 이해하기 위해서는 다음과 같은 질문이 필요하다. 첫째, 민주주의를 헤게모니 투쟁 없는 중립적 절차나 합리적 토의 과정으로 환원하는 것은 가능한가? 둘째, 헤게모니 획득을 위한 다수의 동의 형성은 민주주의적 정당화 과정 없이 가능한가? 이러한 질문은 다원적 적대가 공존하는 현실 정치에서 헤게모니 투쟁이나 담론 투쟁 없는 민주주의를 상상할 수 없듯이, 민주주의적 정당화 과정 없는 헤게모니를 상상하기도 어렵다는 점을 잘 보여준다. 이런 점에서 하버마스의 토의민주주의 이론은 '민주주의적 헤게모니'의 관점을 구체화하는 데 중요한 시사점을 제공한다.

하버마스는 현대 민주주의 법치국가 사회의 정치가 생태적 위기, 빈곤, 종교전쟁, 민족전쟁, 핵위협, 국제적 분배투쟁 등에 직면해 방향과 자기의식을 상실했다고 진단한다. 그래서 완전히 세속화된 정치에서 법치국가는 급진적 민주주의 없이는 이루어질 수도 없고 유지될 수도 없다고 본다(Habermas, 2000: 18; 정태석, 2007: 145~146). 여기서 정치가 완전히 세속화되었다는 것은 사회의 규범적 질서를 보장해주는 메타 사회적 힘이 더는 존재하지 않는다는 것을 말하며, 민주주의가 급진적이라는 것은 합리적 의사소통의 과정은 보호되어야 할 뿐만 아니라 어떠한 제약도 존재하지 않아야 한다는 것을 의미한다.

하버마스는 민주적 법치국가에서 법과 민주주의를 '상호 이해 과정이 갖는 사회통합력'이라는 관점에서 접근하고자 한다. 그는 해방된 의사소통 속에서 의견불일치의 위험이 늘어난다고 할 때 어떻게 생활세계가 사회적 통합을 달성할 수 있을 것인지를 질문한다. 의사소통 행위자가 더는 서로 간의 의사소통을 통해 사회적 통합이라는 과제를 달성하기 어려운 상태에서 이제 사회적 통합을 위한 새로운 메커니즘이 필요한데, 그 과제를 대신할 수 있는 것이 바로 현대법이라는 것이다. 그리고 이러한 현대법은 제약 없는 의사소통의 원리를 보존하고 있어야 한다(Habermas, 2000: 34~ 53; 정태석, 2007: 147).

무제약적 의사소통을 보존하는 담론 원리는 이제 법적인 제도화를 통해 민주주의 원리의 형식을 취하게 되고, 민주주의 원리는 입법 과정에 정당성을 부여하게 된다. 이것은 민주주의 원리가 담론 원리와 법 형식의 상호 침투로부터 생겨난다는 것을 의미하는데, 이로부터 토의정치의 절차가 민주주의 과정의 핵심을 형성한다는 사고를 이끌어낸다. 그리고 토의정치는 공론장에서의 의견 형성과 법치국가의 제도화된 의지 형성의 담론적 구조로부터 정당화의 근거를 얻게 된다(Habermas, 2000: 149~151, 163, 361~370).

> 하버마스의 토의민주주의 이론은 정당화의 논리에 의존하고 있다는 점에서 규범적 민주주의 이론이면서, 동시에 규범을 절차적인 것으로 규정하고 있다는 점에서 절차적 민주주의 이론이라고 할 수 있다.…… 현실의 권력 논리보다 규범적 이성 논리를 논의의 중심에 둔다는 점에서 '현실과 권력에 대한 규범과 이성의 우선성'에 기반을 두고 있고, 규범의 실질적 내용보다는 절차적 형식에 의존하고 있다는 점에서 '실질에 대한 절차의 우선성'에 기반을 두고 있다. 그리고 투표나 선거와 같은 최종적 결정보다 의사소통적 토의의 과정을 더 강조하고 있다는 점에서 '결과에 대한 과정의 우선성'에 기반을 두고 있다고 할 수 있다(정태석, 2007:149).

그런데 합리적이고 공정한 의사소통적 절차에 대한 규범적 요청이 민주주의의 중요한 요소이기는 하지만 과연 현실의 권력 정치를 초월할 수 있는가 하는 점은 의문이다. 이런 점에서 담론적 과정을 헤게모니 과정과 동일시하고 절차가 늘 실질적이고 윤리적인 수행을 포함하고 있다고 보는 라클라우와 무페의 시각이 훨씬 현실적이라고 할 수 있다. 게다가 민주주의 정치 과정에서 실질과 절차를 분리하는 것이 가능한지도 의문이다(Kapoor, 2002: 463~464). 몇몇 현실적인 사례는 절차가 실질과 분리하기 어렵다는 점을 잘 보여준다.

최근 한국 사회에서 집권세력이 된 보수 우파 이명박 정권과 한나라당은 이전의 정권에서 민주적인 방식으로 정착시키고자 했던 다양한 법적 절차 및 관행을 수정하거나 무시하면서 국민 다수가 반대하는데도 자신의 정책을 일방적으로 추진하고 있다. 유럽에서도 다양한 사법적 절차는 '사법적 정치'의 수단으로 작동해왔다(Guarnieri, 2008). 이런 현실적인 사례는 실질적 내용과 절차가 서로 엄밀히 분리되기 어렵다는 사실을 잘 보여준다.

그럼에도 하버마스는 어떤 정당화도 절차적 차원을 넘어서 실질적 차원으로 확대될 수는 없다고 주장한다. 만약 하버마스처럼 사고한다면 절차적 정당성을 지니고 있는 결정에 대해서는 어떠한 비판이나 저항도 불가능하다. 이제 그 절차는 절대적 선이 된다. 그렇다면 어떠한 권력으로부터도 자유롭고 어떠한 이해관계에 대해서도 중립적인 절차를 가정하는 것은 현실적으로 가능한가? 의사소통적 절차는 늘 다원적 가치 간의 합의를 가능하게 하는가? 또한 이 절차는 이해당사자 간의 사회적 관계의 시간적 변화에 초월적인가? 만약 그렇지 않다면 주어진 절차에 의해서는 정당하지만 실질적으로는 정당하거나 정의롭지 못한 합의나 결정이 이루어진다거나 주어진 절차의 정당성을 의문시하게 되면 불만·거부·저항 행위의 분출은 불가피하다. 이런 이유로 특정한 절차를 통해 결정된 내용뿐만 아니라 절차 자체도 헤게모니 투쟁의 대상이 되는 것이다.

민주주의에서 절차와 실질은 완전히 분리 가능한 것이 아니며, 절차적 정당성과 실질적 정당성은 딜레마적 상황에 빠져들 수 있다. 그러므로 절차적 이성, 절차적 정당성의 절대화를 넘어서 절차와 실질의 변증법적 과정에 주목할 필요가 있으며, 실질적 정당성을 절차적 정당성의 부수적 결과로 취급하는 사고를 넘어서 민주주의의 정당성을 절차와 실질 모두에서 추구할 필요가 있다. 말하자면 실질적 정당화의 독자적인 기준을 설정할 필요가 있다. 그리고 다양한 가치의 실질적 정당화는 현실적인 권력 투쟁, 헤게모니 투쟁, 담론 투쟁과 결합될 수밖에 없다는 점을 인정해야 한다(정태석, 2007:

150~152).

　물론 하버마스가 이런 점을 전적으로 무시하는 것은 아니다. 그렇지만 그는 권력과 적대의 문제를 '현실' 또는 '사실성'으로 규정하면서 규범적 정당성 또는 타당성을 획득하기 위한 의사소통적 절차, 즉 토의의 문제로 환원하려고 한다. 그러므로 중요한 것은 민주주의적 정당화 과정을 단순히 절차적인 과정으로 환원하지 않는 것이며, 헤게모니가 배제된 토의민주주의가 아니라 토의민주주의와 헤게모니의 상호 연관에 대해 사고하는 것이다. "민주주의는 한편으로는 절차와 실질의, 다른 한편으로는 이성의 논리와 권력의 논리의 변증법적 상호 작용 속에서 작동하는 것인데, 이것을 '헤게모니와 정당화의 변증법'이라고 할 수 있을 것이다. 실질적 이성을 추구하는 헤게모니는 민주적 절차를 통해 정당화될 때 보다 큰 동의와 설득력을 얻을 수 있게 되며 이성에 의한 정당화는 헤게모니 없이는 현실적 힘을 지니지 못한다"(정태석, 2007: 152). 이런 점에서 민주주의적 헤게모니는 절차적 정당화와 실질적 정당화라는 이중적인 규범적 정당화를 추구하는 것으로 규정할 필요가 있다.

　무페가 '경합적 다원주의' 이론을 통해 주장하듯이 화해 불가능한 적대가 존재하는 현실에서 많은 정치적 타협과 동의는 의사소통적 절차를 기반으로 한 합의의 결과라기보다는 권력 정치의 결과라고 할 수 있다. 또한 자유 부동하는 기표로 구성된 상징적 장에서 왜곡 없는 의사소통이 불가능하다는 무페의 지적도 타당하다. 상징적 장, 담론의 영역으로 진입하지 못하는 원초적 배제, 즉 의사소통의 원초적 왜곡이 존재할 수 있기 때문이다.[2] 그런데 무페의 이러한 비판이 타당하다고 하더라도 모든 것을 권력 정치의 논리로

---

[2] 박영도는 이것을 하버마스가 프로이트의 원초적 억압·무의식의 문제를 주제화하지 못한 결과라고 보면서, 이 문제를 표기(signifier)와 무기(non-signifier)의 구분 속에서 이해하는 경계의 사유가 필요하다고 강조한다(박영도, 2003; 2006).

설명하는 것이 정당화될 수 있는 것은 아니다. 왜냐하면 민주주의 사회에서는 헤게모니적 권력 정치가 규범적 정당화에 좀 더 의존하게 되며, 실질적 정당화가 헤게모니 투쟁의 현실적인 내용적 목표가 된다면 절차적 정당화는 헤게모니의 형식적 근거가 된다고 할 수 있기 때문이다(정태석, 2007: 153~155).

이처럼 민주주의와 헤게모니의 불가분의 관계, 헤게모니와 정당화의 변증법적 과정을 인정한다면 무페의 주장에 대해 다음과 같은 질문을 덧붙일 필요가 있다. '민주주의적 헤게모니가 적대를 화해시킬 가능성은 없는 것인가?' 그런데 다양한 차이와 적대의 현실적·물질적 근거와 성격을 밝히기보다는 '차이와 적대의 원초적 성격'을 강조하는 라클라우와 무페에게서 이 질문에 대한 대답을 찾기는 어렵다. 적대적 차이와 비적대적 차이, 차이를 억압하지 않는 합의의 가능성 등은 차이의 현실적·물리적 근거에 기초할 때 비로소 설명할 수 있기 때문이다. 다원적 적대가 존재하는 현실에서 좌파의 민주주의적 헤게모니는 단순히 권력 획득 자체가 아니라 권력을 통해 법과 제도를 변화시킴으로써 불평등하고 차별적인 현실적 사회관계를 변형시키는 것을 목적으로 한다. 따라서 적대 관계가 형성되어 있는 현실적 조건과 근거의 변화를 설명할 수 있는 유물론적 문제틀이 존재하지 않는다면, 적대의 해소 가능성, 합의의 가능성 등을 사고하기 어려울 것이다.[3] 이것은 원초적 억압 및 배제와 이로 인한 불만의 해소 가능성에 대한 설명에서도 마찬가지이다.

민주주의의 규범적 정당화 논리가 단순히 절차적 정당성의 추구에 머무르지 않고 실질적 정당성의 추구로 나아가야 한다는 점을 인식한다면, 평등, 인권, 정의, 생명, 안전, 공공선 등 민주주의적·좌파적인 실질적 가치와 이념

---

3) 현대 사회의 다원적 적대의 현실적·물질적 조건과 근거, 이들 간의 중첩결정을 사고하기 위한 유물론적 문제틀의 구성과 관련해서는 정태석(2007, 157~162)을 참조할 수 있다. 이 글에서는 그람시의 시민사회론을 재구성하면서 '포스트그람시주의 시민사회론'의 원리를 제시하고자 했다.

은 현실적 물질적 존재 조건을 기반으로 하는 다양한 적대적 권력관계, 계급 관계의 변형을 지향하는 헤게모니 투쟁, 담론 투쟁의 중요한 도구이자 목표가 된다고 할 수 있다. 헤게모니 투쟁과 담론 투쟁은 절차적이면서 실질적인 규범적 정당화를 통해 민주주의적 헤게모니를 지향할 때 권력의 획득을 통해 실질적 이성을 실현할 수 있게 될 것이다.

4. 등가적 민주주의와 헤게모니적 접합

다원적 자율성과 평등을 지향하는 좌파의 헤게모니 기획이 헤게모니와 민주주의의 결합을 필요로 한다면, 이제 민주주의와 헤게모니가 결합되는 방식에 대해 숙고하지 않으면 안 된다. 민주주의가 다원적 적대의 차이와 각각의 자율성을 인정하는 데서 출발하는 것이라면, 민주주의와 헤게모니는 어떻게 양립 가능한 것인가? 차이를 억압하지 않으면서 어떻게 등가적 민주주의와 헤게모니적 접합이 가능할 것인가? 헤게모니적 접합이 차이의 체계 또는 다원적 적대 관계 속에서 사회적 의미를 상대적으로 고정하는 결절점을 설립하는 실천이라고 한다면, 이것은 어떻게 민주주의적일 수 있는가? 이러한 질문에 대한 대답을 찾기 위해 먼저 라클라우와 무페의 논의에서 출발해 보자.

라클라우와 무페에게 민주주의는 한편으로는 각각의 차이와 적대를 하나의 중심으로 환원하지 않으면서 자율성을 보호하는 다원주의에 기초해야 하며, 다른 한편으로는 각각의 차이와 적대가 등가적 평등주의를 추구하는 것이어야 한다. 그리고 이러한 한에서 민주주의는 급진적일 수 있다. 그러므로 "급진적이고 다원적인 민주주의의 기획은 원초적인 의미에서 등가적·평등주의적 논리의 일반화에 기초하는 영역들의 최대 자율화를 위한 투쟁과 다를 바가 없는 것이다"(Laclau and Mouffe, 1990: 204). 그렇다면 "급진적 민주주의에 고유한 정치적 공간의 증대와, 등가 논리에 기초한 집합적 정체성의 구성 사이에는 양립 불가능성이 존재하는 것이 아닌가"(Laclau and Mouffe, 1990: 220). 말하자면 다원성과 등가적 평등을 유지하면서 하나의 상대적 중심 또는 고정점을 형성하는 것이 어떻게 가능한가, 즉 민주주의적이면서 동시에 헤게모니적인 접합이 어떻게 가능할 것인가 하는 질문이 제기된다.

라클라우와 무페는 "차이의 논리가 정치적 공간의 확대 및 복합성 증대의 논리인 반면에 등가의 논리는 정치적 공간의 단순화 논리"(Laclau and Mouffe, 1990: 162)라고 말한다. 그렇다면 단순화 논리는 공간의 확대 및 복합성 증대를 억압할 수 있는 것은 아닌가? 이에 대해 그들은 한편으로는 등가적 연쇄를 통한 단순화의 논리는 동일성이나 토대 환원의 논리가 아니라는 점을 강조하면서, 다른 한편으로는 민주주의 논리는 현실적으로 사회적인 것(the social)의 실정성에 관한 논리와 결합되지 않으면 안 된다는 점을 인정한다.

"위계서열적 사회의 재구성을 위한 기획에 직면해서 좌파의 대안은 스스로를 민주주의 혁명의 영역 안에 충분히 위치시킴으로써 그리고 억압에 대항하는 상이한 투쟁 사이의 등가적 연쇄를 확장시킴으로써 이뤄져야 한다"(Laclau and Mouffe, 1990: 215). 즉, 차이의 등가적 연쇄를 통해서 종속 집단 간의 중심화와 연대를 이룸으로써 민주주의적 헤게모니의 형성이 가능해지는 것이다. 그래서 "좌파의 헤게모니적 전략을 위한 가능성은 민주주의적 지형을 포기하는 것에 놓여 있는 것이 아니라 바로 민주주의적 투쟁의 영역을 전체 시민사회와 국가로 확장함에 달려 있다"(Laclau and Mouffe, 1990: 215). 이런 맥락에서 그들은 평등의 상상력을 통해 자유민주주의를 확장하고 급진화하는 전략이 필요하다고 주장하는데, 이런 점에서 이 전략을 '급진적 민주주의'라고 말할 수 있다.

한편 이러한 등가적 연쇄의 확장, 즉 반인종주의, 반성차별주의, 반자본주의 사이의 등가적 접합은 이 투쟁들 각각의 공고화를 위해 헤게모니적 구성을 필요로 하는데, 여기서 등가의 논리는 각각의 투쟁이 구성되는 공간의 자율성의 해체를 의미하게 된다. '민주주의적 등가'가 존재하기 위해서는 집단의 요구가 서로 등가적으로 접합되는 과정에서 상이한 집단의 정체성을 변화시키게 되며, 이런 점에서 이것은 헤게모니적인 성격을 지니게 된다. 그렇지만 이것은 사회적 정체성을 고정시키거나 토대로 환원하려는 시도가 아니며 적대의 다원성을 부정하면서 통일성을 복원하려는 전체주의적 시도도 아니다(Laclau and Mouffe, 1990: 221~227). 이처럼 다원성·자율성·등가성의 민주주의 논리는 그 자체로 헤게모니 기획을 가져다주는 것은 아니다.

> 어떤 헤게모니 기획도 전적으로 민주주의 논리에만 기반할 수는 없으며, 오히려 사회적인 것의 실정적 조직화를 위한 일련의 제안으로 구성되어야만 한다. 종속 집단의 요구가 사회의 특정 영역의 재구성을 위한 생생한 기획에 전혀 연결되지 않은 채 순전히 어떤 질서에 전복적인 부정적 요구로 제시된다면, 이 요구가 헤게모니적으로 작동할 수 있는 능력은 처음부터 배제될 것이다.…… 헤게모니의 상황은 그 안에서 사회적인 것의 실정성의 관리와 다양한 민주주의적 요구의 접합이 최대의 통합을 이루게 되는 상황일 것이다(Laclau and Mouffe, 1990: 228~229).

라클라우와 무페는 시민사회가 다원적인 적대가 공존하는 공간이며 여기서 적대가 하나의 분리선을 따라 중심화될 때 헤게모니가 형성될 수 있다고 보면서, 좌파 헤게모니는 민주주의적·등가적 접합을 통해 가능하다고 주장한다. 이것은 다원적 적대 속에서 종속 집단이 서로 등가적이고 수평적인 연대를 형성하는 것을 의미한다. 그런데 현실 속에서 등가적·민주주의적 연쇄를 형성하는 것이 어떻게 가능한가 하는 문제는 여전히 남아 있다. 그들의 용어로 말하자면, 민주주의의 논리가 실정적 조직화로 나아갈 때 지배 집단에 대해서 민주주의를 요구하는 문제와 더불어 종속 집단 내부의 위계성이라는 문제가 발생할 수 있는 것이다.

이에 대해서 조희연과 장훈교는 "계급 환원주의적 입장에서 주체의 위계성을 선험적으로 설정하지 않으면서도, 역사적 시공간에서 주체 간의 특정한 역사적 관계 자체에서 여러 적대의 중요성의 차이를 인정할 수 있다"고 지적하면서, "'주체 간의 상호 관계의 역사적 특수성'에 대한 고민이 필요하다"(조희연·장훈교, 2009: 71 주3)고 말한다. 확실히 라클라우와 무페는 주체의 정체성의 비고정성과 부단한 재구성 과정에 주목하면서 종속 집단 간의 등가적·헤게모니적 접합을 강조하고 있지만, 종속 집단 내부에 존재하는 위계성의 문제를 어떻게 해결할 것인지에 대해서는 분명히 말하지 않고 있다. 이런 점에서 주체 간의 위계성, 적대 간의 중요성 차이 문제는 해명이 필요하다.[4]

그런데 여기서 주체 또는 적대 간의 우선성이나 중요성의 차이를 인정한다는 것이 적대 관계를 형성하는 쟁점이나 문제 사이의 현실적 연관 또는 인과적 연쇄에서 실질적 영향력의 위계를 설정하는 것을 의미하는 것인지 아니면 가치의 위계를 설정하는 것을 의미하는 것인지를 분명히 구별할 필요가 있다. 전자가 사회적·정치적 실정성의 문제라고 한다면, 후자는 규범적 판단의 문제이다.

예를 들어 계급적 불평등으로 환원할 수 없는 현대 사회의 다양한 불평등과 차별은, 지배 - 피지배 관계를 훨씬 복잡하게 만들뿐더러 지배 이데올로기의 성격을 훨씬 더 모호하게 만들 수 있다. 환경문제와 환경 불평등에 대한 저항은 계급적 지배세력(자본가 계급)과 환경적 지배세력(개발주의 세력)의 유착을 낳고, 양성차별에 대한 저항은 계급적 지배세력과 성적 지배세력(남성)의 유착을 낳음으로써 저항의 목표를 분산시키는 경향이 있다. 이러한 상황에서 민주주의적 헤게모니는 단순히 규범적 등가성의 추구로 환원시킬 수는

---

4) 라클라우는 최근 저작(Laclau, 2005)에서 포퓰리즘에 대해 논의하면서 탈구와 이질성 개념을 통해 현실적인 정치 과정에서 적대의 경계와 등가적 연쇄의 형성이 항상 불안정하며 새로운 등가적 연쇄의 등장으로 변형될 수 있다는 점을 강조하고 있다.

없는 현실적인 우선성 또는 영향력의 차이를 인정하는 데에서 출발할 필요가 있다. 자본주의적 계급불평등과 성차별은 현실적으로 연관되어 있는데 성차별이 자본주의적 계급불평등을 강화하기보다는 자본주의가 성차별을 강화하는 경향이 더 강하다면 자본주의를 더 우선적인 문제로 규정할 수 있을 것이다. 그리고 노동자계급이 여성 집단보다 현실적인 조직적 힘을 더 많이 가지고 있다면 헤게모니 투쟁에서 노동자계급 주체의 현실정치적 중심성을 인정할 수 있을 것이다. 물론 이것은 규범적으로 어떤 쟁점이나 적대가 다른 것보다 더 우선적이고 중요하다고 판단하는 것을 의미하는 것은 아니다.

　라클라우와 무페 역시 민주주의 논리와 헤게모니 기획 간에 존재하는 일정한 딜레마를 인식하고 있는데, 이것은 민주주의의 규범 논리와 헤게모니의 현실정치 논리 간의 딜레마라고 할 수 있다. 민주주의적 헤게모니는 다수의 동의를 이끌어내야 한다는 점에서 연대를 추구하지 않을 수 없다. 그런데 연대의 원리는 적대와 경계의 다원성으로 인해 종속 집단 사이의 현실정치적 우선성 및 중심성의 문제나 규범적 등가성의 문제로부터 자유로울 수 없다. 그런데 현실정치의 논리에서 현실적으로 존재하는 우선성 또는 영향력의 차이를 받아들인다면, 등가적 헤게모니적 접합은 이러한 우선성 또는 영향력의 차이를 이용해 규범적 등가성을 실현하는 민주주의적 실천으로 나아갈 수 있다. 비록 등가적 연대의 내부에서 차이의 억압과 이로 인한 균열의 가능성이 존재한다고 하더라도, 민주주의적 헤게모니의 실천을 통해 규범적 등가성의 원리와 현실적 우선성 및 중심성의 원리를 통합시킬 가능성도 충분히 존재한다고 할 수 있다.

　민주주의가 급진적일 수 있는 것은 다원성과 등가성을 인정하기 때문이며, 민주주의의 평등주의적 상상력을 보다 확대하려고 하기 때문이다. 따라서 민주주의적 헤게모니 정치는 특수성을 보편화하려는 과정을 내포하게 된다. 그렇지만 "보편성은 오직 모종의 특수성 속에 체현됨으로써만 그리고 그 특수성을 전복함으로써만 존재하며, 역으로 어떤 특수성도 보편화 효과의 장소가 되지 않고서는 정치적일 수 없다"(버틀러·라클라우·지젝, 2009: 88~89).
이런 점에서 급진적 민주주의 기획은 보편성과 특수성의 상호 침투, 민주주의
의 규범 논리와 헤게모니의 현실 논리의 결합이 이루어지는 구체적·경험적
과정 속에서 해명될 것을 요구한다고 할 수 있다. 그리고 나아가 민주주의적
이고 등가적인 헤게모니적 접합의 가능성과 그 형태를 사고하기 위해서는
이것이 기반을 둔 다양한 적대의 현실적·물질적 근거와 존재양식을 고려하지
않으면 안 될 것이다.

참고문헌

과르니에리, 카를로. 2008. 「법의 지배는 어떻게 유지될 수 있는가?」. 쉐보르스키,
       아담 외. 『민주주의와 법의 지배』. 안규남 외 옮김. 후마니타스.
그람시, 안토니오. 1988. 『옥중수고 I』. 이상훈 옮김. 거름.
라클라우, 에르네스토. 샹탈 무페. 1990. 『사회변혁과 헤게모니』. 김성기 외 옮김.
       터.
무페, 샹탈. 2006. 『민주주의의 역설』. 이행 옮김. 인간사랑.
_____. 2007. 『정치적인 것의 귀환』. 이보경 옮김. 후마니타스.
박영도. 1994. 「마르크스주의의 약한 부활과 의사소통 합리성」. ≪경제와사회≫,
       제24호.
_____. 2003. 「의사소통 이성과 그 불만」. ≪경제와사회≫, 제59호.
_____. 2006. 「표기와 무기」. ≪경제와사회≫, 제72호.
버틀러, 주디스. 에르네스토 라클라우. 슬라보예 지젝. 2009. 『우연성, 헤게모니,
       보편성』. 박대진·박미선 옮김. 도서출판 b.
알튀세르, 루이. 1992. 『마침내 마르크스주의의 위기가』. 김경민 옮김. 백의.
오현철. 2006. 「토의민주주의 이론의 쟁점」. ≪한국정치학회보≫, 제40집 제5호.
이승원. 2008. 「민주주의와 헤게모니: 현대 민주주의의 특징에 관한 이론적 재검토」.
       ≪비교민주주의연구≫, 제4집 1호.

정태석. 1991. 「알뛰세의 유물변증법과 사회구성체론에 관한 연구」. 한국 사회사연구회 편. 『사회사 연구와 사회이론』. 문학과지성사.

_____. 1993. 「포스트마르크스주의 인식론 비판」. 문화와사회연구회 편. 『현대와 탈현대』. 사회문화연구소.

_____. 2000. 「시민사회와 NGO」. 김동춘 외. 『NGO란 무엇인가』. 아르케.

_____. 2007. 『시민사회의 다원적 적대들과 민주주의』. 후마니타스.

_____. 2009. 「광우병 반대 촛불집회에서 사회구조적 변화 읽기: 불안의 연대, 위험사회, 시장의 정치」. ≪경제와사회≫, 제81호.

조희연·장훈교. 2009. 「'민주주의의 외부'와 급진민주주의 전략」. ≪경제와사회≫, 제82호.

조희연·정태석. 2001. 「한국 민주주의 변동에 대한 이론적 이해와 분석틀」. 조희연 편. 『한국 민주주의와 사회운동의 동학』. 나눔의 집.

하버마스, 위르겐. 2000. 『사실성과 타당성』. 한상진·박영도 옮김. 나남출판.

헬드, 데비드. 1988. 『민주주의의 모델』. 이정식 옮김. 인간사랑.

Althusser, L. 1971. *Lenin and Philosophy*. NLB.

Habermas, J. 1987. The Theory of Communicative Action II. trans. by T. McCathy. Boston: Beacon Press.

Kapoor, Iian. 2002. "Diliberative Democracy or Agonistic Pluralism? The Relevance of the Habermas-Mouffe Debate for Third World Politics." *Alternatives*, 27.

Laclau, E. 1990. *New Reflections on The Revolution of Our Time*. Verso.

_____. 2005. *On Populist Reason*. Verso.

비판적 실재론과 비판적 사회이론

사회주의, 여성주의, 생태주의의 분열을 넘어서

서영표
성공회대 민주주의연구소 연구교수

1. 머리말

1972년부터 발간되기 시작한 저널 ≪급진 철학(Radical Philosophy)≫의 모토는 '사회주의, 여성주의, 생태주의를 위한' 학술지였다. 1979년 세 명의 사회주의적 여성주의자(린 시걸, 셰일라 로보덤, 힐러리 웨인라이트)가 출판한 책의 제목은 '분열을 넘어서(Beyond the Fragments)'였다. 그들은 여성주의가 제기한 더 급진적인 민주주의를 사회주의와 접목하려 했다. 13년 뒤 생태여성주의자이자 사회주의자인 메리 멜러가 저술한 책 제목은 '경계 부수기(Breaking the Boundaries)', 부제는 '여성주의적인 녹색 사회주의를 향하여(Towards Feminist Green Socialism)'였다.

≪급진 철학≫에 관여했던 많은 사람들과 힐러리 웨인라이트, 메리 멜러는 신좌파적 에토스를 공유하고 있었다. 기존의 정통 마르크스주의적 패러다임을 비판적으로 극복하는 것, 하지만 소위 탈현대적 상대주의로부터 거리를

두는 것이 그들의 목표였다. 문제는 어떤 방식으로 무엇을 근거로 사회주의·생태주의·여성주의 사이의 동맹을 구축할 수 있는가였다.

현실에서 여성주의는 생태주의에 적대적이다. 자연의 내재적 가치를 주장하는 본질주의가 기존의 가부장적 이데올로기를 지탱하고 있는 생물학적 환원론에 적대적인 여성주의자와 친화적일 수는 없었다. 생태주의는 자연적 한계를 고려하지 않은 채 발전주의에 공모했다는 이유로 마르크스주의적 사회주의를 공격했다. 여성주의자는 여성을 노동자계급이라는 이미 확정된 범주의 하위 범주로 간주함으로써 여성이 가지고 있는 필요와 욕구를 무시했다는 이유로 마르크스주의적 사회주의를 공격했다. 역으로 마르크스주의는 노동자계급의 빈곤과 착취를 무시하며 계급투쟁을 교란한다는 이유로 생태주의자를 역비판했다.

과연 이들 사이에 동맹을 건설할 수 있는 이론적·물질적 가능성을 찾아내는 게 가능한 기획이었을까? 현재의 시점에서조차 가능한 이론적 기획일까? 이 글에서 필자가 의도하는 것은 이렇듯 어려운 과제와 비판적 실재론이라는 철학적 입장을 관련시키는 것이다. 그러나 비판적 실재론의 복잡한 이론에 대한 세부적인 설명과 논쟁에 주목하기보다는 그것이 생태·여성·노동을 아우를 수 있는 새로운 비판적 사회이론 구성을 위한 이론적 '자원'을 제공하고 있는 측면에 초점을 맞추겠다.[1]

---

1) 사회주의·여성주의·생태주의 사이의 생산적인 토론에 대해서는 Red-Green Study Group(1995) 참조. 이들 사이의 논쟁을 요약적으로 보여주는 논문 모음은 Benton (1996) 참조.

2. 비판적 실재론과 마르크스주의

이 글은 앞에서 언급한 이론가들이 시도했던 비판이론의 새로운 패러다임, 그 안에 사회주의적 자본주의 비판을 보존하면서도 여성주의와 생태주의를 포괄할 수 있는 거의 불가능해 보이는 이론적 기획에 대한 '이론적' 성찰이다. 한 가지 주목할 것은 저널 ≪급진 철학≫이 주로 이론적 실재론자(theoretical realism)로 분류되는 이론가들에 의해 주도되었으며, 힐러리 웨인라이트와 메리 멜러도 같은 이론적 진영에 속한다는 것이다.[2]

비판적 실재론이 반드시 사회주의적 비판이론과 일치하는 것은 아니지만 선택적 친화력을 가지는 것은 사실이다. 비판적 실재론이라는 말을 만들었던 철학자 로이 바스카(Roy Bhaskar)[3]는 사회주의협회(Socialist Society)가 개최한 토론회의 결과로 출간된 작은 팸플릿에서 비판적 실재론이 사회주의에게 주는 몇 가지 함의를 정리하고 있다. 첫째, 정통 마르크스주의자가 생각했던 것처럼 사회주의 이론은 사회 발전의 방향을 법칙에 따라 예측할 수 없다. 사회는 개방되어 있기 때문에, 즉 실험이 가능하도록 통제할 수 없기 때문에 복합적으로 작용하는 다중 기제를 통제할 수 없다. 이러한 조건에서 이론은 오직 설명할 수 있으며(예측할 수 없으며), 법칙이 아닌 경향만을 밝혀낼 수

---

2) Wainwright(1994); Mellor(1997) 참고.

3) 비판적 실재론은 비판적 자연주의(critical naturalism)와 초월적 실재론(transcendental realism)의 합성어로 로이 바스카에 의해 제창되었다. 비판적 실재론이 공식화되기 이전에는 주로 심층 실재론 또는 이론적 실재론이라는 개념을 사용했다(이론적 실재론이라는 말은 현실주의와 구분하기 위해서였던 것 같다. 똑 같이 realism으로 표기되지만 내용에 있어서는 사뭇 다르다). 비록 바스카가 이론적 실재론을 체계화하고 공식화했다고 해도 이론적 실재론의 발전이 모두 바스카 덕분이라고 말할 수는 없다. 그의 책 *A Realist Theory of Science*가 출판되던 해인 1975년 이미 존 어리와 러셀 키트가 *Social Theory as Science*를 출간했다. 테드 벤턴도 1977년 로이 바스카와의 작업과는 별개로 *Philosophical Foundations of Three Sociologies*를 출판했다.

있을 뿐이다(Bhaskar et al, 1991: 10~11). 이러한 입장은 영국의 좌파 경제학자 팻 드바인(Pat Devine)에 의해서도 받아들여진다(Devine, 2008). 그는 마르크스주의 재구성에서 가장 중요한 것은,[4] 자본주의가 스스로를 파괴하는 경향을 억제하고 중화할 수 있는 힘을 가지고 있음(붕괴론과 기계적 결정론에 대한 반대)을 인정해야 하는 것이라고 지적한다. 즉, 자본주의의 동학을 분석하고 경향을 제시할 수 있지만 그것이 곧바로 사회주의 정치학을 대체할 수 없다는 것이다. 따라서 자본주의는 적대에 의해 서로 대립하는 계급의식과 계급 조직을 자동적으로 창출하지 않으며 자본주의적 체제 내에서의 투쟁은 헤게모니 투쟁(정치적 투쟁)일 수밖에 없다. 당연히 자본주의는 사회주의·공산주의 사회의 물질적 조건을 창출하지 않기 때문에 사회주의를 향한 투쟁은 자기규제적인 사회에 경제(시장)를 종속시키는 '정치적 기획'일 수밖에 없다. 비판적 실재론은 이러한 문제의식을 깊은 구조를 가지는 복합적 기제로서의 사회로 이론화했다.

비판적 실재론이 제기하는 또 하나의 쟁점은 가치의 문제이다. 사회이론은 가치중립적일 수 없는데 왜냐하면 사회이론은 항상 현실에 대한 개입일 수밖에 없으며 언제나 가치와 행위를 수반할 수밖에 없기 때문이다. 이러한 견해는 지배적인 과학 패러다임인 실증주의·경험주의를 비판하는 동시에 마르크스주의조차도 자유롭지 못했던 과학주의를 비판하려는 것이다 (Bhaskar, et al., 1991: 11). 정치와 마찬가지로 이론도 이데올로기 투쟁으로부터 면제될 수 없다는 것이다. 비판적 실재론은 이렇듯 가치 관련적일 수밖에 없는 사회이론 또는 정치 전략의 문제를 인식론적 상대주의 개념을 통해 설명하려고 했다. 뒤에서 자세히 논의하겠지만 여기서 지식의 자동적 차원과

---

4) 드바인의 주장은 마이클 부라보이의 사회학적 마르크스주의(sociological Marxism)에 근거하고 있다(Burawoy, 2003). 부라보이는 그람시와 폴라니의 이론적 자원을 통해 마르크스주의를 완성된 사회주의의 청사진이 아니라 열린 정치적 기획으로 재규정 하려 한다.

타동적 차원의 구분이 중요하다.

마지막으로 비판적 실재론은 사회민주주의적 개량주의에 반대하는 새로운 근거를 제시한다. 사회주의적 해방은 겉으로 드러난 상태를 개량하는 것이 아니라 문제를 발생시키는 구조를 변혁하는 것에 달려 있기 때문이다. 그런데 현실을 비판하는 근거를 정통 마르크스주의와는 다른 곳에서 찾는다. 현실에서 경험하고 있는 억압과 착취, 그리고 불만이 어떻게 정치적 행위로 연결될 수 있는가라는 어려운 질문을 다시 제기한다. 우리가 자본주의 사회가 발생시키는 허위의식을 비판하는 마르크스주의 정치경제학을 수용한다면, 곧바로 자본주의 체제에 대한 부정적 평가로 나갈 수 있으며 그것을 변화시키는 행위를 긍정적으로 평가하게 될 것이라고 말할 수 있다. 그러나 자본주의 체제에 대한 이러한 비판이 곧바로 대중적인 집합행동으로 드러나는 것은 아니다. 다양한 이데올로기가 체제에 대한 과학적 비판과 대중적 집합행동 사이에 가로놓여 있기 때문이다.[5]

이러한 간극은 과학적 법칙의 설명이나 미리 주어진 혁명적 주체에 의해서 해결될 수 있는 문제가 아니다. 비판적 실재론은 바로 이 지점에서 자본주의가 인간의 필요와 열망을 충족하는 것에서 지속적으로 실패한다는 사실을 지적한다(Bhaskar, et al., 1991: 11). 자본주의적 착취와 억압은 추상적인 법칙으로 파악될 수 없고 충족되지 않는 다양한 필요와 욕구를 매개로 해서만 다양한 사회집단에 의해 인지될 수 있다. 이로부터 실재론이 도출하는 중요한 실천적 방향은 충족되지 않는 필요와 욕구를 경험하는 집단적 주체를 생각하는 것이다. 행위자는 역사적으로·문화적으로 특정한 조건 속에서 자신의 개인성을 획득하게 된다. 이것을 집단적 정체성이라고 부를 수 있을 것이다. 앞에서 말한 충족되지 않는 욕구·열망·필요는 곧 이러한 집단적 정체성을

---

5) 뒤에서 언급하겠지만 비판적 실재론자들 사이에는 과학과 이데올로기 사이의 관계를 설명하는 것과 관련한 차이가 존재한다.

매개로 경험된다. 사회주의자의 역할은 이렇게 집단적으로 경험되는 충족되지 않는 욕구·열망·필요를 통해 형성되는 사람들의 불만과 저항, 그리고 그 속에서 발생하는 대안적 삶의 가능성을 끌어내고 발전시키는 것이다. 그래서 비판적 실재론자는 행위자의 역량 강화가 중요하다고 주장한다. 그리고 이것은 곧 불만을 지속적으로 발생시킬 수밖에 없는 체제에 대한 비판으로 연결되어야 한다(Bhaskar, et al., 1991: 13).

지금부터는 앞에서 어렴풋이 제시된 사회주의 이론의 재구성에 비판적 실재론이 기여하고 있는 것을 조금 더 자세하게 살펴보도록 하겠다. 즉, 비판적 실재론이 제시하고 있는 핵심적 개념이 가지고 있는 정치적 의미를 다루도록 하겠다.

3. 사회과학 방법론으로서의 비판적 실재론

사회과학 방법론으로서의 비판적 실재론을 설명하는 것은 간단한 문제가 아니다. 여기서는 간략하게 쟁점을 소개하고 비판적 실재론을 그것과 대별되는 이론적 입장과 비교하는 것에 만족하겠다.

일단 비판적 실재론이라는 개념 자체가 담고 있는 의미를 살펴볼 필요가 있다. 앞서 말했듯이, 비판적 실재론은 비판적 자연주의(critical naturalism)와 초월적 실재론(transcendental realism)의 줄임말이다. 그렇다면 자연주의란 무엇인가? 왜 우리는 그것에 비판적이면서 동시에 자연주의를 수용해야 하는가?

자연주의란 자연과 인간사회를 연구하는 방법이 같아야 한다는 주장이다. 이런 의미에서 실증주의 과학관을 자연주의적이라고 부를 수 있다. 근대 과학혁명을 목격하면서 콩트는 사회에 관한 학문, 즉 사회학이 자연과학이 이미 성취한 것을 추구해야 한다고 생각했다. 관찰과 비교를 통해 법칙을 찾아내고 예측하는 것이 과학의 임무이다. 우리는 19세기에 이미 이에 대한 강력한 비판이 제기되었음을 알고 있다. 통상 신칸트주의자로 분류되는 일군의 학자가 자연과학과 사회과학의 방법론은 달라야 함을 주장했다. 신칸트주의자 중 하나인 막스 베버는 사회는 인간 사이의 관계로 구성되어 있고, 인간사회를 연구하는 데 가장 중요한 것은 사회적 행위의 의미라고 말했다. 경험적인 감각자료만으로 사회적 행위의 의미를 이해하는 것은 불가능했다. 그래서 베버가 제시하는 것이 '이해'이며 '해석'이다.

이후의 논쟁에서 중요한 것은 아마도 프랑크푸르트학파에 속했던 이론가들, 특히 테오도어 아도르노(Theodore Adorno)와 위르겐 하버마스(Jürgen Habermas)의 실증주의 비판 ── 물론 막스 호르크하이머(Max Horkheimer)와 허버트 마르쿠제(Herbert Marcuse)도 실증주의를 비판했다 ── 일 것이다. 그들이 실증주의를 비판했던 것은 현상 이면에 존재하는 이성의 잠재적 힘, 또는 해방과 자유를 향한 이성의 변증법적 운동을 경험적인 연구로는 밝혀낼 수 없다는 것에 있었다. 그들이 원했던 것은 이데올로기 비판이며 잠재되어 있는 또는 왜곡되어 있는 이성을 해방시키는 것이었다(이에 대해서는 Benton and Craib, 2001 참조).

20세기 중반까지 위의 두 입장은 평행선을 달렸다. 타협의 여지는 없었다. 인간사회의 특수성을 보지 못하는, 그래서 현상적 사실에만 집착하는 이론적 보수주의, 그리고 과학적이지 못한, 즉 경험적으로 증명할 수 없는 이념만을 추구하는 관념론이라는 상호 비판만 존재했다. 이러한 논쟁의 지형에 충격을 가한 사건은 1962년 출간된 토마스 쿤의 『과학혁명의 구조』(Kuhn, 1962)였다. 쿤은 철학자도 사회과학자도 아니었다. 하지만 쿤의 저작만큼 20세기 사회과학계에 충격을 가한 저작은 드물다. 어쨌든 쿤의 과학적 패러다임은 실증주의자가 생각하는 것처럼 초역사적인 방법론이 아님을 주장했다. 정상과학(normal science)이라고 부르는 인식틀과 분석방법은 과학자 공동체의 합의에 의해 구성되는 것일 뿐이다. 프톨레마이오스적 패러다임, 코페르니쿠스적인 패러다임, 뉴턴적 패러다임, 아인슈타인적 패러다임 등등. 과학적 패러다임이 정상과학으로 인정되는 시기에 그것은 안정적이다. 그러나 하나의 패러다임이 설명하지 못하는 현상이 누적되면 정상과학은 '정상성'을 의심받을 수밖에 없다. 이것이 정상과학의 위기이며 곧 과학혁명(scientific revolution), 즉 지배적 패러다임의 교체로 귀결된다. 이러한 쿤의 입장은 자연주의와 인간과학의 특수성을 주장하는 양 진영에 충격을 가했다. 사실 인간과학의 특수성을 주장하는 이들도 자연과학의 영역에서 실증주의·경험주의가 가지는 '정상성'을 의심하지 않았기 때문이다.

쿤의 이러한 비판은 파울 파이어아벤트(Paul Feyerabend)에 의해서 더욱 급진화된다. 이러한 이론적 입장을 보통 협약주의(conventionalism)라고 부른다 (Keat and Urry, 1982). 쿤과 파이어아벤트의 입장과 직간접적으로 관련을 갖는 논쟁은 '합리성'과 '상대성'에 관한 논쟁이다. 피터 윈치(Peter Winch)와 스티븐 룩스(Steven Lukes)가 개입했던 논쟁에서 중요한 쟁점은 서로 다른 사회와 문화에서 다르게 정의되는 합리성을 어떻게 이해할 것인가였다(Hollis and Lukes, 1982). 이러한 논쟁은 또 하나의 이론적 급진화를 경험하게 되는데 그것은 탈구조주의의 도전이다. 보편성을 주장하는 모든 이론은 권위주의적일 수밖에 없다는 비판에 직면하게 된다. 탈구조주의적 비판은 이론적 권위, 계급, 인종, 성 등등에 기초한 이론적 독단론을 철저하게 비판하기 시작했다.

비판적 자연주의는 바로 이러한 이론적 맥락에서 등장한다. 우선 지배적 자연주의, 즉 실증주의·경험주의적인 자연주의에 대해서 비판적이다. 여기까지는 쿤, 파이어아벤트, 탈구조주의자는 동맹관계에 있다. 하지만 '비판적'임에도 자연주의, 즉 자연과 사회를 탐구하는 방법론은 다르지 않을 수 있다는 입장은 지키려 한다. 어떻게 이것이 가능한가? 바스카와 그 동료들은 실증주의·경험주의의 방법론이 자연과학을 연구하는 데에도 적절하지 않다고 주장한다. 자연은 다양한 기제가 서로 중층적으로 작용하고 하나의 기제가 다른 기제의 발현을 억제하거나 왜곡할 수 있기 때문에 표층적 수준에서 얻어진 경험적 자료로 자연현상을 설명할 수 없다는 것이다. 그렇기 때문에 자연은 경험적 수준을 넘어서, 현상적·실재적 수준으로 층화된 자연적 실재로 분석되어야 한다는 것이다. 질문은 명확하다. 경험적 수준에서 얻어지거나 현상적 수준에서 확인된 사건이 발생하려면 어떤 기제가 있어야 하는가이다. 이 같은 방법은 자연과학뿐만 아니라 사회과학에도 적용될 수 있다. 물론 주의할 필요가 있다. 자연과학은 특정한 기제를 찾아내기 위해 다른 기제를 통제할 수 있지만(실험실에서의 통제), 인간사회에서는 그것이 불가능하다. 바스카가 지적하고 있듯이, 인간사회는 자연과 달리 개념 의존적이고 행위 의존적이며, 그래서 자연과 비교하면 상대적으로만 지속되는 구조이다 (Bhaskar, 1975; 1979).

요약하면 이렇다. 이론적 실재론자는 지배적인 자연주의에 대해서 '비판적'이다. 하지만 그들이 제시하는 심층실재론적인 방법을 통해 자연주의를 방어하려 한다. 그래서 붙여진 이름이 비판적 자연주의이다.[6]

---

6) 자연주의에 관해 비판적 실재론자 사이에 미묘한 차이점이 드러난다. 이 차이는 두 가지 논쟁을 통해 확인된다. 하나는 바스카가 자연과 대별되는 사회의 특수성을 너무 강조한 나머지 자신이 내세운 자연주의를 스스로 포기하고 있다는 비판이다. 테드 벤턴(Benton, 1981a)에 의해서 제기되었다. 이것은 단순히 방법론적 통일성에 관한 문제가 아니라 사회를 어떻게 분석할 것인가의 문제와 결부되어 있다. 자연주의의 원칙을 너무 많이 양보하다보면 기든스가 주장하는 구조의 이중성 이론으로 경도되면서 사회를 상대적으로 지속적인 구조로 분석하는 것이 어려워진다는 것이다. 이러한 비판을 적극적으로 개진한 사람이 마가렛 아처(Archer, 1995)이다. 그녀는 구조의 이중성과 구조화 이론을 비판하면서 구조와 행위의 방법론적 분리(analytical dualism)를 주장한다. 뒤에서 다시 논의하겠다. 다른 하나의 논쟁은 케이트 소퍼(2000)와 테드 벤턴(2001) 사이의 논쟁으로 생태마르크스주의와 비판적 실재론의 결합과 관련된 논쟁이다. 벤턴의 입장은 인간사회가 출현적 속성을 가지지만 근본적으로 자연적 한계 안에 존재한다는 것이다. 이러한 인식을 바탕으로 벤턴은 동물과 인간의 연속성을 주장한다. 이것이 그가 주장하는 반환원론적 자연주의이다. 이에 반해 소퍼는 자연적 한계조차도 인간사회를 통하지 않고는 인식될 수 없다고 주장한다. 벤턴의 입장은 본질환원론의 위험에 노출되어 있으며 인간의 능동적 개입 여지를 줄일 수 있다고 비판한다. 이론적 전통으로 보아 벤턴은 알튀세르주의적인 마르크스주의로부

우리는 이미 비판적 자연주의를 통해 초월적 실재론이 무엇인지 어렴풋이나마 짐작할 수 있었다. 자연과 사회 모두 심층적인 구조를 가진다는 것이 바로 그것이다. 여기서 중요한 점은 자연적 구조이든 사회적 구조이든 그것은 우리의 인식과 해석으로부터 독립적이라는 것이다. 이것은 사회가 행위 의존적이고 개념 의존적이라는 사실을 인정한 후에도 그렇다. 뒤르켐이 주장했던 사회적 실재, 사회적 사실의 외재성과 구속성을 생각해보라. 뒤르켐은 개인 행위자가 돈을 빌리고 갚기 위해서는 그 행위자와는 독립적으로 존재하는 화폐와 신용제도가 있어야 함을 지적했다. 초월적 실재론자가 주장하는 것은 바로 이 점이다.[7]

초월적이란 수식어는 오해를 불러올 수 있다. 칸트의 초월적 관념론이 연상되기 때문이다. 바스카는 정확히 칸트와 자신을 비교하기 위해 이 수식어를 선택한 것 같다. 현상(phonomenon)을 넘어선 영역의 세계는 인간의 오성으로는 인식될 수 없으며 인과적으로 설명될 수 없다. 그것은 오직 도덕의 영역이며 이성의 영역이다. 이와 반대로 바스카가 의도한 것은 초월적이라는 수식어를 통해 인식으로부터 독립적으로 존재하는 실재를 강조하지만 '실재'라는 개념을 통해 그것을 인식지평으로 되돌려놓는다. 실재는 초월적이지만 언제나 인식과 해석의 대상이며, 그 인식과 해석은 실재에 반작용함으로써 그것을 변화시킨다.

터 출발했으며 소퍼는 사르트르에 기초한 실존주의적 마르크스주의로부터 자신의 지적 이력을 시작했다는 것을 고려할 필요가 있다(Benton, 1991; Soper, 1995, Dickens, 1992; 2004).

7) 벤턴은 그의 책에서 뒤르켐의 방법론을 분석하면서 그의 존재론적 실재론과 인식론적 경험주의가 내적 긴장을 발생시킨다고 말한다(Benton. 1977).

4. 지식의 자동적 차원과 타동적 차원

그다음으로 설명되어야 할 것은 바스카가 제시하는 존재론적 실재론 (ontological realism), 인식론적 상대주의(epistemological relativism)의 구분이다. 존재론적 실재론은 충분히 설명이 되었을 것이며 뒤에서 다시 다룰 것이다. 문제는 인식론적 상대주의이다. 실재론을 말하면서 상대주의라니?

막스 베버의 방법론적 입장을 참고할 필요가 있다. 베버는 분명 인식론적 상대주의자였다. 사회는 너무 복잡해서 사회과학자가 연구주제를 선택할 때 가치가 관련될 수밖에 없다고 주장했다. 그리고 그에게는 복합적 구조 자체를 이론적으로 설명하는 것은 성취될 수 없는 과도한 욕심이었다. 비판적 실재론은 베버의 상대주의적 태도를 수용하면서 그것을 베버적인 방법론적 개인주의로부터 분리시킨다. 굳이 말하면 마르크스주의적 실재론을 베버적 인 인식론과 결합했다고 할까? 물론 존재론과 인식론이 분리될 수 없다는 것을 전제로 한다면 비판적 실재론의 분석방법은 베버보다는 마르크스에 가깝다. 하지만 독단론적인 이론 구성이 아니라 실재에 대한 다양한 해석과 그것 사이의 합리적 토론을 주장하는 것은 베버적인 요소라고 할 수 있다.

존재론적 실재론과 인식론적 상대주의가 공존할 수 있음을 이론적으로 보여주기 위해서는 바스카가 제시하는 자동적 차원(intransitive dimension)과 타동적 차원(transitive dimension)의 구별을 이해해야 한다.

바스카는 지식과 독립적인 현실 대상이 존재하지만 인지적 개념화8) 없이 는 현실 대상이 인식될 수 없음을 주장하기 위해 타동적·자동적 차원의 개념을 활용한다(Bhaskar, 1997; 1998). 자동적 대상은 지식·담론과는 독립적으로 실재하는 대상의 차원을 지칭하며 타동적 대상은 그것에 대한 지식의

---

8) 푸코와 라클라우·무페의 경우라면 담화구성체가 타동적 대상일 텐데, 그들에게 자동 적 대상은 고려대상이 아니다(Laclau and Mouffe, 2001).

차원을 말한다. 비판적 실재론의 관점에서 보면 자동적 차원은 현실의 사건들을 생산하는 다중적 기제를 의미한다. 그런데 경험적으로 드러나는 사건, 즉, 현실의 사건 사이의 관계는 과학적 법칙으로 간주되어서는 안 되는데, 왜냐하면 그것은 다중적 기제라는 심층 구조에 의해 결정되기 때문이다. 경험론 또는 실증주의의 오류는 다중 기제의 심층 구조를 과학의 대상으로 삼지 않고 겉으로 드러나는 현상 간의 관계를 과학적 법칙으로 정립하려는 데 있다. 교환관계라는 현상적 수준에서 보면 임금·이윤·비용이라는 3요소설이 설득력이 있지만, 생산이라는 심층적 구조 수준에서 보면 그것은 잉여가치의 착취 과정일 뿐이라는 마르크스주의 설명을 참고할 수 있다.[9]

비판적 실재론은 여기서 한 발 더 나아간다. 과학적 실천은 다중적 기제로부터 심층적인 과학적 법칙을 밝혀내야 한다고 주장한다. 그러나 이런 심층적 구조·기제는 인간의 인지적 실천, 말하자면 사회적 실천으로서 과학적 실천에 의해 생산되고 변용된 매개적 개념화—과학의 타동적 차원— 없이는 밝혀질 수 없다. 역으로 타동적 차원 내에서 과학적 실천은 그것이 분석대상으로 하는 자동적 대상이 없다면 불가능하다. 즉, 과학적 실천은 이론적 일관성, 사용된 모델의 개연성 등의 과학적 기준을 통해 현실 대상에 관한 지식을 끊임없이 심화시키는 것으로서 이해될 수 있다. 이런 의미에서 과학적 실천의

---

9) 아주 간단한 예로 모든 물체는 중력 작용에 의해 낙하해야만 하지만(중력장이라는 기제에 내재해 있는 법칙이다) 제트엔진을 장착한 비행기는 중력 작용의 적용을 받지 않는 것처럼 보이는 현상에 대해서 생각해보자. 이제 막 사물의 원리를 깨닫고 있는 어린아이에게 날아가는 비행기를 관찰한 경험은 모든 물체는 날아다닐 수 있다는 '경험적' 지식으로 습득될 것이다. 그러나 중력 작용(기제1)은 동력 작용(기제2)과 중첩되면서 드러나지 않을 수 있다는 실재론적인 전제를 알게 되면 각각의 기제를 통제했을 때 드러나게 되는 법칙을 이해할 수 있을 것이다. 동력 작용을 제거하면 중력 작용이 드러나게 된다. 엔진이 꺼지면 비행기는 추락할 수밖에 없다. 현실의 다중 기제는 이런 간단한 예보다 훨씬 복잡하다. 기상 현상의 복잡함과 예측의 어려움이 좋은 예라고 할 수 있다. 사회현상은 더욱 그러하다.

목적은 다중적 기제의 경향을 발견하는 것이다. 2절에서 지적한 것처럼, 자본주의적 모순은 마르크스주의에 의해 그 법칙이 단번에 해석되지 않는다. 오직 모순의 경향적 법칙을 밝혀낼 수 있을 뿐이다. 독단론으로부터 자유로운 마르크스주의적 담론은 보다 실천적이고 개방적인 논쟁을 통해 포괄적인 사회비판이론으로 전화될 수 있지 않겠는가? 자본주의적 모순에 대한 서로 다른 해석과 입장이 생산적인 토론을 통해 (비록 잠정적일지라도) 일정한 합의에 이르는 과정은 자본주의적 질서를 극복하는 대항 헤게모니 전략이 구성되는 방식이어야 한다.

5. 변형적 사회행위 모델

존재론적 실재론을 인식론적 상대주의와 결합하는 비판적 실재론은 독단론을 피하면서도 포스트모더니즘적인 상대주의로 귀결되는 것을 막을 수 있는 이론적 지지대를 제공했다. 여기에서 더 나아가 소위 구조와 행위 문제를 생각해볼 필요가 있다. 자본주의의 극복은 개인의 자율을 극대화하는 자기해방 또는 자기실현 과정이어야 한다. 혁명이 자기해방과 자기실현 과정이기 위해서 인간 행위자에게 구조는 단순히 외재하면서 강제하는 어떤 것이어서는 안 된다. 반대로 구조를 오로지 인간 행위의 산물로 간주하는 것도 올바른 답을 제시하지 못한다. 바스카는 변형적 사회행위 모델 (Transformational Model of Social Action: TMSA)이라는 구조와 행위의 이원성 도식으로 이 같은 곤란한 문제를 넘어서려 한다. TMSA는 사회구조와 개별 행위가 상호 의존적이지만 서로 구별되어야 함을 의미한다. 사회구조는 개별 행위 없이 유지될 수 없는 반면, 개별 행위는 사회구조에 의해 제약된다 (Bhaskar, 1998: 34~37). TMSA의 가장 중요한 지점은 구조와 행위의 상호의존에도 불구하고 양자를 구별하는 것이다. 이런 구별이 없다면 비판적 실재론의 유물론적 실재론은 구조적 조건에 대한 분석과 집단적 행위자의 능동적 개입의 종합적 이해가 아닌 개인주의적 자원주의(voluntarism)로 빠질 수 있다.

이런 위험과 관련해 기든스와 바스카의 비판적 비교가 중요하다. 기든스의 구조화 이론에서 구조는 사회체계의 재생산 속에서 반복적으로 뒤얽히는 규칙과 자원을 의미한다. 더 중요한 것은 이 구조가 기억흔적이나 인간 지식 가능성을 통해 그리고 행위로 구현된 것으로서만 존재한다는 점이다(Giddens, 1984: 377). 그러나 거시적 수준에서는 이런 주장은 유지되기 힘들다. 왜냐하면 아처(Margaret Archer)가 주장하듯이 우리는 구조와 행위를 연결하기 위해서 방법론적으로 구조를 행위와 분리된 것으로서 설명할 필요가 있기 때문이다(Archer, 1995; Layder, 1985). 다시 말해서 구조화 이론의 원리는 거시적 수준에서 붕괴될 수밖에 없다. 구조화 이론이 개별적 행위의 배후에 존재하는 '인식되지 않은 조건'과 행위의 결과인 '의도치 않은 결과'를 중요하게 다루고 있음에도 행위는 특정한 사회조건과 무관한 개인적인 것으로 설명된다. 따라서 개인주의적인 자원주의의 위험이 존재한다. 아처는 바스카가 기든스와 달리 구조와 행위를 방법론적으로 구별하기 때문에 기든스의 이런 편향을 극복할 수 있다고 지적한다(Archer, 1995). 그러나 벤턴이 보기에, 바스카의 구조와 행위의 구별은 충분치 않아 보인다. 바스카가 사회구조의 행위 의존성을 과도하게 강조한다는 것이다. 벤턴은 이러한 경향이 바스카의 비판적 실재론을 구조와 행위를 모두 포괄하는 균형 잡힌 유물론으로부터 이탈하게 할 수도 있다고 말한다. 즉, 기든스와 같은 행위 중심의 이론으로 퇴행할 위험에 노출된다는 것이다(Benton, 1981a).

벤턴은 실재론적 사회이론이 개인주의적 행위이론으로 전락하는 것을 막으려면 "당, 계급, 계급 분파와 계층, 인종·젠더에 기초한 사회조직, 국가제도"와 같은 "사회세력의 속성, 관계, 효과성"을 통해 사회구조와 개별 행위의 이원성을 극복해야 한다고 주장한다(Benton, 1978: 223). 사회구조의 제약은 개인에 의해 경험되는 것이 아니라 '계급, 계급 분파, 계급 동맹 등'의 집합적 행위에 의해 경험된다. 행위자는 억압으로 경험되는 '다양한 기제'를 집합적 행위를 통해 극복할 수 있다(Benton, 1978: 225). 사회적 행위자의 정체성은 구조적 조건 아래서 계급과 사회세력의 집단적 문화와 가치체계를 통해서 구성된다. 이러한 집단적 정체성은 갈등과 모순을 통해 지속적으로 재구성되어야 한다.

6. 층화된 실재와 다중 기제

다음으로 층화된 실재(stratified reality)라는 개념을 검토해보자. 이 개념은 실재적 것의 영역과 현상적이고 경험적인 영역을 구별하기 위한 것이다. 과학의 자동적 차원과 관련된 논의에서 이미 지적했듯이, 인과관계는 현상적이고 경험적인 것의 수준에서 밝혀질 수 없다. 경험적 수준에서 인식되는 상호 관계는 다중적 기제의 복합적 관계를 통해 굴절된 결과이기 때문에 과학적으로 분석된 인과관계라고 할 수 없다. 이것은 자연과학과 사회과학 모두에 적용될 수 있다. 인간사회와 자연계 모두 실험실처럼 폐쇄되어 있는 공간, 즉 실험을 위해 통제 집단을 만들 수 있는 조건에 있지 못하기 때문에 감각적 경험 자료로 확인할 수 있는 상호 관계는 다중 기제의 교란 이후에 드러나는 것일 수밖에 없다.

비판적 실재론의 층위 이론은 실재적·현상적·경험적 차원을 구분하는 것뿐만 아니라 세계는 서로 다른 층위로 구성된다는 것을 분명히 한다. 우리가 살고 있는 세상은, 학문 분과로 설명하면, 물리학으로부터 시작해서 화학, 생물학, 생리학, 심리학 사회과학의 단계로 올라가는 서로 다른 차원의 층위로 구성되어 있다(Benton and Craib, 2001: 125126). 비판적 실재론의 핵심 주장은 하위 층위가 상위 층위 기제의 토대를 설명할 수 있다 하더라도 그 기제의 힘의 발현을 완전히 설명할 수 없다는 것이다. 다시 말해 상위 수준에 관한 설명은 하위 수준의 특징으로 환원될 수 없다. 각 층은 자신의 출현적 속성을 보유하며 이것이 하위 층에 반작용하고 또 그것을 수정한다. 구조에 관한 지식의 심화는 수평적 차원 내부의 다중적 기제의 식별뿐만 아니라 위계적 층 사이의 수직적 관계의 분리에도 적용되어야 한다. 층위를 식별하는 것 자체가 과학적 지식이 심화된 결과일 것이다.

이러한 두 번째 층화 개념을 사회구조에 적용해보자. 알튀세르를 원용한다면 사회는 경제적·정치적·이데올로기적 심급으로 구성된다. 비판적 실재론의 층화 이론에 의하면 세 가지 층위(분석자의 기준에 따라 더 많아질 수 있다) 간에는 설명적 위계가 있을 수밖에 없다. 마르크스의 유물론적 원리가 제시하는 역사 연구의 방향, 즉 생산의 우위는 결정론적인 설명으로까지 과장될 필요는 없지만 수용될 수 있다는 것이다. 여기서 세 가지의 설명이 중요하다. 첫째, 경제적 관계가 정치적·이데올로기적 관계를 형성하는 '토대'가 되는 것은 부정할 수 없지만 그것이 경제적 관계가 정치와 이데올로기적 구성을 직접적으로 설명한다거나 경제가 결정한다는 식의 입장으로 반드시 귀결되는 것은 아니다. 왜냐하면 상대적으로 자율적인 정치와 이데올로기의 층위는 그것만의 독특한 출현적 속성을 가지기 때문이다. 둘째, 층화 이론을 통한 설명이 이데올로기적 층위와 정치적 층위가 경제적 층위에 영향을 미치는 것을 배제하지 않는다. 노동권을 둘러싼 이데올로기적 투쟁의 효과가 정치적 층위에서 권력관계를 제도화하는 것처럼 생산(경제)의 층위에서 임금수준과 노동조건을 변화시킬 수 있다. 마지막으로 이 같은 층위의 구분은 분석적인 절차에 의한 것일 뿐이라는 사실을 강조해야겠다. 사회구조와 자연적 조건의 관계를 분석할 경우 전자는 다중 기제(독자적 층위)로 자연적 조건이라는 또 다른 층위와 관계할 수 있다. 즉, 층위의 구분과 기제 간의 복합적 결합은 분석적 수준에서 결정될 수 있다. 이러한 이해는 복잡한 구조에 대한 과학적 분석을 가능하게 하는 동시에 이데올로기 투쟁의 상대적 독자성을 이론화할 수 있게 한다.

7. 맺음말

지금까지 비판적 실재론이 사회주의 이론의 재구성에 기여할 수 있는 가능성을 살펴보았다. ① 비판적 실재론은 결정론적 입장을 피하면서도 실재로서 존재하는 사회와 자연을 인간 행위의 조건으로 인식하는 것을 가능하게 한다. 지식 구성이 가능한 것은 우리의 인식으로부터 독립적인 실재가 있기 때문이다. ② 비판적 실재론은 실재에 대한 서로 다른 해석의 가능성을 열어두면서도 상대주의적 관념론으로의 유혹을 거부한다. 타동적 차원에서 구성되는 다양한 해석은 자동적 차원과 연결될 때에만 온전한 의미를 가질 수 있다. ③ 비판적 실재론은 과학철학의 성격을 갖지만 가치의 문제를 과학적 지식 구성과 결부시킴으로써 사회적 적대의 문제를 지식 구성과 연결할 수 있게 해주었다. 이것이 여성주의 관점 인식론과의 친화력을 설명해준다. ④ 인식론적 상대주의가 여성주의 관점 이론과 연결될 때 비판적 실재론은 다양한 저항 주체 사이의 합리적인 대화와 그를 통한 잠정적 합의를 가능하게 할 수 있는 이론적 토대를 제공한다. 이것은 다름 아닌 다양한 저항운동 사이의 연대 형성이라고 할 수 있다. ⑤ 비판적 실재론은 구조적인 설명의 문제점을 충분히 인식하지만 개인주의적 자원주의로 빠져들지 않고 집단적 행위자를 이론화할 수 있게 한다. 소위 변형적 사회행위 모델을 통해 구조와 (집단적) 행위자 사이의 변증법적 상호 작용에 대한 통찰력을 제공한다. ⑥ 비판적 실재론은 일상에서 구성되는 지식, 즉 실천적 지식의 중요성을 강조하면서도 과학적 지식의 역할 또한 간과하지 않는다. 실천적 지식은 문제해결 중심으로 구성되며 대상을 완결적으로 인식하고 있다고 오인할 수 있다. 과학적 지식은 실천적 지식의 한계지점을 성찰적으로 제기하고 지평을 넓혀 갈 수 있는 방향을 제시해야 한다. ⑦ 지식 구성에 대한 새로운 인식은 자본주의적 현실을 극복하는 사회주의적 실천은 대안적 체제의 청사진에 기댈 수 없음을 보여준다. 사회주의적 정치는 사회적 약자와 소수자의 능력을 제고시키는 과정이어야 한다. 과학적 지식의 역할은 실천적 지식으로 표현되는 이들의 능력의 지평을 넓혀가는 과정이어야 한다.

비판적 실재론은 경험적이고 현상적 수준에서는 파악되지 않는 자본주의 이후 사회의 가능성을 밝혀내려는 사회주의의 정치가 유토피아적이지 않음을 보여준다. 시장 맹신론자는 자본주의의 극복이 유토피안적이라고 비난한다. 그러나 그들은 기껏해야 현상적 수준에서 현실을 바라보고 있을 뿐이다. 사회 깊숙이 내재해 있는 자기파괴적인 자본관계를 넘어설 수 있는 가능성을 밝혀내고 그것으로부터 비자본적·비상품적, 비시장적 사회관계를 발전시키는 것은 사회주의적 정치의 출발점이라고 할 수 있다. 경험적 지각을 넘어선 깊은 구조, 즉 실재는 경험주의적으로 파악될 수 없다. 경험주의는 고작해야 표피적인 현상의 인식에 머무는 얕은 실재론, 그리고 정치적으로는 현실(순응)주의일 수밖에 없다. 하지만 우리는 창조적 상상력을 통해 경험주의적 인식의 얕음을 넘어설 수 있다. 상상적인 것은 현실적인 것보다 훨씬 실재적일 수 있다.

참고문헌

Archer, Margaret. 1995. *Realist Social Theory: the Morphogenetic Approach*. Cambridge: Cambridge University Press.

Benton, Ted. 1977. *Philosophical Foundations of the Three Sociologies*. London: Routledge and Kegan Paul.

_____. 1978. "How Many Sociologies?" *Sociological Review*, 26(2).

_____. 1981a. "Realism and Social Science." *Radical Philosophy*, 27.

_____. 1981b. "'Objective Interest and the Sociology of Power." *Sociology*, 15(2).

_____. 1991. "Biology and Social Science: Why the Return of the Repressed Should be Given a (Cautious) Welcome." *Sociology*, 25(1).

_____. 2001. "Environmental Philosophy: Humanism or Naturalism? A Reply to Kate Soper." *Journal of Critical Realism. Alethia,* 4(2).

_____(ed.). 1996. *The Greening the Marxism.* New York: Guilford Press.

_____ and Ian Craib. 2001. *Philosophy of Social Science.* London: Palgrave.

Bhaskar, Roy. 1997(1975). *A Realist Theory of Science.* London:Verso.

_____. 1998(1979). *The Possibility of Naturalism.* London: Verso.

_____ et al. 1991. *A Meeting of Minds: Socialists Discuss Philosophy: Towards a New Symposium?* London: Socialist Society.

Burawoy, Michael. 2003. "For a Sociological Marxism: The Complementary Convergence of Antonio Gramsci and Karl Polanyie." *Politics and Society,* 31(2).

Collier, Andrew. 1989. *Scientific Realism and Socialist Thought.* Hemel Hempstead: Harvester Wheatsheaf.

_____. 1994. *Critical Realism.* London: Verso.

Devine, Pat. 2008. "The Continuing Relevance of Marxism." in Rob Stones and Sandra Moog eds. *Nature, Social Relations and Human Needs: In Honour of Ted Benton.* London: Palgrave.

Dickens, Peter. 1992. Society and Nature: Towards a Green Social Theory. Hemel Hempstead: Harvester.

_____. 2004. *Society & Nature: Changing Our Environment, Changing Our Selves.* Cambridge: Polity Press.

Giddens, Anthony. 1984. *The Constitution of Society.* Cambridge: Polity Press.

Harding, Sandra. 1986. *The Science Question in Feminism.* Ithaca and London: Cornell University Press.

Hartsock, Nancy. 1983. "The Feminist Standpoint: Developing the Ground for a Specifically Feminist Historical Materialism." in Sandra Harding et al. (eds.). *Discovering Reality.* Dordrecht: Reidel.

Hollis, Martin and Steven Lukes. 1982. *Rationality and Relativism.* Oxford: Blackwell.

Keat, Russell and John Urry. 1982(1975). *Social Theory as Science.* London: Routledge and Kegan Paul.

Kuhn, Thomas. 1962. *The Structure of Scientific Revolutions*. Chicago: University of Chicago Press.

Laclau, Ernersto and Chantal Mouffe. 2001(1985). *Hegemony and Socialist Strategy*. London: Verso.

Layder, Derek. 1985. "Power, Structure and Agency." *Journal for the Theory of Social Behaviour*, 15(2).

McLennan, Gregor. Victor Molina and Roy Peter. 1978. "Althusser's Theory of Ideology." Centre for Contemporary Cultural Studies of the University of Birmingham. *On Ideology*. London: Hutchinson.

Mellor, Mary. 1992. *Breaking the Boundaries: Towards a Feminist Green Socialism*. London: Virago.

_____. 1997. *Feminism and Ecology*. Cambridge: Polity Press.

New, Caroline. 1998. "Realism, Deconsturction and the Feminist Standpoint." *Journal for the Theory of Social Behaviour*, 28(4).

Red-Green Study Group. 1995. *What On Earth Is To Be Done?* Manchester: Red-Green Study Group.

Rowbotham, Sheila, Lynne Segal and Hilary Wainwright. 1979. *Beyond the Fragments: Feminism and the Making of Socialism*. London: Merlin Press.

Sayer, Andrew. 2000. *Realism and Social Science*. London: Sage.

Soper Kate. 1995. *What is Nature?* Oxford: Blackwell.

_____. 2000. "Future Culture: Realism, Humanism and the Politics of Nature." *Radical Philosophy*, 102.

Wainwright, Hilary. 1994. *Arguments for a New Left*. Oxford: Blackwell.

지배, 정치, 헤게모니, 저항, 그리고 '급진적 정치주의'

급진민주주의의 인간론·사회론적 기초에 대한 시론

조희연

성공회대 사회과학부 교수, 민주주의연구소

1. 들어가며

필자는 「한국적 '급진민주주의론'의 개념적·이론적 재구축을 위한 일 연구」 (이 책의 첫 논문)에서 급진민주주의론의 기초를 명확히 하기 위해 서구 근대 민주주의의 이중성을 중심으로 민주주의론에 대한 역사적 접근을 시도했고, 급진민주주의의 이론사적 위치를 여러 논의의 검토를 통해 시도했다. 이 글에서는 급진민주주의의 내포적 의미를 살펴보기 위해 인간론·사회론적 기초를 검토하며, 나아가 급진민주주의를 '급진적 정치주의'로 정의하고 정치에 대한 재해석을 통해서 급진민주주의의 이론적·개념적 기초를 명확히 하고자 한다.

2. 정치적인 것, 사회적인 것, 정치

먼저 무페가 슈미트의 논의를 전유해서 제기한 '정치적인 것(the political)'에 대한 논의로부터 시작해보자. 무페가 독일의 법(철)학자 칼 슈미트에게 빌려와 강조하는 것이 '정치적인 것'인데, 이는 "경제, 문화, 종교, 사회 등과 구분되는 제도적 영역으로서의 정치와는 다르게, 우리의 존재론적 조건을 규정하는 차원"(슈미트, 1992: 11)이다. 무페는 슈미트의 논의를 기대어 "적대 없는 사회는 불가능하며 적대는 사회의 본질이다"(무페, 2006: 178)라고 말하면서, 자유주의는 바로 이러한 차원을 인식하는 데 무능력하다고 말한다. 슈미트는 자유주의를 비판하면서 전제적 집단주의의 관점에서 이것을 주장하고 있는데, 무페는 급진주의의 입장에서 정치적인 것 속에 내장된 갈등과 적대를 간과하는 자유주의를 비판하는 맥락에서 이를 인용한다.[1] 즉, 무페는

---

1) 원시사회와 태고사회의 사회적 관계를 '증여'라는 개념으로 탐색한 모스(2002) 역시 부족들 간의 관행을 지배하는 것도 "경쟁과 적대의 원리"(56)라고 말하고 있다. 모스에 따르면, 실제 원시사회에서의 급부와 반대급부 — 여기서 교환하는 것은 재화와 부, 동산과 부동산처럼 경제적으로 유용한 것만이 아니라, 예의, 향연, 의식(儀式), 군사적인 봉사, 여자, 어린이, 춤, 축제, 장(場)도 포함된다 — 는 "꽤 자발적인 형식 아래 선물, 선사품으로 행해지지만, 실제로는 엄격하게 의무적이며, 그것을 이행하지 않을 때에는 사적이거나 공적인 싸움이 일어난다"(53)는 것이다. 이를 모스는 전체적인 급부체계(포틀래치[potlach])라고 부르고 있다. 모스는 증여라는 비적대적·비경쟁적 것처럼 보이는 행위 속에서 적대성을 발견한다. 그런데 적대성과 연대성이 사회적 관계의 양면적 측면이라고 하는 인식은 모스 자체의 논의에서도 발견할 수 있다. 필자는 이것이 그의 증여와 교환의 상호관련성에 대한 논의에서 나타나고 있다고 생각한다. 반면 나카자와(2004)는 모스, 마르크스, 라캉의 이론을 종합하면서 증여론을 재구성하고 있는데, "교환은 증여의 내부로부터 증여를 물어뜯고 밖으로 튀어나오는 것이다. 그러나 그렇게 해서 튀어나온 후에도 교환은 증여와 밀접한 관계를 그대로 유지할 뿐만 아니라 증여의 원리 없이는 존속조차 불가능하게 된다"(9)고 보고 있다. 모스가 "증여에 대한 답례(반대급부)가 의무로 변해버림으로써 증여의 사이클이 실현된다"고 보는 데 반해, 나카자와는 증여의 극단에 '순수증여(눈에 보이지 않는 힘에

사회주의의 붕괴 이후 마르크스주의의 종언, 역사의 종언 속에서 시장절대주의가 팽창하면서 동시에 적대의 소멸에 대한 그릇된 믿음이 확산되는 것에 대해서 비판하는 문맥에서 이를 부각시키고자 했다.

적대가 사회적 삶에서 구성적인 역할을 하고 그래서 정치적인 것에는 적대와 갈등이 내재해 있다는 지적은 급진주의에서 대단히 중요한 출발점이라고 생각한다. 필자는 이 글에서 이러한 정치적인 것의 무폐적 규정을 수용하면서도, 두 가지 점을 보완하고자 한다.

첫째, 인간의 사회적 삶에서 적대가 중요한 측면이기는 한데 인간의 사회적 삶에는 또 다른 측면(이를 필자는 연대적·공동체적 성격이라고 표현한다)이 존재한다는 점이다. 문제는 사회적 삶의 양쪽 측면이 어떻게 정치적으로 구성되고 호명되고 동원되는가 하는 것이다. 흥미로운 것은 정작 적대성과 갈등성을 다루는 정치는 적대적·갈등적 관계의 구성 요소인 소수자와 하위주체의 요구와 이해를 주변화하도록 하기 위해 연대적인 사회적 관계를 호명하고 동원한다는 점이다.

둘째, 광의의 정치는 사회적인 것이 '정치적인 것'으로 규정·구성되는 과정과 정치적인 것이 제도화된 정치 속에 인입(引入)·가공되는 과정을 통해 구성된다는 점이다. 전자를 일차적 정치화 과정이라고 하면 후자는 이차적 정치화 과정이라고 할 수 있다. 이런 점에서 정치라고 할 때 먼저 사회적인 것이 적대성을 내장한 '정치적인 것'으로 구성되는 과정에서 '어떤 정치적인

의해서 이루어지며, 그 힘은 물질화되지 않는, 증여를 가능케 하는 초월의 원리 같은 것'를 설정한다. 즉, 교환이라는 행위 속에서 반대로 공존의 원리를 발견한다. 필자는 이 증여론이 교환과 증여의 관계에 초점을 맞추고 있지만, 필자는 본원적인 사회적 관계의 두 가지 성격(적대성과 연대성)이 사회적 관계 속에서 공존한다는 점을 말해준다고 생각한다. 즉, 모스가 주목한 증여는 '연대성 속에 적대성을 내포하는 현실형태'라고 한다면, 나카자와가 주목한 교환은 '적대성 속에 연대성을 내포하는 현실형태'라고 파악하고 싶다.

것'으로 구성되는가 하는 점과 관련된다. 여기서 필자는 무페의 논의를 변형해 '사회적 것' 속에는 '정치적인 것'으로 구성되는 '지배적인 정치성'과 '피지배적 정치성'이 존재한다고 표현하고자 한다. 여기서 '정치성'이란 사회적 관계의 적대적 성격 속에 내재하는 정치적인 원형소(元型素) 같은 것을 의미한다. 전자가 지배적인 독점적 권력의 요구, 이해, 시각 등을 의미한다면, 후자는 소수자와 사회경제적 하위주체의 요구와 이해 등을 의미한다. 정치는 다양한 정치적인 것이 어떻게 제도화된 정치 내에 대의되고 그 내부에서 가공되는가 하는 점을 포함한다. 정치의 왜곡은 바로 이런 전 과정을 통해 이루어진다.

필자의 관점에서 보면, 정치적인 것은 특정한 방식으로 정의된 것이다. 즉, 어떤 사회적 의제가 특정한 방식으로 정치적으로 정의되고 구성된 것인데, 바로 이 과정에 현실의 다양한 권력관계가 작용한다. (광의의) 정치는 물론 이러한 과정을 일차적으로 포함한다. 여기서 더 나아가 그렇게 구성된 정치적인 것이 다시 민주주의 혹은 민주주의 정치(협의의 정치)의 내부에 대의·반영되는 가하는 점이 (광의의) 정치의 또 다른 주제이다.

1) 사회적 관계의 연대성 · 적대성과 체제: 인민, 사회, 체제 간의 문제

정치적인 것과 정치에 대한 이러한 규정 위에서, 급진민주주의적 인식을 구체화하기 위해 인민과 사회의 관계를 서술해보자.

인민은 고립적인 존재로 살지 않고 집단적 존재로 살기 때문에 인민의 사회적 삶에는 언제나 두 가지 성격이 동시에 존재해왔다. 우선, 사회적 삶은 기본적으로 집단적 삶이고 이는 희소한 자원의 획득을 둘러싼 개인 간의 경쟁·갈등·적대를 불가피한 것으로 만든다. 이러한 적대성을 전제로 하지 않는 통합 논의나 집합성에 대한 주장은 허구이며 '반민주주의적'이다. 사회의 '뿌리'에 바로 이러한 적대성이 존재한다는 전제 위에서 출발해야 한다. 라클라우와 무페는 '적대성'을 사회적 관계의 핵심으로 파악하고, 근대 서구 자유주의의 전통에서 이것을 간과했다고 비판한다(라클라우·무페, 1990: 151~155). 그러나 다른 한편으로 인민의 집단적 삶에는 공생적인 성격이 존재한다. 즉, 인민을 둘러싼 자연환경이나 동물의 습격 등 일련의 위험한 외적 환경과 필요로 하는 것을 획득하기 위한 집단적인 '기능적' 이유로 인민은 상호의존적·연대적 관계를 맺을 수밖에 없었다.

이처럼 인민의 사회적 삶의 본원적 성격에는 갈등적 성격과 연대적 성격이 동시에 존재한다.[2] 여기서 연대적 성격이라고 하는 것은 인민의 집단적 삶 자체가 공생을 불가피하게 하기 때문에 나타나는 공동체성을 의미한다.[3] 크로포트킨이 이야기한 대로 "모두에 맞선 각자의 전쟁은 자연의 유일한 법칙이 아니다. 상호 투쟁만큼이나 상호 부조 역시 자연의 법칙이며, 이 법칙은 다른 조류나 포유류의 군집을 해석해보면 더욱 명백하게 나타난다" (크로포트킨, 2005: 58). 크로포트킨이 이야기하는 상호 부조와 상호 지원이 사회적 삶의 본원적 성격으로서의 연대성이라고 규정할 수 있다. 이 연대성은 여러 가지 구성 내용을 가질 수 있다. 즉, 낮은 수준에서는 상호 의존적 연대성에서부터[4] 호혜적 연대성, 공유적 연대성 등 다양한 내용으로 구성될

---

2) 그런데 필자는 사회적 관계의 적대성을 전제로 하지 않은 연대성 논의는 정당하지 않으며, 이는 사회적 관계의 본원적인 연대적 성격을 지배의 자원으로 동원하는 것일 뿐이라고 생각한다. 필자는 적대성의 전제 위에서 사회적 관계의 본원적 성격으로 존재하는 연대성을 '저항적'으로 현실화하는 것을 지향한다.

3) 필자는 후자를 공동체성이라고 부를 수 있다고 본다. 공동체가 고정된 '결과적 형태'를 의미하며, 공동체성은 인민의 본원적인 사회적 삶에서 나타나는 연대성과 공동체적 성격을 지칭한다.

4) 상호 의존이라는 것은 인민의 집단적 삶 자체가 불가피하게 서로에게 의존하는 성격을 만들어내는 것을 의미한다. 고전적으로 뒤르켐이 기계적 연대와 구별되는 유기적 연대를 논한 것도 이런 의미라고 해야 할 것이다. 근대 자본주의의 발전은 분업의 확대를 동반하는데, 이는 역설적으로 상호 의존을 확대하게 된다. 이러한 상호 의존을 넘어서서 호혜적 관계가 있을 수 있다. 호혜는 일방적인 이익만이 아니라 이익이

수 있다.[5] 필자는 바로 이러한 인민의 본원적인 사회적 관계를 '사회적인 것(the social)' 혹은 사회성이라고 개념화할 수 있다고 본다. 이렇게 보면 인민의 사회적 삶에는 적대적 사회성과 연대적 사회성이 공존한다고 표현할 수 있다.[6]

이러한 적대적 성격과 연대적 성격은 체제가 어떻게 구성되는가에 따라 상이하게 현실화된다.[7] 원시공동체 사회에서 성원 간의 갈등적 성격은 상대

쌍방적인 것을 의미한다. 더 나아가 공유적 성격은 사적인 것이 아니라 집단 자체의 공동 소유의 성격이 일정하게 존재하는 경우를 말한다. 이 점에서 인간의 사회적 관계의 적대성을 뛰어넘어 '상호 부조'의 관계를 주목한 것은 크로포트킨이었다. 그에 따르면 인류 역사는 한편에서는 경쟁과 다른 한편에서는 협력의 상호 갈등하는 역사이다. 크로포트킨의 상호부조론은 인간 사회 및 동물 사회에 내재하는 연대성 혹은 상호협력의 존재론적 특성을 도출함으로써 어떤 의미에서 이른바 '아나코 - 코뮌이즘 정치학'의 기반을 마련했다고 평가된다.

5) 안데스 토착 공동체와 도시 주변부 공동체에서는 사회적 상호 작용의 주요한 형태가 호혜성과 연대성으로 존재한다(그로스포구엘, 2008: 78). 이러한 사회적 삶의 연대적 성격은 다양한 형태로 우리 곁에도 존재하고 있다. 예컨대 두레는 호혜적 연대성의 한 표현이라고 할 수 있다(주광현, 2007). 현재도 제주도의 '송계'(윤순진, 2002), 충남 보령시의 장고도 어촌계(최재송·이명석·배인명, 2001), 경남 통영시 비진도 어촌계(박정석, 2001),, 제주도 마을 공동목장(윤순녀, 2006) 등은 존재한다. 또한 아시아의 많은 나라들에는 더욱 다양한 공동체적 사례가 존재한다(박은홍, 2010).

6) '사회적인 것'에 대해 서구 근대 사상은 일면적으로 인식했다. 예컨대 '만인의 만인에 대한 대립'이라는 시각은 사회적 관계의 '적대적·갈등적' 성격에만 일면적으로 주목한 것이라면, '시민적이고 문명적이고 법 없이 살 수도 있는' 자연적 상태의 상정은 공동체적 성격만을 일면적으로 주목한 것으로 생각한다. 사회적인 것은 근본적으로 이중적인 것으로 파악되어야 한다. 생태주의는 적대성과 연대성을 인간 간의 관계로만 파악하는 것이 아니라 인간과 자연 간의 관계에도 적용하는 것이라고 필자는 생각한다. 즉, '인간 중심주의적 관점'에서는 이러한 연대성은 집단 속에서의 인간과 인간의 관계에서 파악될 것이다. 그러나 생태주의와 환경주의는 이러한 연대성을 인간과 자연 간의 관계에서 파악하는 식으로 확장했다고 할 수 있다(서영표, 2010).

7) 인간 간의 사회적 관계에서 적대성과 연대성의 상호 관계에 대해 다양한 견해가 있을 수 있다. 라이너 촐은 "생존을 위한 투쟁과 경쟁 그리고 상호 지원과 연대라는

적으로 부차적으로 존재했다. 그러나 원시공동체 사회가 해체되고 '평등한 사회공동체가 불평등한 정치공동체로 전환'된 이후에는 인민의 본원적인 사회적 삶에서 적대성은 연대성에 비해 훨씬 더 지배적인 위치를 갖게 되었다. 그리고 근대 민주주의에서 지배에 '정치'가 도입되기 이전까지 적대적 성격을 관리하는 방법은 권력에 의한 일방적인 억압의 형태로 구현되었다. 즉, 한 집단이 다른 집단을 노예화하거나 신분제로 예속시키고 이것을 무력으로 보증하는 방법이 사용되었다. 여기에 정치는 없었다.

이러한 적대적 성격은 역설적으로 경제적 생산력이 발전하고 잉여의 규모가 확대되면서 감소하는 것이 아니라 오히려 증폭되었다. 잉여의 양이 작을수록 인민의 사회적 관계의 연대성이 강력하게 존재하나, 잉여의 양이 증대되면서 잉여를 '독점'하려는 욕망도 강해지고 그 결과 인민 간의 사회적 관계에서 경쟁적·갈등적·적대적 성격이 강화되었다.[8]

어떤 체제이든지 지배가 유지되기 위해서는 적대성만이 극단화되어서는 안 된다. 연대성의 최소 근거가 파괴되면 그 체제는 유지될 수 없다. 한 사회에서 집단 간의 착취가 극단화되거나 기근이나 자연재해 등이 발생하면 생존을 둘러싼 적대적 갈등이 두드러지게 나타날 수 있다. 이처럼 연대성의 근거가 철저하게 파괴하고 적대성만 극단적으로 확대될 때, 그러한 사회는 '내전'적 상태로 이행할 가능성이 크다. 전근대 사회에서 사회적인 적대성은 노예반란이나 농민반란에서도 드러나듯이 왕왕 사회를 '내전'상태로 만들었다. 근대 민주주의는 바로 이러한 '사회적 갈등의 내전화'를 저지하는 제도로

생명체의 두 가지 경향 중에서 후자는 더 심오한 것이며, 전자는 '기본적으로 구비된 것' 것이다. 식물과 동물의 현존에서 투쟁은 철저히 연대의 원칙에 종속되어 있다"(촐, 2008: 202)고 말한다.

8) 물론 잉여의 양이 많아지면서 그것이 연대적인 관계 속에서 다루어지는 경우도 상상해 볼 수 있다. 그러나 현실의 역사는 잉여의 양이 확대되면서 이의 독점을 향한 적대적 관계가 강화되었음을 확연히 보여준다.

서의 의미를 갖는다.

그런데 고대 국가 이후로 한 집단의 다른 집단에 대한 억압의 형태로 인민의 사회적 삶이 현실화되었다고 하더라도, 인민의 사회적 삶에서 공동체성을 박탈하기는 어려웠다. 실제로 근대 자본주의 이전까지 전근대 사회에서는 사회적 관계 자체의 공동체적 성격으로 인해 연대성의 집단적 근거가 광범하게 존재했다.[9] 근대 자본주의는 이러한 연대적 사회성을 근본적으로 해체하고 시장적 경쟁과 적대로 그것을 전환한 것이다. 자본주의는 생산력의 혁명적 발전을 이룩한 체제이면서 동시에 확대된 잉여를 '더 많이 쟁취하기 위한 경쟁'을 전 삶의 영역으로 확장한 체제였다. 근대 자본주의는 시장과 교환의 이름으로 본원적인 연대성 혹은 공동체성을 상품화했기 때문에 연대성은 개인 간의 구휼이나 부조, 기부, 자원봉사 같은 비경제적인 개인적인 행위로 위치 지워지게 되었다.

앞서 서술한 대로 근대 민주주의는 지배에 있어 정치가 복원된 체제라고 할 수 있는데, 문제는 정치 속에서 이러한 적대성과 연대성이 어떻게 표현되고 관리되는가 하는 점이다.[10]

---

9) 이론적 차원에서 연대성 혹은 공동체성을 강조한 것은 다양한 공동체론이라고 할 수 있다. 1980년대 이후에는 공동체주의(communitarianism)이라는 이름으로 회자되기도 했다. 공동체주의론은 "자유주의가 지나치게 개인에 집착하고 있음을 비판하면서, 아리스토텔레스와 헤겔 등이 추구한 공동체성·집단성을 기꺼이 수동하고자 한다. ……공동체주의자의 시각에 따르면, 인간은 공동체 '속에서' 태어나고 공동체의 여러 원리와 운동에 적합하도록 양육된다. ……이런 의미에서 공동체주의자는 개인적 권리와 존엄성보다 공동선과 공공 이익을 본질적인 가치로 받아들인다"(박호성, 2009: 361). 공동체론에 대해서는 셀던(2008), Sandel(1982), Walzer(1983), 뮬흘·스위프트(2005) 참조.

10) 앞서 무페가 비판하는 것처럼 자유주의에서 정치 속에 내재하는 적대성과 갈등성을 회피하는 것은, 필자의 표현을 빌면, 인민의 적대적 사회성을 간과하면서 동시에 연대적 사회성을 지배의 관점에서 전유하고 호명하는 것이라고 할 수 있다.

2) 체제의 본원적인 결함과 불완전성

인민의 사회는 특정한 체제로 조직화된다. 역사적으로 볼 때 인민은 자연의 위협 속에서 더욱 잘 살기 위해서 국가'체제'와 경제'체제'를 만들었다. 그러나 모든 현실의 체제는 결함과 불완전성(결손)으로 특징으로 하며, 더구나 체제 운영의 '의도하지 않은' 결과로 인해 사회적 구성원의 삶에 다양한 불만, 긴장과 모순을 유발하게 된다(조희연, 2003: 11). 그래서 체제의 주체로서의 '인민과 체제 간'에는 언제나 '부정합과 긴장'이 존재한다. 이것을 라클라우는 '불협화음'(1990)이라고 표현하고 랑시에르는 '불화'(2008)라고 말한다.

체제의 불완전성과 결함이 가장 원초적으로 표현되는 것이 바로 인민의 삶이다. 체제의 모순은 근원적으로 '인민'의 존재에 체현되고 반영된다. 삶정치(biopolitics)가 발생하는 것이 바로 이 지점이다. 인민은 담론이나 이념이 아니라 '삶'으로서 체제를 체험한다. 물론 체제의 결함과 모순이 인식되고 체험되는 통로는 다양하다. 이념적 인식의 통로를 통해 체제의 결함과 불완전성의 문제점에 접근할 수도 있을 것이다. 그러나 인민은 삶 자체에서 그것을 체험한다.

그런데 모든 체제는 불평등의 위계를 내장하는 방식으로 조직화되어 있어서 체제의 결함과 불완전성이 산출하는 불만과 긴장이 인민 내부에서 불평등하게 배분되게 만든다. 그 결과 체제의 모순을 가장 첨예하게 받는 노동자와 민중, 소수자와 사회경제적 하위주체는 이런 모순에 대한 저항적 잠재력을 필연적으로 더욱 확대된 규모로 갖게 된다. 사회 내의 기득권적인 지위에 있는 존재 역시 체제의 결합과 불완전성, 즉 모순을 삶으로서 체험하지만 그것은 체제의 모순과 위기가 극단화될 때이며, 상대적으로 약자와 소수자는 더욱 강하게 체험한다. 우리가 '계급적 선택성'을 이야기하게 되는 것도 이 때문이다.

비록 계급의 구성양식과 존재양식에 따라 다르지만, 계급적 선택성이란 체제의 모순과 긴장의 '선택적 ·배분'을 의미한다. 체제의 모순과 긴장은 체제의 가장 주변부에서 체험되고 피해자와 소수자의 삶 속에서 가장 잘 드러나기 때문에, 피해자와 소수자, 계급적 약자가 '민주주의의 급진적 심화'의 출발점이 된다. "현존하는 대의체제가 대표할 수 없거나, 또는 기존 정치적 독해 코드로는 상징 불가능한 어떤 것이 출현하는 계기"이자 "현존하는 사회질서의 불가능성과 전복의 가능성을 제공"(Howarth and Stavrakakis, 2000: 13)한다고 하는 라클라우의 '탈구(disarticulation)'도 바로 이처럼 부단히 체제의 결함과 불완전성을 가장 사회 기저에서 체험하는 인민의 존재, 그리고 몸 자체에서 나타난다. 2009년 1월의 용산 화재 참사와 같이, 현 단계 한국에서 체제의 결함과 불완전성은 기존 체제에 의해 권리가 보장되지 않는 존재가 대면하는 사건 속에서 주어진다고 할 수 있다. 그래서 체제의 결함과 불완전성에 불평등하게 노출된 소수자와 하위주체는 언제나 현존하는 민주주의 정치와 '불협화음'을 이룰 수밖에 없고 새로운 전복의 잠재력을 갖게 된다.

체제의 결함과 불완전성이 작동하는 방식은 역사적 체제에 따라서 다르다. 전근대적 체제와 근대적 체제(특히 근대 자본주의 체제)는 이런 점에서 상이성을 갖는다. 전근대적 체제는 지배 집단에 의해 다른 집단을 노예화·농노화하는 '예속'적 방식으로 구성된다. 적대적인 사회적 관계에 속한 예속 집단의 요구와 이해는 근본적으로 법제적으로 억압되는 '저항의 불법화'를 원리로 하는 체제였다. 그러나 전근대 사회에서는 연대적인 사회적 관계 혹은 공동체적 관계가 사회적 삶에서 광범위하게 존속했다. 적대적 사회성을 관리하는 방식은 폭력적이었지만 연대적 사회성이 광범위하게 존속한 것이 전근대 사회의 역설이라고 할 수 있다.

근대 사회는 전근대적인 '정치적 적대성'을 '경제적 경쟁'으로 치환하고 나아가 전근대적인 연대성을 광범하게 상품화의 영역으로 인입한 체제였다. 이런 점에서 근대 자본주의 사회는 연대적 사회성을 철저하게 해체하는 체제라고 할 수 있다. 근대 사회는 적대적 사회성을 관리하는 민주주의적 정치 방식이 존재하는 사회이다. 전근대 사회와 달리 '예속적 관계'가 아니라 '법 앞에서의 평등'이 최소한 형식적으로 보장되고 자신의 요구와 이해의 적대성을 민주주의적 공간에서 '합법적'으로 표현할 수 있도록 보장한다. 이것이 근대 사회의 또 다른 역설이라고 할 수 있다. 우리가 근대 사회를 자본주의 자체로만 환원하지 않고 민주주의의 급진화 속에서 '반(反)자본주의'의 합리적 핵심을 현실화하고자 하는 것도 이러한 역설적 관계 때문이다.[11]

3) 지배의 헤게모니화, 헤게모니의 '틈새', 그리고 인민의 주체화

체제의 결함과 불완전성으로 인해 인민의 삶에 주어지는 모순과 긴장, 불만[12] 등은 '잠재성'으로 존재한다. 그런데 바로 그 잠재적 경향성이 어떤

---

11) 현실의 모든 체제는 연대성과 적대성을 내포하고 있는 인민 간의 사회적 관계를 특정한 방식으로 구성하면서 존재한다. 그리고 그렇게 특정하게 구성된 체제가 만들어내는 모순과 긴장을 인민이 체험하고 거기서 인민은 특정한 행위로 저항하게 된다. 이것을 필자는 저항적 행위와 자조적 행위라고 표현한다. 전자는 적대적 사회성에 대응하는 것이며, 후자는 연대적 사회성에 대응하는 것이다. 즉, 체제의 결함과 불완전성이 사회구성원에게 상이한 방식으로 작동하고, 지배적 지위에 있는 구성원에게 특혜적으로 작동하는 것에 대해 저항적 행위를 조직화하게 된다. 반대로 그러한 체제의 결함과 불완전성에 대응해 자발적으로 연대적인 사회적 관계에 부응하는 자조적이고 상호 부조적인 행위를 조직화하기도 한다. 급진민주주의적 시각에서 볼 때 인민이 생존을 위해 만든 체제가 내장하는 결함과 불완전성은 인민을 억압하고 인민에게 자신의 체제를 변화시키기 위한 소극적·적극적 행위를 촉발시킨다(조희연, 2003: 11~12).

12) 최근의 다중론이나 대중론의 표현에 따르면, 대(다)중은 다양한 잠재성의 가능성을 가진 존재이다. 이러한 잠재성이 현실화되는 과정에 바로 대항 헤게모니적 실천이 개재된다. 대(다)중은 유동적 존재이고 흐름 그 자체이다. 그러한 유동적인 대(다)중의 특성이 국가와 자본에 의해 특정한 방식으로 포획되어 고정화된다. 즉, "대중의 흐름이 특정한 방식으로 응고되었을 때 남성, 민족, 계급 등의 물적 지층화가 나타난다"(고병권·이진경 외, 2008b: 50)는 것이다. 네그리에 의하면, 다중(대중)은 통일된

성격의 현재성으로 전화되는가를 둘러싸고 각축이 존재한다. 즉, 지배의 헤게모니화를 위한 실천과 인민의 주체화를 향한 대항 헤게모니적 실천이 각축한다.

전자는 사회적 구성원이 자신의 삶에 잠재되어 있는 불만·긴장·모순을 '주어진' 것으로 받아들이게 되는 것을 의미하며, 후자는 그것을 비판적이고 저항적이며 전복적 관점에서 인식하는 것을 의미한다. 나아가 전자가 지배의 특정 성격을 불가피한 것으로 인식하게 하는 것을 의미한다면, 후자는 그것을 쟁투의 대상으로 인식하게 되는 것을 의미한다. 전자가 사회적 구성원을 '탈저항화'하고자 하는 지향이라면, 후자는 저항화하고자 하는 지향이라고 할 수 있다. 후자의 과정에서 나타나는 인민의 변화를 필자는 '주체화'라고 표현한다. 랑시에르가 '주체화 과정'을 "탈정체화 혹은 탈계급화 과정"(2008: 141)이라고 했는데, 그것은 지배에 의해 '주어진' 정체성을 자연스러운 자기 정체성으로 수용하는 것이다.

여기서 지배세력의 헤게모니 구축을 위한 실천은 잠재성의 현재화를 저지하는 것이며, 반대로 대항 헤게모니적 실천은 잠재성의 현재화를 촉진하고 그것의 저항적 현재화를 추구하는 것이다. 사회운동은 인민의 다양한 잠재성 중에서 어느 측면이 지배적 현실성이 되는가를 둘러싼 헤게모니적 각축(헤게모니적 접합을 둘러싼 각축)이 조직화된 형태를 의미한다.[13]

여기서 한 가지 언급해 두어야 할 것은 주체화의 의미이다. 통상 주체화라

실체성을 갖는 존재가 아니다. "다중은 결코 단일한 사회적 존재가 아니며 그렇게 될 수도 없다"(Hardt. and Negri, 2001: 243). 이러한 잠재성과 현재성의 관계에 바로 헤게모니적 실천이 개입되는 것이다.

13) 만일 잠재적인 불만이 '주어진' 것으로 인식되어 숙명적인 것으로 받아들여진다면, 이는 지배의 헤게모니화가 성공적으로 진행된 것을 의미한다. 지배의 헤게모니화는 지배의 '전통화(傳統化)'로 발전할 때 더욱 높은 수준으로 비상하며, '종교화(宗敎化)'까지 진전되면 더더욱 높은 수준의 헤게모니를 구현하게 될 것이다. 사회의 원형을 종교에서 찾은 뒤르켐(1992)도 참고가 될 수 있다.

고 하면 푸코적 의미에서 사용된다. 푸코에게서 주체화는, 통상적인 경제 환원주의적 분석에서 누락됐던 개인의 사회성의 구성 과정을 권력과 지식의 상호 작용 속에서 포착하고 있다. 푸코에게서 주체화란 권력 담론과 권력 효과에 의해 개인의 정체성과 인식, 태도 등이 구성되는 과정을 의미한다. 이것은 어떤 의미에서는 권력에 의해 사회적 인간으로 되어가는 일종의 존재론적 과정이다. 그런데 이 글에서의 주체화는 '저항적 주체화'라는 의미 에서 사용된다. 권력효과로 구성된 주체가 스스로의 주체성을 쟁점화하고 문제화해가는 과정이 바로 '주체화'이다. 즉, 권력에 의해 인민의 정체성이 헤게모니적으로 구성되는 과정을 푸코가 주체화라고 표현했다고 하면, 이 글에서는 정반대의 과정을 의미한다.[14] 다시 말해서 권력에 의해 헤게모니적 으로 구성된 존재 혹은 존재의 구성적 내용이 균열되고 그 결과 그것을 비판적으로 성찰하게 되는 과정이다.[15] 이런 의미에서 1970·1980년대 이후

---

14) 물론 이때의 저항적 주체화는 '헤게모니의 균열'(조희연, 2010: 6장) 과정이라고 표현할 수도 있다.

15) 이 맥락에서 알튀세르의 이데올로기론을 연관시켜볼 수 있다. 필자는, 알튀세르의 구조주의적 마르크스주의에는 두 가지 진술이 모순되게 존재한다고 생각한다. 먼저 알튀세르는 기본적으로 '계급투쟁 우위론'적 시각에서 마르크스주의를 재구성하고 자 시도했다. 그에 따르면, 지배 이데올로기는 지배계급 내에서의 내적 투쟁(새로운 지배계급은 이전 지배계급의 지배적 이데올로기의 유제와 물질적 잔존물과의 내적 투쟁을 해서 지배계급의 새로운 통일성을 확보하기 위한 이데올로기적 투쟁을 한다) 과 피지배계급과의 외적 투쟁을 통해서 구성된다. 알튀세르는 계급투쟁이 이데올로 기적 국가장치에 대해 우위를 점한다고 보고 있다. 이런 점에서 "부르주아지의 계급투쟁이 노동자계급의 계급투쟁을 지배하게"(알튀세르, 2007: 346) 되는 과정은 내적으로 하나의 지배를 완결적으로 만드는 것이 아니고 동시에 모순적으로 만들게 되는 것이라고 해석할 수 있다. 그러나 다른 한편에서 알튀세르는 결과적으로 국가기 구가 한 지배계급의 통일적 지배에 속한다고 서술하고 있다. 『재생산에 대하여』의 서문을 쓴 비데는 "국가 장치는 '계급투쟁이 거쳐 간 것이 결코 아니다. 철저하게 지배 장치이다"라고 알튀세르가 일관되고 주장하고 있다고 평가한다(12). 필자가 이야기하는 '헤게모니의 틈새'는 알튀세르의 전자 측면의 연장선상에서 이해될

한국에서 사용되는 민중은 '저항적 주체성의 존재'를 표현하는 개념이라고
할 수 있다.16)

민주주의는 최소주의적 존치 대 최대주의적 확장을 향한 두 힘 간의 각축
속에서 구성된다. 하나의 시점에서 특정하게 구성된 민주주의를 수용하던
인민이 주체화되면서 현존 민주주의를 문제시하고 새로운 방향으로 확장하
고자 할 때 기존의 민주주의적 상태를 '비민주주의적인' 것으로 규정한다.
이렇게 보면 민주주의는 '이것이 민주주의이다'라는 적극적 규정이라기보다
'이것이 민주주의가 아니다'라는 부정적 규정에 의해 존재한다고 할 수 있다.
왜냐하면 인민이 주체화되면 이전 민주주의의 현실을 부정적으로 바라보게
되고 민주주의를 확장하고자 하는데 이때 현존 민주주의는 '민주주의가
아닌' 것으로 규정되기 때문이다. ≪노동자의 힘≫ 2008년 7월호 표지는
'자본가 없는 세상만이 진짜 민주주의'라고 제목을 달고 있다(이 책 23쪽
참조). 이것이 함의하는 민주주의 규정을 따른다면, '사회주의적 민주주의'
규정을 가진 사람에게는 '자본주의를 극복하지 않은 민주주의'는 민주주의가

수 있다. 마찬가지로 알튀세르의 논의에서 이데올로기는 개인을 주체로서 호명한다.
이것은 다양한 이데올로기적 국가 장치에 의해 지속적으로 재생산된다. 알튀세르에
따르면, 어떤 주체도 자신이 누구이고 자신이 무엇을 해야 하는 지를 포함해 스스로
의 생각을 방향 짓고 미리 규정하는 무의식적 표상체계로서의 이데올로기 없이는
스스로를 구성하는 것이 불가능하다. 이런 의미에서 개인의 주체성은 지배 이데올로
기에 의해 구성된 주체성이다. 그러나 그처럼 지배적 이데올로기에 의해 압도된
개인들조차도 동시에 저항적 주체성을 갖는 주체로 존재한다고 필자는 생각한다.
알튀세르의 이데올로기론은 이데올로기에 의한 개인의 주체성 형성을 주장하고
있지만, 그 반대의 측면, 즉 지배에 의해 주체로서 호명됨으로써 구성된 개인의
주체성은 부단히 그 내부에 균열의 씨앗을 내포하고 있다는 점을 충분히 드러내주지
는 못하고 있다.

16) 1970년대 민중의 출현은 노동자와 농민 등 하층계급과 계층이 권력에 의해서 호명(呼
名)되고 동원된 순응적 정체성을 벗어던지고 ─ 개인에 따라서 의식의 수준은 다양
할 수 있지만 ─ 새로운 저항적 정체성을 가져가게 되는 것을 의미했다.

아닌 것이다. 민주주의의 이러한 역설적인 측면은 민주주의가 그 주체인 인민의 '주체화 수준'에 연동되어 있기 때문이다.[17] 민주주의에서 박노해 시인이 말한 대로 '사람만이 희망'인 이유가 바로 여기에 있다.

현실의 민주주의가 지배적 권력에 의해 부단히 구성적 외부를 만들어내고 그것을 고정화하려고 한다면, 그것을 근원적으로 저지하는 것은 인민의 주체화 그 자체이다. 이 주체화는 기존의 질서를 뛰어넘는 '전복'의 가능성을 만들어내게 된다. "기존 통일체의 비결정성을 드러내고, 기존 질서를 탈구시켜 새로운 질서로 사회적 잔여를 접합시킴으로써 새로운 민주주의 질서를 만드는 정치 과정을 수반하는 것이 바로 전복의 정치적 출현"(이승원, 2008: 86)이라고 할 때, 이것은 인민의 주체화 자체 속에 내재해 있다. 랑시에르의 표현을 빌면, "민주주의의 영속을 보증하는 것은 참여나 대항 권력의 형태를 통해 모든 죽은 시간과 텅 빈 공간을 메우는 것이 아니다. 그것은 행위자를 갱신하는 것이자 그 행위의 형태를 갱신하는 것이다. 그것은 나타났다 사라졌다 하는 이 주체의 새로운 출현에 언제나 개방되어 있는 가능성이다"(랑시에르, 2008: 132). 인민의 주체화의 진전 속에서 이러한 주체의 출현이 지속되는 것이다.

그런데 모든 체제에서 지배의 헤게모니화를 위한 실천이 진행되고 그것이 때로 성공을 거두지만, 지배의 헤게모니는 언제나 완전하지 않으며 일정한 틈새를 내장하는 식으로 존재한다.[18] "균열된 사회구조를 하나의 폐쇄된

---

17) 자본주의와 민주주의의 관계를 살펴보면, 민주주의는 자본주의가 구성해내는 특정한 계급적 조건 위에서 작동한다. 민주주의의 주체인 인민은 계급적 조건을 '정치적'으로 쟁점화하면서 자본주의에 대응한다. 예컨대 신자유주의적 자본주의가 극단적인 양극화 체제로 작동하게 되면, 양극화에 영향을 받는 경제적 존재가 정치적 주체로서 민주주의를 통해 양극화의 자본주의에 응전한다. 자본주의에 의해 영향을 받는 인민이 정치적 주체로서 민주주의에 참여하고, 민주주의적 의사결정을 통해 자본주의에 반작용하는 것이다. 폴라니(2009)가 이야기하는 '이중적 운동'이나 '사탄의 맷돌'도 필자는 그런 의미에서 이해한다.

총체성으로 완벽하게 봉합하는 것이 궁극적으로 불가능"(라클라우·무페, 1990)하다. 지배의 틈새는 이전 시기의 저항이 이후 시기의 지배에 확보하는 공간 때문이다. 지배와 저항의 상호 관계라는 점에서 보면, 한 단계의 저항은 지배에 대항하는 과정에서 일정한 성취를 획득한다. 이러한 성취는 다음 단계의 지배의 일부가 되는데 그렇기 때문에 새로운 지배에는 이전 시기의 투쟁 효과로 나타나는 '저항이 숨 쉬는 틈새'가 존재하기 마련이다.19) 지배의 틈새는 저항을 통한 성취가 이후의 지배에 각인됨으로써 나타나는 것이며 완전히 봉쇄되지 않는다. 이것은 랑시에르에 따르면, "정체성과 주체화의 틈, 즉 정해진 자리와 기능의 공동체로 정의된 '치안' 공동체와 이 자리를 정체성의 분배를 해체하는 주체화 과정으로 정의된 정치공동체 사이의 틈"

---

18) 필자는 헤게모니 자체가 모순적 구성이기 때문에 자체 내에 '균열'을 내장하고 있다고 본다. 헤게모니는 지배권력이 인민에게 혹은 지배적 집단이 피지배적 집단에 행사하는 것인데, 이는 피지배적 집단의 이해와 요구를 포섭하는 방식으로 지배적 집단의 이해와 요구를 '보편화'하는 것을 통해, 그리고 지배적 집단이 창출하는 '집단성' — 국민이라든가 — 에 피지배적 집단 구성원의 정체성을 연결시키는 것을 통해, 또한 '이해관계의 접합'을 통해 이러한 관계를 뒷받침함으로써 유지된다. 그러나 인민의 주체화로 피지배적 집단이 자기 이해와 요구를 독립적으로 인식함으로써 자기정체성을 독자화하고 나아가 이해관계의 접점이 해체하면서 헤게모니도 균열된다(조희연, 2010: 6장).

19) 많은 급진주의 이론은 근대 민주주의를 '지배의 음모'에 의해 발생했거나, 이것이 지배의 형식으로만 본다. 그러나 이 책의 첫 논문에서도 서술한 것처럼 인민의 저항에 의한 '성취물'이라고 하는 점이 강조되어야 한다. 특히 민주주의 발전의 역사를 보면, 일정 단계의 계급적·사회적 투쟁을 통해 획득된 제도는 이후의 계급적·사회적 투쟁의 근거이자 공간으로 작동한다. 풀란차스의 표현을 빌면, "민중 투쟁이 국가의 제도적 물질성 안에 포함되지 않는다 할지라도 민중투쟁은 표면화된 그리고 다양한 투쟁의 흔적을 남기는 물질성에 각인된다"(풀란차스, 1994: 184). 물론 지배는 이렇게 인민의 저항에 의해서 강요된 '공간'을 지배의 새로운 요소로 재편하고자 한다. 사실 급진민주주의는 바로 이처럼 불완전하게 성취된 근대 민주주의를 그 잠재적 급진성을 확장하고자 하는 것이다.

(랑시에르, 2008: 28)이라고 할 수 있다.

저항이 지배에 대해 성취한 것이 이후 지배의 조건을 이루게 되고 그것은 인민에게는 일정한 틈새와 공간을 보존한다고 하는 사실 — '지배와 저항의 변증법' — 과 관련해서 근대 민주주의 출현의 '질적 비약의 의미'가 존재한다. 이것은 무엇보다도, 인민의 저항과 해방 과정에서 근대 민주주의를 통해 인민의 주인됨을 확립했고 저항의 주체로서의 권리, 즉 '저항의 합법성'이 확립되었기 때문이다. 그래서 이전과 달리 근대 이후의 지배에서는 인민의 자기해방을 위한 저항의 공간이 체제의 합법성 속에 상존하게 되었다. 이것은 인민 정치의 주체라고 하는 인민주권론으로 인해 지배가 언제나 인민의 의사에 의존할 수밖에 없고 이는 지배의 틈새를 만들어주는 근거가 되기 때문이다.[20] 아무리 파시즘이 인민주권론을 역이용해 '대중독재'의 형태로 스스로의 지배를 정당화한다고 해도(임지연, 2004), 근대적 지배는 인민을 온전히 포획할 수 없는 이유도 여기에 있다. 앞서 언급한 체제의 결함과

---

20) 계급투쟁 과정이 적대 계급과의 투쟁만이 아니라 계급 내부에서의 통일 투쟁을 동시에 내포하고 있는 것도 이와 무관하지 않다. 내부의 틈새와 균열, 모순이 없으면 통일의 필요성이 없기 때문이다. 알튀세르는 부르주아 자신도 이중의 투쟁을 한다고 지적한다. 즉, 피지배계급과의 투쟁과 내부에서 이전 지배계급의 지배적 이데올로기의 유제와 물질적 잔존물과의 내적 투쟁을 해서 지배계급의 새로운 통일성을 확보하기 위한 이데올로기적 투쟁을 한다는 것이다. 이것은 스스로의 계급 내부에서도 균열과 불일치가 존재한다는 것을 의미한다. 이러한 지배계급의 통일성을 저해하는 장애물들은 이전의 인민 계급의 투쟁 '효과'라고 필자는 생각한다. 바로 이처럼 적대 계급의 투쟁 효과가 만들어낸 장애물 속에서 스스로가 투쟁을 해야 한다(알튀세르, 2007: 330). 국가를 '계급과 계급 분파 사이 세력관계의 물질적 응축'으로 보는 풀란차스가 "지배계급과 분파 사이의 내부 모순, 즉 파워 블록 안에서의 세력관계(바로 그 때문에 국가를 매개로 한 파워 블록의 통일성의 조직화가 필수적인 것이다)는 국가 내부에서 맺어진 모순적 관계로 존재한다"(풀란차스, 1994: 171)고 말하는 것도 같은 맥락이다. 필자가 헤게모니의 틈새라고 표현하는 것은 풀란차스에 따르면 "국가 내부의 틈, 분화 그리고 모순"(1994: 169)이라고 할 수 있다.

불완전성은 이러한 틈새를 강화한다.

　더 나아가 지배 헤게모니의 틈새가 존재하는 이유 중 하나는, 근대 이후의 지배가 그 지배 체제 내에 존재하는 인민의 '형식적 평등과 포섭'을 전제로 작동하기 때문이다. 아감벤(2008)이 이야기하는 것처럼, 조에(사적인 삶)와 비오스(공적인 삶)의 '형식적' 구분은 없어졌다. 현대 자본주의의 특징은 민주주의의 확장으로 인해 포섭의 정치로 작동하기 때문에, 조에와 구별되는 비오스가 분리되어 존재하는 것이 아니라 '평등한' 인민으로 통합되고 인민 내부에서 '구성적 외부'를 만들어내는 식으로 지배가 작동하게 된다. 바로 거기에 근대적 지배의 모순과 틈새가 존재한다.

　앞서 서술한 대로 체제의 근원적인 결함은 그 모순과 긴장으로 인민의 삶 속에 체험되는데, 인민의 삶 속에서 체험되는 모순과 긴장이 저항적 인식과 에너지로 전환되는 것은 지배의 틈새가 언제나 존재하기 때문이다. 인민의 몸 자체가 헤게모니의 틈새 영역인 셈이다. 헤게모니의 틈새가 존재한다는 것은 지배의 헤게모니적 요소와 그것으로부터 이반된 다른 요소가 인민 속에 공존한다는 것을 의미한다.

　그런 점에서 지젝(1999: 4장)이 이야기한 대로, 주체는 균열과 틈새를 내장한 내적 불화를 겪는 주체로 파악해야 할 것이다. 아무리 지배적인 헤게모니적 실천이 성공적이고 강력하게 존재한다고 하더라도 그것은 내적 균열과 틈새를 가지고 있으며, 이는 지배적인 헤게모니를 뛰어넘는 저항적 주체화와 저항적인 연대성을 사고하고 지향하도록 하는 흐름이 존재할 수밖에 없다.[21]

---

21) 근대 자본주의가 지속적인 위기의 과정인 것도 헤게모니의 틈새가 존재함을 말해준다. 통상 조절이론에서 이야기하는 자본주의의 동태성은 '위기'와 '조절' 개념에 의해 설명된다(아글리에타, 1994; 1995). 즉, 자본주의는 언제나 새로운 위기에 직면하고 이 위기는 새로운 조절의 기제를 낳아서 일정 기간 위기로부터 벗어나서 자본주의의를 재생산하게 된다. 그러나 자본주의의 본질적인 특징인 불안정성으로 인해 기존 조절양식으로는 축적과 재생산과정의 안정성이 더는 보장되지 못하는 상태에

4) 인민의 주체화의 영역의 확장

지배의 헤게모니화에 대항하는 인민의 주체화는 지평을 달리하면서 확장되어왔다.[22] 근대 이후의 과정을 보면 정치적 참여의 문제, 계급적 착취의 문제 등이 주로 쟁점화되었다. 20세기 중반까지 근대 정치의 핵심적인 문제는 정치적 참여의 확대와 자본주의에 의한 경제적 착취의 문제였다. 사회주의는 바로 민주주의의 확장을 추동한 최대의 도전이었다.

월러스틴(1996)의 견해에 의하면 계급운동과 민족운동은 20세기 전반기까지 지배적인 '반체제적' 운동 형태였다. 그러나 제2차 세계대전 이후 민족운동은 식민지의 해방 속에서, 계급운동은 국가사회주의와 사회민주주의의 타락 속에서 진보적 동력을 상실했다. 이런 속에서 1968년 5월 혁명은 그때까지 쟁점화되지 않았던 의제를 중심으로 한 새로운 사회운동을 분출시켰다. 이는 인민이 그동안 당연한 것으로 받아들이고 있었던 '사회적 차별과 억압,

---

이르면, 마침내 위기가 폭발하고 또 새로운 조절양식이 등장하게 된다. 새로운 조절양식은 체제의 안정화를 위한 위기수습의 과정이지만, 그것은 영구적인 안정성을 보장하지 않으며, 새로운 조절양식에 의해서 수습된 모순이 다시 확대되는 지점에서는 새로운 위기에 직면하게 되는 것이다. 이러한 조절과 위기의 반복적 과정은, 민주주의하에서 인민의 주체화와 위기의 과정에도 적용될 수 있다. 민주주의도 인민의 주체화와 기존의 정치에 대한 저항이 고조되어 '위기'에 처하게 되면, 그러한 위기를 촉발한 인민의 요구를 수용하는 새로운 정치적 '조절'의 기제를 도입하게 된다. 이것은 일정 기간 위기를 벗어나서 민주주의가 안정적 기조에서 재생산할 수 있도록 한다. 그러나 그러한 안정성은 정치 주체로서의 인민이 현존 민주주의를 문제없이 수용하는 동안 가능하나, 다시 인민이 주체화되어 현존의 민주주의를 문제로 인식하게 될 때 새로운 불안정에 직면하게 된다. 급진민주주의적 관점에서 볼 때 민주주의는 기본적으로 불안정하다.

22) 인민의 주체성 고양 과정을 저항 담론의 핵심으로 설정한 것은 '주체사상'이었다. 인민의 목적의식성, 주체성의 고양 과정으로 인류 역사를 재해석하는 것은 중요한 핵심을 가지고 있다. 그러나 그 주체성은 북한의 인민에서보다는 오히려 천민적 자본주의와 싸우는 남한의 투쟁 현장에 있다는 것이 역설이다.

사회 내의 규율과 억압'을 문제시하고 쟁점화했다는 것을 의미한다. 이 과정에서 여성과 섹슈얼리티 차원에서의 억압과 차별, 인종 등 각종 사회적 차원에서의 억압과 차별, 가정 등 일상의 삶의 공간에서의 각종 억압과 차별 등도 새롭게 주목을 받았다. 예컨대 1950년대 중반 이후의 흑인민권운동은 민주주의 내에서 쟁점화되지 않았던, 당연시하고 있었던 인종적 억압과 차별의 문제를 쟁점화하게 되었음을 의미한다.

급진민주주의가 생태주의, 페미니즘, 자율주의 등과 소통하고 대면하는 것도 이 지점이다. 민주주의는 인민의 정치이기 때문에 인민이 어떤 차별과 억압의 의제를 문제시하고 쟁점화하느냐에 따라 구성적 내용이 달라진다. 20세기 전반에 주로 계급적 차별과 억압의 문제가 쟁점으로 되었다면, 20세기 후반에는 다양한 사회적 차원의 권력독점, 차별과 적대, 억압이 쟁점으로 떠올랐다. 페미니즘, 반인종주의 등 다양한 사회적 해방의 담론은 이러한 쟁점화를 지향했다. 급진민주주의는 바로 이러한 의제를 민주주의의 급진적 확장 속에서 대면하고 극복하고자 한다.[23]

인민이 이전에 문제로 느끼지 않던 전 삶의 영역의 의제를 쟁점화하게 되었다는 것은 인민의 자기해방 과정에서 긍정적인 현상이다. 인민의 삶을 질곡하는 사회적 조건을 주체가 더욱 폭넓게 인식하게 되었다는 것을 의미하기 때문이다. 그동안 자유주의는 '보편성'의 이름으로, 일부 마르크스주의는

---

23) 네그리와 하트(2001)의 통찰력을 확장한다면, 권력의 지배 영역(제국적 주권이 미치는 영역)에는 이제 '외부가 없다'고 할 수 있다. 이것은 인민의 삶의 전 영역에서 그리고 지구적 공간에서 '이탈'의 영역이 없다는 것을 의미한다. 이처럼 지배의 외부가 없다는 것은 저항에도 예외지역이 없다는 것을 의미한다. 초기 마르크스주의에서 주목하는 작업장 영역, 임노동자의 경제적 삶의 영역에서만이 아니라 전 삶의 영역에서 저항이 출현하게 됨을 의미한다. 푸코의 생체정치학이 시사를 주는 것은 바로 이 시점이다. 권력은 단순히 외재적인 통제력으로서만이 아니라 우리 몸 안에서 작동하는 회로가 된다. 결국 인민의 몸, 생명, 욕망, 삶의 영역에서 권력과 자본은 작동하게 된다. 물론 그것은 지배와 저항의 각축 영역이 편만해졌다는 것이다.

'경제 환원주의'적 시각에서 차이에 기초한 인민의 새로운 해방의 요구를 적극적으로 내부화하지 못했다. 즉, 단일 거대 주체에서 '복합적 해방의 주체'로 변화하는 점을 충분히 대면하지 못했다.

그런데 복합적 적대성 그리고 다양한 적대에 대한 '환원주의'적 설명을 넘어선다고 하더라도, 이러한 적대의 상호 관계를 어떻게 파악할 것인가 하는 문제가 제기된다. 여기서 적대와 갈등의 '위계성'의 문제에 직면하게 된다. 포스트모던한 해체주의적 도전이 마르크스주의와 기존의 좌파 이론에 대해 갖는 도전, 또한 포스트마르크스주의의 마르크스주의에 대한 도전도 이와 연관이 있다.

기본적으로 19세기와 20세기 전반에는 계급적 적대의 중심성, 그러한 적대에서 해방적 위치를 담지하는 프롤레타리아 계급의 중심성을 수용하는 담론이 강력하게 존재하고 있었다. 어떤 의미에서 '계급 적대 일원론' 인식이 존재하고 있었다. 이러한 인식은 계급 적대가 실현되면 다른 모든 적대가 '자동적'으로 해결될 것이라고 하는 인식을 전제하고 있었다.

그러나 인민 주체화의 진전과 대항 헤게모니적 영역의 확장은 다양한 사회적 적대의 상호 관계를 재인식하게 만들었다. 제2차 세계대전 이후 6·8혁명 등에 의해 계기 지워지는 것처럼 인민의 주체화가 진전되어 기존의 계급 적대로 포괄되지 않는 사회적 적대를 문제로 인식하고 저항하게 되었다. 이것은 자연히 계급 적대와 다른 사회적 적대 간의 관계를 재사유하게 만들었다.

새로운 사회적 적대를 저항적으로 재인식하게 된 존재(예컨대 가부장적 억압을 인식하는 페미니스트가 계급 적대를 인식하는 방법은 다를 수 있다는 과거의 일원론적 인식의 차원에서 적대 간의 관계를 파악하지 않게 되었다. 성적 차별을 저항적으로 인식하게 된 존재에게 성적 차별과 계급적 차별의 우선순위를 논하는 것은 이미 의미가 없다. 자연스럽게 다중적인 적대에 대한 복합적 인식이 출현하게 되었다. 필자는 급진민주주의적 입장에서 기존의 쟁점화되지 않았던 다양한 사회적 억압의 차원이 쟁점화되고 문제시되는 것은 인민의 주체화 진전을 의미하고 이는 저항의 풍부화이며, 따라서 다양한 사회적 적대를 인식하는 것이 기존에 사회주의가 중시하던 계급적 적대를 간과하는 것으로 해석되어서는 안 된다고 생각한다. 다차원적 적대 인식은 계급 적대의 희석화가 아니라 저항의 풍부화이다.

다양한 사회적 적대 간의 '보편적인 위계성'을 전제할 필요가 없다는 점에서 라클라우와 무페(1990)의 인식을 받아들일 수 있다. 또한 사회적 적대의 해결 과정이 '선후'의 문제로 인식할 필요도 없다는 점을 받아들일 수 있다. 지젝과 해체주의의 대립에서 지젝이 취했던 입장처럼, 존재론적으로 특권화되고 모든 해방의 궁극적인 중심이 되는 '자기완결적이고 충만한' 특권적 주체가 존재하지 않는다는 해체주의적 관점을 수긍할 수 있다. 모든 갈등과 적대를 일거에 해결하는 모든 '적대의 중심'으로서의 계급 적대를 상정할 필요는 없으며, 사회주의적 투쟁을 "모든 여타의 민주주의적 투쟁을 자신의 지도하에 복속하는 하나의 단일한 투쟁"(Smith, 1998: 25)으로 상정할 필요가 없다.

그러나 모든 갈등과 적대의 '선험적' 위계성을 부정하는 것이 갈등과 적대 간의 관계를 초역사적인 우연적 관계로 환원하는 것을 용인하지는 않는다. 필자는 적대의 선험적 위계성을 전제하지 않으면서도 다양한 적대의 '역사적' 관계성은 적극적으로 인식할 필요가 있다고 생각한다.

다차원적 적대 인식은 계급 적대의 희석화가 아니라 저항의 풍부화

필자는 인민의 주체화의 확대에 따라 나타나는 다양한 적대와 그것에서 연유하는 저항은 인간 해방의 과정에서 나타나는 발전적이고 진보적인 현상이라고 본다. 다양한 사회적 적대를 대상으로 하는 독립적 운동의 출현은 저항의 심화와 풍부화라고 파악되어야 한다. 문제는 계급적 적대를 중심으로 하는 사회주의운동이 혁명권력을 수립한 이후에 '경제 환원주의'에 경도됨으로써, 또한 자본주의 내부에서 반자본주의적 투쟁을 하는 혁명적 세력 역시

'경제 환원주의' 혹은 '노동운동 환원주의'에 빠짐으로써 다양한 새로운 적대에서 나타나는 저항과 연계되지 못한 것이다.[24)]

　이런 점에서 급진민주주의는 후술하는 바와 같이 기존의 민주주의에 의해 비정치로 규정된 인민의 전 삶의 문제를 정치화하는 것을 출발점으로 한다. 인민이 제도화된 정치로부터 배제되는 것뿐만 아니라 자신의 다양한 삶의 문제를 정치화해 파악하고 그것을 저항하는 '쟁투의 주체'가 되는 것에서부터 해방의 정치는 시작된다. 이러한 급진적 정치화의 한 전범은 여성주의에서 제기되었다. '개인적인 것이 정치적인 것이다'라는 페미니즘의 고전적 명제는 인민의 가족이라는 삶의 문제가 정치적 관계로 구성된 것이라고 하는 것을 의미하고 그것이 비정치가 아니라 정치라고 하는 선언하는 것이다.

　급진민주주의는 정치의 외부에 존재하는 비정치의 문제를 부단히 정치의 영역으로 인입하는 것을 추구한다. 급진민주주의 프로젝트는 바로 인민이 평등과 자율이라고 하는 민주주의의 이상에 비추어 자기 삶의 문제를 '주어진' 것으로 수용하는 것이 아니라 스스로 결정해야 하는 어떤 것으로 인식하고 쟁투하도록 한다. 민주주의의 이상인 '인민의 자기통치' 상황은 모든 삶의 공간에 확장되어 인식될 필요가 있다. 가족, 시민사회공간, 친구관계, 소집단, 다양한 지역적·성적·인종적 집단 내부에서도 적용될 수 있다. 사실 모든 일상적 삶의 공간은 그 자체가 '권력의 공간'이다. 물론 여기서 필자는 모든 일상적 삶의 공간은 그 자체가 사실 '권력의 공간'이라는 점을 인정하면서도, 반대로 국가를 일상적 삶의 권력관계로 해소시켜버려서는 안 된다는 입장에 선다. 원형적으로 보면 비국가적인 일상적 삶의 공간에서의 권력관계가 총화되는 영역이 바로 국가이다. 즉, 하나의 국가는 특정한 시공간에서

---

24) 박영균은 "기존의 마르크스주의 또는 노동운동은 노동자주의적 관점에서 노동중심 성으로 문제를 환원하고 계급 환원론을 벗어나지 못했다. 소박한 경제결정론과 계급 환원론에 매몰되어 있었고, 이것이 정세 개입에서 좌파의 무능력을 생산했다" (박영균, 2009: 182)고 말한다.

다양한 삶의 공간에서의 권력관계와 접합되면서 존재하고, 동시에 후자는 전자에 총화되는 방식으로 법적·제도적 재생산을 수행한다. 예컨대 가부장적 관계의 가장 핵심적인 영역인 가족을 살펴보자. 가족에서의 '급진적 정치'는 바로 그 삶의 공간에서 가부장적 관계의 하위주체가 그 권력관계를 비판적으로 인식하는 순간부터 시작된다. 정치는 차이와 적대성의 관계(또는 연대성 속의 적대성)를 갖는 구성원의 소통·타협·각축·투쟁의 과정을 의미하기 때문이다. 사실 정치가 필요한 것은, 그리스에서도 그랬듯 차이와 적대가 발생했기 때문이다. 차이와 적대가 있는데도 최소연대성이 존재할 때 차이와 적대를 갖는 존재는 한 '정체' 안에서 적대하는 구성원이 되고, 그렇지 않을 때 별개의 적대하는 집단(정체)이 만들어진다. 만일 가정에서 여성이 기존의 가족 내 분업을 문제 삼을 때 가정 내의 남성과 여성 간의 관계에서 '정치'가 성립하게 된다. 물론 가족이라고 하는 '연대성'의 관계에서이다. 이처럼 비정치의 공간으로 위치하는 모든 삶의 공간을 정치의 공간으로 하는 것, 그리고 그것을 최대주의적 민주주의와 결합시키는 것이 급진민주주의의 입장이다.

여기서 중요한 것은 바로 인민 속에 포함된 소수자와 하위주체의 '정치화'이다. 인민의 정치화 정도만큼 해방의 요구가 증대된다. 이런 점에서 '지금' '주어진' 것으로 인식되는 인민 내부의 차이(차별과 결합됨)를 그 차이에 의해 차별 받는 존재가 정치화되는 정도만큼 인민 내부의 차이와 차별은 문제시될 수 있고 해방의 대상이 될 수 있다.[25]

---

25) 한국에서 민중은 반독재 민주화운동에 참여한 다양한 저항 주체의 연대성에 기초하고 있었지만, 그 당시의 정치화의 수준, 특히 하위주체의 주체화의 수준에 의해 연동되어 있었다. 반독재 민주화운동에서 전해지는, '여성이 전경에 꽃을 달아주는 장면', 광주항쟁에서 여성이 '주먹밥을 만들어주고 물을 날라주는' 장면 등은 운동의 미담이기는 하지만 당시의 정치화 수준 위에서 전개된 장면이라고 볼 수도 있다. 사실 이러한 점은 모든 혁명에도 적용된다. 1917년 볼셰비키 혁명은 1968년 5월 혁명의 여성 정치화의 수준에 이르지 못한 정치화의 수준에서 전개된 혁명이었다.

그러나 인민의 주체화가 확대되고 그에 따라 적대가 다양화하더라도 지배의 헤게모니화가 폭넓게 균열되는 것은 아니다. 이런 점에서 필자는 '저항의 불완전성'을 저항 자체의 보편적 특징이라고 본다. 모든 현실의 저항은 주체적으로 쟁점화되지 않은 '미해방의 전제들' 위에서 전개된다. 현존하는 모든 질서는 '주어진 것으로 인식되는' '자연화'된 지배의 특정 층위를 전제로 존재한다고 말할 수 있다.[26] 그런 점에서 당연히 모든 저항은 불완전하다.

예컨대 1917년 러시아 혁명은 비록 당시에 혁명적으로 자본주의적 계급관계와 봉건적 계급관계를 극복하는 지향을 가지고 움직였지만, 20세기 후반 신사회운동에 의해 쟁점화되는 많은 문제 ― 성, 인종, 생태 등 ― 는 '주어진' 것으로 받아들였다. 1960·1970년대 한국의 반독재 민주화운동은 개발독재 정권의 장시간 - 저임금 정책, 독재적 성격, 재벌 특혜적 성격 등 많은 부분을 저항적으로 쟁점화했지만 당시 지배 질서의 근저에 존재하는 가부장제적 불평등은 충분히 쟁점화할 수 없었다. 실제로 1978년 동일방직 여성노동자에게 남성 구사대가 '똥물'을 끼얹고 탄압할 때 노동 탄압적 현실의 근거에 주어져 있는 가부장적 인식과 남성 중심적 인식을 충분히 쟁점화하지는 못한 채로 저항했다. 또 다른 예로, 1945년 이후 진행된 북한의 반제반봉건 혁명은 아주 낮은 수준의 여성 해방적 인식을 전제로 했으며, 그것은 혁명 이후 정권의 주어진 층위로 존재했다.

어떤 국면에서 저항적 세력이 지배의 특정 측면을 쟁점화하는 순간에도,

---

26) 이 점에서 필자는 '군주제'에 대한 연구는 근대의 지배를 분석하는 흥미로운 사례라고 생각한다. 근대로의 이행 과정에서 '존재의 위기를 극복해낸' 영국의 군주제, 근대로의 이행 과정에서의 추동력과 적극적으로 결합하면서 자신의 존재를 확대해낸 일본의 군주제, 근대로의 이행 과정에서 식민지 전략의 위기를 극복하면서 적극적으로 자신의 존재를 확보해내고 근대 이후의 국민국가의 지배 중심이 되고 있는 태국의 군주제는 위기적 상황에서 어떻게 지배권력이 저항의 불완전성에 '편승'하면서 자신을 재생산하는가를 보여주는 흥미로운 사례들이다.

지배가 특정 방식으로 전유하고 대중의 동의로 만들어놓은 층위가 작동하고 있다. 특정 시기의 혁명은 특정한 인민의 주체화 수준에서 발생한다. 그리고 그만큼 혁명의 불완전성을 내장하고 있다. 이런 점에서 모든 혁명과 저항은 불완전하다.[27]

5) 저항적 주체성과 적대적 사회성, 연대적 사회성

체제의 결함과 불완전성에서 인민이 체험하는 모순과 긴장이 '잠재성'으로 존재하다가 '현재성'으로 전화되는 과정은 대항 헤게모니의 성공적 수행 과정이기도 한 동시에 인민 자신에게서 '저항적 주체성'이 발현되는 과정이다. 앞서 서술한 대로 저항적 주체성이란 자신의 삶에서 체험하는 불만과 긴장을 주어진 것으로 수용하지 않고 비판적으로 인식하며 체제의 변화에 대한 요구로 표현하고 행동하는 것이라고 할 수 있다. 급진민주주의론에서

---

27) '성공한 혁명'이 다른 저항과 다른 것은 혁명세력이 국가권력을 장악해 사회구성원에게 '강제적'인 힘을 행사할 수 있게 되었다는 점이다. 여기서 혁명 이후 세력이 '혁명의 불완전성'에 대한 인식을 갖는 것이 필요하다. 그렇지 않고 스스로가 수행한 혁명을 절대화하고 혁명 이후의 모순과 긴장, 갈등을 혁명에 대한 도전으로 간주하고 억압하게 될 때, 또한 혁명 과정에서 대결했던 모순이 아닌 새로운 모순에 기초한 인민의 새로운 저항적 주체화를 '반혁명'적인 것으로 인식할 때, 혁명 정권은 이를 억압하는 방향으로 나아가게 되고(이를 통해 혁명독재와 혁명권위주의가 출현하게 된다), 그러한 새로운 저항적 주체성은 반혁명의 자원이 된다. 예컨대 폴란드의 연대노조는 초기에 '공산주의 체제의 내적 개혁'을 지향하는 운동으로 출현했지만, 공산당 권력이 이를 억압하면서 점차 '반공산주의적'인 운동으로 전화되어갔다. 이러한 역전 현상의 누적이 결국 소련과 동유럽의 현존 사회주의의 붕괴로 이어졌다고 할 수 있다. 중국도 개혁개방 이후 저항 내부에 우익적 요소와 좌익적 요소가 공존해가고 있는데, 1989년 천안문 사태 이후 저항 내부에서 우익적 요소가 더욱 강화되어가고 있으며, 이는 궁극적으로 중국 공산당 체제의 심대한 균열 요인으로 작용할 것이라고 필자는 생각한다.

볼 때 저항적 주체성은 인민의 주체성의 구성적 일부이다.

체제의 불완전성과 결함, 모순으로 인해, 그리고 저항의 성과가 '이후의 지배의 조건'으로 포함되는 조건에서 — 저항이 불완전하지만 반대로 — 지배 역시 언제나 온전히 헤게모니적인 것으로 작동하지 않는다. 한편에서 인민은 체제의 결함과 모순에서 긴장을 체험하면서도 그것을 주어진 것으로 인식하면서 지배권력이 '호명한 정체성'을 가지면서 존재한다면, 다른 한편에서는 이전의 저항 전통에서 획득한 저항적 정체성이나 새롭게 자각한 저항적 정체성을 잠재적으로 공유하면서 존재한다.

많은 비판사회이론에서 저항적 주체성은 인민 주체성의 구성적 일부로 충분히 주목받지 못했다. 예컨대 푸코의 논의에서 주체화는 개개인의 호명된 지배적 정체성이 정립되는 과정이며, 사후적으로 균열된다. 또한 네그리는 스피노자의 통찰력에 기대어 노동자를 구성적 각축의 존재로 인식하는 데는 성공했으나('벡터론'을 이야기했으나) 그의 논의 속에서 자본에 포섭되지 않은 삶의 영역은 없으며 제국적 주권에는 외부가 없다. 주체성의 형성 속에서 저항적 주체성이 '외재적으로' 존재하는 것이다.

필자가 볼 때, 어떤 점에서 급진적인 이론일수록 자본과 권력의 지배와 그 모순을 첨예하고 인식하는 이면에서, 지배의 완전성과 강력함을 가정하는 경향이 있다. 그래서 역설적으로 완전하고 강력한 지배 속에서 주체는 '숙명적인 질곡'에 갇혀 지배가 호명한 주체' 혹은 '권력이 포획한 주체'가 된다. 심지어 주체는 권력과 자본의 논리가 몸속까지 철저하게 작동하는 존재로 그려진다. 그러나 지배에 의해 주어지는 주체성과 저항적 주체성은 개인에게 공존한다.[28] 필자는 저항적 주체성은 체제의 결함과 불완전성에서 말미암는

---

28) 이를 바디우의 논의와 연결시켜 논의해보자, 필자는 바디우의 논의가 저항적 주체성을 주목하면서도 그것이 '초월적' 과정을 통해 발현되는 것으로 본다는 점에서 또 다른 한계가 있다고 평가한다. 바디우는 구조주의에 의해 부정된 주체를 다시 철학의 영역으로 끌어들임으로써 객관주의를 벗어나 비로소 주체적 정치(politique

인민의 존재조건의 일부라고 파악한다. 단지 그것이 잠재적인 것으로 존재할 뿐이다.[29)]

　저항적 주체성의 발현은 두 가지 내용을 가진다. 즉, 지배적 주체성을 벗어난 저항적 주체성은 한편으로는 적대적 사회성을 저항적으로 인식하는 것으로 다른 한편으로는 연대적 사회성을 저항적으로 인식하는 것으로 나타난다. 인민의 사회적 관계의 본원적인 적대성에서 자신의 이해와 정체성에 기초한 적대성의 인식은 억압되고 지배의 헤게모니화에 의해 주어진 적대성 인식을 주어진 것으로 받아들인다. 저항적 주체성의 발현은 바로 적대성의 구성 내용에서 스스로의 이해와 요구, 스스로의 독립적인 정체성을 자각하게 되는 것을 의미한다. 이는 지배적 집단에 의해서 주어진 이해와 요구, 정체성 규정을 비판적으로 인식하게 됨을 의미한다. 이에 더해, 저항적 정체성의 발현 과정에는 또 다른 측면이 있다. 연대적 사회성의 저항적 인식이 그것이다. 많은 경우 사회적 관계 속에 존재하는 연대적·공동체적 관계는 정치를 통해 구현되어야 할 것으로 인식되지 않는다. 연대적 사회성은 지배가 구성하는 집단적 정체성의 주요한 자원으로 전유된다. 예컨대 사회적 관계 속에 본원적으로 내장되는 상호 의존성은 '국민'이나 '민족'을 구성하는 요소로서

---

　subjective)를 가능하게 하고 있다. 이때 주체는 자신의 이해를 따라 움직이는 인간 동물로서, '진리의 사건'을 만나서 비로소 주체가 된다. 바디우가 예시하듯이(바디우, 2008), '사도 바울'은 다마스쿠스에서 예수를 만남으로써 새로운 존재방식으로 자신을 이동하면서 새로운 주체가 된다(새로운 존재방식을 바디우는 충실성(fidelite)이라고 부른다. 바디우의 윤리학은 진리가 자신을 드러내는 방식인 '주체의 충실성'에 의존하고 있다). 이는 탈근대적 해체주의가 추방한 '진리'를 다시 불러들이고는 있으나, 여전히 주체성의 초월적 계기를 강조한다는 점에서 한계를 갖는다.

29) 인민의 주체화와 관련해 인민의 역사적 경험이 대단히 중요하다. 인민의 투쟁 과정에서 '성공의 경험'이나 '실패의 경험' 등은 중요한 영향을 미친다. 특히 인민이 권력과의 투쟁에서 승리해본 경험은 이후 주체화 과정에서 대단히 중요한 영향을 미친다. 일본과 한국에서 드러나는 인민의 역동성 차이도 여기에 있다고 생각된다.

인식된다. 연대적 사회성의 저항적 인식은 바로 연대적 사회성에 대한 지배적 규정을 비판적으로 인식하면서 약자와 소수자의 입장에서 연대적 사회성의 실현을 요구하는 것으로 나타나게 된다. 랑시에르는 정치적 주체화를 "하나의 집단이나 계급을 바깥인 것의 이름과 잇는 이름들, 한 존재를 하나의 비존재 혹은 하나의 도래할 존재와 잇는 이름들, 이러한 이름들의 교차에 바탕을 둔 정체성들의 교차"(랑시에르, 2008: 141)라고 말하는데, 그것은 필자의 입장에서는 '사이에(entre) 있고 또한 함께(ensembel) 있기도 한 사람들'의 관계성을 회복하는, 연대적 사회성의 저항적 실현이라고 할 수 있다.

전근대 사회에서 연대적 사회성은 체제와는 무관한 것으로 인식되었기 때문에 체제로부터 이탈한 비주류적인 것으로 인식되었고, 연대성을 저항적으로 실현하고자 하는 공동체운동은 대단히 주변적이고 밀교적인 것으로 인식되었다. 전근대 사회에서 다양한 공동체적 운동은 지배적인 체제의 재생산방식에 대한 저항이며 지배적 정체성으로부터의 저항적 이탈이고, (필자의 시각에서 보면) 사회적 관계의 본원적인 연대성을 '체제 이탈적' 방식으로 실현해보고자 하는 시도라고 할 수 있다. 그러나 이것은 체제에 저항적인 정치의 영역에서는 사고되지 않았다. 근대의 사회주의운동은 연대적 사회성을 '체제'의 수준에서 시도하고자 하는 실험이었다고 규정할 수 있다. 이런 의미에서 저항적 주체성은 적대적 사회성의 지배적 규정을 극복해가는 것이며, 주변화되었던 연대적 사회성의 재인식을 의미한다.[30]

---

30) 필자는 적대적·연대적 사회성의 저항적 재인식을 내포하고 있는 저항적 주체성의 존재를 우리의 역사 속의 '민중'에게서 발견한다. 민중은 개발독재의 헤게모니에 포섭되어 있던 국민이 저항적 주체로 전환되는 것을 상징하며, 지배의 헤게모니 속에서 가려져 있던 '적대적 사회성'을 스스로의 입장에서 저항적으로 재인식하게 된 것을 의미한다. 필자는, 민중 개념이 보다 일반적으로 '저항적 주체성'을 갖는 존재의 특성을 표현한다고 생각하며, 그 속에 개발독재에 저항해 특정 계급·계층을 가로지르는 '연대적 사회성'의 재발견이 담겨 있다고 생각한다. 이에 대해서는 이세영(2006)과 조희연(2008) 참조.

3. 급진적 정치주의와 정치의 사회화

지금까지 인민과 사회, 체제의 관계를 지배의 헤게모니와 인민의 주체화 관계 속에서 다루었다면, 이제부터는 '정치' 문제를 중심으로 '급진적 정치주의'라는 개념으로 급진민주주의론의 개념적·이론적 기초를 다른 측면에서 천착해보고자 한다.

1) 경제주의적 탈정치주의, 제도정치 중심적 정치주의, 경제환원론적 탈정치주의, 반정치주의, 급진적 정치주의

앞서 서술했듯이, 근대 시민혁명을 통한 민주주의의 정립은 국가와 지배의 영역에 '정치', 더 구체적으로 말하면 인민의 주체적 정치 공간이 탄생하는 것을 의미한다. 적대적·갈등적 성격을 갖는 집단적 의제에 대한 공적 결정의 과정인 정치에 인민이 참여하게 된 것이다. 급진민주주의는 현존하는 특정 민주주의가 비정치로 규정하는 것이 진정한 민주주의적 정치의 출발점이라고 판단한다. 급진민주주의론은 정치의 구성과 경계를 급진적으로 문제 삼고 민주주의의 구성적 외부의 시각에서 뛰어넘고자 한다는 점에서 '급진적 정치주의'의 성격을 갖는다. 인민의 다양한 삶의 문제를 '정치적인 것', 다시 말해 인민이 평등과 자율에 기초해 스스로 결정해야 하는 대상이 아니라 '주어진' 것으로 혹은 '자연적'인 것으로 인식하는 방식으로 현실의 민주주의는 도전받지 않고 안정적으로 작동한다. 현실의 민주주의 속에서 특정한 방식으로 정치를 한정하는 것은 다양하게 관철되고 있다. 급진민주주의는 바로 이러한 탈정치화와 비정치화에 도전한다.

이런 점에서 기존의 정치를 보는 다양한 시각을 검토하는 것이 급진민주주의의 이론적·개념적 위상을 명확히 하는데 도움이 될 것이라고 생각된다. 필자는 근대 민주주의에서의 정치를 둘러싼 다양한 견해를 ① 경제주의적 탈정치주의, ② 제도정치 중심적 정치주의, ③ 경제 환원론적 탈정치주의, ④ 반(反)정치주의, ⑤ 급진적 정치주의로 나눈다.

첫째, 경제주의적 탈정치주의는 정치의 고유한 위상을 부정하고 그것을 경제적인 논리 혹은 시장 기능에 위탁·해소하는 시각이다. 시장의 가격체계가 개개인의 욕구와 필요를 표현하는 최고의 민주적 체제로 간주하는 하이에크 식의 인식에서 정치와 같이 비경제적인 요인은 최소화되어야 한다. 초기 자본주의의 자유방임주의적 정치관이나 현대의 신자유주의적 정치관은 바로 여기에 해당한다. 신자유주의는 전형적인 탈정치주의인데, 이는 시장자율이라는 이름으로 정치의 많은 부분을 시장의 기능으로 전치시킨다. 경제주의적 탈정치주의는 일종의 '정치 부정론'이라고 할 수 있다.

둘째, 제도정치 중심적 정치주의는 근대 민주주의의 이중성을 인식하지 못하고 정치를 제도정치로 한정하고, 선거정치나 정당정치와 같이 정치가 실현되는 구체적인 절차와 과정을 강조한다. 많은 자유주의적 정치관이나 슘페터적인 절차주의적 정치관, 나아가 제도정치 중심주의의 여러 형태이 여기에 속한다. 여기서 정치는 제도화된 정치, 예컨대 정당정치와 의회 등으로 구성되는 선거민주주의 혹은 대의민주주의의 제도적 활동에 의해서 파악된다. 이 책의 첫 논문에서 설명한 '민주주의의 자유화론'은 첫째에 가깝고, '민주주의의 민주화론'은 둘째에 가깝다고 해석할 수 있다.

셋째, 경제 환원론적 탈정치주의는 정치의 고유한 차원을 인정하지 않고 그것을 경제주의적 모순으로 환원해버리는 시각으로, 일부 마르크스주의에서 확인된다. 경제 환원주의적 마르크스주의는 자본주의와 국가의 분리, 경제와 정치의 분리를 극복하려는 과정에서 — '경제주의적 탈정치주의'에서와 같이 — 정작 정치의 위치를 기각해버렸다.[31] 파산한 국가사회주의는 어떤

---

31) 우익 전체주의와 좌익 전체주의에서 나타나는 '정치의 소멸'을 경계해야 한다. 우익 전체주의는 근대 민주주의에서 '대표자 정치와 인민 정치의 괴리'를 이용해 '합의독

의미에서 '급진적' 탈정치주의의 지향 위에 서 있었다고 할 수 있다. 경제주의

재'를 창출함으로써 근대 민주주의를 허구화시킨다. 즉, 근대 민주주의의 원리를 (역)이용하고 인민 정치와 대표자 정치를 왜곡된 방식으로 일치시키면서 작동한다. 반대로 좌익 전체주의는 정치와 국가의 도구론적 인식 위에서 정치를 소멸시키는 방식으로 전체주의로 이행한다. 불완전한 현실 속에 내재하는 인민 내부의 갈등성과 적대성을 '가상 소멸'시키는 방식으로 새로운 좌익 관료독재를 낳았던 것이다. 이런 점에서 적대성을 내장한 인민의 주체적 공간으로서의 정치 공간을 인정하는 것이 중요하다. 이러한 정치의 고유성의 인정은 '국가와 시민사회의 분리'를 낳은 근대 시민혁명의 긍정성을 보존하는 것이다. 근대 시민혁명에서 인민은 인민 정치로서의 근대 민주주의를 획득했는데, 이는 국가로부터 (시민)사회의 분리와 독립을 전제로 한 것이다. 이러한 분리는 시민사회 내의 경제적 불평등이 해소되면 의미를 상실하는 것은 아니며, 시민사회 내의 본원적인 갈등성과 적대성을 해소하기 위한 '정치' 공간의 중요성을 부정하는 것도 아니다. 궁극적으로 경제주의적 마르크스주의에서 '국가는 시민사회로 해소'되어야 한다. 국가는 억압의 기구이기 때문이다. 그러나 그람시적인 의미에서 '강압으로서의 국가'와 '헤게모니에 의해 작동하는 동의로서의 국가'에서 전자의 해소가 후자(필자는 이를 정치로 개념화한다)의 해소로 이어지는 것은 아니다. 분명 계급 사회에서 국가는 독점적 권력에 의해 식민화되는 방식으로 계급 지배의 도구가 된다. 그러나 국가의 모든 측면이 이러한 '도구성'으로만 환원될 수 있는 것은 아니다. 현존사회주의에서 '사적 소유'의 철폐(물론 그것이 실제 이루어진 것은 아니다)를 통해서도 사회구성원 간에 갈등성과 적대성이 완전히 해소된 것은 아니다. 마르크스의 표현대로, '능력에 따라서 일하고 필요에 따라서 갖는' 상태는 현실적으로 실현될 수 없고, 현존 사회주의도 현실적인 생산력적 제약 속에서 작동한다. 또한 모든 사회적 적대는 경제적 적대로만 환원될 수 있는 것은 아니다. 경제적 적대로 환원될 수 없는 다양한 사회적 적대도 존재한다. 더구나 현재적 상황을 고려한다면, 생산력의 발전이 자연 파괴적이므로 또 다른 의미에서 '모든 사람이 원하는 대로' 소비할 수 없는 제약을 가지고 있다. 이는 '경제적 불평등'의 해결 차원으로 정치의 역할을 해소할 수 없는 조건을 부여한다. 이런 복합적 조건을 고려할 때, 현실적으로 사회주의의 유토피아적 전망의 긍정성을 보유하면서도 생산관계적 차원에서의 불평등 극복의 불완전한 현실을 전제로 할 때 사회구성원의 엄존하는 갈등성과 적대성을 인정하고, 그것이 정치 ─ 정치의 급진적 사회화─ 를 통해서 해결해가는 방식으로 노력해야 한다. 한국에서도 그람시의 시민사회에 대한 논쟁에서 궁극적으로 근대성 속에서 정립된 '국가와 시민사회의 분리'가 '정치사회의 시민사회의 재흡수'의 형태로 해소되어야 하는가 하는 문제가 제기되었다.

적 탈정치주의를 우파 경제주의라고 한다면, 경제 환원주의적 마르크스주의
는 정치주의의 형식을 띠지만 실질적으로는 좌파 경제주의라고 할 수 있다.
우파 경제주의는 정치의 역할을 최소화하고 시장에 정치의 역할을 담당하게
하지만, 좌파 경제주의에서는 경제적 토대의 차원에서의 모순이 '극복'되었
기 때문에 정치의 고유한 역할은 없다고 인식된다.[32] 정치는 경제로 수렴된

그람시의 논의에 이중적 성격이 존재하는 것도 사실이다. 즉, 그람시가 시민사회에
서의 프롤레타리아의 헤게모니 장악과 그에 기초한 국가권력 장악을 통해 시민사회
의 자기규제력의 확대 및 강제력 사용의 계기의 배제가 나타나고 궁극적으로 정치사
회의 시민사회로의 재흡수를 통한 '자기조절적 사회'로서의 계급 없는 사회로의
이행을 말할 때, 이것이 재흡수를 통한 해소를 의미하는 것인가 하는 문제가 제기된
다. 김세균(1995a: 162~163)은 그람시의 논의가 '재흡수를 통한 해소론'이라고
비판하면서 헤게모니의 확대만으로는 부르주아지의 억압적·이데올로기적 국가장
치의 혁명의 파괴와 부르주아적 생산양식의 혁명적 폐절이라고 하는 과제가 자동
해결되는 것이 아니라는 점에서 한계를 갖는다고 비판한다. 필자는 사회주의로의
이행 과정이 단순히 시민사회의 헤게모니의 확대라는 양적 누적 과정으로만 해결되
는 것이 아니면, 국가권력의 담당 주체의 전환을 가능한 '질적 단절'의 과정이 필요하
다는 점을 강조하고자 하는 것으로 이해하고 이를 긍정한다. 그러나 동시에 필자는
프롤레타리아 혁명을 통한 '정치와 경제의 재결합'과 '정치와 노동의 재결합'이라고
하는 것이 근대성의 긍정적 측면으로서의 '국가와 시민사회의 분리'의 긍정성을
해소해서는 안 되며, 경제의 부르주아적 모순의 해결이 '정치의 경제로의 해소'로
가서는 안 된다고 생각한다. 급진민주주의론이 연결시키고자 하는 지점이 바로
그 지점이다. 국가와 시민사회의 분리, 시민사회의 성격을 둘러싼 그람시 논쟁에
대해서는 김세균(1995a; 1995b); 강문구(1995a; 1995b); 백욱인(1995) 참조.

32) 보비오(1992)가 "왜 마르크스주의에는 '국가 일반론'이 없는가"라고 묻는 것의 진정
한 의미도 여기에 있다. 전후의 마르크스주의는 국가의 '상대적 자율성' 문제와
씨름할 수밖에 없었던 이유도 여기에 있다. 사회주의가 대립하는 자본주의가 '국가
와 경제의 공간(자본의 축적과 잉여가치의 생산) 사이의 상대적 분리' 혹은 '정치와
경제의 분리'(풀란차스, 1994: 21) 위에서 작동했다고 하면, 자본주의에 대립하는
사회주의는 경제의 문제가 해결됨으로써 정치는 고민할 필요가 없게 되는 것이다.
그러나 인민의 사회적 삶 자체가 고유한 적대성(정치성)을 가지고 있으며, 그것을
부정하는 '왜곡된 전제'는 더 큰 문제를 낳을 수 있음을 현실 사회주의의 붕괴가

다. 이런 점에서 마르크스주의 전통 내에서 경제 환원주의를 극복하면서
지배와 저항의 각축 공간으로서의 정치를 되살린 것은 그람시였다. 국가사회
주의의 붕괴 이후에 민주주의의 재발견(밀리반트, 1994), 국가 - 시민사회 분립
의 의의, 정치의 재발견 등이 이어지게 된 것도 경제 환원주의의 극복과
연관되어 있다.[33].

  넷째, 반정치주의는 정치가 근본적으로 권력관계의 표현이라는 전제에서
정치 자체를 극복하고자 하는 지향을 말한다. 정치 자체가 지배와 복종의
권력관계를 기본으로 하므로 정치 자체를 극복해야 할 대상으로 인식하는
것이다. 국가를 포함한 일체의 정치는 권력관계이므로 권력 자체의 해체가
필요하며 일종의 '사회의 자율적인 자기조직화' 상태를 이상으로 상정한다.
무정부주의, 자율주의, 이종영(2005)의 견해[34]도 여기에 포괄될 수 있다. 자율

경험적으로 보여주었다. 사회주의 붕괴는 '인민의 이기성'이나 체제의 불완전성,
계획의 기술적 불완전성 등을 전제하지 않은 데('부당전제')서 나타난 더 큰 결과적
왜곡성을 말해준다. 풀란차스를 포함해 네오마르크스주의자들이 넘어서고자 했던
것은 '마르크스주의에 국가 일반론이 부재'한 현실이었다고 할 수 있는데, 이 역시
이와 연관되어 있다.

33) 제숍의 표현을 빌리면, 이러한 마르크스주의적인 탈정치주의는 '자본 환원적' 접근
   법에서 유래하는 경향이 있다(제숍, 2000: 91).

34) 마르크스, 라캉 등의 이론의 재해석 위에서 한국 비판사회이론의 새로운 지평을
   개척하고 있는 이종영(2005)은 정치가 타인을 복종시키는 음모적인 것으로서 정치
   는 언제나 복종을 강요하는 권력 논리 위에서 작동한다고 보고 있다. 이 점은 전근대
   적인 궁정 정치에서는 말할 것도 없고(조선시대의 당쟁), 심지어 근대적인 의회주의
   정치에서도 본질적으로 동일하다고 보고 있다. 필자는 이 점에서 근대 이전 지배와
   근대 이후 지배의 연속성도 존재하지만, 차별성을 중요하게 인식해야 한다고 생각한
   다. 이종영은 정치를 정치I과 정치II로 나누고 있다. 정치I은 근대적인 '정치적인
   장'에서 이루어지는 정치로서 계급 지배를 관리하는 부르주아적 지배양식의 일부로
   서 전개된다. 그런데 이러한 정치에 반대하는 혁명조차도 사실은 반혁명이 된다.
   권력으로서의 정치를 극복할 수 없고 그에 포획되기 때문이다. 그러면서 권력관계를
   최소화해가는 반정치를 대안으로 제시하고 있다. 이에 대해 필자는 이종영이 이야기

주의에서도 이러한 반정치주의가 나타난다.

다섯째, 급진적 정치주의는 이상에서 서술한 것과 같이 근대 민주주의하에서의 '정치의 이중성'을 인식하고 '정치의 급진적 확장과 재구성'을 통해 근대 민주주의를 부단히 급진적으로 재구성하는 지향을 말한다. 근대 민주주의가 한계를 가지고 있지만 인민의 투쟁을 통해 정치를 복원시킨 긍정성을

하는 '반정치'를 '정치의 사회화'를 통해 실현해가는 '사회적 정치'로 규정한다. 아렌트적인 이상적 정치를 상정하지 않더라도, 무페와 슈미트가 지적하는 적대적인 것으로서의 정치적인 것을 끌어안는 정치의 필요성을 이야기할 수 있다고 본다. 이종영은 러시아 혁명의 반혁명화를 1917년 10월 24일 레닌의 쿠데타에 의한 것으로 보고 있으나(쿠데타가 없었다면 사회혁명당 - 멘셰비키 - 볼셰비키의 연합정부가 들어섰을 것이므로), 필자가 보기에 '혁명의 반혁명화'는 '혁명의 국가화'에 내재하는 것으로 보는 것이 정당하지 않는가 생각된다. 혁명에 의해 혁명세력이 국가권력담당세력이 되면서 조직의 논리와 국가의 논리, 권력의 논리에 포획되게 된 것이다. 이종영의 '혁명의 반혁명화'의 문제의식을 필자는 '정치의 국가화'로 포착한다. 필자는 지배와 저항의 각축에서, 지배와 (인)민의 전쟁에서, 인민투쟁이 지배의 양식에 가하는 효과에 대해서 고려해야 한다고 본다. 예컨대 궁정 정치와 의회 정치의 동일성을 볼 수도 있지만, 사실 수천 수만이 죽음으로써 시민혁명이 있었고 (파리코뮌에서는 시체가 산더미처럼 쌓여 있었다), 그것은 권력의 작동방식 자체를 바꾼 것이기는 하다. 단지 근대 시민혁명은 (인)민을 정치의 주체로 인입하는 것을 강제했으나 최종심급자로서의 주권적 위치를 확인하고 그것을 현실적으로는 정기적인 선거에서 확인하는 수준에 머물게 된 데 문제가 있다. 이종영은 정치를 지배와 동일시하고 있는데, 필자는 지배에서 정치가 생겨난 것은 바로 (인)민의 투쟁 효과이며, 정치를 통해 지배를 관철하도록 강제한 것은 바로 (인)민의 투쟁이었다고 생각한다. 바로 여기서 필자는 정치의 이중성과 '정치의 사회화'를 말한다. 더 나아가 이종영은 반정치적 존재양식을 이야기한다. 모든 권력관계를 극복해가는 수평적인 사랑의 관계로서의 정치를 이야기한다. 필자는 이 점에서 '연대적 사회성'과 '사회화된 정치'를 이야기한다. 이것은 정치 소멸론으로 가지 않기 위해서이다. 정치의 소멸은 국가사회주의의 경험에서 보듯이 좌익 전체주의로 가는 통로를 열어놓을 수 있다. 적대적인 것으로서의 정치적인 것을 현실로서 받아들이는, 사회주의적 헤게모니 정치의 가능성도 열어놓아야 한다고 생각한다. 이종영이 '반정치'를 이야기하는 곳에 필자는 '해방정치의 풍부화와 급진화'를 설정한다.

가지고 있다는 점에서 존재론적 긍정을 하고, 그 위에서 민주주의 내에서의 정치를 급진적으로 확장하고자 한다. 급진민주주의론은 마르크스주의, 특별히 경제환원주의적 마르크스주의 내에서 정치와 민주주의의 고유한 위치는 부여받지 못했다는 점을 인식하고, 나아가 정치가 푸코적 의미에서 권력의 인간이 만들어지는 '권력적 주체화'의 과정·공간이기도 하지만 반대로 '저항적 주체화'가 이루어지는 과정·공간이라는 점을 강조하고자 한다. 급진적 정치주의는 경제로 환원될 수 없는 정치와 민주주의의 고유한 위치를 인정하면서 그것을 급진화하는 지향이다. 당연히 포스트구조주의와 포스트마르크스주의의 도전 속에서 그람시의 지향을 새롭게 살리는 문제의식과 맞닿아 있다.

근대 시민혁명에 의해 창출된 정치 혹은 민주주의적 정치는 '지배(그 제도적 중심으로서의 국가)에 대한 동의가 창출되는 관계와 활동'의 의미를 담고 있다. 앞서 언급했듯이 마르크스주의적 입장에서 이러한 '정치'를 포착한 것은 바로 그람시였다. 물론 '동의로서의 국가'와 시민사회라는 개념을 통해서였다. 근대 민주주의라는 것이 '민주주의적 형식의 지배'일 수 있지만, 그 지배가 압도적으로 권력자의 우월한 폭력적 강압력에 의해서가 아니라 인민의 지지와 동의를 획득함으로써 유지된다는 것을 조명한 것이다. 그람시는 이러한 동의가 국가가 아닌 시민사회를 통해 획득된다고 보았다. 그람시가 시민사회라고 보았던, 국가에 대한 동의가 창출되는 관계와 활동이 바로 여기에서 이야기하는 정치가 되는데, 그람시가 말하는 시민사회적 활동은 현재적 맥락에서 보면 제도화된 정당이 수행하는 정치와 시민사회의 자발적인 비정치적 기구가 수행하는 정치로 구성된다고 할 수 있다(조희연, 2006). 전자가 제도화된 정치이고, 후자가 사회적 정치이자 인민의 정치인 것이다. 사실 그람시가 양자의 정치 자체를 모두 '시민사회'로 인식한 데에, 페리 앤더슨이 지적하는 '그람시 이론의 이율배반'[35]이 존재한다. 여기서 급진적 정치주의는 그람시가 시민사회와 헤게모니적 실천과 대항 헤게모니적 실천이 각축하는 시민사회를 정치로 포착한다.

또한 급진적 정치주의는 근대 시민혁명을 통해 확보된 인민의 주체적 정치 공간을 부단히 전복적으로 재구성하는 방식으로 민주주의의 '구성적 외부'로 존재하는 것(요구와 이해, 주체)을 급진적으로 내부화하는 것을 지향한다. 앞서 탈정치주의가 한 사회 속에서 존재하는 개별적인 존재의 사회적 차이에 근거하는 정체성을 탈정치화시키며 현실의 주체위치와 호명된 정체성 속으로 개인을 포섭하며 그러한 위치와 정체성이 내포하는 지배종속관계의 근저에 있는 불평등한 억압적 질서를 '주어진' 것으로 인식하게 하는 것이라고 한다면, 급진적 정치주의는 바로 이러한 차이를 정치화하는 것이다.

랑시에르가 치안과 정치를 구분하고 정치를 복원하고자 한 것이나 아감벤이 근대 주권의 이중성을 부각시키면서 정치의 급진적 확장을 취하는 입장도 급진적 정치주의의 현대적 표현으로 이해할 수 있다. 그런데 아감벤은 많은 현대의 비판이론이 그러하듯 체제의 모순을 드러내기 위해 '외재적'인 방식으로 특정한 소외된 존재를 드러내는 방식을 채택한다. 아감벤(2008)이 볼 때 주권은 법을 지속시키는 근거이기도 하지만 지배를 유지하기 위해서는 '예외'를 선포할 수 있는 힘이 된다. 주권은 법 자체의 중단이자 법의 강제력의 지속이라는 점에서 법의 외부와 내부를 동시에 포괄하고 있는 법질서의

---

35) 앤더슨은 국가와 시민사회, 헤게모니의 소재에 대한 세 가지 모델이 모순적으로 불명확하게 공존하고 있다고 보았다. 즉, 국가와 시민사회는 대칭되고 헤게모니는 시민사회에만 존재하는 모델, 국가와 시민사회는 대칭되지만 헤게모니는 정치적 헤게모니와 시민사회 헤게모니의 형태로 양자 모두에 존재하는 모델, 국가가 정치사회와 시민사회를 포괄함으로써 국가는 시민사회와 일체화되는 모델이 있다(앤더슨, 1995: 62~80). 필자는 그람시의 문제의식을 수용하면서도, 근대 시민혁명 이후의 민주주의는 동의를 통해 강압을 재생산하는—강압과 동의가 국가의 양면적 측면이 아니다—특성을 지니고 있다고 판단한다. 그람시가 시민사회가 시민사회를 지배에 대한 동의가 창출되는 장이자 대항 헤게모니가 창출되는 '각축의 장'으로 포착했던 문제의식은 필자에게서는 정치의 이중성으로 포착된다.

한계 개념이며 서구 정치의 본원적 관계이다. 여기서 그가 말하는 헐벗은 삶(bare life)은 바로 예외 상태에 처한 삶이며 오늘날의 정치는 헐벗은 삶의 전면화이다. 예컨대 강제수용소에 처한 인민의 삶이 나타내는 헐벗은 삶은 정치로부터 소외를 통해서만 정치에 포함될 수 있는 모순적인 존재이자 지배와 배제가 동시에 일어나는 장소이다.

그런데 아우슈비츠와 관타나모는 지배에 포획된 현대적 존재의 극단적인 표상일 수 있지만 동시에 현대의 지배는 아우슈비츠나 관타나모 같은 식으로 작동하지 않는다는 특성이 있다. 아우슈비츠나 관타나모는 그것이 '예외적'이기 때문에 지속성을 갖지 못하는 것이다. 그것이 현대적인 민주주의적 지배의 성격이다. 그래서 아감벤처럼 예외적인 극단적인 전형을 통해 현대의 체제 내의 삶의 모순을 극단적으로 보여주는 방식은 어떤 의미에서 현실을 가리는 것일 수 있다. 자신이 겪는 현실이 아우슈비츠나 관타나모의 현실이 아니기 때문에 오히려 정당화될 수 있는 것이다.[36] 급진적 정치주의의 관점에서 보면, 현존하는 지배는 민주주의적인 체제의 방식을 통해서 '구성적 외부'를 만들어내는 방식으로 작동한다.

많이 알려져 있듯이, 랑시에르(2008)는 정치, 정치적인 것, 치안을 구별한다. 정치적인 것은 정치와 치안이 마주치는 현장이다. 랑시에르에게 "정치란

---

36) 이 점은 대단히 중요한 인식론적 쟁점을 내포하고 있다. 아렌트(1996)는 『인간의 조건』에서 고대 그리스 도시국가는 공적인 영역(정치의 영역)과 사적인 영역(노예, 아동, 유색인종 등이 물질적 생산을 담당하는 일종의 '암흑의 영역')의 구분에 서 있었으며, 정치의 영역은 권리가 박탈된 무권리의 존재를 배제함으로써 구성된다고 보고 있다. 아감벤적 표현으로 하면 '조에'적 존재를 전제로 비오스적 존재가 성립하는 것이다. 그런데 문제는 이러한 구분을 바로 근대 사회에 대입하는 것이다. 근대 민주주의에서의 정치는 '배제'가 아니라 포섭을 통해 작동하고 포섭을 통해 배제가 이루어진다. 그런 점에서 '정치로부터의 배제'가 아니라 '정치를 통한 배제'(여기서 '정치의 급진적 확장', 즉 정치의 사회화가 중요하다)가 중요한 분석대상이 되어야 한다.

평등 과정이며 해방 행위이다. 그것은 치안의 질서를 가로질러 그 위계에 의문을 제기하고 분배의 질서를 해체하는 작업이다." 랑시에르가 말하는 '정치적인 것'이란 바로 치안과 정치가 맞부딪치는 지점이다. 치안과 정치가 부딪쳐 형성되는 선이 곧 정치적인 것의 가장자리·테두리·경계인 셈이다. 이것은 정치적인 것의 구성을 둘러싼 각축을 적절히 묘사하고 있다.

그런데 필자는, 치안과 정치가 양분법적으로 구분되고 치안과 평등 지향적 정치가 따로 있는 것이 아니라고 생각된다. 이것은 '무엇이 정치인가'를 둘러싼 두 대립되는 각축 행위라고 해야 할 것이다. 이는 현존하는 정치를 특정한 방향으로 구성하기 위한 '정치의 두 형태'라고 보아야 한다. 급진적 정치주의는 정치 자체에 내재해 있는 이중성을 포착하면서, 그러한 이중성의 진보적 요소를 급진화하는 것을 지향한다. 앞서 필자는 이 책의 첫 논문에서 구성적 외부의 예로서 주민등록증 말소자, 비정규직 노동자, 이주노동자의 예를 제시했다. 그들은 민주주의를 통해 그리고 정치를 통해 구성적 외부가 되는 것이다. 급진적 정치주의는 바로 정치 자체를 급진적으로 확장하는 노력을 통해[37] 이러한 구성적 외부를 민주주의의 내부화하는 것이다. 이런 점에서 급진적 정치주의는 이상적인 어떤 정치의 상태를 '외재적'으로 설정하는 방식이 아니라, 내재적 방식으로 정치의 급진적 재구성을 지향하며 기존의 권력이 정치를 식민화하는 바로 그 현장에서 균열을 확대하고 '전복'하는 것을 통해 정치를 확장하는 것을 지향한다.[38]

---

37) 이러한 급진적 확장은 페미니즘의 핵심적인 명제라고 할 수 있는 '개인적인 것이 정치적인 것이다'라는 말에 잘 나타나 있다. 이전에 가정의 문제, 개인의 문제, 몸의 문제는 공(公)적인 것과 구별되는 사(私)적인 것으로서 취급되었고, 정치는 전자의 문제로 치환되었다. 필자의 시각에서 보면, 페미니즘은 바로 사적인 영역, 가족의 영역, 개인의 영역을 정치의 영역으로 급진적으로 확장한 대표적인 예라고 할 수 있다.

38) 고병권·이진경 외(2008)는 '코뮌주의'에서 '우정과 기쁨의 정치학'을 논의하고 있는데, 필자는 이것을 기본적으로 기존의 좌파 정치학이 '적대의 정치학'으로 환원되는

2) 급진적 정치주의와 '정치의 국가화' 대 '정치의 사회화'

급진적 정치주의는 정치 자체에 대한 반정치주의, 탈정치주의, 제도정치 중심주의적 정치주의적 관점을 넘어서서 정치의 이중성에 주목하고, 정치가 구성적 투쟁을 통해 인민이 전유하고 (재)구성해야 하는 이중적이고 복합적인 어떤 것으로 파악한다. 이러한 '정치의 구성 투쟁'의 양쪽에서 '정치의 국가화' 대 '정치의 사회화'의 각축이 존재한다. 이 각축은 본원적인 사회성(사회적인 것)이 정치적으로 구성(정치적인 것으로의 전환)되는 방식, 나아가 정치적인 것이 제도화된 정치에 포함되는 과정을 둘러싼 각축이라고 할 수 있다.

앞서 서술했듯이, 전근대 사회에서 사회적 관계의 적대성과 연대성이 관리되는 방식은 기본적으로 '억압'이라는 기제에 의해서였다. 그러나 근대 시민혁명에서 인민의 투쟁을 통해 인민의 주체적인 정치공간이 출현했다. 이제 지배는 정치라는 자율적 ― 최소한 자율의 외양을 갖는 ― 기제를 통해 이루어지게 되었고, 그래서 정치의 구성을 둘러싼 각축, 즉 정치의 국가화 대 사회화의 각축이 근대 민주주의에서 중차대한 의미를 갖는 것이다.[39]

먼저, 정치의 국가화는 정치라고 하는 장이 국가화된 지배에 대한 동의가 창출되는 장으로 작동하도록 하려는 시도를 의미한다. 나아가 정치의 국가화는 근대적 지배의 유기적 구성 부분이 된 '정치'가 인민 주체화의 계기와 공간으로 전화되지 않고 '지배의 헤게모니화'를 가능케 하는 공간이 되도록

데 대한 반성이라고 생각한다. 이는 많은 포스트구조주의자가 새롭게 통찰하는 대목이기도 하며, 나카자와(2008)에서 '마르크스의 열락'(6장)으로도 탐구되는 것이기도 하다. 필자는 인간 간의 적대성이 아닌 우정과 기쁨이 단지 '선언적'인 것으로서 포착될 수 있는 것은 아니라고 생각한다. 인간의 사회적 관계의 본원성 속에서 설정되어야 한다고 본다.

39) 정치의 국가화 대 사회화의 각축은 조희연(2006)에서 개진했으며, 이 글에서 새롭게 발전시키고자 하는 것이다.

하는 것을 의미한다. 국가는 현존하는 정치적·경제적·사회적 권력이 스스로의 재생산을 보증하기 위해 최종적으로 근거를 삼는 제도적 장치이기 때문에, 민주주의를 식민화하는 현실의 권력은 최종적으로 국가로 수렴된다. 국가는 정치적·경제적·사회적 권력의 결절점이다. 따라서 정치의 국가화는 정치가 특정한 방식으로 구성되어 현실 권력의 재생산을 위협하지 않는 방향으로 작동하도록 하는 것을 의미한다.

반대로 정치의 사회화는 정치를 사회와 일치시키도록 하는, 즉 정치가 사회적 요구를 실현하는 장이 되도록 하고 동시에 정치가 인민의 자기통치와 자기권력 상태의 실현으로 근접하도록 하는 시도를 의미한다. 정치의 사회화는 인민의 투쟁을 통해 지배의 기제에 설정된 정치, 특히 근대 민주주의적 정치가 인민 주체화의 계기와 공간으로 전화되어 정치의 공간에서 배제되는 다양한 소수자와 하위주체의 요구, 넓은 의미에서 사회적 요구가 반영되도록 정치를 변화시키고자 하는 과정을 의미한다. 정치의 사회화의 과정을 통해 민주주의가 그동안 '구성적 외부'화했던 다양한 사회적 요구, 이해 및 목소리를 정치에 내부화함으로써 쟁점화하고 문제시하여 민주주의의 이름으로 해결의 가능성을 확대하는 것이다.[40]

---

40) '정치의 국가화'로 구성되는 정치는 '국가적 정치'로 부를 수 있고, '정치의 사회화'를 지향하는 정치를 '사회적 정치'(넓은 의미에서 인민의 정치, 근대 시민혁명을 통해 이상으로 성립한 정치)라고 할 수 있다. 국가화된 정치로 환원되지 않는 다양한 유형의 사회적 정치가 존재할 수 있다. 이를 '국가화된 정치'와의 관계에 따라 분류해 보면, '비합법 지하 정치', '진입 정치', '장외 정치', '반국가 정치' 등이 있다. 비합법 지하 정치는 국가가 정치를 소멸시킴에 따라 비국가·비제도적 영역에서 작동하는 형태의 정치이다. 따라서 이는 대부분 지하조직과 결합된 조직 정치의 형태로 등장하며 국가폭력으로부터 자신을 방어·보호하기 위한 비밀 정치의 성격을 갖는다. 비합법 지하 정치는 체제의 입장에서는 혁명적 정치로서 반체제적 정치의 성격을 갖는다. 진입 정치는 국가 제도로 '진입'하는 사회적 정치의 유형을 의미한다. 정치의 국가화라는 입장에서 보았을 때 이는 '변형'이지만, '봉쇄'를 해체하고 진입했다는 측면에서 국가 위의 정치를 사회적으로 재구조화하는 측면이 존재한다. 예컨대 노동자

여기서 정치의 국가화 대 사회화의 대립은 단순히 정치의 영역의 확장과 축소의 문제가 아니며, 정치의 내포와 외연, 정치의 경계를 둘러싼 각축이라고 할 수 있다. 그런 의미에서 정치의 국가화 대 사회화의 각축은 '정치의 구성적 각축'이라고 할 수 있다. 급진적 정치주의는 바로 이러한 정치의 급진적 사회화를 위한 노력을 강조하는 지향이라고 할 수 있다. 랑시에르가 치안이라고 한 것은 바로 정치의 국가화를 통해 과정적으로 작동하며, 평등 지향적 정치는 바로 정치의 사회화의 과정 속에 존재한다.

적대적 사회성과 정치적인 것의 구성[41]

여기서 '정치의 구성'을 둘러싼 정치의 국가화 대 사회화의 각축은 두 가지 상호 연관된 과정으로 이루어져 있다. 첫째는 지배의 헤게모니화와 인민의 주체화라는 대립 속에서 '사회적인 것(사회성)'이 정치적인 것으로

정치세력화가 이에 해당한다. 장외 정치는 국가의 '봉쇄' 프로그램에 의해 국가·제도로의 진입이 차단되어 국가가 허용하는 비제도적 영역에 존재하는 국가·비제도 중심의 정치를 의미한다. 사회운동 정치가 이에 해당하며 낙선운동 같은 것도 여기에 분류할 수 있다. 이러한 정치들이 국가·제도정치와 대결하며 형성되는 정치라고 한다면, 반국가 정치는 일종의 '사회의 자기조직화'를 향한 정치를 지향하면서, 국가를 우회하거나 혹은 단일한 국가권력의 중심을 인정하지 않으면서 권력의 분산과 해체를 통해 사회를 자기조직화하려는 정치유형이다. 반정치주의는 바로 이러한 정치를 지향한다고 할 수 있다(신영복·조희연·장훈교, 2007).

41) 포스트마르크스주의에서 '자기제한적 (급진)민주주의'라고 말할 때 자기제한성은 정치의 전체주의화의 위험을 염두에 두는 것이다. 이는 정치 자체에 내재하는 갈등성과 적대성 ― 인간 사회의 본원적인 것이다 ― 을 인정하고 갈등성과 적대성의 근거를 해소시키려는 노력이 필요하다. 인간 간의 갈등성과 적대성은 현실 권력에 의한 독점화 때문이기도 하면서, 자원의 희소성이라고 하는 인간 사회의 또 다른 본원적 측면에서 나타나게 되는 것이다. 앞서 필자는 체제의 결합과 불완전성을 이야기했는데, 자원의 자연적인 '절대적' 희소성에 의해 갈등성과 적대성은 강화된다. 모든 재화가 '자유재'가 되는 상황을 가정해보더라도 갈등성과 적대성이 완전히 해소되는 것은 아니다.

구성되는 과정 자체에서의 각축(사회성의 정치화를 둘러싼 각축)이다. 둘째는 제도화된 정치가 정치와 비정치를 구획하면서 정치의 경계를 구성하고 나아가 제도화된 정치 내부에서 정치적인 것을 '가공'하는 과정을 둘러싼 각축(정치적인 것의 제도정치화를 둘러싼 각축)이다. 전자가 일차적 정치화를 둘러싼 각축이라고 한다면, 후자는 이차적 정치화를 둘러싼 각축이라고 할 수 있다.

구체적으로 두 가지 각축이 어떻게 전개되는가를 살펴보자. 먼저 '적대적 사회성'이 '정치적인 것'으로 전화되는 과정에서 지배적인 권력에 의한 왜곡과 굴절이 나타난다. 이는 적대적 사회성에서 소수자나 사회경제적 하위주체의 적대적 이해, 요구, 목소리가 정치적인 것의 구성에서 용이하게 주변화되는 것으로 나타난다. 예컨대 도심 재개발의 과정에서 주택세입자나 상가세입자의 이해는 정치적인 것의 구성에 쉽게 반영되지 않는다.[42] 단지 세입자나 임차인 자신의 수십 년의 투쟁을 통해서라야 비로소 그들의 이해, 즉 피지배적인 정치성이 정치적인 것의 구성 속에서 표현되게 되었다. 그것조차도 대단히 불완전해 2009년 1월 용산 참사로 사건화되었다.

'정치의 국가화'는 바로 일차적으로 적대적인 사회성의 특정 측면(피지배적인 정치성)이 정치적인 것의 구성 자체에 대의되지 않도록 하는 과정을 의미한다. 인간 사회에 내재하는 적대성을 '관리'하는 기제로서 정치 특별히 근대 민주주의적 정치가 갖는 의미는, 일차적으로 피지배적 집단의 이해와 요구를 체현하는 적대성(피지배적 정치성)이 정치를 통해 비현실적인 것으로 규정되

---

42) 독재국가는 중간층 봉급생활자를 독재정권의 정치적 지지기반으로 획득하기 위해 '아파트' 형태의 주거를 제공하는 것에 초점이 있었고, 이러한 중간층 아파트의 건립지역에서 세입자들은 점점 더 도심으로부터 주변적 지역으로 밀려나지 않을 수 없었다. 줄레조의 표현에 따르면, "권위주의 국가는 인구증가를 관리하고 봉급생활자를 경제발전에 헌신하도록 가격이 통제된 아파트를 대량 공급하려 했다. 중간계급을 대단지 아파트로 결집시키고, 이들에게 주택소유와 자산소득 증가라는 혜택을 주었으며 그들로부터 정치적 지지를 획득할 수 있었다"(줄레조, 2007: 114).

거나 불온한 것으로 규정되어 배제되고 '자발적으로' 주변화되어야 하는 것이다. 이러한 정치의 국가화의 과정이 반드시 국가 행위자에 의해서만 이루어지는 것은 아니다. 예컨대 삼성은 국회에서의 법 개정을 통해 '금산분리'를 완화하고자 하지만, 그것이 가능한 사회적 조건을 만들기 위해서 시민사회와 미디어에 침투한다(이종보, 2010). 여기서 삼성의 금산분리 완화 요구는 국제경쟁력 강화가 '절박하게' 요구되는 현실적 조건 속에서 제도화된 정치에서 반영되어야 하는 '정치적인 것'으로 구성된다. 보수적 미디어는 이러한 구성에 보다 직접적으로 개입한다.

현실의 권력은 적대적 사회성이 정치적인 것으로 전화되는 과정 자체에 개입해 피지배적 정치성이 최대한 구성적으로 배제되도록 한다. 이러한 과정에서 앞서 서술한 지배의 헤게모니화가 관철되는 것은 적대적인 사회성에서 소수자와 하위주체가 겪는 현실(스스로의 요구와 이해가 대의되지 않는 현실)을 '자연적'으로 주어진 것으로 인식하거나 정치화될 수 없는 '사회적 차이'로 인식하는 것을 통해서이다. 사실 정치가 중요한 것은 정치화된 차이만이 정치의 영역으로 진입하기 때문이다. 어떤 의제가 정치에 인입되는 일차 관문은 '정치적인 것'으로 구성될 때이다. 인민이 스스로의 문제를 자연적 차이로 인식하거나 비정치적인 사회적 차이로 인식하는 한 그것은 '정치적인 것'으로 구성되지 않으며 제도화된 정치의 의제가 되지 않는다. 민주주의 안에서 자발적으로 '구성적 외부'가 되는 것이다.

정치의 사회화는 당연히 적대적인 사회성이 '정치적인 것'으로 전화되는 과정에서 현실의 독점적 권력의 이해와 요구, 시각만이 반영되고 소수자와 하위주체의 이해와 요구, 시각은 배제되는 방식으로 구성되는 것에 대항하여 정치적인 것의 구성 자체를 급진화하고자 하는 시도이다. 이것은 소수자와 약자의 정치성 혹은 피지배적 정치성이 구성에 대의되도록 하는 시도이며, 정치적인 것의 구성에 있어 '구성적 외부'가 된 피지배적 정치성을 내부화하려는 노력이다.

연대적 사회성과 정치적인 것의 구성

나아가 정치의 국가화 대 사회화의 각축 과정은 적대적 사회성이 정치적인 것으로 구성되는 과정을 둘러싼 각축으로 전개될 뿐만 아니라 사회적 관계의 연대적 성격(연대적 사회성)이 정치적으로 표현되는 것을 둘러싼 각축 과정이기도 하다. 앞서 서술한 대로, 전근대 사회에서 인민의 사회적 관계의 본원적 성격이라고 할 수 있는 연대적, 상호 의존적, 공동체적 성격은 주로 지배적 권력이 스스로의 헤게모니를 창출하고 인민을 특정한 집단적 정체성 속으로 호명하는 데 동원되고 전유되었다. '자랑스러운 왕의 백성'으로, 선택받은 백성으로, 근대에 이르러 국민으로 혹은 민족으로 이러한 사회적 관계의 연대성은 동원되고 호명되며, 풍부한 '지배의 자원'이 되었다. '민족이 민중을 전유'하고 '국가가 민족을 전유'(임지현, 2001: 115~135)하는 현상은 근대의 자연스런 지배의 과정이었다. 근대 자본주의에서부터 현재의 지구적인 신자유주의에 이르는 과정에서 이상적 기준으로 설정되고 있는 '시장절대주의'적 인식은 '연대적 사회성'을 소멸시키면서 모든 사회적·정치적 관계를 '경쟁적·적대적인 경제적 관계' 혹은 거기서 비롯되는 '경쟁적·적대적인 정치적 관계'로 파악하는 한계를 갖는다.

이러한 흐름에 대항해 정치의 사회화는 사회적 관계의 본원적인 연대성을 급진적 방식으로 정치의 장에 재진입하게 하는 과정을 의미한다. 앞서 논의한 정치의 사회화가 정치적인 것의 구성에서 배제된 '피지배적 정치성'을 부활시키는 과정이라고 한다면, 정치의 사회화는 연대적 사회성을 정치적인 것으로 만들고자 하는 것이며 이것이 정치의 장에 의제화하는 일차적 과정이 된다. 연대적 사회성을 실현하는 정치의 사회화 시도가 하나의 방식으로만 추구될 필요는 없다. 이탈적인 공동체주의적 운동이나 반시장주의적인 사회주의적 운동, 시장의 사회화를 지향하는 자본주의 내부의 다양한 운동을 포괄할 수 있다.

연대적 사회성을 정치화하는 것은 현실의 권력에 의한 민주주의의 다층적인 식민화에 저항하는 것뿐만 아니라 민주주의의 확장을 통해 현실의 권력을 '연대적 사회성'에 비추어 재규정·통제하는 것을 포함한다. 상호 의존, 호혜, 공유 등의 성격을 포함하는 사회적 관계에서의 본원적인 연대성 혹은 공동체성을 현실의 권력을 '사회화'하는 원리로 정치의 장에 재위치시키는 것이다.[43]

제도화된 정치의 경계를 둘러싼 각축: '이차적 정치화'를 둘러싼 각축

정치의 국가화 대 사회화의 각축은, 정치적인 것이 제도화된 정치의 장에 인입되고 그 내부에서 가공되는 과정을 둘러싼 각축으로 전개된다. 현실의 권력은 적대적·연대적 사회성이 정치적인 것으로 전화되는 과정에 구성적으로 개입할 뿐만 아니라 제도화된 정치의 공간에서 정치적인 것이 의제화되는 과정, 그리고 내부에서 '가공'되는 과정에도 구성적으로 개입한다. 이를 이차적 정치화 과정이라고 표현했다.

정치의 국가화 대 사회화를 둘러싼 각축 과정에서 특정한 정치적인 것은 제도화된 정치의 영역으로부터 체계적으로 배제되거나 정치 의제화되는 것을 거부당하게 된다. 즉, '비정치'로 된다. 이차적 정치화 과정을 둘러싼 각축에서 핵심적인 것은 정치와 비정치의 경계 설정이며, 어떤 정치적인 것이 비정치로 규정되는가이다. 이렇게 되면 최종적으로 제도화된 정치의 장에는 소수자와 하위주체의 사회적 요구와 이해에 기초한 정치적인 것이 인입되지 못하게 되며, 다양한 정치적인 것 중 지배에 위협적인 것은 비정치로 규정되어 배제된다. 이처럼 배제된 의제와 개인이 민주주의의 '구성적 외부'가 되는 것이다.

정치적인 것의 정치화를 둘러싼 각축 과정에서 '정치의 국가화'는 다양한 기제를 통해 이루어질 수 있다. 때로 그것은 '금단(禁斷)의 기제'를 통해 작동하

---

43) 이런 점에서 민주주의의 급진적 확장을 지향하는 급진민주주의는 인민의 공생(共生)을 지향하는 '공동체 민주주의'라고 표현할 수 있다.

기도 하고, 권력의 더욱 직접적인 '배제의 기제'를 통해 작동하기도 한다. 금단의 기제는 남한에서의 반공주의나 민족주의적 이념과 같이 특정한 역사적·문화적 '전제' 혹은 '합의'에 의해 어떤 의제가 정치화되지 않는 것을 의미한다. '친북'적이라는 것은 아예 정치적인 것으로 간주되지도 않는다. 반대로 배제의 기제는 현실 권력의 강압적 수단에 의해 특정 의제가 목적의식적으로 배제되는 것을 의미한다. 1980년 많은 야당 인사들이 '정치피규제자'로 묶여 제도정치에서 배제됐던 것도 하나의 예이다. 금단의 기제는 역사적·문화적 조건이 '주어진' 것으로 받아들여지는 방식으로 어떤 정치적인 것이 정치에서 배제되는 것이고 그 결과 형식적으로 자발성의 외양을 띤다. 하지만 배제의 기제는 인민의 의식 속에서 배제 자체가 쟁투의 대상이므로 배제 자체가 폭넓은 비판과 저항의 대상이 되는 경우라고 할 수 있다. 이러한 기제를 통해 특정한 정치적인 것은 제도화된 정치의 의제로 인입되지 않는다.

더 나아가 제도화된 정치 내부에서 다양한 적대적인 요구와 이해가 '가공' 되는 과정에서 각축이 존재한다. 예컨대 민주주의와 자본주의의 관계에서 자본권력은 불평등의 의제나 자본에 반하는 소유권 제한과 같은 의제가 정치의 의제로 부상하지 않도록 하며 설령 그것이 의회 내에서 법 제정을 둘러싼 정치 의제로 전환되더라도 그것이 자본에 반하는 식으로 현실화되지 않도록 하는 구성적 실천을 행한다. 하나의 법안이 만들어지는 과정에서 다양한 요구와 이해가 투영되는데, 기존의 현실 권력은 제도화된 정치에 대한 폭넓은 접근권을 갖는 반면 소수자와 하위주체는 자신의 요구를 '가공' 과정에서 반영하기가 대단히 어렵기 때문에[44] 제도화된 정치 내부에서도 배제가 구성적 배제가 작동한다.

---

44) 예컨대 재개발에 대한 법의 제정은 대의권력 자체의 왜곡, 관료권력과 자본권력 등 다양한 현실 권력에 의한 영향 행사 등의 과정을 겪는다. 정치의 사회화는 이러한 과정의 전복이 될 것이다.

정치의 사회화는 이러한 과정을 역류하는 전복적 실천이다. 그것은 궁극적으로 민주주의적 정치 공간에서 '구성적 외부'로 되어 있는 것을 '내부화'하는 노력이다. 이는 정치와 비정치의 경계를 재설정하기 위한 노력이기도 하다. 조직화된 대중조직운동이나 다양한 신사회운동 조직은 기존의 정치에 의해 배제된 의제를 내부화시키기 위해 투쟁하는 조직이라고 할 수 있다. 한국에서도 1987년 6월 민주항쟁으로 형식적 민주주의 공간이 열린 이후 정치 개혁, 재벌 개혁 등 수많은 의제를 현실 권력의 제한을 뚫고 제도화된 정치의 의제로 만들기 위해 투쟁했다.

추상적으로 이야기하면, 정치의 사회화는 (라클라우와 무페의 표현으로) 탈구를 향한 전복적 실천이다. 현실의 민주주의는 "사회구조가 특정한 결절점을 중심으로 구성된 사회·정치적 제도 위에 사회적인 것을 고정시키려는 경향을 가지고 있다. 탈구는 바로 이렇게 기존의 민주주의적 틀 내에 고정시키려는 인민의 잠재적인 불만과 요구, 그리고 외부화되어 있는 요구와 이해를, 그들의 정체성을 뒤틀어놓는 방식으로 정치화시킴으로써 기존의 민주주의적 정치를 쟁점화하는 것이다"(라클라우·무페, 1990: 44).

이러한 정치의 국가화 대 사회화의 각축에서 우연적 사건은 중요한 계기를 제공한다. 일종의 '전복적 계기'가 우연적으로 출현하며, 이는 기존의 현실 민주주의 정치의 경계를 문제시하는 전복적 계기로 작동한다. 사실 1987년 이후 한국의 민주화 과정을 돌이켜보면, 수많은 사건이 잠재되어 있는 적대성을 현재화함으로써 정치의 경계를 변화시키고 수많은 약자로 하여금 '정치의 사회화'를 위한 투쟁에 나서도록 촉구했다. 2009년 1월 용산 참사, 2002년 효순이·미선이 사건, 빈민가족의 자살 사건 등 다양한 계기적 사건이 정치를 변화시키는 계기로 작용했다. 2009년 1월 용산 참사는 재개발 과정에서의 세입자나 임차인의 이해관계를 정치적인 것으로 부각시키는 계기이기도 하다. 현실의 민주주의는 바로 정치의 국가화 대 사회화의 이러한 각축 속에서 구성적으로 존재한다.[45]

정치의 불안정성

지금까지 정치의 국가화 대 사회화의 각축 속에서 사회적인 것이 정치적인 것으로 구성되고 그것이 제도화된 정치에 인입·가공된다는 점을 서술했다. 이러한 각축의 결과로 정치와 사회의 괴리가 얼마나 큰가 하는 것이 바로 제도화된 정치의 안정성을 결정한다. 이것은 제도화된 정치가 얼마나 많은 정치적인 것을 비정치로 배제하는가, 반대로 얼마나 많은 사회적인 것과 정치적인 것을 내부화하는가의 문제이다. 많은 사회적 요구가 정치적인 것의

---

45) 이러한 정치의 사회화를 독재에서 민주주의로의 이행의 맥락에 위치시켜보면, 독재 와 민주주의로의 이행은 시민적·정치적 권리의 회복과 선거민주의의 회복이라는 제도적 변화에만 국한되지 않는다. 그것은 '정치'의 회복이다. 이러한 변화의 일차적 인 출발은 당연히 독재가 제도정치의 공간에서 배제하거나 억압했던 '정치적인 것(정치성)'의 회복이다. 과거에 비정치 혹은 반정치로 규정되었던 '정치적인 것'이 민주주의적 정치 공간에 회복된다. 민주주의적 정치의 확장 과정은 바로 제도정치 공간에 더 많은 정치적인 것을 '장외 정치'에서 '장내 정치'로 끌어들이는 것이다. 민주화 과정에서 회복되는 민주주의적 정치가 보다 직접적으로 사회경제적 변화와 연관되는 것은 그러한 사회경제적 변화를 구성하는 요구가 정치의 장에 표현되고 경쟁적 갈등의 주제가 될 수 있는가와 연관되어 있기 때문이다. 사실 정치는 '정치적 인 것'이 갈등하고 타협하는 제도화된 장이다. 민주주의의 재구성 과정은 정치의 재구성 과정이라고 할 수 있는데, 민주화 과정에서 회복되는 '민주주의적 정치'가 얼마나 다양한 사회경제적 하위주체의 요구와 이해─독재하에서 억압되었던 '정치 적인 것'─를 정치의 공간에서 내포화될 수 있느냐 하는 것이 관건이다. 새로운 민주주의적 정치의 사회(다양한 사회경제적 하위주체의 요구와 이해, 그것들이 표현 하는 다양한 정치적인 것들)에 대한 개방성이다(이런 점에서 민주주의의 문제는 정치와 사회의 관계 문제이다). 정치는 정치 그 자체가 아니며, 특정한 시공간에 존재하는 정치가 사회의 정치적인 것의 얼마만큼을 내부화하는가 하는 문제이다. 이것은 사회경제적 하위주체 혹은 사회경제적 소수자의 '정치', 더 정확하게는 그들 이 표현하는 '정치적인 것'이 비정치나 반정치로 규정되어 배제되는가 아니면 새로 운 정치적 요구로서 제도정치 내에 포섭되어 경쟁적 갈등의 주제가 되는가 하는 문제와 연관되어 있다. 정치의 사회화라고 하는 것은 새로운 민주주의적 정치가 바로 이러한 배제와 불평등, 차별을 어떻게 효과적으로 내부의제화하느냐 하는 것을 의미한다.

구성에서 반영되지 않고 (정치의 국가화로 구성된) 국가화된 정치로부터 비정치로 배제될 때 그 정치는 사회와 더욱더 괴리되고 그 결과 불안정하게 된다.

앞서 대의정치 자체가 인민 정치와 본원적으로 괴리됨으로써 나타나는 불안정성이 근대 민주주의에 내재한다는 점을 지적했다. 근대 민주주의에서 '정치와 사회 간의 괴리'가 본원적 특성이다. 문제는 그러한 본원적 괴리가 특수한 시공간에서 얼마나 더 폭넓게 괴리되는가 하는 것이다. 정치의 국가화 대 사회화의 각축에서 정치의 사회화를 위한 투쟁은 정치의 국가화를 '혁신' 하는 계기로 작용한다. 정치의 사회화를 위한 투쟁이 '국가화된 정치'의 결함과 문제점에 도전하는 형태로 표현되기 때문이다. 정치의 국가화가 '선택적 포섭'이라는 방식으로(조희연, 2006: 466), 사회적 갈등과 적대의 요구를 혹은 피지배적인 정치성을 정치 내부로 수렴하는 방식으로 정치를 통한 국가의 안정화를 시도할 수도 있다. 정치의 국가화의 '선택적 포섭'의 기제는 금단의 기제나 배제의 기제와 달리 강력한 '정치의 사회화'를 위한 투쟁에 의해 '강요된 개혁'의 성격을 띤다.

정치의 사회화를 지향하는 흐름 속에서도 온건한 흐름과 급진적 흐름이 존재할 수 있다. 정치의 국가화의 안정적인 모습은 정치의 사회화를 지향하는 온건한 흐름이 제기하는 요구를 수용하고 급진적 흐름을 주변화하는 것일 것이다. 이러한 시도가 성공적인 경우 국가화된 정치는 일정하게 안정성을 획득한다. 필자는 현대 자본주의가 가장 안정적이었던 시기는 제2차 세계대전 이후의 사회민주주의 시기였다고 생각한다. 통상 1945년경부터 1970년대 초반에 이르는 약 30년의 시기는 케인스주의의 전성기이고 동시에 '자본주의의 황금기'이자 '미국 헤게모니의 절정기', 이른바 '콘트라에프 곡선의 상승 국면'로 규정된다(정태인, 2009). 필자의 관점에서 이 시기 동안 전후의 '혁명적 공산주의'로 규정되던 국가사회주의의 서유럽에 대한 '혁명의 위협' 속에서 노동당이나 사회민주당의 집권을 통해 다양한 사회적 요구가 정치 내부로 수렴되었기 때문이라고 생각한다.

국가화된 정치가 '정치의 사회화'를 요구하는 정치의 요구를 폭넓게 담아낼 수 없을 때 국가화된 정치는 더욱더 불안정하게 된다. 여기에 인민이 정치의 이름으로 요구하는 기대치가 높을 때[46] 그만큼 인민이 기존의 국가화된 정치를 거부하기 때문에 정치는 더욱더 불안정할 수 있다. 필자는 한국 정치의 불안정성을 이런 각도에서 고찰한다. 제도정치 중심론적 정치주의를 비판하는 필자의 입장에서 보면, 정치의 안정성은 그것이 얼마나 사회와 괴리되어 있는가, 얼마나 많은 것을 비정치로 배제하는 가, 또는 근본적으로 정치가 얼마나 사회적인 요구와 이해를 폭넓게 담아낼 수 있을 것인가에 달려 있다.

역사적·문화적 요인이 정치와 사회의 괴리에 영향을 미친다. 예컨대 인종

---

46) (인)민의 기대수준에 영향을 미치는 요인은 여러 가지가 있을 수 있으나, 한국 사회의 민족적·인종적·문화적 동질성이라고 생각한다. 많은 아시아의 나라들과 달리 한국은 전근대 사회에서 상대적으로 중앙 집중적인 국가권력을 가지고 있었고 높은 동질성의 사회라는 특성을 가지고 있었다. 더구나 해방 이후 상대적으로 진보적인 토지개혁과 한국전쟁 기 구(舊)지주계급의 물적 기반의 파괴 등으로 사회경제적으로도 상대적으로 동등한 출발점에 놓이게 되었다. 한국 사회의 이러한 동질성은 한편에서는 (지배권력의 위로부터의 동원이 성공적으로 작동하면서) 강렬한 교육열과 같은 '더 잘 살고 더 부유해지고자 하는 경쟁의 동력'으로도 표출되지만 다른 한편에서는 (저항운동의 발전과정에서) 더 높은 기대수준을 내장한 '평등주의적 에토스'로도 표출된다고 생각한다. 이것이 수많은 섬으로 분절화되어 있고 인종적으로도 대단히 복합적인 동남아시아 사회와 다른 점이다. 예컨대 태국의 국왕제와 같은 '전통화된 지배'(조희연, 2004b)나 지배를 떠받치는 통일된 전통적 종교도 존재하지 않는 상황이다. 이러한 상황은 많은 아시아 나라에 비해 높은 민주화를 성취했음에도 한국 정치와 사회적 기대 간의 괴리를 크게 하고 한국 정치를 지속적으로 불안정하게 만드는 요인이다. 기 소르망(2009)은 보수적 시각에서 출발하지만 한국 민주주의에 대해 외부자의 시각에서 다음과 같이 말한다. "기대를 많이 할수록 민주주의는 사람들에게 실망을 안겨준다. ……민주주의는 완전무결한 통치제도는 아니지만, 비폭력적이며 개인의 삶을 지배하지도 않는다. 어쩌면 한국인은 민주주의 제도의 소박한 한계에 아직 적응하지 못한 것일지도 모르겠다."

갈등에서 다수 종족의 권력은 소수 종족의 요구와 이해가 정치의 장에 포함되는데(정치적인 것으로 전화되는데, 그리고 정치의 장에 인입되는데) 거대한 장애물로 작동한다. 소수 종족의 사회적인 요구는 정치적인 것이 되기가 어렵고, 정치적인 것이 되어 제도화된 정치에서 다루어지더라도 '정치적 가공'을 거치는 과정에서 지배적 집단의 권력이 이를 제한하고 왜곡하기가 용이하다.

　한국에서는 반북주의와 반공주의 이데올로기가 정치의 제한시키고 사회와 크게 괴리되도록 하는 요인으로 작동한다. 국제적 수준에서 냉전은 해체되었지만 그 유산이 여전히 강력하게 존재하고, 한반도에서는 '심성화된' 반공주의가 아직도 많은 사회적인 것과 정치적인 것을 국가화된 정치의 공간에서 배제하고 비정치로 만들고 있다. 또한 기존의 권력이 이러한 반공주의를 정치를 제한하는 방식으로 동원하고 '내전'을 통해 구조화된 '예외성'을 일상적인 국면에서도 지속시키는 방식으로 정치를 제한한다. 한국에서 정치적인 것의 구성 과정에서 그리고 제도화된 정치의 장에서 소수자와 하위주체의 시각과 요구가 용이하게 주변화되는 데 반공주의의 제한 효과는 여전히 강력하다. 민주화 이후 변화가 있었지만 새롭게 성장한 재벌권력, 시장권력, 보수적 사회권력, 미디어권력이 새로운 방식으로 정치를 제한한다.

　그러나 개발독재에 대한 저항 과정에서 그리고 1987년 이후 민주 개혁 과정에서 인민의 주체화로 인해 이러한 제한성은 '정치와 사회의 괴리'를 더욱 크게 만들고 있다.[47] 더구나 신자유주의적 지구화의 정치적 효과가

---

47) 필자는 민주화 과정에서 제도화된 정치의 변화 속도는 지체되는데, (시민)사회의 정치적 활성화의 속도가 빠르게 됨으로써 나타나는 '제도정치와 사회의 괴리'를 '정치 지체'라고 표현한다(조희연, 2004a: 77). 정치 지체는 절대적 정치 지체와 상대적 정치 지체로 나눌 수 있다. 인민의 주체화 진전으로 인해 정치와 사회의 괴리가 확대되는 것은 상대적 정치 지체라고 할 수 있다. 2000년 한국의 낙선운동이나 노동자 정치세력화의 운동도 이러한 지체에 대한 시민사회 및 민중부문의 응전이라고 할 수 있다.

한국의 강력한 친미주의적 심성에 의해 더욱 강력하게 남으로써 정치가 담아내는 사회적 요구의 스펙트럼을 더욱더 제한한다. 그 결과 한국 정치는 더욱 역동적이고 그만큼 불안정하다. 정치가 담아내는 사회적 요구와 이해 ─ 특히 소수자와 약자의 요구와 이해 ─ 가 제한적일수록 그 정치는 더욱 불안정하다는 점을 한국 정치는 잘 웅변하고 있다.

3) 지구화와 정치의 재구성

사회적인 것의 정치적인 것으로의 전환, 제도화된 정치에서의 인입과 가공 과정은 거시적인 맥락에 의해 영향을 받으면서 작동한다. 예컨대 신자유주의적 지구화가 이러한 과정에 어떻게 영향을 미치는가를 살펴보기로 하자.

먼저 신자유주의적 지구화의 과정은 국민국가적 형태로 존재하는 '국민국가적 정치'와 '국민국가적 사회'의 근거를 변화시킨다. 지구적인 신자유주의적 흐름은 기존의 국민국가적 경계 내에서 구조화된 사회적인 것과 정치적인 것을 친시장적·친자본적인 방식으로 해체한다. 또한 이 흐름은 제3세계의 많은 나라들에서 기존의 취약한 사회적 보장기제를 해체하면서 더 많은 영역을 상품화의 영역으로 몰아넣는다. 이것은 당연히 사회적 관계 속에서 연대적·공동체적 관계를 약화시키고 적대적 관계를 강화시킨다. 근본적으로 사회적 관계에서 적대적 성격이 연대적 성격보다 더욱 강화되는데, 이것이 신자유주의적 지구화 과정에서 사회적 불안정성이 나타나게 되는 이유이기도 하다.

나아가 신자유주의적 지구화의 흐름은 정치적인 것의 구성과 정치의 기능 자체에도 영향을 미친다. 예컨대 정치적인 것의 구성에서 자본과 시장의 요구와 시각은 더욱 강력하게 정치적인 것의 구성에 반영된다. 제2차 세계대전 이후 사회복지의 확대가 일반적이었던 상황과는 대비되는 역전적 상황이다. 이러한 영향으로 정치적인 것의 구성에서 소수자나 하위주체의 목소리와 요구는 예컨대 국제경쟁력 강화와 같은 담론에 의해 정치적인 것의 구성에서 더욱 배제되고, 피지배적인 정치성은 정치적인 것의 구성 과정에서 더욱 쉽게 배제된다.

이런 속에서 사회 내의 적대적인 관계의 반영 및 가공·타협의 공간이라고 할 수 있는 제도정치의 공간 역시 변화한다. 신자유주의적 지구화가 요구하는 '국제경쟁력 강화'와 관련된 요구와 이해는 제도화된 정치 공간에 반영되기가 용이한 반면, 비정규직·이주노동자 등 하위주체의 요구와 이해는 주변화되기가 용이하다.48) 결국 신자유주의적 지구화는 진보적 정치세력 ─ 영국 노동당의 보수화를 상기하자 ─ 마저 시장자유주의적 요소를 더욱 강력하게 담지하도록 하고 노동이나 사회적 소수자의 요구를 정치적으로 표현하는 것을 제약하는 방식으로 정치를 '우익화'시키는 방향으로 작용하게 된다. 따라서 신자유주의적 지구화의 영향으로 자본과 시장의 요구를 더욱 높은 수준으로 반영하는 '정치의 국가화'가 진전된다고 할 수 있다.

신자유주의적 지구화는 일종의 '보수혁명'의 성격을 띠고 있고, 국민국가적 질서 속에서 저항적으로 주체화되었던 인민을 '국제경쟁력 강화'라는 논리의 정당성에 영향을 받아서건 혹은 다른 방식에서건 새롭게 규율되고 순응하는 존재로 재구성하고 있다. 예컨대 "'경쟁력 있는 개인'이라는 신자유주의적 주체의 출현은 여성에게 자기 관리의 새로운 규율을 체득할 것을 요구했고, 사랑과 결혼, 일과 가족, 소비문화와 성문화 전반에서의 자기배려의 새로운 담론의 전개를 가져오게"(조주현, 2009: 7) 했으며, 국민국가적 수준에서 반독재 투쟁을 통해 쟁취된 자유는 이제 '자기계발의 의지'로 전화되어 신자유주

---

48) 물론 제도정치의 공간은 그것이 어느 정치집단이 다수를 차지하고 있는가에 따라 상이할 수 있다. 예컨대 반독재 자유주의 정부와 보수 정부의 집권기가 다를 것이다. 영국에서 보수당 정부와 노동당 정부가 다를 것이다. 신자유주의적 지구화의 상황 속에서 노동당 정부가 집권하더라도 '신자유주의적 성격'을 더욱 많이 수용한 '신노동당'적 성격이 강화된다.

의적 규율에 자유와 자율에 기초해 자기계발하는 주체로 나타난다. 이제 인민은 이전의 '노동(하는) 기계'에서 스스로를 상품성 있는 존재로 재구성하는 '역량(의 확장을 위해 분투하는) 기계'로 나타나게 된다(서동진, 2009: 260).

이처럼 신자유주의적 지구화가 정치의 재구성에 영향을 미치게 됨으로써 정치의 불안정성은 더욱 심화된다. 더구나 국민국가적 질서 속에서 구조화되어 있던 정치의 구성 질서 ─ 정치적인 것의 구성 및 제도화된 정치의 구성 질서 ─ 가 자본과 시장의 요구와 이해를 지배적인 것으로 하고 다양한 피지배적인 사회적 요구와 이해를 배제하는 방향으로 재편되어가게 됨으로써 정치의 불안정성이 심화되고 '사회적 갈등의 내전화'가 더욱 심화되면서 더욱 복잡한 양상으로 표출된다.[49]

그러나 신자유주의적 지구화는 다른 한편에서 기존의 국민국가적 질서 자체를 해체하는 효과를 동반함으로써 저항 '가능성의 공간'을 확장한다. 사실 우리가 겪고 있는 현재의 변화는 기존의 국민국가적 질서 속에서 상대적으로 '고정화'되어 있었던 체제, 구조, 제도, 정체성, 관계 등이 해체되고 일종의 '재구성의 각축' 과정에 놓여 있음을 의미한다. 이것은 국민국가적 질서 속에서 인민에게 헤게모니적으로 주어졌던 정체성을 성찰하면서 인민이 새롭게 주체화될 수 있다는 것을 의미한다. 국민국가적 질서의 지구적 재구성 과정에서 지배적 권력이 국민국가적 질서 속에서 인민의 민주주의적 투쟁에 의해 쟁취했던 '진보적' 요소를 해체하고 '자유시장'적인 질서를 재정초하고자 한다면, 반대로 인민은 민주주의의 급진적 확장을 통해 지구적 수준에서도 민주주의의 잠재적인 평등성이 관철되도록 하는 질서를 재정초하고자 한다.[50] 이러한 양 지향의 각축에서 이러한 가능성의 공간을 어떻게

---

49) 신자유주의적 지구화가 민주주의를 무력화시키는 방법은 ─ 독재와 같은 방식과 달리 ─ 지배와 저항의 상호작용의 '지형'을 바꾸는(복지나 권리보다는 민족국가의 경제적 생존이 더욱 중요하다는 식으로 인식의 지형을 창출하는) 방식으로 기존 저항의 성취물을 무력화시켜왔다고 할 수 있다.

현실화할 것인가는 지구화에 부응하는 인민의 주체화의 속도와 범위에 달려 있다고 할 수 있다.

4. 맺음말

이 글은 급진민주주의의 개념적·이론적 기초를 명확히 하기 위한 작업의 일부로서, 급진민주주의의 인간론·사회론적 기초로서 인민, 사회, 정치, 체제 간의 관계를 천착해보고자 했다. 나아가 정치 과정 자체를 보다 분석적으로 해부함으로써 급진민주주의론이 내포하는 급진적 정치주의가 어떤 다층적 인 차원에서 발휘되어야 하는가를 제시하고자 했다. 이를 위해 필자는 먼저 사회적인 것(사회성), 정치적인 것, 제도화된 정치 등을 구분했다. 그 위에서 첫째, 모든 인민의 사회적 삶에는 자유주의적 인식 속에서 부정하는 적대적 성격(적대적 사회성)과 연대적 성격(연대적 사회성)이 본원적으로 존재한다는 점을 지적했다. 연대적 사회성은 낮은 수준의 상호 의존적 연대성에서부터 호혜적 연대성, 공유적 연대성 등 다양한 내용으로 구성된다. 지배의 입장에 서 보면 어떤 체제이든지 지배가 유지되기 위해서는 적대성만이 극단화되어

---

50) 사회적 측면에서 "지구적 통합 과정은 현존 세계체제의 위계성이 그대로 전이·확대 되는 과정이기 때문에 지구적 정체 내에서 여러 종족·인족·민족은 상이한 위치를 강요받는다. 이러한 새로운 위계성은 역으로 개별 국민국가 내에 반영되어 세계체제 의 위계상 하위에 존재하는 국가의 국민은 그들이 이주하는 국가 공동체하에서 열등한 지위의 존재로 위치지워지게 된다"(조희연, 2008). 지구화 시대의 새로운 배제와 주변화 기제가 민족적·인종적·종족적 경계를 따라 새롭게 작동하게 되는 것이다. 급진민주주의 관점에서 보면, 지구화의 과정은 지구적 수준에서의 새로운 '자본주의 대 민주주의의 전쟁'이, 그리고 '사회적 차별 대 민주주의의 각축'이 전개되는 과정이다. 지구적 차원의 급진민주주의에 대해서는 별도의 긴 논의가 필요하므로 이에 대해서는 생략한다. 이에 대해서는 몽비오(2006); 신영복·조희연 편(2006) 참조.

서는 안 되며 연대성의 최소근거가 파괴되면 그 체제는 '내전'적 상황으로 나아가게 된다.

둘째, 사회는 특정한 방식의 '체제'로 조직화되는데, 자연의 위협 속에서 더욱 잘 살기 위해 만들어진 국가'체제'와 경제'체제'는 결함과 불완전성, 체제 운영의 '의도하지 않은' 결과로 사회적 구성원의 삶에 다양한 불만, 긴장과 모순을 유발한다. 이러한 불만·긴장·모순은 원초적으로 인민의 삶에 체현되는데, 특히 체제에서 불평등한 지위에 있는 소수자와 하위주체에게서 더욱 크게 투영된다.

셋째, 이처럼 체제의 결함과 불완전성에서 인민의 삶에 주어지는 모순과 긴장, 불만 등은 '잠재성'으로 존재하는데, 이것의 현재화를 둘러싸고 지배의 헤게모니화를 위한 실천과 인민의 주체화를 향한 대항 헤게모니적 실천이 각축한다. 전자는 사회적 구성원이 자신의 삶에 잠재되어 있는 불만·긴장·모순을 '주어진 것'으로 받아들이게 되는 것을 의미하며, 후자는 비판적이고 저항적이며 전복적 관점에서 인식하는 것을 의미한다. 여기서 기존의 지배세력의 헤게모니 구축을 위한 실천은 바로 잠재성의 현재화를 저지하는 것이며, 대항 헤게모니적 실천은 바로 잠재성의 현재화를 촉진하고 그것의 저항적 현재화를 추구하는 것이다. 그런데 모든 체제에서 지배의 헤게모니화를 위한 실천이 진행되고 그것이 때로 성공을 거두지만, 지배의 헤게모니는 언제나 완전하지 않으며 일정한 틈새를 내장하는 식으로 존재한다.

넷째, 지배의 헤게모니화에 대항하는 인민의 주체화는 지평을 달리하면서 확장되어왔다. 근대 이후의 과정을 보면 정치적 참여의 문제, 계급적 착취의 문제 등이 주로 쟁점화되었는데, 제2차 세계대전 이후 인민의 주체화 영역은 확장되고 인민이 그동안 당연한 것으로 받아들이고 있었던 '사회적 차별과 억압, 사회 내의 규율와 억압'을 새롭게 쟁점화했다.

다섯째, 체제의 결함과 불완전성에서 인민에 의해 체험되는 모순과 긴장이 '잠재성'으로 존재하다가 '현재성'으로 전화되는 과정은 대항 헤게모니의 성공적 수행의 과정인 동시에 인민 자신에게서 '저항적 주체성'이 발현되는 과정이다. 이 저항적 주체성의 발현은 두 가지 내용성을 지니고 있다. 지배적 주체성을 벗어난 저항적 주체성은 한편에서는 적대적 사회성을 저항적으로 인식하는 것으로 나타나며 다른 한편에서는 연대적 사회성을 저항적으로 인식하는 것으로 나타난다. 인민의 적대적인 사회적 관계에서 소수자와 하위 주체의 이해와 정체성에 기초한 적대성의 인식은 억압되고 지배의 헤게모니화에 의해 주어진 적대성 인식을 주어진 것으로 받아들인다. 저항적 주체성의 발현은 바로 적대성의 구성 내용에서 스스로의 이해와 요구, 스스로의 독립적인 정체성을 자각하게 되는 것을 의미한다. 이에 더하여 저항적 정체성의 발현 과정에는 연대적 사회성의 저항적·비판적 인식도 출현한다. 많은 경우 연대적 사회성은 지배가 구성하는 집단적 정체성의 주요한 자원으로 '국민'이나 '민족'을 구성하는 요소로서 전유된다. 사회적 관계의 이러한 본원적인 연대성을 공동체운동의 경우처럼 '체제 이탈적' 방식으로 실현해보고자 하는 시도도 있었으며, 근대 사회주의운동과 같이 '반체제'적으로 실현해보고자 하는 시도도 있었다. 한국에서 1970년대 후반 이후 '민중'이라는 인식의 등장은, 바로 체제의 결함과 불완전성 속에서 지배의 헤게모니를 뚫고 새롭게 주체화된 '저항적 주체성을 갖는 존재'의 출현을 의미한다.

또한 급진민주주의론의 개념적·이론적 내포를 정립하기 위한 시도로서, '정치' 자체를 보는 급진민주주의적 시각을 구체화하고자 했다. 여기서 근대 민주주의에서의 정치를 둘러싼 다양한 견해를 ① 경제주의적 탈정치주의, ② 제도정치 중심적 정치주의, ③ 경제 환원론적 탈정치주의, ④ 반정치주의, ⑤ 급진적 정치주의로 나누었고, 급진민주주의론의 정치에 대한 시각은 급진적 정치주의로 분류했다.

필자는 먼저 정치의 고유한 위상을 부정하고 이를 경제적인 논리 혹은 시장 기능에 위탁·해소하는 경제주의적 탈정치주의, 근대 민주주의의 이중성을 인식하지 못하고 정치를 제도정치로 한정하고 이를 선거정치나 정당정치와 같이 정치가 실현되는 구체적인 절차와 과정으로 파악하는 '제도정치 중심적 정치주의', 자본주의와 국가의 분리, 경제와 정치의 분리를 극복하려고 하는 과정에서 정작 정치의 위치를 기각해버린 일부 마르크스주의의 경제 환원주의적 탈정치주의, 정치 자체가 지배와 복종의 권력관계를 기본으로 하므로 정치 자체를 극복해야 할 대상으로 인식하는 '반정치주의'를 검토했다.

급진적 정치주의는 정치 자체에 대한 반정치주의, 탈정치주의, 제도정치 중심주의적 정치주의적 관점을 넘어서서 정치의 이중성에 주목하고, 정치란 구성적 투쟁을 통해 인민이 전유하고 (재)구성해야 하는 이중적이고 복합적인 어떤 것으로 규정된다. '정치의 급진적 재구성'을 지향하는 급진적 정치주의는 근대 시민혁명을 통해 확보된 인민의 주체적 정치 공간을 부단히 전복적으로 재구성하는 방식으로 민주주의의 '구성적 외부'로 존재하는 것(요구와 이해, 주체)을 급진적으로 내부화하는 것을 지향한다.

이러한 '정치의 구성 투쟁'의 양쪽에서 '정치의 국가화' 대 '정치의 사회화'의 각축이 존재한다. 정치의 국가화는 정치라는 장이 국가화된 지배에 대한 동의가 창출되는 장으로 작동하도록 하려는 시도를 의미하며, 정치의 사회화는 정치를 사회와 일치시키도록 하는, 즉 정치가 사회적 요구를 실현하는 장이 되도록 하고 동시에 정치가 인민의 자기통치와 자기권력 상태의 실현으로 근접하도록 하는 시도를 의미한다.

'정치의 구성'을 둘러싼 정치의 국가화 대 사회화의 각축은 두 가지 상호 연관된 과정으로 이루어져 있다. 하나는 지배의 헤게모니화와 인민의 주체화라는 대립 속에서 '사회적인 것(사회성)'이 정치적인 것으로 구성되는 과정 자체에서의 각축(사회성의 정치화를 둘러싼 각축) 과정이며, 다른 하나는 제도화된 정치가 정치와 비정치를 구획하면서 정치의 경계를 구성하고 나아가 제도화된 정치 내부에서 정치적인 것을 '가공'하는 과정을 둘러싼 각축(정치적인 것의 제도정치화를 둘러싼 각축) 과정이다. 전자가 일차적 정치화를 둘러싼 각축이라면, 후자는 이차적 정치화를 둘러싼 각축이다.

정치의 사회화는 당연히 적대적인 사회성이 '정치적인 것'으로 전화되는 과정에서 현실의 독점적 권력의 이해와 요구·시각만이 반영되고 소수자와 하위주체의 이해와 요구·시각은 배제되는 방식으로 구성되는 것에 대항해 정치적인 것의 구성 자체를 급진화하고자 하는 시도이다. 또한 사회적 관계의 본원적인 연대성을 급진적 방식으로 정치의 장에 재진입하게 하는 것을 지향한다. 즉, 이탈적인 공동체주의적 운동이나 반시장주의적인 사회주의적 운동, 시장의 사회화를 지향하는 자본주의 내부의 다양한 운동에서 표현되는 상호 의존, 호혜, 공유 등의 성격을 포함하는 사회적 관계에서의 본원적인 연대성 혹은 공동체성을 현실의 권력을 '사회화'하는 원리로 정치의 장에 재위치지우는 것이다.

정치적인 것이 제도화된 정치의 장에 인입되고 그 내부에서 가공되는 과정에서 다양한 소수자와 하위주체의 요구·이해·목소리가 제도화된 정치의 장에서 '구성적 외부'가 되지 않도록 시도한다. 기존의 민주주의적 틀 내에 고정시키려는 인민의 잠재적인 불만과 요구, 그리고 외부화되어 있는 요구와 이해를 그들의 정체성을 뒤틀어놓는 방식으로 정치화시킴으로써 기존의 민주주의적 정치를 쟁점화하는 전복적 실천 속에 정치의 사회화가 존재한다. 나아가 현재의 신자유주의적 지구화는 사회적인 것의 정치적인 것으로의 전환, 제도화된 정치에서의 인입과 가공 과정이 '친시장적'인 방향에서 이루어지도록 작용하고, 정치의 제한성은 '정치와 사회의 괴리'를 확대하고 그 결과 정치는 지속적으로 불안정하게 된다.

현 단계에서 민주주의의 급진적 확대의 방향은 '정치의 사회화' 투쟁을 통해 근대 민주주의에 내재한 '대의권력과 인민권력의 괴리', '경제권력에 의한 민주주의의 식민화', '사회적 차별구조와의 공존' 등을 넘어서서 민주주의를 인민 정치로 확대하고 시장의 급진적 사회화와 다양한 사회적 차별의 급진적 평등화라고 표현할 수 있다. 이는 '정치의 사회화'를 통해 민주주의의 구성적 외부를 내부화하는 것으로 표현되어야 한다. 이러한 민주주의의 급진적 확장이 진전되면, 아마도 '뫼비우스의 띠'처럼 '민주주의의 내부와 외부가 나뉘어 있으나 상호 연결된' 급진민주주의의 종착 지점에 도달하게 될 것이다.

참고문헌

강문구. 1995a. 「민주적 변혁이론 지반의 심화·확장을 위하여: 김세균 교수의 '시민 사회론' 비판에 대한 토론」. 유팔무·김호기 편. 『시민사회와 시민운동』. 도서 출판 한울.

_____. 1995b. 「변혁지향 시민사회운동의 가능성과 한계, 그리고 일 전망」. 유팔무· 김호기 편. 『시민사회와 시민운동』. 도서출판 한울.

고병권·이진경 외. 2008a. 『목소리 없는 자들의 목소리: 대중의 소수화』. 그린비.

_____ 외. 2008b. 『코뮌주의 선언: 우정과 기쁨의 정치학』. 교양인.

기든스, 앤서니. 2008. 『좌파와 우파를 넘어서』. 김현옥 옮김. 도서출판 한울.

김세균. 1995a. 「'시민사회론'의 이데올로기적 함의 비판」. 유팔무·김호기 편. 『시민 사회와 시민운동』. 도서출판 한울.

_____. 1995b. 「그람시를 넘어서 나아가야 한다」. 유팔무·김호기 편. 『시민사회와 시민운동』. 도서출판 한울.

그로스포구엘, 라몬. 2008. 「횡단근대성, 경계적 사유, 전지구적 식민성: 전지구적 자본주의를 재정의할 때 인식론적 타자성이 갖는 함의」. 고병권·이진경 외. 『목소리 없는 자들의 목소리: 대중의 소수화』. 그린비.

나카자와 신이치. 2004. 『사랑과 경제의 로고스: 물신 숭배의 허구와 대안』. 김옥희 옮김. 동아시아.

네그리, 안토니오. 마이클 하트. 2001. 『제국』. 윤수종 옮김. 이학사.

뒤르켐, 에밀. 1992. 『종교생활의 원초적 형태』. 노치준·민혜숙 옮김. 민영사.

라클라우, 에르네스토. 샹탈 무페. 1990. 『사회변혁과 헤게모니』. 김성기 외 옮김. 터.

랑시에르, 카크. 2008. 『정치적인 것의 가장자리에서』. 양창렬 옮김. 도서출판 길.

모스, 마르셀. 2002. 『증여론: 태고사회에서 교환의 형태와 이유』. 이상률 옮김. 한길사.

몽비오, 죠지. 2006. 『도둑맞은 세계화: 지구 민주주의 선언』. 황정아 옮김. 창비.

무페, 샹탈. 2006. 『민주주의의 역설』. 이행 옮김. 인간사랑.

뮬흘, 스테판. 애덤 스위프트. 2001. 『자유주의와 공동체주의』. 김해성·조영달 옮김. 도서출판 한울.

바디우, 알랭. 2008. 『사도바울』. 현성환 옮김. 새물결.

박영균. 2009. 「오늘날 마르크스주의적 관점에서 적·녹·보라의 연대를 어떻게 모색할 것인가?」. ≪진보평론≫, 40호.

박은홍. 2010. 「타이의 사회운동과 헌정주의」. 조희연·허성우·이기호 편. 『아시아의 정치변동과 사회운동의 변화』. 도서출판 한울.

박정석. 2001. 「어촌마을의 공유재산과 어촌계」. ≪농촌사회≫, 11집 2호.

박호성. 2009. 『공동체론: 화해와 통합의 사회·정치적 기초』. 효형출판.

백욱인. 1995. 「시민운동이냐, 민중운동(론)이냐: 김세균, 강문구 토론에 대한 비평」. 유팔무·김호기 편. 『시민사회와 시민운동』. 도서출판 한울.

보비오, N. 1992. 「대의제 민주주의와 민주주의의 확장」. 한국정치연구회 사상분과 편. 『현대민주주의론 2』. 창작과비평사.

서동진. 2009. 『자유의 의지 자기계발의 의지: 신자유주의 한국 사회에서 자기계발의 주체의 탄생』. 돌베개.

서영표 편저. 2010. 『사회주의, 녹색을 만나다: 생태주의, 사회주의, 민주주의』. 도서출판 한울.

센델, M. 2008. 『공동체주의와 공공성』. 김선욱 옮김. 철학과 현실사.

소르망, 기. 2009. 「건국 60년, 대한민국의 상은?」. ≪월간 중앙≫, 1월호.

슈미트, 칼. 1992. 『정치적인 것의 개념』. 김효진 옮김. 법문사.

신영복·조희연 편. 2006. 『민주화 세계화 '이후' 한국 민주주의의 대안 체제 모형을 찾아서』. 함께읽는책.

신영복·조희연·장훈교. 2007. 「비합법 전위조직운동」. 정해구 외. 『한국정치와 비제도적 운동정치』. 도서출판 한울.

아감벤, 조르조. 2008. 『호모 사케르: 주권권력과 벌거벗은 생명』. 새물결.

아글리에타, 미셸. 1994. 『자본주의 조절이론』. 성낙선 외 옮김. 한길사.

아렌트, 한나. 1996. 『인간의 조건』. 이진우·태정호 옮김. 한길사.

알튀세르, 루이. 2007. 『재생산에 대하여』. 김웅권 옮김. 동문선.

앤더슨, 페리. 1995. 「안토니오 그람시의 이율배반」. 페리 앤더슨 외. 『안토니오 그람시의 단층들』. 김현우 외 편역. 갈무리.

월러스틴, 이매뉴얼. 2004. 『미국 패권의 몰락: 혼돈의 세계와 미국』. 한기욱·정범진 옮김. 창비.

윤순진. 2002. 「전통적인 공유지이용관행의 탐색을 통한 지속가능한 발전의 모색: 송계의 경험을 중심으로」. 한국환경정책학회 편. ≪환경정책≫, 10월 4호.

이세영. 2006. 「'민중' 개념의 계보학」. 신정완·조희연 외. 『우리안의 보편성』. 도서출판 한울.

이승원. 2008. 「민주주의와 헤게모니: 현대 민주주의의 특징에 관한 이론적 재검토」. ≪비교민주주의연구≫, 4(1).

이종보. 2010. 「민주주의 체제 하 '자본의 국가 지배'에 관한 연구: 삼성그룹을 중심으로」. 성공회대 사회학과 박사학위논문.

이종영. 2005. 『정치와 반정치』. 새물결.

임지현, 2001. 「한반도 민족주의와 권력담론: 비교사적 문제제기」. 『이념의 속살』. 삼인.

_____. 2004. 「대중독재의 지형도 그리기」, 임지현·김용우 편. 『대중독재: 강제와 동의 사이에서』. 책세상.

정태인. 2009. 「위기의 시대, 대안은 있는가」. 비판사회학회 2009년 동계워크숍 발표논문.

제솝, 밥. 2000. 『전략관계적 국가이론』. 유범상·김문귀 옮김. 도서출판 한울.

조주현. 2009. 『벌거벗은 생명: 신자유주의 시대의 생명정치와 페미니즘』. 또하나의 문화.

조희연. 2003. 「인간·사회·체제·참여행동」. 조효제 편. 『NGO시대의 지식 키워드』. 아르케.

_____. 2004a. 『비정상성에 대한 저항에서 정상성에 대한 저항으로』. 아르케.

_____. 2004b, 「박정희 시대의 강압과 동의: 지배·전통·강압·동의의 관계를 다시 생각한다」. ≪역사비평≫, 67호.

_____. 2006. 「장외(場外)정치, 운동정치와 '정치의 경계 허물기': 비합법전위조직,

재야운동, 낙선운동, 광주꼬뮨」. 신정완·조희연 외. 『우리안의 보편성』. 도서
출판 한울.

_____. 2008. 「민주주의의 지구적 차원: '지구적 정체(政體)'의 형성과 그 사회화」.
≪경제와사회≫, 79호.

_____. 2010. 『동원된 근대화』. 후마니타스.

줄레조, 발레리. 2007. 『아파트 공화국: 프랑스 지리학자가 본 한국의 아파트』.
김혜연 옮김. 후마니타스.

촐, 라이너. 2008. 『오늘날 연대란 무엇인가: 연대의 역사적 기원, 변천 그리고
전망』. 최성환 옮김. 도서출판 한울.

최재송·이명석·배인명. 2001. 「공유재 문제의 자치적 해결: 충남 보령시 장고도
어촌계 사례를 중심으로」. ≪한국행정연구≫, 10권 2호.

크로포트킨, P. A. 2005. 『만물은 서로 돕는다: 크로포트킨의 상호부조론』. 김영범
옮김. 르네상스.

폴라니, 칼. 2009. 『거대한 변환: 우리시대의 정치경제적 기원』. 홍기빈 옮김. 도서출
판 길.

풀란차스, 니코스. 1994. 『국가·권력·사회주의』. 박병용 옮김. 백의.

Freeden, Michael. 1996. *Ideologies and Political Theory*. New York: Oxford University
Press.

Hardt, Michael and A. Negri. 2001. "Adverntures of the Multitude: Response of
the Authors." *Rethinking Marxism*, Vol. 13, No. 34, Fall/Winter.

Howarth, D. and Y. Stavrakis. 2000. "Introducing discourse theory and political
analysis." in A. Norval, D. Howarth and Y. Stavrakis(eds.). *Discourse Theory
and Political Analysis*. Manchester: Manchester University Press.

Sandel, M. 1982. *Liberalism and the Limits of Justice*. Cambridge: Cambridge Univ.
Press.

Smith, Anna Marie. 1998. *Laclau and Mouffe: The Radical Democratic Imaginary*.
NY: Routledge.

Walzer, M. 1983. *Spheres of Pluralism and Equality*. Oxford: Martin Robertson.

신자유주의 소비문화적 쉼에 대한 반성적 성찰*

'소비무능력자'의 해방을 위한 민주주의 전략을 위한 시론

이승원
성공회대 민주주의연구소 연구교수

1. 들어가며

오늘날 우리에게 '쉼'이란 무엇일까? 보다 구체적으로 질문해보자. 신자유
주의적 특징이 지배적인 자본주의 체제와 그 발전 동학에 의해 일상의 생산과
소비 형태를 중심으로 한 사회 내 총체적 관계가 규정되고 있는 오늘날,
이 관계 속에서 살아가는 우리에게 '쉼'이란 무엇일까? 이 질문은 한 가지
더 구체적인 질문을 내포하고 있다. 이 질문과 관련한 '우리'는 누구인가?
더는 현대 자본주의 질서에서 일반화된 특정한 계급이나 거대 담론 속에서
주어진 총체화된 집단의식만으로 설명될 수 없는 '우리'는 정치·경제·문화를
관통하는 다양한 정체성으로 분화된 여러 '우리'로 나타나고 있다. 나아가
'우리' 내부에도 갈등하는 세력이 복잡하게 얽혀 있을 뿐만 아니라 '우리'를

---

* 이 글은 ≪생명연구≫, 제15집 봄호(2010. 3)에 실린 글을 재수록한 것이다.

구성하는 개별적인 육체조차 하나의 정체성 영역을 넘어서 여러 상이한 정체성이 복합적으로 얽혀 있다. 이 글은 "오늘날 우리에게 '쉼'이란 무엇일까"가 함의하고 있는 이러한 복합적인 의미를 간략하게나마 살펴보면서, 현대 사회와 '우리', 나아가 현대 사회 속의 개별 육체의 존재론적 혹은 사회적 의미를 새롭게 찾아보려고 한다.

그리 쉽지 않은 반성적 성찰을 통해 결론적으로 이 글은 '쉼'과 관련한 공동체적 해방의 의미와 해방을 가능하게 하는 실천 전략 ― 혹은 정치 전략 ― 의 실마리를 찾아보려고 한다. 현대 사회 ― 적어도 신자유주의적 자본주의가 단순히 영향을 미치는 수준이 아니라 그 사회의 가치와 질서를 규정하는 주요 담론으로 작동하는 현대 공동체적 질서 ― 에서 이러한 실천 전략의 공동 주제가 '민주주의'임을 부정할 수 없다는 전제하에서, 이 글은 실천 전략의 논의를 민주주의에 대한 급진적 재해석을 통해 풀어나가려 한다.

여기서 '급진적'이란 의미는 민주주의를 단지 공동체 내에서 합의된 내부 질서로 파악하고, 민주적 제도의 공학적 결과를 위한 조건을 설정하는 주류 민주주의 논의를 넘어서는 것을 말한다. 즉, 그러한 민주적 질서, 그 질서가 작동하는 공간, 그리고 그 질서를 받아들이는 합의 과정 그 자체를 존재론적이고 계보학적인 작업을 통해 의문시하는 것을 말한다. 나아가 이 글은 민주주의를 하나의 가치 수준에 고정시키지 않고, 생명을 위협하는 장애물을 극복하는 도구로 파악하고, 현대 사회가 민주주의를 요구하는 이유를 다시 한 번 강조하면서 또한 개별 육체와 육체의 복합체인 공동체의 생존을 위한 '쉼'의 도구로서의 민주주의를 재정의하려고 한다.

따라서 이 글은 '쉼'에 대한 개념적 정의나 의미의 계보학적 변천에 주목하기보다 '쉼'을 둘러싼 개별 주제를 연결하고 체계화하는 데 더 집중한다. 이러한 방식을 통해서 이 글은 '쉼'과 관련한 문제의식을 향후 보다 심층적으로 다루기 위해 관련된 연구주제와 질문을 정리하는 시론적 수준에서 시작한다.

2. '노동'에 대한 질문에서 '쉼'에 대한 질문으로

그렇다면 왜 '쉼'에 대한 질문인가? 사회 내 개별자로서의 육체 및 그 복합체로서의 공동체와 관련한 질문, 특히 실천 전략으로서의 '민주주의'와 관련한 질문의 출발은 오히려 '노동'이 더 일반적이고 그 자체로서의 지적 연구의 역사를 가지고 있다. 그 대표적인 경우는 19세기말 카를 마르크스의 '소외된 노동'에 대한 연구에서 찾을 수 있다.

1884년에 쓴 마르크스의『경제학과 철학에 관한 수고』('경철 수고' 혹은 '1884년 수고')는 '노동'의 문제를 철학적 사유의 주제이자 동시에 정치·경제 적 연구대상으로 설정했다. 노동을 인간의 본질로 파악하면서 노동의 양도를 인간 의지의 완성으로 보는 헤겔에 대한 비판을 시작으로, 마르크스는 노동이 상품으로 양도되는 것, 즉 노동의 소외를 인간 소외로 분석했다(마르크스, 2006). 마르크스는 자본주의 사회에서 노동을 통해 생산된 생산물이 생산자인 노동하는 인간에 종속되는 것이 아니라 인간으로부터 독립되어 인간의 노동과 대립하는 낯선 존재임을 파악하면서, 인간이 스스로 생산한 생산물에 오히려 예속되는 현상을 통해 소외의 의미를 재정의했다. 이와 함께 마르크스는 노동 생산물로부터의 소외뿐만 아니라 노동 행위로부터의 소외를 거쳐 자연을 포함해서 인간이 속해 있는 모든 세계가 인간의 능동적이고 자율적인 활동을 보장하는 공간이 아니라, 인간과 대립되고 인간을 수동적으로 만드는 낯선 대상으로 되면서 결과적으로 인간이 세계로부터 소외되는 현실을 지적하고 있다. 이는 현대 자본주의 사회를 살아가는 인간은 노동을 통해 생산한 생산물을 자신의 생존을 위해 능동적으로 사용하고 연대의 방식으로 공유하면서 생명유지와 행복감을 찾는 유적 존재로서의 삶을 더는 유지하지 못하기 때문에, 인간 존재 자체가 '소외'로 규정될 수밖에 없음을 의미하고 있다. 마르크스는 이후의 저작을 통해 인간 소외의 구체적인 진행 과정을 당시의 자본주의적 생산관계 속에서 분석하면서, 인간이 소외로부터 해방되고 유적

존재로서의 삶을 회복시키기 위한 실천으로서의 계급투쟁의 당위성과 탈자
본주의적 혁명 전략을 제기했다.

여기서 중요한 것은 마르크스의 '노동의 소외'에 대한 문제제기가 유적
존재로서의 인간 회복, 즉 세계로부터 소외된 인간의 자기해방이라는 실천적
과제로부터 출발했다는 점이다. 다시 말해서 이와 관련한 마르크스의 고민은
인간으로부터 독립되어 인간을 예속시키는 노동 행위와 그 생산물을 다시
인간의 자율적 판단 영역으로 귀속시켜 연대의 관계를 기반으로 해 자율적으
로 구성원의 행복감을 끊임없이 증대시키는 공동체의 구성에 있었다고 말할
수 있다.[1] 결국 노동의 이유는 유한자로서의 인간이 자신의 자연적이고
생물학적인 한계 속에서 생존조건을 유지하고 행복감을 증대시키는 것이라
할 수 있다.

인간 소외의 극복 문제는 이후 역사적으로 나타난 탈자본주의적 사회주의
혁명운동 내부에서도 커다란 논쟁을 형성했다. 이러한 문제의식은 마르크스
이후 게오르그 루카치의 '사물화(reification)' 개념을 통해 더욱 발전되었다.
루카치는 인간의 노동 행위와 그 생산물의 상품화 과정에서 발생하는 인간
소외의 문제를 사람들 사이의 관계로 확장시켰다. 특히 그는 베버식 합리화
과정이란 곧 사물화 과정이며 서구 근대화 과정에서 나타나는 형식적이고
개량적인 합리성의 증대 과정은 사실상 '노동 과정의 계산 가능성'의 실현
과정으로서 인간의 모든 질적 차이와 개성이 제거되면서 죽은 사물로 파편화
되고 있다고 해석한다(루카치, 1986). 루카치의 사물화 개념을 통한 소외 연구
는 이후 전체주의적 스탈린 체제와 파시즘, 그리고 양차 세계대전을 경험한
일군의 철학자에게 영향을 미치고, 이러한 영향력은 근대 이성과 계몽에
대한 역사철학적 비판을 수행한 호르크하이머, 아도르노, 마르쿠제 등 프랑크
푸르트 비판이론 학자들에 의해 집대성되었다. 특히 호르크하이머와 아도르

---

1) 연대에 대한 역사적 정의 등에 관해서는 촐(2008) 참조.

노는 공저『계몽의 변증법』을 통해 인간이 대상을 추상화된 (혹은 합리적으로 개량화된) 객체로 환원시키면서 인간 스스로도 주체와 객체의 분리 과정을 거치고, 다시 객체와 동일화(혹은 모방화)되는 과정에서 주체가 사물화된 (혹은 죽은) 객체로 전락되었다고 주장한다. 죽은 대상을 중심으로 한 이러한 '주객 동일화'의 과정은 결국 인간의 모든 질적 차이의 특성을 제거시키면서 전체주의적 지배로 귀결되었다는 것이 그들의 결론이기도 하다(호르크하이머·아도르노, 2008).

이후 또 다른 시공간에서 프랑스의 알제리 통치와 6·8혁명을 경험한 지식인은 현대 자본주의 사회 내에서 소외를 경험하고 그 문제를 인식한 사람이 왜 스스로 그러한 소외 구조로 침몰되는가의 문제에 주목하게 된다. 프란츠 파농은 원제가 '흑인의 소외에 관한 연구'인『검은 피부, 하얀 가면』을 통해 알제리 흑인의 식민주의가 그들 스스로 갇혀 있는 백인에 의한 타자화 담론에 있으며, 이는 단지 개인적 정신병리현상이 아니라 식민주의와 제국주의라는 구조적 맥락에서 형성된 것이기 때문에 이러한 타자와 구조를 제거하는 것이 흑인의 자기 소외를 극복할 수 있다고 파악했다(파농, 1998). 이와 함께 알튀세르, 라캉 등은 구조와의 관계 속에서 호명되고 동일화되는 인간 주체의 문제를 이데올로기와 판타지 개념 등을 통해 비판적으로 다루었다.[2]

---

2) 사람이 자신의 소외 상태를 야기하는 현재의 지배 질서에 저항하지 않고 ― '못하는' 것이 아니라 ― 오히려 순응하는 이유 중 하나는 그들이 현재의 질서를 그 이외의 대안이 없는 보편적인 것으로 받아들이면서 질서가 제공하는 욕망 코드를 통해 현 질서가 소외의 원인이 아닌 소외 극복의 기제라는 판타지에 사로잡혀 있기 때문이라고 할 수 있다. '판타지'란 상상에 주어지고, 무의식적 욕망을 떠올리는 한 장면에 의미를 부여하며 '방어적 기능'을 가진다는 프로이트적 설명을 기반으로 해, 라캉은 판타지의 정신분석학적 의미를 확장시킨다. 라캉은 판타지가 하나의 의미화 구조로서 작동하는 이미지 집합으로 존재한다고 보면서, 판타지의 의미화 구조란 상징적 질서에서 향유의 상실과 억제로 인한 주체의 결핍을 채우기 위해 욕망을 발생시키는 구조라고 말한다. 그러나 판타지는 실재계를 완전히 반영하지 못하고,

한편 니체적 전통에 서 있는 푸코 등의 반이성주의적 회의론자들은 인간 소외의 문제를 합리주의적 거대 담론이 아닌 미시적 공간에서 길들여지고 통제되는 '육체'에 주목한다. 특히 푸코는 『감시와 처벌』, 『성의 역사』 등의 저서를 통해 빠져나갈 수 없는 권력관계 내에서 개별 육체가 단지 외부적 억압에 의해 통제될 뿐만 아니라 권력관계 속에서 작동하는 통제 자체를 육체 스스로가 하나의 '지식', '권위', '윤리'로 받아들이면서 질서에 순응하는 주체로 생명보존과 자기재생산을 해나감을 보여주고 있다. 이러한 지적 흐름은 2세기 전 마르크스로부터 시작된 노동과 소외의 문제가 한 세기를 지나면서 권력과 윤리의 문제로 확대된 것이라 할 수 있다.

이러한 지적 흐름 속에서 보이는 것은 현대 자본주의 사회에서 노동의 소외가 노동하는 인간을 생산주체와 소비주체로 분리시킨다는 것이다. 노동의 소외는 노동의 상품화를 의미하며, 이는 한편으로 인간이 생산하는 노동생산물이 생산자 스스로의 사용목적을 벗어나 생산자에게 원치 않는 노동을 강요하는, 즉 특정한 상품의 생산을 위해 노동이 통제되고 관리되는 것을

언제나 스스로의 완전한 구성을 실패할 수 없는 싱징계가 그러한 구성적 실패를 은폐하고, 채워지지 않는 자신의 결핍 상태에서 실재계가 드러나지 않도록 그 결핍을 메우기 위해 요청된다. 이러한 결핍은 사실상 판타지를 필요로 하는 주체의 결핍을 의미한다. 문제는 판타지가 욕망을 향한 주체의 결핍을 메우는 실질적인 해결책이 아니라 일정한 절충물일 뿐이기 때문에 그것은 단순히 결핍의 은폐일 뿐이며 결핍에 대한 혼란만을 만들어낸다는 것이다. 즉, 판타지는 주체의 잘못된 동일화를 촉발할 뿐이며, 이러한 주체화는 자신의 결핍에 대한 주체의 판단을 흐리게 한다. 결국 판타지를 생산하는 구조 혹은 타자는 그러한 결핍을 채우는 듯한 상상적 시나리오를 제공하면서 판타지를 통해 유지하려는 상징계의 질서를 유지시키려 한다. 이러한 상상적 시나리오는 긍정적이기보다 '뭔가 공포스럽고 불쾌한 것을 요구하는 큰 타자의 그림'으로 구성된다. 그러한 부정적인 그림의 '적대적 타자'를 생산함으로써 주체의 결핍을 은폐함과 동시에 그 결핍의 원인과 판타지의 한계가 드러나더라도 주체가 판타지를 기반으로 한 상징계를 이탈하지 않도록 한다. 이에 대한 보다 구체적인 설명은 Lacan(1996: 272); Stavrakakis(1999: 46); Žižek(1989: 127) 참조.

의미한다. 다른 한편으로 노동의 상품화는 노동 행위뿐만 아니라 상품으로 육화된 소외된 노동을 인간이 소비하도록 길들이는 과정을 포함한다. 생산주체로부터 분리된 소비주체는 특정한 상품을 구매하고 소비하도록 훈련된다. 이러한 훈련은 그 질서 내에서의 사회적 생존을 위해 필요한 상품이 무엇인지를 교육을 통해 개별 육체에게 주입시키는 과정이며, 이는 단지 '익숙해짐'을 의미하는 것뿐만 아니라 구매하는 상품이 곧 지배구조의 판타지에 갇힌 소비자의 욕망의 실현과 일치되도록 사회 내 인간의 욕망구조를 조절하는 것을 의미한다.

편리함과 풍요로움의 환상에서부터 생명, 주거환경, 소득구조, 전쟁·재해와 관련된 각종 위기관리 등의 패러다임 변화에 따라 사람들은 소비에 대한 자율적 판단을 포기하고 강요된 소비에 종속될 수밖에 없게 되었다. 제2차 세계대전 이후 서구에서의 포드주의가 1970년대 축적 구조의 위기 속에서 노동 유연화 정책에 기반을 둔 포스트포드주의로 전환되고, 이것이 이후 신자유주의라는 사상적 세련화를 통해 '지구화'라는 이름으로 전 세계적으로 확장되면서, 생산주체와 소비주체를 분리시키는 소외의 문제는 단지 특정 지역이나 일국 차원이 아니라 전 지구적 패러다임으로 보편화되었다.

생산과 소비의 주체가 분리되었다면 그 대상은 오히려 영역과 질적 구분 없이 통일되었다. 생산과 소비의 대상으로서의 자본주의적 상품은 단지 자본주의 시장에서 유통되는 유무형의 것뿐만 아니라 국가의 통치력과 사회안전망 시스템마저도 포함해가고 있다. 유적 인간의 공동체의 근대적 패러다임인 국민국가와 시민사회가 제공하는 모든 공적 재화는 최소한 '국적'이라는 자격과 '조세'라는 접근권을 요구해왔다. 그러나 근대 국민국가의 철학적 중심이 해체되고 신자유주의라는 탈국가적 자본 중심의 사상조류가 국가 패러다임의 재구성을 촉진하면서, 결국 자본이 아닌 인간과 생명가치만으로도 충분히 접근 가능할 수 있었던 국가와 시민사회가 제공하는 공적 재화는 '구매자본'이라는 개인 소유의 허가증을 통해서만 접근할 수 있게 된 것이다.

결국 가장 중요한 문제는 현대 자본주의 사회에서 더욱 미시적으로 인간의 자율적 의식구조에까지 침투해 들어온 인간 소외 과정이 생산주체와 소비주체를 분리시키고, 최소한의 생명유지를 위한 공동체적 가치, 즉 공공성조차 상품화시키면서 인간이 쉴 수 있는 시공간을 최소한도로 축소시켰다는 것이다. 다시 말해서, 인간이 자율적이고 창조적인 노동을 통해 혹은 노동생산물을 생명유지와 행복감의 증대를 위해 사용하는 비노동시간의 활동을 통해 살아갈 수 있는 기회가 소외 과정과 주체의 분리 속에서 상실되었다는 것이다. 이것은 다음과 같은 의미를 갖는다.

첫째, 인간이 노동과 비노동의 모든 시간에 생명유지와 행복감의 증대를 위한 자율적 활동이 점차 억제되고 있다는 것을 의미한다. 둘째, 유적 존재로서 살아가는 기회가 소외로 인해 상실되었다는 것은 인간의 모든 활동이 자본주의 체제 내에서 그 가치에 따라 통제되고 훈육되면서 사실상 어떠한 억압구조, 지배 질서, 권력관계 등에서도 탈출하지 못하는, 즉 '쉴 수 없는' 상태, '쉼의 부재 상태'에 처하게 되었다는 것을 의미한다. 셋째, 이러한 기회의 상실은 유적 인간의 공동체가 해체되면서 생명유지와 행복감의 증대 — 사실상 현대 자본주의 사회에서 가공된 욕망구조로의 침몰 — 를 위해 필요한 '상품'에 접근할 수 있는 자격이 엄격히 제약되자 발생하는 '비인간화'가 진행된다는 것을 의미한다.[3] 즉, 인간 소외의 문제는 권력관계와 억압의 문제로, 권력관계와 억압의 문제는 '쉼의 부재' 문제로, 그리고 '쉼의 부재' 문제는 '비인간화' 문제로 귀결된다고 할 수 있다.[4] 이 글이 '쉼'의 문제에

---

[3] 이러한 제약은 일국 차원의 법질서, '지구적 표준화'로 명시된 '통상', '출입국관리', '안보' 등과 관련된 각종 국제협약뿐만 아니라 자본주의 질서와 크게 충돌하지 않거나 오히려 그 질서를 옹호하는 보수적인 전통·문화적 규범과 가치를 통해서 이뤄진다고 할 수 있다.

[4] 크게는 '쉼의 부재'라고 할 수 있으나, 더 구체적으로는 '쉼의 제도화', '쉼의 특권화'라고 하는 것이 이후 문맥상 더 분명할 수도 있을 것이다.

주목하는 이유는 바로 '쉼'이라는 개념이 현대 사회에서 인간 소외와 권력관계, 그리고 비인간화의 문제를 거대 담론이 간과하기 쉬운 '육체'라는 미시적이고 구체적인 차원에서 다룰 수 있도록 하는 일종의 이론적 '정박지' 역할을할 수 있다고 믿기 때문이다.

그렇다면 '비인간화'란 무엇이며, 이것이 문제가 되는 이유와 그 동학은 무엇인가? 그리고 '쉼'이 '비인간화'의 문제를 다루는 정박지 역할을 하는지점은 어디인가? 이를 다루기 위해서는 인간 소외와 권력관계의 현대적특징을 크게 규정하는 신자유주의에 대한 개략적 정의를 시작으로, 신자유주의적 질서를 유지시키는 정치 질서, 즉 신자유주의적 민주주의의 특징, 나아가 이러한 구조가 소외를 극복하고 '쉼'을 회복할 수 있는 해방적 질서로전환될 수 있는 가능성을 동시에 사고해야 할 것이다.

3. 인간 소외 구조의 현대적 특징: 신자유주의에 의한 '쉼'의 재구성

1) 가치 중심의 변화

신자유주의의 사상적 기원은 『예종의 길』 등의 저작을 통해 자유시장제도의 확장을 통한 자본주의 발전 과정을 주장하면서 복지제도와 사회주의를비판한 하이에크로부터 찾을 수 있다. 국가 관리에 따른 소득평준화와 완전고용을 지향하는 케인스 이론을 기반으로 한 수정자본주의가 1970년대 장기적스태그플레이션 등으로 위기에 처하게 되자 경제적 자유방임주의를 중심으로 국가권력의 시장 개입 비판과 시장 및 민간의 자유주의적 활동 보장을주장하는 시카고학파의 신자유주의론이 영국의 대처 정권과 미국의 레이건정권의 적극적인 도입과 함께 새로운 경제 패러다임으로 급부상했다. 자유시장과 탈규제화, 재산권을 중시하는 신자유주의 주창자들은 국가권력의 시장 개입이 경제의 효율성과 형평성을 악화시키며, 공적 재화 생산에 따른 복지제도의 확대는 정부의 재정 악화와 이른바 '복지병'이라 부르는 노동의욕 감퇴를 야기한다고 주장한다. 이를 해결하기 위해 신자유주의는 일국 차원의 통제를 최소화하는 대신 세계무역기구(WTO)를 중심으로 한 다자간 협상이나 자유무역협정(FTA) 같은 쌍무 협정을 통한 시장개방을 적극적으로 추진하며, 완전고용의 노동시장 유연화로의 전환, 공공 영역의 민영화를 강력히 주장한다. 신자유주의는 이러한 과정을 통해 '지구화'라는 국제 표준화를 일국 차원을 넘어선 '규범 원리'로 설계해가고 있으며, 결과적으로 독일의 30년 전쟁 이후 1648년 체결된 '베스트팔렌 조약'으로부터 시작된 근대 국가적 국제관계의 경계선을 해체하면서 일국의 영토적 주권 개념의 재구성을 촉진하는 정치적 영향까지 만들어가고 있다.

1970년대 말부터 1980년대 초 영국과 미국에서 각각 적극적으로 도입된 신자유주의는 1979년 영국 노동당의 복지정책을 비판하면서 보수당의 집권을 이끈 대처 수상의 대처리즘이라는 정책으로 구체화되었다. 대처는 노동당 정부의 각종 국유화 및 복지정책의 종결과 함께 ① 복지를 위한 공공지출의 삭감 및 세금 인하, ② 국영기업의 민영화, ③ 노동조합의 활동 규제, ④ 철저한 통화정책에 따른 인플레이션 억제, ⑤ 기업과 민간의 자유로운 활동 보장, ⑥ 외환관리의 전면폐지와 빅뱅 등을 통한 금융시장 활성화 등의 개혁을 추진하면서 신자유주의의 정책적 전형을 마련했다. 미국의 경우 1982년 출범한 레이건 정부가 레이거노믹스라는 영국의 대처리즘과 유사한 ① 세출 삭감, ② 소득세 대폭 감세, ③ 기업에 대한 정부 규제 완화, ④ 안정적 금융정책 등의 개혁정책을 시도하면서 미국, 나아가 세계의 신자유주의화를 가속화시켰다.

그러나 신자유주의는 이후 또 다른 불황과 실업률의 증가, 공기업의 민영화 및 복지재정이 감소에 따른 사회 양극화의 심화, 그리고 선진국과 저발전국가 사이의 갈등 초래라는 부정적인 측면을 증가시켰다. 뿐만 아니라 경제 차원에서의 감세와 탈규제 정책과는 달리 정치 차원에서는 평등화를 거부하는 국가주의 및 자유지상주의를 기반으로 한 신보수주의로 나아가면서 냉전적 군비경쟁과 탈냉전 이후 대테러전쟁 확장에 따른 재정적자 등의 문제로 이어지기도 했다. 이와 함께 신자유주의는 과거 워싱턴 컨센서스나 최근의 세계경제포럼(WEF 또는 다보스 포럼)처럼 선진국을 비롯한 국제통화기금, 세계은행과 초국적기업 중심의 초국가적 합의체의 권위를 높이면서 일국 차원의 정책결정권을 약화시키고 사회 내 민주적 의사수렴의 가치를 평가 절하하는 문제를 만들고 있다(Cox, 1987; Hirst & Thompson, 1996).

신자유주의적 정책으로의 전환에서 가장 중요한 것은 신자유주의의 가치 중심이 수정자본주의나 사회민주주의의 인간 중심과는 달리 자본 중심으로 바뀌었다는 것이다. 그 이유는 신자유주의의 주체가 생명에 기반을 둔 동등한 존엄성을 지닌 개별적 인간이 아니라 국가의 통제를 넘어서는 초국적기업이 기 때문이다. 20세기 초반부터 계속적으로 그 수가 증가해온 초국적기업은 생산, 무역, 투자, 금융 등 모든 경제 영역에서 신자유주의적 원리에 따라 비용절감, 감세, 환경규제 완화, 노동통제 등과 관련한 지구적 표준(global standards)을 현장에서 만들어나갔다(Agnew & Corbridge, 1995; Tabb, 1997; Hoogvelt, 1997; United Nations Conferences on Trade and Development, 1993). 지구적 표준화를 위해 초국적기업은 세계은행, 국제통화기금은 물론 선진국 정부를 중심으로 막대한 로비를 전개하기도 한다. 초국적기업의 영향력은 매년 초 스위스 다보스에서 개최되는 세계경제포럼의 주체로 참여할 정도로 확대되 었으며, 노동유연화에 따른 새로운 국제 노동분업 질서의 변화를 만들어가면 서 각국의 경제정책은 물론 사회·문화정책의 변화에까지 영향을 미치고 있다(Cox, 1992; 1994; Gill, 1995a; 1995b; Harvey, 1990).

초국적기업이 주체가 되는 이러한 신자유주의적 지구화와 인간 소외의 관계에 대한 이해에는 거시적으로는 콕스(R. Cox)의 '국가의 국제화', 그리고 미시적으로는 길(S. Gill)의 '신입헌주의' 개념이 도움이 될 수 있다. '국가의 국제화'란 일국 차원에서 정책결정의 중심이 국내 상황이 아니라 초국적기업과 지구적 표준이며, 이를 위해 국가의 정책과 집행 형태가 재조정되는 것을 의미한다(Cox, 1987: 253). 이는 국가가 자국 시민공동체를 위한 근대적 역할을 벗어나 지구적 표준화 과정에 자국의 질서가 접합될 수 있도록 그 역할이 '전달 벨트' 형태로 바뀌는 것과 동일하다(Hoogvelt, 1997: 134). 이러한 변화된 국가의 역할을 국가의 통치력이 미치는 주권적 영토 내에서의 미시적으로 기술하는 개념이 '신입헌주의'이다. 신입헌주의는 영토 내 시민의 기본권적 보호를 위해 제공되는 공공성의 영역이 지구적 표준화에 따라 민영화되고 상업화되면서, 이와 관련한 법적·제도적·윤리적 질서가 신자유주의적 시장 원리에 따라 재편되는 과정으로 해석될 수 있다(Gill, 1995b, 412). 즉, 신입헌주의는 지난 십여 년간 한국에서 진행된 세계무역기구 가입, 다자간 협상에 따른 농축산물시장 개방, 미국·인도·유럽연합 등과의 FTA 체결, 비정규직법, 자본시장통합법, 언론법, 교육 및 의료민영화를 위한 법 개정 시도, 이주노동자의 출·입국 및 문화적 지원 관련 법, 지적소유권 보호 관련 정책, 경제자유구역 관련 법 개정 등의 흐름과 이 흐름 속에서 점차 변화되어가는 사회·문화적 변화 등을 통해서 이해될 수 있다.

이러한 신자유주의적 특징은 국가가 방어하는 민주주의의 개념이 시민의 권리를 보장하는 수준으로부터 갈등을 여과시키고 통치권에 대한 저항을 효과적으로 차단시키는 절차 민주주의 수준으로 축소·이동되는 것을 포함한다. 이러한 개념적 이동은 국가의 역할이 전체 공동체 내의 자유와 평등, 그리고 안전을 보다 확장시키는 근대적 역할로부터 자본의 특권을 보장하기 위해 시민의 민주적 참여를 제한하고, 사회적 공공선의 확대를 위한 국가의 의무를 제도적으로 축소해나가는 것을 또한 함의한다. 즉, 신자유주의적 국가는 근대적 의무를 축소시키는 반면, 신자유주의가 야기하는 사회적 양극화의 고통에 따른 대중의 저항으로부터 특권 집단에 의한 공공성의 민영화 과정을 보호하기 위한 제반 입법·행정적 정책 추진의 의무는 확대시키고 있다(Gill, 1995a: 78~81; 1995b: 413). 결국 지구화 시대의 자본은 축적과 '경쟁'의 조건을 유지하고, 노동통제를 강화하고, 자본의 유동성을 증진시키기 위해 — 국가 개입의 최소화를 주장함에도 — 자본에 반하는 요소에 대한 통제의 최소단위로서 국가를 필요로 한다(Wood, 1997). 신자유주의 체제에서 핵심 주체와 가치 중심이 자본과 기업이라는 의미는 자본주의적 가치 이외의 인간이 할 수 있는 선택의 영역이 더욱 크게 감소되면서 자본주의적 세계에 대한 인간 소외가 이 체제 속에서 더욱 심해졌다는 것을 함의한다.

신자유주의의 또 다른 특징은 앞서 언급했다시피 생산주체와 소비주체의 분화가 심화되는 경향과는 반대로 공공성의 영역과 비시장적 관계조차 상품 관계 속으로 편입되면서 생산과 소비의 대상의 통일화 수준이 점차 높아진다는 것이다. 이것은 정치적으로도 중요한 문제를 야기하는데, 마치 어느 신자유주의 예찬자가 시장원리 측면에서 이제 더는 역사적 발전이 없다며 자본주의적 자유방임정책을 최종점으로 '역사의 종말'을 언급한 것처럼(후쿠야마, 1997), 신자유주의적 관계가 일상을 포함한 모든 영역으로 확장되고 보편화되면서 인간사회 전 영역의 시장화와 상품화는 신자유주의를 극복할 수 있는 어떠한 대안적 외부 공간도 존재하지 않으며, 따라서 그 외부 공간으로부터 형성되는 신자유주의에 이질적이고 대립되는 실천의 불가능성으로 이어지는 경향을 보이고 있다. 결국 국가는 복지정책을 철회하고, 노동권을 후퇴시키고, 나아가 원주민의 전통적 삶의 방식을 붕괴시키고, 이라크 전쟁과 같은 새로운 침략전쟁에 동조 혹은 침묵하고, 공동체 내에서 극우주의·인종차별주의 같은 반인권적 현상이 나타나더라도 그것이 반인권일지언정 반자본적이지 않는다면 적극적으로 개입하지 않는다. 오히려 국가는 가치의 중심이 변함에 따라 자신의 생존과 행복감의 유지·증대를 위한 조건이 악화됨을 경험한 사람들이 그 조건을 다시 회복시키기 위해 국가에 요구하거나 저항하는 것을 최소화시키기 위한 역할을 적극적으로 전개한다.

2) 소비문화적 쉼의 구성과 '쉬지 못하는 자들'의 확산

신자유주의적 체제 속에서 인간은 자신의 생산물은 물론 생명유지와 일정한 행복감을 위해 필요한 재화에 접근하는 것이 더욱 어려워졌고, 자신이 속하고 자신이 참여하여 건설한 세계로부터 더욱 멀리 소외되었다. 특히 공동체의 가치가 인간 중심에서 자본 중심으로 이동하면서, 노동의 생산물이 생명유지와 행복감의 증대를 위해 그리고 개개인이 경험하는 고통을 최소화하기 위해 요구되는 재화가 아니라 자본의 이윤 확대를 위한 상품으로 전면화되면서 소비 형태 또한 후자에 대한 소비로 길들여지고 있다. 신자유주의 체제 속에서 공동체 내 개인의 생애주기를 통해 필요한 식량, 의료, 주거, 교육 등 기본적인 재화에 대한 접근은 공동체 내에서 연대적 가치에 따라 보장되는 것이 아니라 개인의 노동에 전적으로 의존하게 되면서, 이들 재화에 대한 소비는 새로운 상품의 끊임없는 생산과 소비를 통한 자본 축적의 확대재생산에 맞춰지고 있다.

빠르고 다양하게 변화되고 있는 이동식 무선전화기 모델은 속도와 정보를 중요시하는 오늘날 경쟁구조에 편승해 거대 소비시장으로 성장했다. 유선전화 중심의 관계망과 동사무소에서 무료로 발급하던 주민등록증 ―그 자체가 통제의 부정성이 있음에도― 만으로 공동체 내 구성원을 확인할 수 있었던 과거와 달리, 오늘날 이동식 무선전화기는 공간적 제약을 넘어서는 관계망 구축은 물론 공인 인증, 현금영수증 발급, 대중교통비 지불 등 각종 결제방식 및 기억의 저장도구로 사용되면서 구성원이 반드시 '구매자본'이 필요한 소비방식을 통해서 구입해야 하는 필수 재화가 되어버렸다. 정보 접근의 어려움과 관계망으로부터의 이탈 등을 이유로 이동식 무선전화기를 소유하지 않을 경우 불편함을 넘어서 경쟁구조 속에서 사회적으로 생존하기 어려운 상황이다.

과거 노동운동을 통해 8시간 노동시간과 주5일 근무를 주장했을 때의 이유와 달리 오늘날 변해버린 주5일 노동제의 소비문화 경향을 살펴보자. 주5일 노동제는 비노동적 여가, 즉 쉼의 시간이 아니라 의무교육시설의 격주 토요일 휴교 제도와 결합되면서 엄청난 소비시장을 형성했다. 토요일의 쉼은 TV와 신문 등 언론매체를 통해 폭력적일 정도로 대량 전달되는 각종 여행 및 먹을거리, 이와 관련한 설비 등에 대한 정보 속에서 소비문화로 재구성되었다. 사람들은 가족이나 이웃과의 편한 쉼 ― 예를 들어 독서를 하고 토론을 함으로써 개인과 공동체의 모습을 함께 성찰하고 지혜를 나누는 시간 ― 아니라 스포츠 유틸리티 자동차에 신형 차량 내비게이션을 장착하고, 기억을 저장할 고가의 디지털카메라와 보다 신선한 경험을 위한 각종 산악 및 캠핑 장비를 구매하고서, 아이들이 교육과 가족의 화목을 위해 전달받은 여행지 정보를 가지고서 집을 떠난다. 뿐만 아니라 쉬는 시간은 보다 강도 높아진 노동 현실과 고도화된 산업화·도시화에 적응하기 위한 훈련시간으로 탈바꿈해버렸다. 사람들은 정보의 홍수 속에서 알게 된 다양한 질병에 대한 예방과 무병장수를 위해 무엇을 먹을지, 어디에 살 것인지, 어떤 운동을 해야 할지 고민하거나, 경쟁에서 살아남을 수 있는 '자기계발'을 위해 과도한 지식 체득에 시간을 할당한다.[5] 결국 쉬기 위해 필요한 것은 이제 붓과 종이, 책과 조용한 공간, 소통할 수 있는 이웃이 아니다. 오늘날 소비문화적 쉼을 위해 필요한 것은 고급 와인 세트나 고화질 대형 화면의 디지털 TV이거나 최신 3D 그래픽을 지원하는 컴퓨터 게임 장비이거나 고급 재질의 알루미늄 산악자전거이거나 기능성 고가 브랜드 등산 제품이거나 신속하고 편리한 공간이동을 위한 교통수단 등이다.

이러한 상품들로 둘러싸인 쉼을 삶의 질의 향상이나 쉼의 진화라고 말할 수 없는 이유는 소비문화로 재구성된 이러한 쉼의 조건에 대한 접근이 보다

---

5) 신자유주의 체제 아래에서 생명이 통제되는 방식과 주체의 형성 과정에 대해서는 이진경(2009)과 서동진(2009) 참조.

많은 '구매자본'을 요구하고 있으며, 이는 개인의 더 많은 노동을 담보로 하기 때문이다. 소비문화적 쉼을 위해 사람들은 자신의 노동강도를 높여 임금을 올리거나, 임금이 아닌 주식과 부동산 투기 등을 통해 제2의 소득구조를 만들거나, 파트타임 노동을 통해 부수입을 만들거나, 아니면 감당할 수 없는 사채시장에 손을 내밀면서 필요한 구매자본을 확보하려고 한다. '삶의 질'이라는 매혹적인 구호는 사람들을 소비문화적 쉼의 굴레에 더욱 빠뜨릴 뿐만 아니라 소외의 정도가 더욱 심화되는 노동 속으로 자신의 육체를 길들이는 것에 의문을 제기하지 않도록 한다.[6] 문제는 '쉼'의 이러한 재구성이 이미 생산주체와 소비주체로 분리된 사람들을 또다시 소비능력자와 소비무능력자로 분리시킨다는 것이다. 현재의 소비문화적 쉼은 구매자본을 요구한다. 더 많은 구매자본이 보다 나은 쉼을 가능하게 하는 것처럼 보이는 판타지 구조 속에서 사람들은 보다 나은 쉼과 삶의 질을 위해 보다 깊이 소외된 노동 속으로 자신의 육체를 집어넣는 역설적인 상황을 반복하게 된다.

그러나 개별 육체의 생명유지와 행복감의 증대를 위한 기본적인 필요조건이 공동체 내 연대적 가치를 통해 혹은 국가의 근대적 역할을 통해 보장되지 않는 상황이 점차 심화되는 신자유주의 체제 속에서, 더 많은 노동을 통해 얻어지는 쉼을 위한 구매자본은 그대로 쉼을 위해 재투자되지 못한다. 오히려 사람들에게 더 많은 노동을 강요하는 것은 복지예산의 삭감에 따라 축소된 공적 재화에 대한 접근 가능성의 부정적 현실이다. 국가와 공동체가 보장해야 할 가장 기본적인 쉼의 조건이 신자유주의 체제 속에서 개인이 감당해야 할 최대한의 조건으로 바뀌면서, 사람들이 대부분의 소득을 재투자하는 대상은 민영화되고 상품화된 교육, 의료, 주거와 관련된 것이다. 앞서 언급한

---

6) 소비주의적 쾌락주의에 대한 비판과 이를 대체하는 대안적 쾌락주의에 대해서는 Soper(2008) 참조. 신자유주의적 주체성 분석을 통한 소비주의적 쾌락 비판 및 급진민주주의적 성찰에 대해서는 서영표(2009) 참조.

소비문화적 쉼의 수많은 상품은 그나마 잉여구매자본이 있어야 접근 가능할 뿐이다.

이러한 현실 속에서 소비문화적으로 상품화된 모든 재화에 접근하는 소비주체의 양상이 소비능력자와 소비무능력자로 분화되어 나타나고 있는 것이다. 이것이 문제 되는 이유를 세 가지 측면에서 살펴보자.

첫째, 공적 재화마저 쉼을 위한 소비문화적 상품이 되어버리면서, 이러한 소비주체의 내적 분화는 소비무능력자에게 행복감의 증대는 말할 것도 없고 사회적 생존조건조차 공동체 내에서 접근하지 못하도록 하면서 그들의 육체적 생명마저 위협하는 상황을 촉발하고 있다. 그들은 한편으로 절대빈곤층으로 전락하거나 극단적으로 자살을 선택하면서 스스로 공동체의 구성원이기를 포기한다. 다른 한편으로 그들은 스스로의 노동이 감당할 수 없는 생존비용 마련을 위해 신용불량자가 되거나 사채 빚에 쫓기거나 소위 저항을 포함한 각종 '범법 행위' 등으로 구성원 자격을 박탈당하기도 한다. 소비무능력자의 수와 생존적 위기 수준의 급증은 '20 대 80' 혹은 '88만 원 세대' 등으로 표현되는 오늘날의 사회 양극화 현실로 나타나고 있다(우석훈·박권일, 2007).

둘째, 소비주체의 내적 분화에 따른 소비무능력자의 증가는 사회적 적대와 정치적 갈등 공간 및 성격의 급격한 변화를 촉발하고 있다.[7] 근대로부터 이어진 기존의 사회적 적대는 자본주의적 생산관계에 따른 계급 사이에서 혹은 계급 내부에서 발생하는 것으로 해석되어왔다. 그러나 오늘날의 사회적 적대는 자본가와 노동자 사이 혹은 정규직과 비정규직 사이의 갈등으로 일반화될 수 없을 정도로 다양하게 변화되었다. 사회적 적대의 다양한 변화는 오히려 소비주체의 내적 분화 결과를 통해 보다 분명하게 설명될 수 있다. 오늘날의 적대는 기존 적대관계를 넘어서 소비능력자와 소비무능력자

---

7) 이러한 적대의 새로운 형태와 발생 과정, 그리고 이 과정에서 형성되는 주체의 재구성 과정에 대해서는 Laclau & Mouffe(1985)와 이승원(2008) 참조.

사이에서 다양하게 드러난다. 정규직 노동자 사이에서 갈등(적대)은 직위보다 임금수준에 따른 '쉼'의 질적 차이를 중심으로 구성된다. 뿐만 아니라 같은 비정규직 노동자라도 주식이나 부동산 등으로 임금 이외의 추가 소득이 높거나 혹은 가족 전체의 소득이 사회 내 상위권에 속하는 사람은 소비무능력자로 분류되지 않는다. 마찬가지로 같은 이주노동자라 하더라도 고소득 전문직과 3D 업종 종사자는 스스로 처한 상황의 문제나 그들이 노동하는 사회가 바라보는 시선과 태도에서 판이하게 다르다. 노동 현장에서 종종 발생하는 자국 국적의 일용직 노동자와 이주노동자 사이의 적대적 대립은 단지 국적 문제나 일자리 부족 혹은 잉여 노동력의 증가에 따른 임금 삭감이 본질이 아니다. 마찬가지로 선거 시기 특정 정당을 지지하는 사람의 투표 성향 또한 계급 투표로 이어지지 않는다.[8] 오히려 사람들은 계급적 정체성을 스스로 해체시키면서 신자유주의 체제 내에서 자신의 소득구조를 안정적으로 유지시킬 수 있는가의 여부에 따라 자신의 정치적 입장을 선택하는 경향을 보이고 있다.

다시 말해서 오늘날의 사회적 적대, 나아가 정치적 갈등은 자본가와 노동자, 정규직과 비정규직, 취업자와 실업자, 자국노동자와 이주노동자 등이 구분되는 노동현장이 아니라 그러한 구분이 해체되고 소비능력자와 소비무능력자로 분화된 신자유주의 소비문화적 쉼의 공간에서 발생하고 있다. 그 이유는 간단하다. 앞서 지적했듯이, 신자유주의 소비문화적 쉼의 공간은 자본주의 사회에서 생산되는 유무형의 모든 재화를 공동체를 살아가는 사람의 생명유지와 행복감의 증대를 위해 기본적으로 필요한 공적 재화와 자본의 이윤 추구를 목적으로 판매되는 사적 재화 사이의 구분을 없애고 양자 모두를 소비문화적 상품화라는 블랙홀로 빨아들이면서 인간의 사회적·생물학적 생명가치를 통제하고 생명 자체를 위협하는 장소이기 때문이다. 즉, 노동

---

8) 이러한 경향에 대해서는 샤츠슈나이더(2008)와 이승원(2009a) 참조.

형태 자체가 적대와 갈등이 발생하는 직접적인 지점이 아니라 신자유주의적 가치에 따라 생명이 관리되고 소비능력의 유무에 따라 생명유지와 행복감의 증대 수준이 차이나는 소비문화적 쉼의 공간이 바로 노동 형태의 질적 차이가 드러나고 그것이 적대와 갈등으로 전환되는 지점인 것이다.[9)]

셋째, 소비주체의 내적 분화가 문제인 가장 커다란 이유는 소비능력자와 소비무능력자의 구분이 사실상 소비무능력자의 존재를 사회적으로 가시화되지 않도록 하는 정치적 배제 과정을 수반하고 있기 때문이다. '역사의 종말'로 포장된 신자유주의 체제는 자유주의 원리를 자본의 권리로 무한 적용시키면서 공동체적 연대를 통해 개별 육체의 기본적인 생명유지 조건을 보장하는 모든 합의를 철회시킨다. 이와 함께 신자유주의 체제는 경쟁에서 살아남아 신자유주의 소비문화적 쉼에 적응할 수 있는 개인, 즉 소비능력자만을 '시민'으로 보호한다. 신자유주의의 주체인 기업은 획득한 이윤을 더 높은 이윤을 위해 재투자할 뿐 소비무능력자를 소비능력자로 전환시켜 사회 내 '시민'으로 승인하는 과정에 투자하지 않는다. 최근 TV 광고 등에서 종종 보이는 기업의 사회 공공적 이미지는 소비자에게 자사의 상품을 구매하는 것이 단지 개인의 욕망 추구만이 아니라 소비무능력자를 돕는 윤리적 행위도 함께 포함한다는 판타지를 통해 자사 상품의 소비를 촉진하는 것을 주목적으로 할 뿐이다. '부자 되세요'와 '대한민국 1%의 선택'에서 '사람을 생각하고', '나눔을 실천하는' 기업 홍보가 언제 과거로 후퇴할지는 전적으로 자사 상품의 판매율에 달려 있다. 기업의 이러한 홍보가 구체적으로 실현되려면 오히려 분식회계를 근절하고, 비정규직 중심의 노동유연화 정책 철회를 통한 고용안정을 지향하고, 기업경영 방식을 보다 윤리적으로 바꾸고, 주주총회를 보다 민주적으로 운영하고, 상품가격을 인하하는 방식으로 기업 이윤의 사회적 환원을 실천하고, 노동 현장에서의 노동기본권 보장을 기업이 적극적으로

---

9) 최근의 국민기본소득제와 관련한 논의는 이러한 현실을 반영하는 것이라 할 수 있다.

실천하는 것이다. 이러한 실천 없는 기업 홍보는 소비무능력자의 현실에 대한 책임을 기업이 아닌 소비능력자의 윤리적 행위로 전가시키면서, 사실상 소비무능력자의 문제를 비가시적으로 만들 뿐이다. 국가 또한 마찬가지이다. 서민을 위한다는 구호와는 정반대로, 신자유주의를 지향하는 국가는 빈곤층 지원 복지예산 삭감에 따른 사회안전망 해체, 노동기본권 통제, 국가경쟁력을 앞세운 노동유연화 정책의 가속화에 따른 비정규직과 저임금 노동자의 양산을 일괄적으로 추진하고 있다. 반대로, 생존을 위해 저항하고 국가의 책임을 요구하는 목소리를 민주주의의 이름으로 폭력적으로 제거하려는 역설적인 상황은 오늘날 신자유주의 국가의 일반적인 현상이다.

  기업과 국가가 한편으로 소비능력자로서의 시민에게 윤리적 환상을 제공하고 다른 한편으로 소비무능력자의 사회적 드러남을 억제하려는 이유는 소비무능력자의 현재 그 자체가 바로 소비문화적 쉼의 부정적 측면과 한계는 물론 신자유주의 체제 자체의 일반적 위기를 드러내는 탈구적 사건이기 때문이다.[10] 그들의 현존이 사회적으로 인식되는 순간 기업과 국가는 딜레마에 처하게 된다. 기업과 국가는 스스로 소비무능력자의 현존에 답을 내려야 하는데, 그 어떤 답도 기업과 국가가 서 있는 신자유주의의 정당성을 유지시키기 어렵게 된다. 기업과 국가가 소비무능력자를 반이성적 존재이자 체제의 무능력한 잔여물이고, 때로는 공동체를 위협하는 적대적 타자로 비인간화시키는 순간 무한경쟁 속에서 소비무능력자로 전락할 수 있는 현실을 불안해하는 시민을 잠재적 적으로 만들게 된다. 반면 기업과 국가가 소비무능력자의 현존을 인정하면서 그들의 생명유지와 행복감의 증대를 제도적으로 보장해 시민으로 승인하는 순간, 기업과 국가는 이제 신자유주의적 원칙을 유지할 수 없게 된다. 결국 기업과 국가가 소비무능력자의 현존에 취할 수 있는 태도는 적어도 그들의 존재를 성공적으로 은폐시킬 수 없다면, 그들에 대한

---

10) '탈구' 개념에 대해서는 Laclau(1990)와 이승원(2008) 참조.

답을 유보하는 것이다.

'오늘날 우리에게 쉼이란 무엇인가'라는 성찰적 질문은 결국 신자유주의 소비문화적 쉼의 공간에서 '시민'으로서의 소비능력자와 비인간화된 소비무능력자 사이의 분화 과정에서 나타나는 인간 존재의 생명유지에 대한 문제제기이다. 이러한 문제제기에 대한 신자유주의 기업과 국가는 답변은 소비문화적 쉼이 곧 '행복감의 증대'이자 개인의 자유를 극대화한 가장 민주적인 형태의 삶의 질이라는 되풀이되는 주장뿐이다. 그들은 문제제기가 지적하는 소비무능력자 — 그리고 점차 소비무능력자가 되고 있는 소비능력자 — 의 생명 위협에 대한 해결책 제시는 유보하고 있다. 유보는 곧 문제에 대한 방치이며 그 자체로 '지금 당장' 사회적 존재로서의 생명유지에 대한 불안감에 처해 있는 비인간화된 소비무능력자에 대한 '폭력'이다. 그렇다면 어디에서 해결책의 실마리를 찾을 수 있을까?

4. 비인간화된 소비무능력자의 해방: 생명가치에 대한 끊임없는 질문

1) 민주주의의 급진화

기업과 국가가 비인간화된 소비무능력자의 현존에 대응하는 과정에서 부딪히는 딜레마는 오히려 후자에게 새로운 가능성의 기회를 제공한다. 그러나 이러한 기회는 기회일 뿐 전자에 의해 적극적으로 관리된다. 그 관리는 양측이 서로를 인식하는 의사소통 구조, 즉 '언어'를 통해 진행된다. 이 언어는 제도, 관습, 법, 윤리, 사회적 합의, 상식 등으로 표현되며, 기업과 국가는 이 언어를 규정하는 그리고 이 언어를 통해 구성되는 지식을 장악하면서 언어를 지배해나간다. 지식은 검증 가능성과 보편성에 근거한 권위를 통해 받아들여진다. 기업과 국가는 그 권위를 획득하기 위해 자신이 전유한 자본의 힘과 과학기술을 전면에 내세움과 동시에 전통적 질서와 종교적 윤리를 동원한다. 이를 통해 기존 언어를 자신의 지배 언어로 만들어가는 기업과 국가는 법·관습·상식·윤리 등이 형성하는 담론구조에서 소비무능력자가 드러나는 언어적 표현을 제한하거나 왜곡하거나 삭제한다.

기업과 국가는 소비무능력자가 경험하는 고통과 불안함에 대한 언어적 표현을 최소화하면서 그들을 게으르고 무지하다는 이유로 상식과 윤리의 차원에서 경쟁의 낙오자로 해석하거나, 법적 차원에서 아직 합법화되지 않은 존재로 취급하거나, 제도적 차원에서 관리의 대상으로 묘사한다. 결국 비인간화된 소비무능력자는 자신의 언어가 존재하지 않고, 제도적으로 인정받지 못하고, 사회적으로 배제되는 이름 없는 존재 혹은 존재가 아닌 존재가 되어 버린다.

따라서 그람시가 인민은 지배계급의 언어를 통해 자신의 이해와 요구를 표현한다고 분석한 것처럼(Gramsci, 1971), 소비무능력자 또한 기업과 국가의 지배 언어를 통해서만 자신의 고통과 불안함을 호소하고, 생존을 위한 이해와 요구를 주장하는 한계를 가지게 된다. 이러한 언어적 한계는 소비무능력자가 공동체와 소통하면서 문제를 해결하는 방식의 한계와 불가능성으로 이어진다. 그들의 호소와 주장을 만족스럽게 담아내지 못하는 지배 언어는 결국 고통과 불안함, 그리고 생존을 위한 요구를 표현하는 소비무능력자의 현존을 더욱 비인간화시키고, 소비무능력자의 표현이라는 기의가 지배 언어라는 기표에 체계적으로 접합되지 못하면서 그들의 표현을 분열증적으로 만들어 버린다. 분열증적 현존으로서 공동체와 소통하는 데 실패한 그들은 마침내 자신만의 언어적 표현으로서 노숙인의 삶을 선택하고, 저항을 선택하고, 죽음에 처하게 되는 상황을 선택하게 된다.

현대 사회에서 지배세력이 의사소통을 위해 선택하는 가장 대표적인 언어는 '민주주의'로 집약된다고 할 수 있다. 지배세력은 민주주의라는 기표를 공동체 구성의 원리로 채택하면서 자신의 권력 행사와 재생산을 절차적으로 합법화시키고 법적 영역을 제한하고, 소비문화적 쉼을 가능하게 하는 재화에 접근할 수 있는 소비능력자로서의 시민을 규정한다. 그러나 민주주의가 현대 사회에서 특히 신자유주의 체제에서 자본 중심의 지배세력에 의한 구성적 원리로 사용되고 있는 반면, 역사적으로 근대의 시작과 함께 민주주의는 정치적 자유주의와 평등사상의 급진적 확장을 수반하면서 이러한 구성적 원리를 전복시키는 저항의 논리로서도 기능해왔다(Dunn ed., 1992). 비록 민주주의가 오늘날 지배세력의 대표적 언어로 제도화되어 있다 하더라도, 구성성과 전복성이라는 갈등하는 두 논리를 끊임없이 반복하면서 수많은 정치 변동 과정을 촉발시킨 민주주의의 역사를 살펴보면, 여전히 민주주의가 소비 무능력자로 표현되는 신자유주의 소비문화의 희생자, 즉 참된 쉼을 빼앗기고 생명유지의 불안함에 처한 자에게도 자신의 적절한 의사소통을 위한 해방의 언어로 고려될 수 있다고 말할 수 있다.[11]

소비무능력자의 현존에 대응하는 과정에서 기업과 국가가 처한 딜레마는 곧 그 현존을 설명할 수 있는 의사소통 구조, 즉 언어의 위기를 의미하며 이 언어의 위기는 사실상 생명 중심에서 자본 중심으로 그 가치 중심이 옮겨진 신자유주의 민주주의라는 오늘날의 민주주의의 지배적 패러다임의 위기일 뿐이다. 프랑스 혁명 이후 민주주의는 자유와 평등이라는 두 가지 급진적 가치와 결합되면서 구체제를 전복하고 권력의 공간이 더는 특정 세력에 절대적으로 종속되지 못하도록 하는 민주주의 혁명을 통해 근대 질서를 태동시켰다(Lefort, 1986). 그 기원이 되는 고대 그리스 시대의 민주주의가 사실은 노예와 귀족을 구분하는 차별적 원리였음에도 근대 서구 사회에서 자유와 평등을 접합시키고 근대 정치혁명의 거대 기표가 될 수 있었던 것은 바로 당시 구체제 아래에서 비인간화된 인민의 생명과 존엄성을 지배계급의

---

11) 민주주의의 역사적 변천과 구성성·봉기성의 논리에 대한 주장은 이승원(2008) 참조.

그것과 동일하게 만들었기 때문이다.

여기에서 민주주의가 오늘날에도 해방의 언어가 될 수 있는 실마리를 찾을 수 있다. 민주주의는 자유와 평등의 급진적 가치와 재접합되면서 신자유주의적 인식틀을 해체시키고, 그 해체의 틈을 통해 비인간화된 소비무능력자의 현존을 보다 구체적으로 드러내는 언어가 될 수 있기 때문이다. 이러한 재접합과 해체 과정의 핵심은 프랑스 혁명 당시 민주주의가 바로 인민의 생명과 존엄성에 대한 정치적 언어였던 것처럼, 오늘날에도 소비무능력자의 생명과 존엄성에 대한 질문을 민주주의의 이름으로 끊임없이 제기하는 것이다. 그들의 생명가치와 존엄성을 법적으로 승인하고, 그 질문이 신자유주의적 체제에 대한 윤리적 판단기준으로 작동하고, 마침내 공동체의 연대적 가치가 신자유주의 민주주의를 대체하는 민주주의의 새로운 형태로 받아들여지도록 하는 것이다.

나아가 민주주의의 급진적 확장은 노동의 공간과 비노동의 공간 속에서 소비주체와 생산주체로 균열된 개인의 정체성을 복원시키고, 공공성이 해체되고 생명가치가 상실된 소비문화를 해체시키고, 소비문화적 쉼의 공간에서 소비능력의 유무로 차별화된 공동체를 재구성하는 작업을 포함한다. 또한 민주주의의 급진적 확장은 '소비무능력자'의 정체성으로부터 벗어나려는 사람이 새로운 공동체 구성을 위해 정치적으로 주체화되고 공동체의 생산물을 분배하는 결정 과정에 참여하는 실천을 포함한다.

2) 연대를 통한 '고통'의 치유와 쉼의 회복

민주주의의 급진화가 사회적으로 배제된 소비무능력자를 제도적으로 새롭게 승인하고 이를 통해 소비문화적 쉼을 생명유지와 행복감의 증대를 위한 쉼으로 재구성해 회복시키는 것을 지향한다고 할 때, 연결되는 질문은 이러한 급진민주주의적이고 해방적인 전략을 위한 실천의 주체와 방법은 무엇인가이다. 이에 대한 답변은 근대적 의미에서의 유적 인간을 회복하는 언급한 공동체적 연대 활동의 복원이다. 이 장에서는 공동체적 연대 활동에 대한 철학적 성찰을 통해 실천의 실마리를 찾아보려고 한다.[12] 해방을 위한 실천으로서 연대를 제기하는 이유는 연대가 단지 '계급투쟁'과 같이 과정상의 정치적 실천이 아니라, 과정은 물론 도달하는 정치적 목적지에서도 끊임없이 지속되어야 할 윤리적 실천을 포함하고 있기 때문이다.

'연대'의 의미는 사실상 '연대보증'을 의미하는 프랑스의 법률 용어에 기원을 두고 있다. 프랑스 법에서 '연대(solidarité)'는 고대 로마법의 전문용어인 '공동체의 책임(공통의 의무, 보증)'의 법적 의미를 그대로 유지하고 있으며, 프랑스 계몽주의자 디드로와 달랑베르는 『백과전서(Encyclopédie)』에서 연대를 "여러 채무자가 그들이 빌렸거나 빚진 액수를 되돌려줄 각오가 되어 있음을 인정하는 어떤 의무의 성질"(촐, 2008에서 재인용)이라고 설명하고 있다. 이러한 의미를 좀 더 확대해보면, 연대는 개인이 아닌 공동체 구성원 모두를 하나의 단일한 주체로 보면서 구성원 모두가 각기 상이한 위치와 상태에 처해 있음에도, 마치 육체를 구성하는 유기적 부분인 것처럼 각 부분이 경험하는 고통을 함께 느끼고 공동으로 대처하는 생활방식으로 해석될 수 있다. 나아가 연대는 개개인의 생명, 그리고 이와 관련한 고통과 행복감이 각각의 육체마다 분리되고 이질적으로 나타나는 것이 아니라, 비록 육체는 각기 분리되어 있으나 생명이 전유하는 공간은 바로 연대를 통해 유기적으로 구성된 공동체 자체라고 볼 수 있다. 따라서 연대는 공동체적 가치의 관점에서 개별 육체의 생명에 대한 공동책임을 포함한다고 말할 수 있다.

이러한 측면에서 볼 때 연대는 개인의 소유권을 자유주의적으로 확대보장하고 개개인을 독립되고 경쟁적인 개별자로 규정할 뿐만 아니라, 다양한

---

12) 이승원은 '연대'의 의미를 철학적 측면에서 12가지로 테제화한다(이승원, 2009b 참조). 이 글에서는 연대에 관한 12가지 테제를 이 글의 주제에 맞게 재구성했다.

상품 구매를 촉진하기 위해 한 개인을 생산주체와 소비주체로 분리하고, 상품에 따른 다양한 정체성을 주입하는 신자유주의와 대립되는 가치이자 생활방식이다. 연대가 개인의 고통에 대한 공동의 책임에 대한 합의라면, 신자유주의는 마치 도마뱀이 자신의 꼬리를 자르듯 오히려 공동체의 위기조차 개인의 육체에 전가시키려고 한다. 또한 연대는 공동체 구성원이 가지는 때로는 상이하고 때로는 갈등적인 주체성과는 상관없이 '고통'이 발생하는 지점에서 그것을 제거하기 위해 구체적으로 상호 협력을 진행한다. 그와 달리, 신자유주의는 다양한 이해관계에 따른 상이한 주체성 사이에서 특정한 개인의 고통에 대한 타인의 공감을 인정하지 않으며, 오히려 '타자'의 고통이 '나'의 주체성에 대한 위협으로 다가올 것을 대비해 타자의 고통을 인정하지 않고 은폐하려고 노력하는 경향을 보인다.

근대적 기원에서 찾을 수 있는 연대의 의미는 신자유주의 소비문화적 쉼의 부정성을 극복할 수 있는 방법을 상상할 수 있도록 도와준다. 연대는 기존 질서 내에서 인식되는 주체, 즉 동등한 권리를 가진 '시민'이자 소비문화적 쉼의 물적 조건에 접근 가능한 '소비능력자' 사이의 동맹에 제한되지 않는다. 연대는 기존 질서의 주체와 그 질서로부터 배제된 자들이 새로운 공동체의 새로운 윤리적 공동체를 구성하기 위해 기존의 관계를 급진적으로 해체하고 새로운 관계를 형성하는 과정이다. 왜냐하면 연대의 기원은 바로 개별적인 육체가 경험하는 여러 고통에 대해 공동체가 책임을 지고 해결하려는 모습이기 때문이다. 즉, 연대는 동일한 상황에서 고통을 경험하는 자와 고통을 경험하지 않는 자라는 이질적인 존재가 공동으로 고통에 대처하는 방식이라고 할 수 있다. 연대란 '동등하지 않음에도' 이루어지는 결합이며, 나아가 '우리 스스로가 향유하거나 가치 있는 것으로 간주하는 똑같은 기회·권리·목표가 실현되도록 우리와는 일치하지 않는 다른 상태를 가진 사람을 지지하는 것'으로도 표현될 수 있다(Hondrich & Koch-Arxberger, 1992; Wildt, 1996, 1004ff; 촐, 2008: 13에서 재인용).

기독교의 경전인 신약에서 말하고 있는 '선한 사마리아인'에 관한 비유(누가복음 10: 25~37)는 각각의 주체성이 가지는 질적 차이가 연대의 장애물이 아니며, 연대는 '지금', '누군가가', '고통'을 경험하고 있는 상황에서 오로지 '고통'의 해소 혹은 경감에 집중하는 행위임을 말해주고 있다. 유대의 율법사가 던지는 '내 이웃이 누구인가'라는 질문에, 예수는 강도 만난 자의 곁을 지나친 제사장, 레위인, 그리고 그를 도운 사마리아인 세 명 중 '누가 강도 만난 자의 이웃인가'라는 질문으로 답한다. 율법사와 예수 사이에서 이웃의 주체와 대상이 역전되어버린다. 율법사의 이웃이 '내'가 돌봐야 할 자라면, 예수의 이웃은 '강도를 만나 생사의 기로에서 고통받는 자'를 돌보는 자이다. 즉, 이웃이 될 수 있는 자격은 제사장, 레위인, 사마리아인 같은 '나'의 정체성에 있는 것이 아니라, 어떤 이의 고통에 대한 연민과 그 고통을 함께 해결하려는 실천에 있다. 즉, 연대는 주체성을 넘어서서 사회적 관계의 가장 기본이 되는 개별 육체의 경험에 대한 연민과 해결을 위한 실천이다. 연대적 관계는 고통의 원인이 되는 실증적인 관계를 뒤틀어 그 관계가 가지는 권력관계의 특성을 드러나게 하고, 도전하고 급진적으로 전복시켜서 고통을 '치유'하는 행위이다. 고통의 치유는 예수가 갈릴리의 오클로스(ochlos. 무력화된 대중)를 만나면서 가장 많이 행한 행위였으며, 하나님나라에 대한 비유의 핵심이기도 하다.[13)]

기존 지배 질서에서 규정되는 실증적이고 고정된 주체위치 사이의 관계 속에서 되풀이되는 고통을 제공하는 구조적 관계를 해체하지 못하기 때문에 연대가 될 수 없다. 연대는 단순한 시혜가 아니라 기존 주체성을 넘어서(탈주체화) 새로운 주체성으로 재구성되는(재주체화) 과정을 수반해야 한다. 국민기본소득제는 기존의 임노동관계를 재구성하는 연대적 행위라고 할 수 있다.

---

13) 예수의 치유와 구원·해방의 의미는 놀런(1980)을, 구원·해방적 관점에서 연대의 의미와 연결시킬 수 있는 하나님나라에 대해서는 픽슬레이(2005) 참조.

호주제의 폐지, 동성 간의 혼인, 일부일처제 중심의 결혼제도의 해체, 불법체류 이주노동자의 인권 보호, 무상 의료, 사형제 폐지 등도 실증적인 관계를 뒤트는 연대적 관계를 기반으로 한 제도적 변화의 상상이라고 할 수 있다. 나아가 남성주의와 성장주의에 맞서 여성주의와 생태주의적 가치를 통해 신자유주의적 생애주기 속에서의 다양한 소비문화적 쉼의 형태는 물론, 자본주의 체제하에서의 산업화와 도시화의 흐름을 전복시키고 새로운 공동체 질서를 재구성하는 것도 연대적 실천을 필요로 할 것이다.

연대의 행위가 실증적 정체성의 경계를 넘어서 타자의 고통에 대한 연민으로부터 출발한다는 것은 지배 언어 중심의 소통구조가 가지는 언어가 없는 자 — 사회적 약자나 소비무능력자로 표현될 수 있는 사람 — 의 분열증적 한계를 극복할 수 있도록 한다. 법, 제도, 관습, 상식 등으로 표현되는 근대적 언어는 지배세력의 권력·지식을 기반으로 해 정상과 비정상을 구분하는 데 사용되었다. 따라서 비정상으로 분류된 존재에게 그 언어는 자유롭고 호혜적인 의사소통의 도구가 아니라, 비정상을 정상의 영역으로 진입하지 못하게 하고 정상의 잔여물을 비정상으로 밀어내 버리는 폭력의 도구가 된다. 그러나 연대는 그 과정이 폭력적이고 일방적일 수 없는 새로운 언어의 생산을 필요로 한다. 이 새로운 언어는 기존의 권력관계의 실증성을 해체하고, 이 관계에 고정되어 있던 주체의 정체성 또한 해체와 재구성의 과정으로 끌어들인다. 이 새로운 언어는 주체의 정체성의 갇혀 지배·피지배 또는 정상·비정상 등의 이분법적이고 차별적 관계에서 소통이 '지도와 명령'으로 변질되는 낡은 언어의 역할을 폐기하고, 사마리아인의 비유처럼 타자의 생명유지와 고통에 대한 대응(연민과 구체적인 실천 모두) 자체를 언어 행위로 받아들인다.

연대의 언어가 특정 주체에 속해 있지 않고, 소통이 차별적이지 않다는 것은 연대를 구성하는 어떤 주체도 선험적이고 특권적인 정체성을 부여받지 않았다는 것을 의미한다. 근대 민주주의 혁명이 특정 세력에게 참여와 권력점유의 특권을 선험적으로 보장했던 구체제를 전복시키고 이것의 반복을 불가능하게 만들었다는 것과 비교해보면, 연대의 양상은 민주주의가 드러나는 양상과 동일하다고 할 수 있다. 따라서 연대란 노동생산물과 자신이 속해 있는 세계에 접근하지 못하게 되는 인간 소외를 지양하고, 신자유주의 소비문화적 쉼에 대한 접근이 소비능력자에게만 보장되고 소비무능력자의 존재는 은폐되는 현실을 부정하면서, 개인을 넘어선 공동체의 쉼을 회복하는 과정이라 할 수 있다.

5. 나오며

지금까지 "오늘날 우리에게 '쉼'이란 무엇일까"라는 질문이 민주주의의 급진화와 연대적 실천을 기반으로 한 해방의 담론으로 이어질 수 있는 이유를 살펴보았다. 신자유주의 소비문화 속에서 '생명유지'의 기본 조건인 '쉼'조차 보장받을 수 없는 소비무능력자는 '나'로부터 독립된 타자가 아니다. 상품 구매에 필요한 자본을 얻기 위한 노동의 기회가 주어지지 않는다면, '나'는 즉시 소비무능력자로 전락될 수밖에 없다. 따라서 소비능력자와 소비무능력자 사이의 연대적 실천은 독립된 주체와 타자의 임의적인 관계가 아니라 공동체의 생존과 행복을 위한 구성원 사이의 지속적인 책임의식과 실천이다. 오늘날 우리에게 '쉼'은 더 많은 노동을 강요하고 더 많은 소비를 자극한다. 이제 쉼은 생명유지의 기본 조건도 노동의 재생산을 위한 준비도 아니게 되었다. 신자유주의 체제하에서 쉼은 자본의 이윤 추구를 위해 미래의 노동을 담보로 현재의 소비가 강요되는 시공간일 뿐이다. 공공성조차 상품화되어버린 오늘날, 강요되는 소비조차 감당할 수 없는 소비무능력자의 생명은 보호받지 못하고 있다. 소비무능력자가 독립된 타자가 아니라면, 그 생명의 위기는 곧 나의 위기이고 공동체의 위기일 수밖에 없다.

신자유주의 소비문화 속에서 뒤틀어진 '쉼'에 대한 반성은 구체적으로는 일상의 소비 형태에 대한 반성으로 연결되며, 생산주체와 소비주체로 분리된 주체의 소외를 극복하는 다양한 노력으로 이어진다. 이러한 노력은 민주주의의 급진화와 연대적 실천을 요구한다. 이 두 실천 전략이 작동하는 지점은 거대 정치 전선이 아니라 개인의 육체이다. 고통에 대한 끊임없는 연민과 해석, 그리고 직접적인 대응을 통해 이 두 실천 전략은 고통의 원인을 제공하는 기존 질서의 실증성을 전복시킨다. 나아가 이 두 실천 전략은 언어를 지배하고 차별의 논리가 작동하는 지배와 피지배 또는 이성과 반이성의 이분법적 대립을 해체하고 상이한 대안적 공동체 구성에 기여할 것이다. 생명유지와 행복감의 증대를 위한 활동으로서의 쉼의 회복이 오늘날 민주주의와 연대가 추구하는 가치와 목표이어야 할 것이다.

참고문헌

놀런, 앨벗. 1980. 『그리스도교 이전의 예수』. 정한교 옮김. 분도출판사.

루카치, 게오르그. 1986. 『역사와 계급의식』. 박정호·조만영 옮김. 거름.

마르크스, 칼. 2006. 『1844년의 경제학·철학 수고』. 강유원 옮김. 이론과 실천.

샤츠슈나이더, E. E. 2008. 『절반의 인민주권』. 현재호·박수형 옮김. 후마니타스.

서동진. 2009. 『자유의 의지, 자기계발의 의지: 신자유주의 한국 사회에서 자기계발하는 주체의 탄생』. 돌베개.

서영표. 2009. 「소비주의 비판과 대안적 쾌락주의: 비자본주의적 주체성 구성을 위해」. ≪공간과 사회≫, 32호.

우석훈·박권일. 2007. 『88만원 세대: 절망의 시대를 쓰는 희망의 경제학』. 서울: 레디앙.

이승원. 2008. 「민주주의와 헤게모니: 현대 민주주의의 특징에 관한 이론적 재검토」. ≪비교민주주의 연구≫, 4(1).

_____. 2009a. 「진보정치, 절반의 인민주권을 대신할 수 있을까?」. 한국 사회여론연구소. ≪동향과 분석≫, 136호.

_____. 2009b. 「연대의 정치적 필요성과 이론적 조건: 헤게모니 실천을 통한 연대와 민주주의의 통일」. ≪문화과학≫, 제60호.

이진경. 2009. 「현대자본주의와 생명의 권리: 생명의 정치경제학 비판을 위하여」. ≪탈경계 인문학≫, 2(2).

쫄, 라이너. 2008. 『오늘날 연대란 무엇인가: 연대의 역사적 기원, 변천 그리고 전망』. 최성환 옮김. 도서출판 한울.

파농, 프란츠. 1998. 『검은 피부, 하얀 가면』. 이석호 옮김. 인간사랑.

픽슬레이, 조지. 2005. 『하나님 나라』. 정호진 옮김. 한국신학연구소.

호르크하이머, 막스 테오도르 아도르노. 2008. 『계몽의 변증법: 철학적 단상』. 김유동 옮김. 문학과 지성사.

후쿠야마, 프랜시스. 1992. 『역사의 종말』. 이상훈 옮김. 한마음사.

Agnew, John & Stuart Corbridge. 1995. *Mastering Space*. London: Routledge.

Cox, Robert. 1987. *Production, Power and World Order: Social Forces in the Making of History*. New York: Columbia University Press.

_____. 1992. "Global Perestroika." in Ralph Miliband and Leo Panitch(ed.). *Socialist Register*. London: The Merlin Press.

_____. 1994. "Global structuring: Making sense of the Changing International Political Economy." in Richard Stubbs and Geoffrey R. D. Underhill(ed.). *Political Economy and the Changing Global Order*. London: Macmillan.

Dunn, John(ed.). 1992. *Democracy: the Unfinished Journey, 508 BC to AD1933*. New York: Oxford University Press.

Gill, Stephen. 1995a. "Theorising the Interregnum: The Double Movement and Global Politics in the 1990s." in Bjorn Hettne(ed.). *International Political Economy: Understanding Global Disorder*. London: Zed Books.

_____. 1995b. "Globalisation, Market Civilisation, and Disciplinary Neo-liberalism." *Millennium: Journal of International Studies*, vol. 24, no. 3.

Gramsci, A. 1971. *Selections from the Prison Notebooks*. London: Lawrence and Wishart.

Harvey, David. 1990. *The Condition of Postmodernity: An Enquiry into the Origin of Cultural Change*. Oxford: Blackwell.

Hirst, Paul & Grahame Thompson. 1996. *Globalisation in Question: The International Economy and the Possibilities of Governance*. Cambridge: Polity Press.

Hondrich, Karl-Otto & Claudia Koch-Arxberger. 1992. *Solidarität in der modernen Gesellschaft*. Frankfurt: M.

Hoogvelt, Ankie. 1997. *Globalisation and the Postcolonial World*. London: Macmillan.

Lacan, Jacques. 1996. *Ecrits*. in Dylan Evans. *An Introductory Dictionary of Lacanian Psychoanalysis*. London: Routledge.

Laclau, Ernesto. 1990. *New Reflection on the Revolution of Our Time*. London: Verso.

_____ & Chantal Mouffe. 1985. *Hegemony and Socialist Strategy*. London: Verso.

Lefort, Claude. 1986. *The Political Forms of Modern Society: Bureaucracy, Democracy, Cotalitarianism*. Cambridge, Mass.: MIT Press.

Soper, Kate. 2008. "Alternative Hedonism, Cultural Theory and the Role of Aesthetic Revisioning." *Cultural Studies*, 22(5).

Stavrakakis, Yannis. 1999. *Lacan and the Political*. London: Routledge.

Tabb, William K. 1997. "Globalisation is An Issue, The Power of Capital is The Issue." *Monthly Review*, June.

United Nations Conferences on Trade and Development. 1993. *World Investment Report*. Geneva: United Nation.

Wildt, Andreas. 1996. "Solidarität." in J. Ritter & K Grunder(Hg.). *Historisches Wörterbuch der Philosophie*. Darmstadt. S.

Wood, Ellen Meiksins. 1997. "Modernity, Postmodernity or Capitalism." *Review of International Political Economy*, vol. 4. no. 3.

Žižek, Slavoj. 1989. *The Sublime Object of Ideology*. London: Verso.

'급진민주주의론'이 넘어야 할 산들

신정완
성공회대 사회과학부 교수

주지하다시피 조희연 교수는 청년기인 20대로부터 지금까지 근 30년간 한국 민주화의 성취와 진전을 위해 이론적으로나 실천적으로나 중단 없이 분투하고 새로운 시도를 추구해온 대표적인 정치사회학자이자 민주주의 이론가이다. 그는 1980년대의 사회구성체 논쟁을 비롯해 한국 사회과학계의 핵심적 논쟁에 거의 빠짐없이 주요 논객으로 참여했으며 한국 사회의 민주화 과정의 주요 국면에 빠짐없이 이론적·실천적으로 개입해왔다. 그는 사회 변화에 발맞추어 새로운 쟁점과 의제를 놓치지 않고 수용하려는 개방적 자세를 견지하면서도 과거의 사회운동과 사회과학이론을 낡은 것으로 쉽게 치부하지 않으면서 과거의 경험과 유산의 합리적 핵심을 계승·보존하면서 이를 시대 상황에 걸맞게 진화시키려 노력해왔다. 따라서 그의 많은 글에는 어제의 유산과 오늘의 쟁점, 내일의 과제가 모두 융합되어 있다. 그의 이러한 '종합주의자'적인 면모로 인해 때로는 그의 논의가 절충주의적으로 보이거나 논지가 선명해 보이지 않게 된 측면도 있겠으나, 다른 한편으로는 현실 분석에서 현실의 복잡성을 최대한 풍부하고 섬세하게 살려내고 실천과제와 방향의 제시에서 고려해야 할 다양한 사항을 최대한 놓치지 않음으로써 사회과학과 사회운동에 지속적으로 중요한 기여를 제공해왔다.

그의 글은 대부분 정세 개입적인 것으로서, 구체적 현안 분석과 실천과제 도출을 위해 다양한 이론적 자원을 활용하는 과정에서 이러한 이론적 자원의 적실성 여부에 대한 평가를 동시에 진행하는 형태를 취해온 것으로 보인다. 그런데 이번에 조희연 교수가 발표한 두 편의 논문 「한국적 '급진민주주의론'의 개념적·이론적 재구축을 위한 일 연구」와 「지배, 정치, 헤게모니, 저항, 그리고 '급진적 정치주의'」는 여전히 정세 개입적인 동기를 깔고 있는 것은 사실이나, 기본적으로 좌파적 관점에서 일종의 일반이론 차원에서 민주주의론을 구성하려 한 매우 새로운 시도라 할 수 있다. 두 편의 논문에서 제시된 '급진민주주의론'은 완성된 이론이 아니라 아직 시론 단계에 있지만, 문제를 다루는 방식과 논의의 폭에 있어 하나의 새로운 민주주의 이론으로 발전해갈 잠재력을 가진 것으로 생각된다. 이 글은 조희연 교수의 위 논문들에 대한 논평문으로서 향후 '급진민주주의론'을 발전시켜가는 과정에서 고려해야 할 사항이라 생각되는 것을 정리한 것이다.

우선 두 논문의 중요한 기여로는 다음과 같은 점을 들 수 있을 것 같다. 첫째, 두 논문은 현재 한국 민주주의의 상황과 관련해 적실성을 갖는 측면이 있다. 김대중 정부와 노무현 정부를 거치며 절차적 민주주의가 진전되어가면서도 사회경제적 불평등은 오히려 심화되었고 이러한 '민주주의의 역설' 문제가 부각되면서 전체적으로 절차적 민주주의에 대한 관심이 줄어든 측면이 있었다. 한편 이명박 정부 출범 이후 절차적 민주주의의 훼손 사례가 많이 확인되면서 일각에서는 신종 파시즘의 대두를 우려하며 여전히 한국 정치에서는 '민주·반민주'의 대립 구도가 지배적이라고 보는 입장도 대두되었으나 이는 과장된 평가라 생각한다. 정치 행태상 권위주의적이거나 편의주의적인 행태가 발견된다는 것만으로 파시즘을 운위할 수는 없다고 생각한다.

물론 일부 영역에서 탈법적 통치 행태가 보이는 것은 사실이나 주된 문제는 오히려 미디어법 파동에서 보이듯이 민주주의를 다수결, 즉 다수의 독재로 협소하게 파악하는 사고, 또 각종 시위 및 집회 등에 대한 공권력 투입의 남용을 '법치=민주주의'로 정당화하는 사고는 민주주의가 아닌 다른 어떤 것을 추구하는 것이라기보다는 민주주의에 대한 보수적·최소주의적 해석, 그러나 논리적으로 정당화될 수 없는 것은 아닌 해석에 입각해 있다고 파악해야 할 것이다.

따라서 이명박 정부가 대표하는 보수세력과 개혁·진보세력 사이의 대치선은 기본적으로는 민주주의와 민주주의 아닌 것 사이의 대치선이라기보다 민주주의에 대해 상이하게 해석하는 집단 사이의 대치선으로 보는 것이 정확할 것이다. 이는 조희연 교수가 제안하는 바와 같이 민주주의에 대한 보다 급진적인 이해를 확산시켜 이를 대중의 것으로 만드는 것이 중요하다는 점을 시사한다. 또한 외환위기 이후 사회경제적 불평등과 계급 모순이 심화되어왔다는 점을 강조하면서 사회주의 등 보다 급진적 이념을 전면에 내세우려는 급진적 사회운동세력에 대해서는 대중적으로 정당성을 공인받았으며 아직도 그 잠재력이 소진되지 않은 민주주의 담론으로부터 쉽게 떠나지 말고 오히려 민주주의 담론의 잠재력을 최대한 활용함으로써 사회경제적 평등과 같은 사회주의적 가치의 상당 부분을 실현하자고 제안하고 있는 점도 한국의 정치 현실에 비추어 큰 설득력을 갖는다고 판단된다.

둘째, 조희연 교수의 '급진민주주의론'은 라클라우와 무페 류의 급진민주주의론이나 마르크스주의 등 기존의 주요 이론적 자원을 활용하면서도 그 어느 이론적 자원에 전적으로 기대지 않고 조희연 교수 나름의 새로운 이론적 오솔길을 마련하려 시도하고 있다. 이는 조희연 교수가 천착해온 또 하나의 주요 화두인 '학문적 주체화'를 본인 스스로 실제로 구현하려 한 시도라는 점에서 그 가치를 높게 평가할 수 있다.

그러나 두 논문은 아직 채워야 할 이론적 공백도 많아 보이고 또 논평자의 입장에서는 동의하기 어려운 지점도 여럿 있다. 이 논평문에서는 이렇게 약점으로 보이는 점들을 주로 지적하고자 한다.

1.

두 논문은 민주주의 문제에 대한 기본 관점, 전통적 마르크스주의적 탈정치주의에 대한 평가, 민주주의와 사회주의의 관계에 대한 이해 등에서 라클라우·무페의 논의를 대부분 수용하면서도 이들 논리의 일정한 측면, 즉 과도한 담화 환원주의적 경향, 과도한 탈총체화(또는 해체주의적 경향), 주체성의 구조적 근거에 대한 방기 등을 비판하고 있다. 그런 점에서는 실재론적 입장을 대표하는 전통적 마르크스주의 입장에 가깝다고 할 수 있다. 결국 여기에 해결되어야 할 핵심 문제가 있다고 본다. 강한 실재론적 입장, 그리고 계급 모순을 '삼투적 모순'이라고 하며 여전히 중심적인 모순으로 보는 입장을 분명하게 취할 경우 결국 전통적 마르크스주의의 흡인력 속으로 빨려 들어가기 쉽다.

두 논문은 라클라우·무페 류의 급진민주주의론과 마르크스주의적 탈정치주의 모두를 극복하려고 시도하고 있으나, 사실은 라클라우·무페의 틀 속에서 전통적 마르크스주의와 어느 정도 타협을 시도하고 있는 것일 가능성이 높다. 그렇다면 본인의 입장이 라클라우·무페의 입장과 달라지는 지점을 더 분명하고 상세하게 설명할 필요가 있다(두 논문에서는 라클라우·무페의 입장의 문제점에 대한 자세한 분석과 비판이 이루어지고 있지 않다). 그리고 마르크스주의와도 구별되고 라클라우·무페와도 구별되는 자기완결성을 가진 이론으로 발전하려면 '사회적 적대의 일반이론'까지 구성하는 방향으로 나아가야 할 것이다.

두 논문은 지향 가치의 측면에서는 여러 이념 조류의 민주주의론이 각기 지향하는 가치의 장점을 모두 포괄하려 하며, 분석틀의 관점에서는 전통적 마르크스주의와 라클라우·무페 류의 급진민주주의론 '사이'를 지향하려 한다. 즉, 여러 측면에서 기존 이론과의 차이지점을 보이는 소극적(negative)인 방식으로 본인의 입장이 개진되어 있다. 전통적 마르크스주의의 어떤 측면은 수용하나 다른 어떤 측면은 수용하기 어렵고 라클라우·무페의 입장의 어떤 측면은 수용하나 다른 어떤 측면은 수용하기 어렵다는 식으로 마르크스주의와 라클라우·무페 사이에 어떤 '사잇길'을 내보려 하고 있다.

기존 이론의 빈자리나 약점을 발견하는 일은 비교적 쉽고, 괜찮은 기존 이론들 사이의 사잇길에서 출로를 찾아보려는 태도는 새로운 길을 모색하는 연구자가 흔히 빠지게 되는 경로일 것이다. 그리고 이것을 굳이 부정적으로 볼 필요도 없다. 그러나 이렇게 기존 이론들 사이의 사잇길에서 출로를 찾으려 하다 보면 본인의 입장을 정당화해주는 일관된 분석틀을 마련하는 과제를 회피하게 되기 쉽다. 만일 마르크스주의나 라클라우·무페의 논의에 많이 기대지 않고 본인의 분석틀을 적극적인(positive) 형태로 제시하려면 조희연 교수의 급진민주주의론은 어떤 것을 핵심 개념으로 삼게 될 것인가? 핵심 개념 수준에서 독창적이지 않고서 진정으로 새로운 이론을 만들기는 어려울 것 같다. 그리고 조희연 교수의 급진민주주의론의 분석틀이 적극적인 형태로 제시될 경우에도 '급진민주주의론'의 핵심 논지가 현재와 같이 그대로 유지될 수 있을 것인가?

2.

두 논문은 '대의민주주의'를 근대 민주주의의 '원형적 결손'이라고 하며 원리적 수준에서 그 한계를 강조하고 있다. 그렇다면 자연스럽게 뒤따라 나오는 질문은 대의민주주의의 한계를 극복해 '직접민주주의'의 이상에 가깝게 민주주의 제도를 설계하고 운영할 수 있는 길은 무엇인가 하는 것일 텐데 두 논문에서는 이 문제에 대한 탐색이 전혀 이루어지고 있지 않다. 또 자본주의 사회에서 경제권력에 의한 민주주의의 형해화나 최소주의적 축소의 위험이 상존한다는 점을 강조하면서도 구체적으로 어떤 메커니즘을 통해 자본주의 사회의 정치·경제체제가 민주주의의 진전을 가로막는지를 설명하지 않고 있다. 결국 두 논문에는 민주주의 '제도'에 대한 분석이 크게 결여되어 있다.

두 논문은 근대 자유민주주의의 한계를 돌파해 민주주의를 사회경제적 영역으로 확장시켜가고 모든 사회적 차별을 해소해간다는 광의의 사회주의적 문제의식에 크게 지배된 결과 자유민주주의 제도의 구체적 작동 메커니즘, 또 민주주의 제도와 자본주의 사회 사이의 '제도-환경 관계'에 대한 분석을 소홀히 하고 있다. 그 결과 급진민주주의론의 민주주의 발전 프로젝트는 주로 기존 민주주의의 한계를 돌파하려는 대중의 급진적 사회운동에 크게 의존하게 된다. 이런 기본 입장 자체는 하나의 입장으로서 존중한다 하더라도 그렇다면 이러한 입장에서 민주주의를 발전시켜가려 할 때 부딪치게 되는 각종 제도적·환경적 제약조건과 이를 돌파하기 위해 필요한 전략 등이 제시될 수 있어야 하는데, 자유민주주의 '제도'와 그를 둘러싼 '환경' 사이의 관계에 대한 분석이 부재하기 때문에 이를 제대로 제시하기 어렵고 또 실제로 제시되어 있지도 않다.

3.

두 논문이 전제로 하듯이 '이상으로서의 민주주의'는 반드시 모든 적대와 차별의 해소를 지향하게 되는가? '인민주권' 원리로서의 민주주의가 (적어도 개념적으로는) 예컨대 분배적 평등까지 보장해주는 충분한 근거가 되는가? '사회주의'나 '평등주의'와 같이 차별화된 '명사' 수준에서 표현되어야 할 요구와 이상이 '급진적'이라는 '형용사' 수준에서 모두 포괄됨으로써 어려운 선택의 부담을 회피하고 있는 것은 아닌가?

결국 자유, 평등, 생태계와의 평화적 공존 등 필자가 지향하는 복수의 가치가 모두 '이상으로서의 민주주의'에 포괄될 수 있느냐는 문제가 제기된다. '민주주의'가 세계적으로 정당성을 공인받은 대표적 제도이자 가치라는 점에서 전술적 유용성 차원에서 '민주주의' 개념 속에 이런 가치를 포괄하려 한다면 이는 어느 정도 이해가 된다. 서구 사민주의자들도 분배적 평등의 이슈를 사회'민주주의'라는 이름으로 추구했고 상당히 성공했다.

그러나 개념 수준, 원리 수준에서도 민주주의는 이러한 거의 무한대의 팽창력을 가질 수 있는가? 예컨대 분배적 평등 문제는 인민주권 문제 차원으로 해소되지 않는 별도의 논의 공간을 갖는다. 기여와 보상의 관계가 대표적이다. '1인 1표'가 함축하는 인격의 등가성 원리에 기대어 이 원리를 분배 영역으로 어느 정도 확장할 수는 있겠지만, 분배적 평등 문제를 제대로 다루려면 기여와 보상의 관계, 분배구조와 경제체제의 기능적 작동 가능성 간의 관계 등 다른 고려사항 및 다른 가치와의 균형 문제를 본격적으로 다루어야 한다. 분배적 정의를 강력히 주장하는 평등주의자들도 대체로 그렇게 해왔다.

'급진민주주의'는 확장된 '민주주의' 개념만으로 다양한 사회적 가치를 모두 포괄할 수 있는가? 포괄이 가능하다면 그것은 주로 '민주주의' 원리 자체가 가진 잠재력 때문인가 아니면 '급진'이라는 수식어가 연상시키는 좌파적 실천의 역사에 대한 호출 때문인가? '급진민주주의'론의 핵심 가정은 '민주주의' 원리 자체는 근본적·내재적으로 '급진적'일 수밖에 없고 따라서 어떠한 사전적 한계도 인정하지 않고 무한 확장될 수 있는 '경계 허물기 운동'이라는 것이리라. 평자는 여기에 다소 회의적이다. 민주주의의 현실태, 그리고 민주주의에 대한 대중의 지배적 관념은 집단적 의사결정 규칙으로서의 민주주의이다. 즉, 보통선거권, 다당제, 다수결 등이다. 또 '인민주권' 원리가 함축하는 인격의 등가성이 평등주의적 분배나 생태주의 등으로 자연스럽게 확장되기는 쉽지 않을 것 같다. 실제로 민주주의는 종종 자유와 충돌하기도 하고 평등과 충돌하기도 하며, 아무리 확장해도 인간만이 참여할 수 있다는 점에서 급진적 생태주의와는 원리적으로 충돌한다.

필요한 것은 현실로서의 민주주의, 제도로서의 민주주의가 허용하는 공간을 최대한 진보적인 내용으로 채우는 것이고, 민주주의 외에도 분배적 평등주의, 또 생태주의를 지지해주는 윤리학 등 복수의 가치를 도입해 가치 간의 균형적 질서를 형성하는 것일 것 같다. 그렇다 하더라도 이런 다양한 가치와 지향을 포괄해주는 개념이 하나 있는 것은 좋지 않은가 하는 질문은 제기될 수 있을 것이다. 이와 관련해 예컨대 주로 특정 경제체제를 연상시킬 수밖에 없는 '사회주의'나 특정 정책이나 제도 체계를 강하게 연상시키는 '사민주의' 보다는 '급진민주주의'가 개념적 확장력에서 유리해 보인다. 그러나 개념적 확장력이 크다는 것은 필자가 원하지 않는 방향으로 개념이 해석·활용될 수 있다는 것을 의미하기도 하며, 구체적인 역사적 실천 경험 및 그 성과와의 연계성이 약해짐으로써 대중적 설득력이 약해지기 쉽다는 것을 의미하기도 한다. 또한 실천적으로는 한국에서 민주주의에 '급진'이라는 수식어가 붙을 경우에 얼마나 대중적 호소력이 있을 것인가도 고려해야 할 것이다. 예컨대 한국 현실에서 '사회'민주주의보다 '급진'민주주의가 더 대중적 호소력을 가질 것인가?

4.

기존의 대표적 민주주의론 중 사민주의적 민주주의론은 전혀 소개·평가되지 않았다. 이는 아마도 조희연 교수가 사민주의의 지배적 민주주의관이 제도정치 중심의 자유주의적 민주주의론과 크게 다르지 않다고 판단하고 있기 때문인 것 같다. 그러나 기존의 대표적 민주주의론 중에서는 그래도 사민주의적 민주주의론이 조희연 교수의 '급진민주주의론'과 매우 가깝다고 생각된다. 민주주의를 절차적 민주주의로 한정하지 않고 사회경제적 평등까지 포괄하는 것으로 보는, 민주주의에 대한 일종의 '내용주의적 이해', '최대주의적 이해'를 공유해 자원과 권력의 평등주의적 재분배 프로젝트를 '민주주의'의 이름으로 추구한다는 점에서 사민주의적 민주주의론은 실천적 지향과 지배적 담론 전략 모두에서 조희연 교수의 '급진민주주의론'과 대동소이하다. 또 사민주의적 민주주의론은 담화 환원주의적 경향이나 해체주의적 경향을 띠지 않는다는 점에서 어떤 면에서는 라클라우·무페의 입장보다도 사민주의적 민주주의론이 조희연 교수의 급진민주주의론에 더 가깝다고 볼 수도 있다.

그런데 왜 두 논문에서는 사민주의적 민주주의론에 대한 소개와 평가가 완전히 누락되었을까? 다음과 같은 이유가 있었을 것이라 짐작된다. 첫째, 사민주의적 민주주의론은 자유주의적 민주주의론이나 마르크스주의적 민주주의론과 비교할 때 체계화·정식화 수준이 낮아 기존 민주주의 이론서에서 비중 있게 다루어지지 않았고 이에 조희연 교수가 영향 받았을 수 있다. 둘째, 조희연 교수는 사민주의의 성취를 어느 정도 인정하면서도 현실의 사민주의 정치가 자본주의의 한계를 근본적으로 돌파할 전망을 전혀 보여주지 않으며 자유민주주의적 제도정치의 문법을 충실하게 따른다는 점에서 자유주의적 민주주의론의 한 형태로 보아도 무방하다고 생각했을 수 있다. 셋째, 기존의 민주주의론을 구분하는 방식에 약간의 문제점이 있다고 생각된다. 기존 민주주의론을 ① 경제주의적 탈정치주의, ② 제도정치 중심적 정치주의, ③ 경제 환원론적 탈정치주의, ④ 반(反)정치주의, ⑤ 급진적 정치주의로 구분하고 있는데, 여기에서 자유주의적 민주주의론은 ①, ②에 해당된다. ①·②와 ③·④·⑤ 사이를 가르는 경계선은 자유주의와 광의의 사회주의라는 이념적 수준의 경계선이고 ①과 ②, 그리고 ③과 ⑤ 사이를 가르는 경계선은 대체로 정치를 경제에 대해 얼마나 자율적인 공간으로 사고하느냐는 것인 듯하다. 즉, 이념적 지향과 정치의 자율성 인정 정도라는 복수의 기준이 분류기준으로 작용한 것이다. 그리고 사민주의적 민주주의론은 정치를 중시하되 제도정치 중심적으로 사고한다는 점에서 자유주의적 민주주의론의 한 형태인 제도정치 중심적 정치주의에 속하는 것으로 분류할 수 있다고 생각했거나, 아니면 아예 중요한 민주주의론으로 고려할 만한 깜냥이 안 된다고 생각했을 수도 있다.

그런데 사민주의적 민주주의론은 적어도 표방하는 궁극적 지향점이라는 점에서는 ③·④·⑤와 같이 광의의 사회주의 전통에 서 있다고 볼 수 있고, 정치의 자율성을 강조한다는 점에서는 ①·③의 각종 탈정치주의와 구분되며, 제도정치 중심적 정치주의의 한 형태라고 볼 수 있는지는 분명치 않다. 서구의 사민주의 정당이 집권정당이 되거나 강력한 야당의 형태로 제도정치에 안착하면서 제도정치 중심으로 사고하고 활동한 것은 사실이나 적어도 원리적 수준에서 대중운동의 중요성을 무시한다고 보기는 어려우며, 특히 초기 사민주의운동은 노동자 대중운동에 크게 의존하여 발전한 것이 사실이다. 즉, 위의 분류체계상의 어떤 지점에 정확하게 안착하기 어려운 성격을 가지며 굳이 위의 분류체계에 위치지운다면 그래도 ⑤급진적 정치주의에 가장 가깝다고 보아야 할 것 같다.

또 ①과 ②가 상호 배제적인 범주인가 하는 것도 의문시할 만하다. 예컨대 신자유주의적 민주주의관은 정치 영역의 최소화를 지향하면서도 정치 자체에 대해서는 제도정치 중심적으로 사고한다고 볼 수 있을 것이다. 그리고 정치 영역을 가능한 한 줄이려는 입장과 경제에 대한 정치의 자율성을 인정하는 입장이 양립할 수 없는 것도 아닌 것 같다. 따라서 조희연 교수의 기존 민주주의론 분류법은 기존 민주주의론의 주된 특징을 각기 '묘사'하는 데는 어느 정도 쓸모 있지만, 정확한 경계 설정을 가능케 하는 분류법이 되기는 어려울 것 같다.

5.

'급진민주주의론'은 광의의 사회주의적 전통에 서 있으면서 역사적 사회주의운동의 지배적 형태인 서구 사민주의운동과 소련·동구 등의 공산주의운동의 장점을 모두 흡수하면서 동시에 양자를 모두 지양하기를 도모하고 있다. 예컨대 제도정치와 제도 밖의 급진적 대중정치를 모두 중시하는 것이다. 몇 년 전에 조희연 교수가 주도적으로 참여한 한 연구 프로젝트에서 한국 사회의 장기적 지향 이념으로서 '생태·평화 사회민주주의'를 제시할

때 여기에서의 사회민주주의는 현재의 서구 사민주의가 아니라 사회주의운동
이 서구 사민주의와 소련·동구 공산주의로 분화되기 이전의 원형적 '사회적
민주주의(social democracy)'를 의미한다고 한 것도 이런 맥락에 있었던 것이다.

그러나 현실에서는 양자택일이 불가피한 상황이 지배적일 것 같다. 제도정
치 참여는 제도정치의 룰에 속박되는 것을 불가피하게 만드는 측면이 있으며
제도 밖 정치를 중심으로 사고하면 제도정치는 전술적 선택의 대상이 될 뿐이
다. 실제로 사민주의자와 공산주의자 간에는 피비린내 나는 투쟁이 있었다.

급진민주주의론은 기본적으로 탈자본주의·반자본주의세력과 연대하기
를 지향하면서도 제도정치 수준의 민주주의의 성과를 중시하고 이에 크게
의존해 민주주의의 확장을 도모하고자 한다. 이것이 가능할 것인가? 그리고
제도정치 내에서 움직이는 좌파 정당과 탈자본주의적 제도 밖 정치세력
사이의 소통을 매개할 주체는 누구인가? 그저 역사적 국면에서의 이러저러한
접합 형식이 제공하는 기회의 공간에 기댈 것인가?

6.

조희연 교수가 지향하듯이 자유주의의 긍정성(=다원주의), 마르크스주의
의 긍정성(=경제적 평등 추구), 다양한 탈근대적 급진주의의 긍정성(=각종
사회적 차별의 철폐)을 모두 수용할 수 있는 이념이나 체제가 있을 수 있는가?
예컨대 하이에크는 민주주의의 확장이 자유주의의 근본 가치를 훼손할 수밖
에 없다고 주장하며, 오페는 서구 사회에서 '복지국가에 저항하는 민주주의'
현상을 지적한다. 운동의 지향이라는 점에서는 그럴 수 있으나 이것이 어떤
제도로 구현될 수 있을 것인가? 그리고 이념 수준에서도 최소한 다양한
지향 가치 사이에 우선순위는 설정되어야 하지 않을까? 대강의 우선순위조차
설정되어 있지 않다면 이를 다른 이념과 구별되는 하나의 이념이라고 하기는
어렵지 않을까? 조희연 교수의 '종합주의자'로서의 면모는 개방성과 관용성
이라는 장점을 수반하기도 하지만 예컨대 이런 점에서 잘 정돈된 체계적

이념이나 이론의 구성을 어렵게 하는 측면이 있지 않을까?

7.

사회는 적대성과 연대성을 본원적으로 내장하고 있다고 했는데, 적대성과 연대성은 그저 수평적으로 병존하기보다 대체로 특정 역사적 시기에 연대성, 특히 사회구성원 간의 경제적 상호 의존성을 구현하는 제도가 많은 경우 불가피하게 적대성을 내포하는 방식으로 존재한다고 보아야 할 것이다. 구조 기능주의 등에서 강조하는 사회의 기능적 분화와 권력의 차등적 배분의 필연성 등은 사회가 재생산기능을 수행하는 과정에서 불가피하게 나오는 현상으로서의 측면이 있다. 급진민주주의론은 '이상으로서의 민주주의'에 기초해 각종 불평등과 차별을 해소시켜가는 중단 없는 과정, 종착점 없는 과정을 지향하는데, 불평등과 차별의 해소 프로젝트는 사회의 기능적 재생산이 부과하는 제약에 자주 직면하게 된다.

신자유주의나 전통적 마르크스주의를 포함해 조희연 교수가 '경제주의적 탈정치주의'나 '경제 환원론적 탈정치주의'로 분류한 이념이나 이론은 사회의 (특히 경제의) 기능적 재생산 문제를 무겁게 고려하고 있다는 공통점을 갖고 있다. 즉, 사회는 구성원이 평등한 권리를 누려야 할 민주적 공동체이기 이전에 우선 존재해야 하며 따라서 기능적 재생산을 원활히 달성해야 한다는 것이다. 마르크스의 공산주의 프로젝트도 단지 경제적 평등의 프로젝트인 것만은 아니며 계획경제를 통해 사회의 경제적 재생산을 보다 효율적이고 합리적으로 달성한다는 합리화 프로젝트이기도 했다. 급진민주주의론은 경제 영역에서 두드러지게 확인되는 사회의 기능적 재생산 문제, 또한 이와 관련해 경제체제가 정치에 부과하는 강한 제약을 본격적으로 고려하고 있지 않기 때문에 급진적이면서도 유연하고 사회 개혁 구상에서 높은 '자유도'를 갖는 것처럼 보이는 것은 아닐까 싶다.

8.

급진민주주의론은 기본적으로 사회주의적 지향성을 가지나 최종적 지향점을 구체적으로 고정화시키지 않으면서, 사민주의·공산주의 등 전통 좌파가 수용하지 못한 문제의식까지 수용하려는 기획이다. 그리고 이것이 적어도 이론적으로 가능한 것은 주로 '민주주의'라고 하는 그 의미가 사전적으로 확정되지 않는 개념에 의존하기 때문일 것이다. 즉, '현실이 아니라 이상으로서의 민주주의', '제도가 아니라 운동으로서의 민주주의', '비어 있는 기표로서의 민주주의'에 의존하고 있기 때문일 것이다.

이는 기존의 이념과 체제의 한계를 돌파해 '구성적 외부'를 최소화할 수 있는 가능성을 열어주는 이론적 장치이기도 하지만, 동시에 '내부'의 작동 원리가 무엇인지를 알 수 없게 하는 것이기도 하다. 근본적으로 '비어 있는 기표'를 중심 개념으로 사용하면서 현실을 분석하고 미래를 전망하며 운동전략을 설계하는 것이 얼마나 의미 있는 일일 것인가를 따져보아야 한다. '비어 있음'은 많은 것을 채울 수 있는 가능성을 의미하기도 하지만, 분석적 힘의 중심과 각도를 모호하게 해 분석력의 공동화를 낳을 수도 있다.

9.

민주주의와 사회주의의 관계와 관련해 두 논문의 입장은 '민주주의' 개념은 급진적 해석을 통해 사회주의적 가치의 대부분을 자연스럽게 흡수할 수 있는 잠재력을 가지며, 따라서 사회주의적 지향을 가진 주체도 '민주주의'의 이름으로 사회주의적 가치의 현실화를 요구함으로써 민주주의 프로젝트를 사회주의 프로젝트로 연속적으로 발전시켜갈 수 있다는 것이다. 즉, 적어도 이상으로서의 사회주의는 이상으로서의 민주주의에 대해 외재적 관계를 형성하는 것이 아니라 민주주의의 이상에 내재해 있다는 것이다.

그러나 자본주의 체제와 사회주의 체제 사이의 심각한 대결의 역사의 하중을 견뎌내고 자본주의·사회주의 사이의 철의 장벽을 관통·횡단해가며 자신을 확장해가는 이념이 될 수 있을 정도로 민주주의 개념 또는 이념이 그토록 강인한 것일까? 또 대중 속에 그토록 강인하게 뿌리 내릴 수 있을 것인가? 차라리 민주주의에 대한 사회주의의 외재성을 인정하고 양자를 연결시켜줄 수 있는 별도의 개념적 매개고리를 고안하거나, 민주주의, 사회주의(또는 평등주의) 등의 가치를 포괄하며 각 가치 간의 균형을 이루어줄 수 있는 이론틀 또는 이념체계를 구상하는 것이 낫지 않을까?

이렇게 주로 비판적 관점에서 논평했지만 조희연 교수의 '급진민주주의론'은 그의 오랜 학문적 연마와 실천적 경험이 응축되어 있는, 내용이 매우 풍부한 노작임에 틀림없다. 앞으로 조희연 교수가 이 이론을 더 다듬어나가 한국 사회과학계가 자랑스럽게 내세울 수 있는 새로운 민주주의론으로까지 발전시켜갈 수 있기를 기원한다.

급진민주주의라는 미결정 테제

김레베카
성공회대 민주주의연구소 연구원

이 글은 성공회대 '급진민주주의 세미나' 팀 성원들이 지난 한 해 꾸준히 제기해온 '급진민주주의' 논의가 안고 있는 몇 가지 경향을 문제적으로 되짚어보기 위한 것이다. 필자 식으로 말해 비실정성을 부단히 실정화(positivize)하는 몇몇 개념 구성에 대해 짤막하나마 비판적으로 개입한 것으로서, 궁극적으로는 민주주의에 대한 '급진적' 사유에서 가장 중요한 것은 그것을 비실정적인 변형 가능성, 비어 있는 꽉 차 있음, 일종의 '미결정 테제'로 놓아두어야 한다는 데 있다는 점을 말하기 위한 것이다.

필자는 '급진민주주의'가 우리 사유의 '대상'일 수 있다면, 그것은 오로지 그것을 마치 '사유될 수 없는 대상'처럼 바라보는, 비판적이되 자기해체적이지는 않은 탈근대 이론에 내재된 전통에 기대어서만이 '대상'일 수 있으리라고 믿는다. 탈근대 이론들이 제기하는 '해체'가 진정 흥미로운 이유는 그것이 하나의 사회구성체를 급진적으로 재배열하는 데 투여된 기존 마르크스·레닌주의의 전통, 특히 역사유물론의 재활성화나 사회주의와 민주주의 양자의 결합가능성 등과 같은 중차대한 과제들을 놓고 벌어져 온 문제틀 구성과정의 역사를 잘 보여주기 때문이다. 그리고 해체에 그러한 방식으로 '내재되어 있는 전통'이야말로 그것이 민족이 됐든 계급 이데올로기가 됐든 신자유주의적 자본주의 사회가 지속적으로 탈고정화해온 관념적이고 물질적인 형태와 그 형태의 역사를 추적해가는 사유가 지향하는 결국 물화되기 마련인 모든 대상을 두고 전개되는 서사에 사후경직을 예방하게 할 다층성과 다경로성을 부여해줄 수 있다. "해체는 어떤 마르크스주의의 전통 속에서만, 어떤 마르크스주의의 정신 속에서만 의미를 지니고 흥미를 지닐 수 있다"(데리다, 2004: 185).

1.

필자가 지난 한 해 '급진민주주의 세미나'를 같이하고, 또 중요 논자들이 생산한 글을 읽으면서 가장 크게 느낀 점은 그것이 '급진민주주의'를, 맥락화하기에 앞서, 테제화하려는 성격을 띠는 것처럼 보인다는 것이다. 급진민주주의의 가장 잘 알려진 논객의 글에 대한 세간의 평가가 그렇듯이, 필자 또한 라클라우와 무페가 '다원적 적대의 경합적 공간'으로서 사회 내적 '경계선'을 구성해내는 것과 밀접히 연관된 '헤게모니적 사회주의 전략' 담론에 급진민주주의 논의가 많이 기대고 있다고 느낀다. 그러나 '헤게모니 프로젝트'를 두고 고민하는 실천적 지식인이라면 응당 그래야 할 것이라 쉽게 기대하는 것과는 전혀 상관없이, 그것이 어떻게 (벡과 기든스의 '제3의 길'이든, 단순한 이해 전달·중재 모델로서의 대의·선거민주주의를 더 실질화한 하버마스의 심의민주주의이든 간에 기존 부르주아 자유주의가 공모해 있는 보편주의적 합의 모델에 정초한) 자유주의적 민주주의 내지 '민주주의의 민주화' 모델로부터 라클라우와 무페 식의 '급진적이고 다원적인 민주주의'가 구분될 수 있는지에 대해서는 설명해주지 않는다.

라클라우와 무페가 하고자 하는 것은 '헤게모니적 절합(articulation. 국역본 라클라우(1990)에서는 '접합')'이 필요할 뿐만 아니라 가능해지는, 마르크스주의와 사민주의의 패배적 귀결 이후 전 지구적 기술·정보화 사회로의 급속한 변화 속에서 전통 마르크스주의 투쟁 방식도, '정체성 정치'에 함몰되어 있는 편협한 문화주의적 투쟁 방식도 아닌 새롭게 정치화된 역사·사회구성체로 현 자본주의 사회질서와 권력관계를 재구성하는 것이다. 1980년대 중반에 나온 이들의 '사회변혁과 헤게모니'는 실로 촘촘히 짜여진 '헤게모니 역사사회구성체'라는 논리적 구성물을 텍스트 자체의 메시지('개방사회체계'일 뿐인 '담화(discourse)' 내에서 저항운동들의 새 등가화전략 짜기, 다원민주주의의 구축)와 동시적으로 짜나가는 매우 뛰어난 탈근대 텍스트이다. 국내에서 이들에 대한 수용은, 그람시에 대한 그것 못지않게, 극단적으로 본질주의적인 이분법 지형 내에 갇혀버린 감이 있다.1) 필자는 이들 좌파의 '언어'가 그람시나 그의 담론 내에 끝까지 남아 있는 본질주의를 다시 해체 - 설정하는 라클라우와 무페를 제대로 이해하기에는 지나치게 '좌파 통속적'이지 않나 하는 느낌을 자주 받는다. 예를 들어 라클라우와 무페가 담화구성체들 간의 예측할 수 없고 또 늘 잉여적인 투쟁, '적대'2)를 말할 때 이들은 예를 들어 "그러나

---

1) 1990년대 중반에 나온 김세균의 「'시민사회론'의 이데올로기적 함의 비판」이나 거기 내재된 편향성(그람시 사상을 '개량주의적 시민사회운동론'으로 환원해버리는)을 비판하는 강문구의 토론문 "민주적 변혁운동 지반의 심화, 확장을 위하여" 같은 글이 1990년대 초중반 그람시 사상 수용의 국내적 맥락을 잘 드러내준다. 이들의 논의는 둘 다 그람시가 '헤게모니' 개념 구성을 통해 이미 뛰어넘은 '계급 vs. 시민사회'라는 거짓 지형 위에 놓여 있다(유팔무·김호기, 1995: 151~227). 라클라우와 무페에 대한 수용은 더더욱 참담해서, 소위 '담화환원론'(구도완, 1991: 134)이라는 1990년대 초반 당시 좌파의 이해가 나중에 살펴보겠지만 2010년 오늘 성공회대 급진민주주의 세미나팀의 이해도 지배하고 있다. 이들의 '담화환원론'이 서 있는 지형 역시 지극히 본질주의적인 대쌍들(담화 vs. 경제현실, 객관적 조건에 의한 결정 vs. 급진적이고 다원적인 민주주의가 강조하는 자유 또는 개방성 등등)이 장악하고 있다.
2) 적대는 미리 결정되지도 않고, 결정적이지도 않다. 따라서 언어가 존재하며, 이때의

서로 투쟁하는 담화구성체들이 있을 때 자신의 행동을 거기에 접합시키는 것은 결국 개인이나 집단의 판단에 달려 있는 것이다. 이 판단의 근거에는 궁극적으로 경제적 이해를 포함한 객관적 이해가 작용한다"(구도완, 1991: 138)는 식으로 대응하는 것이다. 필자의 단견에 의하면 이러한 '좌파 통속성'은 다음 두 가지 근본 성향에 의해 더욱 강화되는 것 같다. ① 이미 늘 '상호텍스트'인 '텍스트'를 그렇게 독해하지 않는 경향: '헤게모니' 출현 자체의 역사적 차원을 이해할 수 없다. 결국 오늘날에도 여전히 요청되는 하나의 '정치논리'로서 문제의 차원을 재전유할 수 없다. ② '사회', '경제' 등을 이미 늘 실정적인 단위로 독해하는 경향: 복합개방사회, 소위 '사회적인 것'을 이해할 수 없다. 결국 '급진적이고 다원적인' 민주주의를 이론적으로 구성해낼 수 없다.

순전히 논의의 편의를 위해 『헤게모니와 사회주의 전략: 급진민주주의 정치를 향하여』(1990년 국역본 제목은 『사회변혁과 헤게모니』)을 위 두 경향에 맞추어 간단히 요약해보도록 하겠다.

1) '헤게모니'라는 (상호텍스트적으로) 재구성된 정치

『헤게모니와 사회주의 전략』의 전체 구조는 그것이 지극히 정교하게 짜인 모종의 상호텍스트적 맥락 안에 스스로 정위되려고 애쓰고 있다는 사실을 대번에 드러낸다. 첫 번째 장 「헤게모니 개념의 계보학」이 로자 룩셈부르크에서 카우츠키, 베른슈타인, 소렐까지 아우르면서 서구 마르크스주의가 겪어온 '역사적 필연성의 해체'라는 위기와 위기 대응방식 맥락 속에서 끝내 불확정적인 것으로 남게 되는 사회경제적 관계들을 역사적 '우연(contingency)'이 그 주된 논리인 '헤게모니적 결정론'이라는 보다 상위의 차원에 비끄러맴으

언어는 "적대가 전복하는 것을 고정시키는 시도로써 존재할 뿐"이다(라클라우·무페, 1990: 156).

로써 기존 혁명론들의 역사적 구조이기도 한 이론 - 실천 문제틀(자생성 vs. 지도성, 경제결정론 vs. 자율성 등)을 해체·재구성하고 있다면, 두 번째 장 「새로운 정치논리로서의 헤게모니」는 플레하노프와 트로츠키 등의 러시아 사회민주주의 담론, 레닌과 볼셰비즘, 그리고 하나의 '분기점'으로서 그람시를 아우르면서 '복합개방사회' 내에서의 유일한 '혁명' 가능성으로서 '헤게모니 정치'를 재구성하고 있다. 이 과정에서 노동계급은 '다양한' 노동계급(그람시가 봤던 것처럼 계급들이 아닌 복합적인 '집합의지'로서의 정치적 주체, 이후 더 살펴보겠지만 라클라우와 무페에게는 때로 모순적이기까지 한 복수의 주체위치들)으로 전화되고, '대표' 원칙은 '절합' 원칙으로 전화된다. 그러나 노동계급 주체, 경제 결정론 등과 관련해서 그람시 담론 내의 역설과 모호성, '긴장'은 끝까지 유지된다. 그 긴장이 '이론적으로' 재구성되는 곳이 세 번째 장 「사회적인 것의 실정성을 넘어서서」이다. 이 장에서 저자들은 알튀세르의 '중층 결정'을 정점으로 하는 사회관계 인과론 해체를 거쳐 '절합'(절합적 실천의 결과로 요소의 정체성이 변모되도록 요소 사이의 관계를 설립하는 모든 실천), '담화'(절합적 실천의 결과로 생긴 구조화된 총체성), '계기'(차별적 위치가 담화 내에서 절합된 것으로 나타날 경우), '요소'(담론적으로 절합되지 않는 차이) 등의 범주로 구성된 '담화구성체(discursive formation)'를 헤게모니적 절합의 현실적인 공간으로서 구축한다. 이러한 ('지형' 아닌) 공간에서 '담화구조'는 단순한 인지 내지 관조의 대상·실체가 아니라 "사회관계를 구성하고 조직화하는 절합적 실천"이다. 다시 말해 "담화적 실천과 비담화적 실천 간의 구분은 기각"된다(라클라우·무페, 1990: 121~133).

반드시 기억해야 할 것은 라클라우와 무페가 위와 같은 '기각'을 끌어들이는 맥락, 첫 번째 장과 두 번째 장에서 그들이 그려 보인 '헤게모니 계보학'의 맥락이 문제의 '기각'을 지극히 현실주의적인 퍼스팩티브 안으로 끌어들인다는 점이다. 이때의 현실이야말로 바로 모든 사회학자가 골머리 싸매고 연구해야 하는 '조사자 자신이 그 일부이기도 한 조사대상으로서의 사회'라는 현실[3]

이며, 끊임없이 동일화되는 과정 속에서 또한 끊임없이 차이를 발생시키는 정치경제적 전지구화라는 현실일 것이다. 사회의 권력관계가 그 어떤 초월적 주체나 경험의 통일성을 통해서도 통일 불가능한, 푸코가 말한 '분산 속의 규칙성'의 전망에 입각해 있어야 할 이유, "차별적 위치의 총체"(라클라우·무페, 1990: 132)로서 파악되어야 할 이유는, 그렇게 파악됨으로써 비로소 그것에 대한 분석이 복합적인 사회, 이질적이고 쉽게 통일될 수 없는 주체라는 신자유주의의 전 지구적 헤게모니 작동의 효과를 분석적으로 서로 분리되지 않는 하나의 계기로, 관계적이고 물질적인 그만큼 특정 역사적 국면에서의 하나의 '결절점'[4]으로 보여줄 수 있기 때문이다.

---

3) 이를 가장 극적으로 보여주는 이론이 (기존 관념론에 반대하여 우리 지식으로부터 독립된 실재가 존재한다고 보면서 동시에 경험주의에 반대하여 실재에 대한 '중립적' 이해는 존재할 수 없다고 보는) 비판적 실재론(다네마르크 외, 2005; 서영표, 2009), 데리다와 들뢰즈 등 탈현대 철학자들이 '차이 vs. 동일성' 범주를 해체해 도달한 형이상학적 궁극점으로서의 '초월론적 경험론'(들뢰즈, 2004: 145~149, 660) 등이 아닐까 한다. 차이는 차이와 동일하지 않다(차이는 "차이 지으면서 나아가는 차이"이다, 들뢰즈, 2004: 144). 특히 데리다에게서 이는 이후 좀 더 설명될 '구성적 타자' 개념, 곧 '흔적 생성의 순수 운동'으로서의 '차연(différance)'이 서구 관념철학이 서 있는 기원중심주의, 로고스중심주의와 그로부터 파생되는 영 - 육 이원론을 해체하기 위해 사용될 때 생겨나는 모종의 정치적 지평과 직결된다. 내부, 외부가 '수수께끼처럼 얽힌' 이 '카오스적 공간'이야말로 사회와 주체가 서로 만나는 불가능한 조우 '사건'이 기도 하다. 데리다(2004); 들뢰즈(2004) 참조.

4) 라클라우·무페가 적극 사용하고 있는 라캉의 '결절점(point de capiton)'은 본래 언어의 이성적 사용이 그로부터 가능해지는 모종의 한계지점 같은 것으로서, 기표가 일시적으로 더는 '미끄러지지' 않고 기의와 기표가 '의미과정(signification)'의 무한한 움직임을 잠시 고정시킬 정도로 서로 결속되어 있는 상태를 지칭한다. 야콥슨의 언어 이론에서 빌려온, 기표 절합으로 정의되는 주체와 욕망 간의 관계 속에서 주체의 미끄러짐을 설명하기 위한 무의식의 운동 양상이다(Lacan, 1966: 805).

2) '사회는 사회와 동일하지 않다': '사회적인 것'의 함의

잘 알려져 있다시피 라클라우와 무폐의 '담화구성체' 이론화에 가장 중차대한 근거가 되는 것이 그람시의 '헤게모니'를 저자들이 비실정적으로 끌어오는 방식, 그리하여 '정치(제도)'의 산출 원리이자 비가시적, 존재론적 토대로서 '사회적인 것'을 되살려내는 방식이다. 물론 '사회적인 것' 속에는 '정치적인 것'도 '경제적인 것'도 다 들어 있지만, 이들 간의 관계는 딱 부러지게 분리되어 있지도 결합되어 있지도 않은 "불안정한 유추의 관계"(라클라우·무폐, 1990: 150)이다. '고정'해야 할 필요가 이로부터 제기된다. '고정'(결절점)은 기본적으로 '담화성', '사회적인 것', '주체위치', '적대' 등의 구성물을 전제하고 쓰이는 개념이라 할 수 있다. ① '사회적인 것'이 '사회'의 인지가능한 제도 속에 고정될 수 없다면 "사회적인 것은 그 불가능한 대상을 구축하려는 노력으로서 존재할 뿐이고, 모든 담화는 담화성의 영역을 지배하기 위한 시도로서, 즉 차이의 흐름을 억류하고 중심을 구축하기 위한 시도로서 구성된다." '결절점'은 이러한 "부분적 고정화의 특권화된 담화적 지점"(라클라우·무폐, 1990: 140~141)을 일컫는다. ② 이때의 '담화성'은 순전히 사회를 하나의 '복합개방체계'로서 사유하기 위해 동원된 추론적 구성물이라 할 수 있다. 즉 우리는 라클라우와 무폐가 말하는 '담화(성)'을 '실재'에 반하는 어떤 것으로 결코 사고할 수 없다. 이미 불가능해진 개념, 비동일자로서의 '사회'는 비록 그 본질은 제거되었지만, 동시에 한가득 잉여적으로 범람하면서 차 있고 들끓고 있다. 그 '들끓음'의 영역이 바로 모든 사회적 실천의 구성을 위한 필수적인 지형으로서의 잉여인 '담화성'이라고 저자들은 말한다. 아직 산출은 아니되 산출적인 폭발을 일으킬 준비가 되어 있고 또 산출의 원리가 되기도 하는 능산적인 어떤 총체 말이다. 이 양자의 관계와 관련해서 저자들은 이렇게 말한다.

사회는 결코 그 자체와 동일할 수 없다. 왜냐하면 모든 결절점이 그것을 범람하는 간텍스트성5) 내에서 구성되기 때문이다. 그러므로 절합의 실천은 의미를 부분적으로 고정하는 결절점의 구성에 놓여 있다. 그리고 이 고정의 부분성은 사회적인 것의 개방성에서 유래하며, 아울러 사회적인 것의 개방성은 담화성 영역의 무한성에 의한 모든 담화의 부담한 범람의 결과이다. 그러므로 모든 사회적 실천은…… 절합적이다. 그것은 자체적으로 규정된 총체성의 내적 계기가 아니기 때문에 단순히 이미 획득된 무언가의 표현일 수 없으며 전적으로 반복의 원칙에 포섭될 수도 없다. 그것의 요체는 항시 새로운 차이를 구성하는 데 있다. 사회적인 것은 '사회'가 불가능한 한에서만 절합이다(라클라우·무페, 1990: 141~142).

③ '주체위치'가 바로 이러한 담론성 안에 분산된 채 **자리 잡게 된다.** 이 주체위치들 간의 헤게모니 과정을 통해 벌어지는 것은 (칸트의 대립 vs 모순 간의 차이를 인용하면서 저자들이 끌어들이는) '실재하는 (대립 아닌) 모순'으로서의 '적대'이다. ④ '적대'가 중요한 것은 그것이 '사회적인 것'의 한계(그것에 형태·한계를 부여하는 잉여)에 대한 경험과 연관되기 때문이다. 즉, 개개인 '나'의 경험과 연관되면서 동시에 '나'를 사회적 주체 자리에까지 끌어올려놓는 어떤 결정적인 봉합은 불가능하게 만드는 어떤 차이를 계속 발생시킴으로써 사회의 완전한 구성의 불가능성을 구성하기 때문이다. '적대'는 사회로부터 '외적인 것'을 문제 삼지만, 우리는 그로부터 어떤 '외부'적 공간을 결코 유추할 수 없다. 사회 실천적 절합을 수반하는 적대는 사회 '내적인 것'과 '외적인 것' 간의 (수평적이고 대등한 차원 내에서의 범주적) '관계'로부터 빚어지는 게 아니기 때문이다. 이런 식의 관계론은 누가 어떻게 이 둘을 '관계 맺어주느냐'에 따라 마치 적대가 벌어지는 모든 장소를 다 추적할 수 있을 것 같다는 느낌을 갖게 한다.

---

5) 텍스트 상호 관계성. 기의·기표 관계를 얘기하느라고 '텍스트'라고 말하는 대목이다. 즉, 모든 사회적 관계를 '의미 작용 관계'로서 말하고 있다.

또한 '적대'는 어느 하나의 총체계 내에서만 벌어지는 사건도 아니다. '담화구성체' 안에 자리 잡고 있으므로 '적대'는 다구성체적 성격을 띠고 있다. 라클라우와 무페는 여러 겹의 총체성, 그리고 그것들 간의 관계로 '사회적인 것'(사회구성체, 담론구성체, 헤게모니구성체)의 작용 방식을 설명한다. 이때 모든 '구성체'는 "한계를 넘어서는 것을 그것이 **아닌 것으로** 구축하는 등가의 연쇄를 구성함으로써만 자체를 의미화할(그 자체로서 구성될) 수 있다". 즉, 모든 구성체는 부정성을 구성하고 그로부터 자신을 분리·적대함으로써 비로소 구성체로 조직된다. 따라서 '적대'는 이러한 구성체 차원, 그 정체성 간의 담론성 안에서의 관계 맺기 방식이지, 한 사회 주변부의 중심부로의 주체화(배제 → 포용 모델)와는 아무런 상관도 없다.[6]

결론적으로 라클라우와 무페의 논의 구조 속에서 '다원적이고 급진적인 민주주의'는 그 안에서 다양한 '주체위치'가 '활성화된' 적대에 기초해 절합적 실천도 활성화하기에 이르는 어떤 계기에 직결되어 있어서, 사회구조의 개방성 즉 변혁 가능성, 특수한 '역사적 국면'이라는 헤게모니적 장으로의 열림을 가능케 한다. 비록 사민주의나 정통 마르크스주의 또는 서구 자유주의적 민주주의의 권력 은폐·보편화 방식을 비판하고는 있지만, 이들의 논의가 그것을 실체화하기에 이르도록 그것과 '대결'하기를 우리에게 요청한다고 우리는 결코 생각할 수 없다. 상이한 사회적 관계가 상호적인 존재 조건을 제공하기 위해 서로 반응하는 사회적 절합의 물질화로서의 문제의 '헤게모니

---

6) 물론 '주체화'도 중요하다. 그러나 어떤 민주주의 기획이 '급진적'이려면, 적어도 우릴 포함해서 그 아무도 사회를 구성하는 사회적인 것의 (거기에 가해진, 거기 형태를 부여하는) 한계이기도 한 '사회 외적인 것'에 대해 우리는 이미 내부도 외부도 아닌, 내부이면서 동시에 외부이기도 한 '사회' 안에 자리 잡고 있으므로 '판단'할 수 없다는 사실을 인식해야 한다. 그런 판단은 정체성이 스스로 하는 것이다. 아니 일련의 우연적이고 헤게모니적인 절합을 거쳐 '그런 식으로 되는' 것이다. 이는 '계급'이니 '주체'를 우리가 경화된 역사유물론적 단계론과 경제결정론과는 전혀 다른 새 '발생론적 맥락'에서밖에 추구할 수 없다는 사실을 뜻한다.

적 구성체'(라클라우·무페, 1990: 241)에서 '적대'는 반드시 투쟁으로 귀결되지 않으며, 내·외적 긴장을 품은 다양한 단층선으로 조직되어 있다는 사회적인 것의 조건 또한 자동적으로 그러한 조건에 '처해 있는 주체'를 만들어내지 않는다. 이들의 논의 구조에서 '적대'는 (모든 주체는 담론적으로 형성된 집합 주체이자 '주체위치'이므로) 다른 담화적 실천에 의해 자기주체성이 부정될 때 또는 한 담화에 의해서는 평등하게 호명되면서 동시에 다른 담화에 의해서는 종속적인 것으로 형성될 때 발생한다. 그리고 '급진적인 다원민주주의' 구상의 근간을 이루는 '등가(평등주의)적 원칙 내에서의 각 영역들의 최대 자율화를 위한 투쟁', '민주주의 혁명'의 조건과 가능성, 위기(포디즘체제에서의 국가 역할 변화, 다양한 신사회운동, 자본제 팽창과 관료제 팽창이 불러일으킨 사회 제관계의 '이중적 변형'이 가능케 한 더 전면화된 '우파적 절합') 등이 바로 이러한 맥락에서 출현한다(라클라우·무페, 1990: 196~248).

2.

필자의 소견으로는, 성공회대 '급진민주주의'의 주요 주창자들은 위에서 본 것과 같은 '다원 사회'의 자체 논리이기도 한 적대, 총체화된 사회관계의 역사적 물질성·담론성을 투쟁 '주체의 급진화'를 가능하게 하는 사회·정치적 조건 정도로만 해석하는 듯하다. 가령 조희연과 장훈교는 정체성 형성 과정에서 벌어지는 인식 주체의 자기동일시가 근거해 있는 이분법을 해체하기 위한 비판적 부정성으로서 애초에 기획되었던 데리다와 무페의 '구성적 타자/외부' 개념을 '민주주의 외부'를 어떻게 '내부화'할 것인가라는 실정적 공간의 문제로 치환해버린다(조희연·장훈교, 2009; 장훈교, 2010). 이는 소위 '위상학(적 관점)'에 따른 민주주의 정치의 분류, 근대 자유주의 민주주의의 원리 안에 내재된 배제 메커니즘을 그러한 민주주의 구성 과정에서 배재된 존재(비시민)라는 현상으로 대체해버리는 범주 혼동 등을 통해 반복적으로 나타난다.

　장훈교(2010)는 라클라우와 무페가 『헤게모니와 사회주의 전략』의 2002년 서문에서 '민주주의의 급진화'를 "현존하는 권력의 질서를 전복할 수 있는 위상학(topology)의 관점에서 접근"한다고 인용하면서 이를 민주주의의 자유화·민주화·급진화라는 서로 다른 (원리라기보다는) 권력 '위상·장소'에 대한 자신의 가정과 연결 짓는다. 이는 '구성적 외부'뿐만 아니라 라클라우와 무페의 '헤게모니 절합이 벌어지는 권력 구성체'적 관점에 대한 심각한 오독이라고밖에 볼 수 없다. 문제의 서문을 통틀어 '위상학'은 '위상학'이라기보다는 총칭화된 '장소'라는 의미로 지나가듯 단 한 번 등장할 뿐이다(본문을 통틀어 단 한 번도 쓰이고 있지 않음은 물론이다). 라클라우와 무페가 언급하는 '장소'는 일차적으로는 민주주의가 실제로 벌어지는 공간이 자유주의적 민주주의의 '합의 모델'이 가정하는 것처럼 중립적인 영토가 아니라 다양한 종류의 정치적 경합이 벌어지는, 그로부터 정체성 과정(동일시)의 변형이 필연코 수반되는 중층적인 결정 과정임을 강조하기 위한 표현이며, 더 나아가 헤게모니 사회구성체를 이질적이고 다원적인 담론구성체로서 인식할 때 반드시 전제하지 않을 수 없는 주체위치와 집단 실천적 절합 간의 관계를 지칭하기 위한 개념이다(영어로는 'topology'가 아니라 'positionality'에 더 가깝다. 라클라우·무페, 1990: 131). 이들의 다구성체적 개념 구성 자체에 룩스의 '다차원적 권력 구성' 개념처럼 '위상학적'인[7] 성격이 물론 없는 것은 아니지만, 다층적으로 작용하는 권력 위계와 효과를 설명하기 위해 동원되고 있지 않다면 '위상학'적 분포를 끌어들여 그것을 다시 전복 가능성·불가능성을 기준으로 하는 '민주제 양식'의 분류학으로 재범주화할 수는 없다는 것이다.

---

7) 중층 결정적인 주체위치의 분산만 갖고는 헤게모니적 절합을 설명할 수 없고, "불가능한 총체성의 지평을 재도입하는 주체위치 간의 중층결정의 게임"(라클라우·무페, 1990: 151)으로까지 나아가야 하기 때문이다.

여기서 잠시 '활성화'와 '적대'는 라클라우와 무페의 전매특허라기보다는 평등 지향적이고 헤게모니 전략적인 탈근대 사회정치이론에서 공통적으로 나타나는 경향이라는 점을 지적하고 넘어가야겠다. '적대로부터 얻어지는 것은 결국 사회적인 것의 구조적 압력을 보여주는 다양한 주체위치들이 그 안에서는 스스로 그 구조의 균열에 대한 표현이 되기도 하는 어떤 서사적 열림이라고 할 수 있기 때문이다. 찬드라 모한티가 아드리안 리치에게서 빌려온 '지점의 정치학(politics of location)' 같은 것을 예로 들 수 있겠는데, 이는 '여성이라는 코드 사용이 만들어내는 환상적인 동일시'를 기반으로 한 기존의 정체성 정치적 정체화(즉각적인 경험 서술이 만들어내는 경험의 심리적 지위)로부터 서로 다른 주체가 속해 있는 역사적 차원, 억압과 저항의 보편성을 분리해낼 수 있다. 이때 구성되는 보편성은 역설적으로 유럽적 근대성의 표상이 되는 발전과 진보라는 연속성에 균열을 내는 '투쟁의 일시성', 곧 나의 '장소'(지도, 시간, 영토로서의 공간에서의 장소)에서 비로소 생성되는 어떤 것이다(모한티, 2001: 164~189). 세계는 수많은 '나'의 위치에 따라 다층적으로 움직이며, 그리하여 '지점'은 '집단적 정의'이면서 '자아의 서사'이기도 하다. 중요한 것은 주체 구축의 정치학이 아니라 특정 장소와 언어습관, 정체성, 역사에 발 딛고 선 인간의 '세계관'으로서의 다양성 개념, 그리고 행위의 서사적·해석적 구조 개념에 있다. "이 서사는 우리만이 저자인 그런 이야기가 아니다. 타자는 우리의 서사에서 어떤 역할을 할 뿐 아니라 종종 우리의 이야기를 우리에게 말해주고 그 참된 의미를 인식하게도 해준다. 자아의 정체성은 그러한 상호 작용의 공동체 안에서만 드러난다. 우리가 누구인가의 문제는 우리가 그러한 과정에서 우리 자신을 타자에게, 그리고 우리 자신에게 어떻게 드러내는가의 문제이다"(벤하비브, 1986: 447).

조희연·장훈교(2009)는 기대와는 달리 라클라우와 무페의 헤게모니 전략론을 처음부터 보기 좋게 기각한다. 왜? 잉여적 '외부', 필연적 균열을 수반하는 민주주의의 구성 과정 자체를 추적하는 구성주의적 관점이 후기구조주의적 사유와 일시적으로 친화성을 갖게 해주었을 뿐이지, 정작 헤게모니 전략론은 '담론 환원주의적 경향', '우연성 논리로의 환원' 등 또 다른 문제점을 안고 있기 때문이라는 것이다. 앞에서도 이미 밝혔듯이 필자는 개인적으로 '언어'와 '담론'이 헤게모니론 내에서 사용되는 맥락에 대한 오독 때문에 라클라우와 무페에 대한 이러한 '근본주의적'인 비판을 별로 좋아하지 않거니와, 그들이 비판을 위한 전거로 드는 것 — 가령 제숍의 국가제도론적·전략관계적 접근을 빌려서 하고 있는 라클라우와 무페의 헤게모니론 비판 — 이 정당하다고 생각하지도 않으며, 그것이 조희연·장훈교 식의 근본주의적 기각과 비슷한 무언가일 것이라고 생각하지도 않는다. 비록 헤게모니론이 거시 구조의 변형에 대해서는 설명력이 매우 제한적인, 그것을 다양한 절합적 실천인 사회적 정체성 형성으로 완전 대체해버린 '텅 빈 실재론'이라는 점과 관련해서는 날선 비판을 가하고는 있지만, 제숍 자신도 '국가 중심적 이론' 대 헤게모니론이 속한 '사회 중심적 이론' 양자를 서로 설명력의 종류가 다르고 상호 보완 가능한 두 개의 서로 다른 '패러다임'처럼 해석하는 경향을 보이며, 그로부터 자신의 전략관계적 접근법을 양자로부터 좋은 점만 취한 모종의 종합론처럼 설명한다(제숍, 2000: 423~427).

라클라우와 무페의 헤게모니론에 비판 받아 마땅한 지점이 전혀 없다는 말이 아니다. 그 비판이 유의미하려면 적어도 그들의 '헤게모니구성체' 개념이 설명해내고 있는 것보다는 더 많은 것을 설명하면서 비판해야 한다는 말이다. 그러나 문제의 글에서 조희연·장훈교는 기존 사회변혁 이론에 대한 비판적 해체론으로서 라클라우·무페 이론이 갖고 있는 장점은 전부 내다버린 채 '현실에 존재하는 혹은 주어진 질서로서의 민주주의의 구성'(이미 낡은 표현이다)에 개입하는 배제 메커니즘, '근대 시민혁명이 성립시킨 '인민·시민·대표·정치'로 이루어지는 일련의 순환 메커니즘을 쫓는다. 그리고 이는 '급진적' 지평이 가능해지는 매우 유의미한 토대인 '헤게모니 절합'에 대한 진부화되고 본질화된 표상으로밖에는 달리 해석되기 힘든 '배제된 자의 주체화'와 그 과정에서 등장하는 '새로운 원리로서의 급진민주주의'로 귀결된다. 조희연과 장훈교가 말하는 '급진민주주의'에 실로 '급진적'인 것은 아무것도 없다. 예를 들어 치안, 기술관료화 등의 지배력에 의한 '정치의 국가화'와 그것이 배제했던 사회 영역의 주체화인 '정치의 사회화'라는 대쌍 개념은 크게 두 가지 문제를 안고 있다. 첫째, 그것은 민주주의의 '구성적 타자/외부' 개념에 대한 오독에서 비롯된, 더군다나 개념이면 응당 지녀야할 경제성(설명력)이 거의 전무한 개념이며, 둘째, 결과적으로 1980년대 민중주의변혁론과 그것이 맞부딪쳐 패배 당했던 딜레마에서 단 한 발도 더 나아가지 못했다.

첫 번째 문제인 '구성적 타자/외부'에 대한 오독 문제. 데리다도 무페도 그것을 '타자를 통해서만이 존재 가능한 불안정한 주체', 곧 주체에 존재론적으로 이미 노정되어 있는 비주체성을 강조하기 위해 사용하지 '타자를 구성하는 타자성'이라는 본질주의적 속성으로 사용하지는 않는다. '구성적 타자'는 그러니까 서구 근대 주체 철학의 자기동일성을 해체하기 위해 동원된, '타자에 의해 구성되는 주체'를 구성하기 위해 만들어진 개념이다.[8] 민주주의가 그것이 존재함과 동시에 '외부'를 발생시킨다는 것은, 민주주의라는 현존은 늘 그것보다 과잉되어 있거나 데리다가 '제도화된 흔적'을 설명하면서 말하듯 '은폐된 채로 발생'(데리다, 2004a: 90)한다는, 무페(2007)가 칼 슈미트의 '정치적인 것'('독재'와 '민주주의'의 비동일적 동일성)을 통해 밝혀냈듯 그 자신의 토대를 언제든 파괴해버릴 수 있는 존재적 위협과 역설 위에 구축되어 있다는 말이다. 다시 말해 '외부'는 '내부'로부터 '배제된 자'가 '배제를 드러내는 공간'이 아니라 '내부'의 탈근대 존재론적 원리이다. 따라서 어떤 경우에도 우리는 이때의 '외부적인 것' 또는 '외부'로부터 곧바로 '배제된 자',

---

8) 그 배경에는 서구 근대 주체 철학과 그 표상 메커니즘(주체→대상으로 지향해나가는)에 대한 해체, 곧 현상학·언어학 등의 세기적 전환을 가져온 반성에서, 사유하는 주체의 '죽음'을 선포한 후기구조주의적 사유에 이르는 기나긴 전통이 자리 잡고 있다(서동욱, 2000).

'배제된 자의 (배제를 표상하는) 공간'이라는 ('원리' 아닌) 실정적 내용이 채워 넣어지기만을 기다리는 '범주'의 층위로 진입할 수 없다. 그렇게 되면 '민주주의'가 '비시민'의 조건이 되고, '비시민'은 다시 '(급진)민주주의'의 조건이 되는, 실로 해괴하기 짝이 없는 동어반복·자동주의가 등장하게 될 것이다. 거칠게 말해서, 내부는 외부이고 외부는 내부이다.

정치의 심급을 '정치의 자율성'인 '해방', '정치의 타율성'인 '변혁', '타율성의 타율성'인 '시민인륜(civility)' 세 층위로 정식화하는 발리바르가 "'아래로부터의' 시민인륜이라는 정치적 가설은 따라서 저항의 다수자로 되기의 전략(또는 언어)과 소수자로 되기의 전략 사이에서 **선택**할 수 없다"고 하는 것은 이 때문이다. 소위 탈통합하고자 하는 다중의 탈영토화 욕망은 늘 이미 교통·소비·통제의 거대 기계가 갖는 사회적 연관들과 공명할 위험에 처해 있기 때문이다(발리바르 2007: 71). 무페가 원용해온 데리다는 이를 여러 가지 사유체계를 동원해 표현한다. 로고스('언어 일반', 안) → 문자(바깥)로의 선조적 이해와 기원중심주의를 해체, 로고스로의 '도달 이전에' 이미 늘 스스로 생성시키고 있는 문자의 '제도화된 흔적'(모든 대립 이전에 있는 '기억'의 원현상인 흔적은 의미작용의 운동 자체이고, 따라서 '원문자'로서 '외적'인 공간에 '선험적으로' 쓰인다. "그것은 최초의 외재성 일반의 개방이고, 살아 있는 것이 자신의 타자와 맺고 안이 바깥과 맺는 수수께끼 같은 관계, 즉 공간화이다. …… 현재의 의미 속에 기록된 타자의 비현전(非現前)이 없다면 그러한 외재성, 즉 바깥쪽은 나타나지 않을 것이다. 데리다, 2004a: 131)을 추적해 들어가는, '구성적 외부'의 근간이 엿보이는 『그라마톨로지에 대하여』, 현존을 현존 불가능한 것과 현재를 현재로부터 탈구된 시간과 중첩시켜놓고 보는 경화된 마르크스 역사유물론의 활성화 전략이기도 한 '유령학'(데리다, 2007),[9] '모든 타자는 모든 타자다'

---

9) 『마르크스의 유령들』에서 이러한 '유령학'은 전 지구적인 신자유주의 헤게모니하의 헤게모니 체제(지배적 담론)가 왜 '현실 대 담론'의 대당으로 분해되지 말아야 하는지

라는 겉으로는 동일률처럼 들리는 동어반복을 통해 서로 환원될 수 없는 모든 타자 각각의 타자성을 긍정하는 명제를 구축하는 동시에 '전혀 다른 자'와 '각각의 독특한 타자' 사이에는 극복할 수 없는 괴리가 존재한다는 사실에 대한 논리적 표현이 되도록 그 구축을 허물어뜨리는 언어놀이(데리다, 2004: 191) 등은 대표적인 예이다. "내적·외적 구분을 넘어 나아가는……태도로서의 현대성"(푸코, 1994: 350), "권력 분석이 관심을 가져야 할 대상이 권력을 행사하는 주체의 의도나 결정이 아니라는 점…… 권력이란 한 개인이 타인에 대하여 또는 한 집단이 다른 집단에 대하여 행사하는 동질적인 지배형태가 아니라는 것"(푸코, 1991: 129~130)을 강조하는 푸코도 상기해볼 만하다.

두 번째 문제는 '정치의 국가화'와 '정치의 사회화'라는 대쌍 개념은 1980년대 민중주의 본유의 딜레마로부터 단 한 발도 더 나아가지 못했다는 점이다.

를 설명하는 대목들에 이르러 특히 빛을 발한다. 바로 정보기술적 매체들, '**민주주의를 조건 지으면서 동시에 위험에 빠뜨리는 기술매체적 권력**'(강조는 인용자)을 오늘날의 민주주의는 반드시 거칠 수밖에 없기 때문이라는 것이다. 데리다는 현재 서구 문화의 문화적 '장소 또는 장치'(이데올로기적 장치와 그로 인한 변형과도 친화적이라 할 수 있을)에 의해 구성되는 절합을 이렇게 설명한다. 일단 "고유하게 정치적인 것이라고 부르는 문화가 존재"하고, 다음으로 "혼란스럽게도 대중매체라고 규정되는 문화가 존재"한다. 여기서는 '통신, 정보에 대한 해석 및 선별적이고 위계적인 생산'이 이루어지며, 이는 마르크스주의 모델을 기반으로 한 체제뿐만 아니라 자유주의적인 민주주의의 '공적 공간 개념' 또한 본질적으로 변형시켰다. 끝으로 "학문적인 또는 학술적인 문화, 특히 역사가, 사회학자, 정치학자, 문학이론가, 인류학자, 철학자, 특히 정치철학자의 문화가 존재"한다. 이 세 가지 '장소, 형태, 권력('정치 계급'의 명시적으로 정치적인 담론, 미디어 담론, 지식인이나 학자의 담론 내지 학술적인 담론)'은 오늘날 쉽게 함께 융합되며 "제국주의를 보장하기 위한 최대의 힘을 발휘하기 위해 매 순간 서로 소통하고 협력하고 있다. 이것들이 이렇게 할 수 있는 것은……매체들이라 불리는 것의 매개 덕분이다. 정치·경제적 헤게모니는 지적이거나 담론적인 지배와 마찬가지로 이전에는 결코 경험하지 못했던 정도와 형태에 따라 기술매체적인 권력, 곧 상이하고 모순적인 방식으로 모든 민주주의를 조건 지으면서 동시에 위험에 빠뜨리는 권력을 경유한다"(데리다, 2007: 119~121).

문제의 대쌍은 가령 김세균이 「대중, 국가 그리고 마르크스주의적 정치」(1992)에서 내세운 '마르크스주의 정치와 국가(=비정치 ─ 인용자)' 대 '마르크스주의 정치와 대중(=비국가)' (곧 '부르주아 국가' 대 '프롤레타리아트 정치') 대쌍과 정확히 동일하다. 김세균은 1990년대 초반 당시 현존사회주의에 종지부를 찍게 만든 '전화'를 '혁명 이데올로기'의 '지배 이데올로기'로의 제도화를 통해 '비국가'가 '국가'로 전환된 것에서 찾는다. 서구 마르크스주의 정당이 부르주아적 야당이 되면서 대중 투쟁을 투표행위로 순치시킴으로써 '혁명당'이 "사실상의 부르주아계급 지배의 이데올로기적 국가장치로 전환"(김세균, 1992: 67)되었다는 것이다. 이러한 인과관계는 역사적 과정에 대한 비결정론적 이해(마르크스주의 역사유물론의 강점이기도 한)를 정면에서 반박하는 듯한 일련의 실정화하는 서술을 통해 구축된다. 그가 경제적 생산을 '항상 이미 부르주아지에 의한 정치적·이데올로기적 지배 과정'으로 확대해나가는 방식은, 생산관계를 유기적으로 총체화된 사회관계 개념으로 확장한 데서 그 단초가 엿보이는 마르크스주의 역사유물론과 이질적인 것처럼 들릴 뿐만 아니라 자주 인용되는 알튀세르나 발리바르의 그것의 재전유와는 더더욱 관계가 없어 보인다. 이는 그가 대중을 '국가의 부르심'을 받는 인민(국가의 신민)으로 호명하는 '정치적 무의식'의 발생 기제(이데올로기의 물질적 실존)로서 '이데올로기적 국가장치(정신적 심리적 변위를 가져오는 기계장치)' 문제는 전혀 고려하지 않은 채 그것을 국가라는 제도적 틀 자체로 환원시켜 보기 때문이다. 그가 인용한 "모든 국가장치는 노동자가 자본가에 대항해 그것을 사용하는 것에 성공했을 때조차도 (항상) 부르주아적이다"라는 발리바르의 테제는 곧바로 '그렇기 때문에 프롤레타리아트 계급에 대한 부르주아계급 지배는 영속한다' 내지 '그것이 현존 국가 형태 내에서의 정치 활동인 한 노동운동은 부르주아계급 지배를 벗어날 수 없다'와 마찬가지의 어떤 것으로 결코 해석될 수 없다. 초기 저술인 『역사유물론 연구』에서도 발리바르는 노동, 생산의 영역으로 정치적 실천을 침투시킬 것, 곧 '정치'와 '경제' 간의 절대적 분리를 종식시킬 것과, 자본제적 소유의 "법적 전화의 실천적 중요성"을 인정할 필요가 있음, 곧 "부르주아적 법이데올로기의 한 표상인 국가에 관한 지배적인 표상을 근저에서 변혁할 필요"가 있음을 강조한다. 이는 '국가'라는 공적 제도를 '부르주아 계급'의 사적 지배 영역과 분리 불가능한 어떤 것으로 보도록 만드는 것 이상으로 부르주아 '계급'에게서 '비통일성과 모순성'의 계기들을 찾아낼 수 있도록 만드는 것이다(발리바르, 1989). 자본제 양식의 전화 곧 부르주아 계급의 '계급투쟁'이라고도 표현되는 다양한 착취(노동조건 악화, 탈숙련화, 실질임금 저하 등) 형태들을 국가를 매개로 한 부르주아 계급 지배 자체와 동일시해 보면 생겨나게 되는 딜레마인 '진리에 대한 종교적 관념'이 불러오는 마르크스 이론의 사후경직은 발리바르, 서관모 등에 의해 이미 충분히 설명된 바 있다. 이들에 의하면 마르크스주의의 약점이라 할 만한 민족·인종 등 과잉결정체계 내 다중 분할선과 그 심급은 역설적으로 살아 있는 유물론이 포착하고자 하는 모순적 계기와 국면의 응축으로서 국가가 가진 역할을 오히려 더 잘 보여주는데, 그러한 '약한 고리'야말로 국가의 그 계급(생산관계)적 기반이 민족·인종 같은 범주의 '모호성'을 제도화해나가는 방식을 더 잘 드러내기 때문이다(발리바르, 1993; 서관모, 1992).

3.

그게 무엇이 됐든 '급진민주주의'를 현존하는 민주주의 정치 형태와 제도로부터, 마치 그 '외부적인 것'이 그것과 모종의 관계 맺기를 하는 어떤 '공간'이 있기라도 한 양 '급진적으로 분리'해내고자 하면 할수록 그러한 방식의 거리 두기가 오히려 현재 우리 사회가 안고 있는 다양한 정치적 현존과 문제를 쉽게 기각하게 됨으로써 진정으로 '급진적'인 사고와는 동떨어진 어떤 것처럼 들리게 되는 건 아닐까? 예를 들어 마넹은 대의 정부를 가진 민주정이 내적으로 직접적인 통치로도 간접적인 통치로도 환원될 수 없는 오묘한 역사적 차원이 존재한다는 사실(직접민주제와 대의민주제 간의 차이는 늘 애매모호하다는 사실)을 선출을 통한 대의제의 역사적 형태를 분석해 나가면서 포착해냈다. 그는 선거가 '반복'되는 행위라는 것, 곧 정부 대표는 미래의 선거를 '예측'해보려고 하고 인민은 선거를 통해 '회고적 판단'을 해보려고 한다는 사실로부터 대의민주제와 참여민주제, 심의민주제가 상호 절합 가능한 '인민의 평결(토론과 동의)'을 이끌어낸다. 이는 대의민주제의 원칙으로서 작용할 수 있다(마넹, 2004: 203~235). 필자가 보기에는 이렇게 대의제를 '복잡한 현상'(민주적·비민주적 특성을 다 같이 안고 있는, 역사적으로 다경로적인)으로 바라보는 태도가, 대의민주제를 '배제된 외부를 구성하는 자체적 한계'를 결코 스스로 해소시킬 수 없는 '인민 정치' 공간과 상쇄되는 근대 국민국가의 기술적 지배 체제로 '테제화'하는 태도보다 훨씬 더 '급진적'이다.

마찬가지 맥락에서 최장집은 '회고적 투표'와 '전망적 투표'를 나누고, 양자의 단순성을 넘어서는 '회고적 투표'의 향방을 가늠하는 기성 정권의 경제 실적에 대한 유권자의 판단에 영향을 미치는 요인으로서 유권자의 특정 당에 대한 역사적으로 축적된 신뢰('이념적 헌신'), 일반 경제시장과는 달리 '선거시장'에는 외생 변수가 적기 때문에 선거는 구조적으로 내재적인 선택이라는 점 등을 복합적으로 파악한다(최장집, 2009: 259~265). 필자에게는 선거 행위, '선출'과 '대표'를 그런 식으로 복합적인 하나의 '역사적 과정'으로 보는 것이 이명박 정권의 선택이 곧 '이명박 정권을 정말 좋아서 선택'한 것과 똑같이 취급되는, 그래서 유권자가 '보수화되었다'는 사실 판단으로 귀결되는 단선적 정세판단보다 훨씬 더 '급진적'으로 들린다. 필자에게는 행위자의 행위를 '해석'해주는 틀 자체의 '다층성'이 중요하게 와 닿더라는 말이다. 2009년 말 '한국 사회체제 논쟁'에서 조희연의 '08년 체제' 테제(조희연, 2009: 31~55)에 대해 "헤게모니적 전략을 이른바 '연합정치적' 연대성 전략과 혼동하고 있다"(최원, 2009b)는 지적이 제기된 것은 아주 당연하다.

'급진민주주의'를 하나의 '전략'으로 사유하고자 할 때, 우리는 당연히 '헤게모니적 진지 구성'이라는 그람시적인 차원으로 눈을 돌릴 수밖에 없다. 특정 장소와 세계관에 뿌리내린 언어와 습관에 침윤되어 있는 세속화된 주체, 종교, '상식'이 헤게모니적인 지도력과 극적으로 융합하는 일이 실제로 가능해지는 어떤 전략 지평으로 말이다. 그러나 똑같은 이유에서, 우리는 그 그람시를 더더욱 파열되고 개방되고 비확정적인 또한 더더욱 전면화된 위기의 공간 속으로 과감히 내던지는 라클라우와 무페의 헤게모니 '담화구성체'에 대한 사유 또한 결코 기각할 수 없다. 우리 주변의 사태를 참작한다면 더더욱 그렇다. 공공방송 MBC 사장이 낙하산 인사로 하루아침에 뒤바뀌어버리면서 지금까지도 노조에 대한 대대적인 탄압이 자행되고 있다. 미디어를 재벌 언론에 통합·사유화하기 위한 '미디어 법'이 직권 상정, 통과 과정상의 불법성에도 아랑곳없이 시행되어 벌써 종편 사업자가 선정되었고, 사업자인 조선, 중앙, 동아, 매일경제 네 언론사는 방송통신서비스 시장 개방을 미롯해서 공정 여론과 다원민주적 미디어 조성에 큰 재앙이 될 각종 탈규제 조치를 정부에 강력 요청하고 있다. 자본계와 민주계 양 영역에 걸쳐 '미디어, 기술권력(의 헤게모니적 다장악력)'은 민주주의를 가능하게 하면서 불가능하게 하는 근본적인 조건을 산출한다. 대중은 곧 대중 자신의 언어를 남김없이 빼앗기게 될 것이다.[10] 비정상적으로 비대해진 '토건독재국가'의 핵심 상층 '정관재언학' 카르텔이 "국토를 재창조"하겠다고 나선 4대강 사업[11]에 대한 미디어의 극단적인 왜곡(내지 침묵)을 통해 이러한 우려는 이미 현실로 벌어졌다. 그

---

10) '미디어'를 통해 굴절·변형되는 담론구성체와 관련해서 그렇다는 말이지, 대중의 '자기 말'이 미디어에 있다는 뜻은 아니다. 미디어가 민주주의 사회에서 (그리고 민주주의 사회에서만이) 대중의 확장된 '인식계', '가시계'가 된다는 말이다. 아파두라이의 다섯 가지 '스케이프(-scape)'(ethnoscape, mediascape, technoscape, financescape, ideoscape)를 상기해보라(아파두라이, 1996).

11) (사) 시민환경연구소(2010), 김정욱(2010), 홍성태(2010) 참조..

언어 탈취의 궤적을 그려 보여주지 못하는 이상, 그레이나 홀이 한 것처럼 '대처리즘(→ 명박주의)'이라는 얼굴을 한 신자유주의 세계화 정책이 '대처리즘(→ 명박주의)'조차도 배반하기에 이르게 될 총체적인 사회·경제·정치·문화 재구성 과정으로서 신자유주의적 헤게모니 체제의 후과를 지금 분석해내지 못하는 이상(Gray, 1996; 홀, 2007), 그 어떤 '급진민주주의 전략'도 실로 '급진적'이지 않을 것이다.

참고문헌

고든, 콜린. 1993. 『권력과 지식: 미셸 푸코와의 대담』. 홍성민 옮김. 나남.

구도완, 1991, 「포스트 마르크스주의와 민주주의: 라클라우와 무페를 중심으로」. 한상진 편, 『마르크스와 민주주의』. 사회문화연구소..

김세균. 1992. 「국가, 대중 그리고 마르크스주의적 정치」. ≪이론≫, 여름호(통권 1호).

김정욱. 2010. 『나는 반대한다』. 느린걸음.

다네마르크, 베르트 외, 2005(1997), 『새로운 사회과학 방법론』. 도서출판 한울.

데리다, 자크. 2004a(1967). 『그라마톨로지에 대하여』. 김용권 옮김. 동문선.

_____. 2004(1994). 『법의 힘』. 진태원 옮김. 문학과지성사.

_____. 2007(1993). 『마르크스의 유령들』. 진태원 옮김. 이제이북스.

들뢰즈, 질, 2004(1968). 『차이와 반복』. 김상환 옮김. 민음사.

라클라우, 에르네스토·샹탈 무페. 1990(1985). 『사회변혁과 헤게모니』. 김성기 외 옮김. 터.

마넹, 버나드. 2004(1995). 『선거는 민주적인가』. 곽준혁 옮김. 후마니타스.

모한티, 찬드라 탈파드. 2005(2001). 『경계 없는 페미니즘: 이론의 탈식민화와 연대를 위한 실천』. 문현아 옮김. 여성문화이론연구소.

발리바르, 에티엔. 1993. 「민족 형태: 그 역사와 이데올로기」. 서관모 옮김. ≪이론≫, 가을호.

_____. 2007(1997). 『대중들의 공포: 마르크스 전과 후의 정치와 철학』. 최원·서관
　　　모 옮김. 도서출판 b.

벤하비브, 세일라. 2008(1986). 『비판, 규범, 유토피아: 비판이론의 토대 연구』. 정대
　　　성 옮김. 울력.

(사) 시민환경연구소, 2010. 6. 「4대강 사업 문제점 분석 및 바람직한 대안」.

서관모. 1993. 「국가, 시민사회, 이데올로기」. ≪이론≫, 가을호.

서동진. 2000. 『차이와 타자』. 민음사.

서영표, 2009, 「비판적 실재론과 비판적 사회이론」. ≪성공회대 급진민주주의 연구
　　　모임 온라인저널 창간 준비호≫.

아파두라이, 아르준. 2004(1996). 『고삐 풀린 현대성』. 차원현 외 옮김. 현실문화연
　　　구.

앤더슨, 페리. 1994(1983). 『역사유물론의 궤적』. 김필호·배익준 옮김. 새길.

유팔무·김호기, 1995, 『시민사회와 시민운동』. 도서출판 한울.

장훈교. 2010. 「민주주의의 자유화, 민주화 그리고 급진화」. ≪성공회대 급진민주주
　　　의 연구모임 학생저널≫, 1호(봄호).

제솝, 밥. 2000(1990). 『전략관계적 국가이론: 국가의 제자리 찾기』. 유범상·김문귀
　　　옮김. 도서출판 한울.

조희연. 2009. 「97년 체제의 '이중성'과 08년 체제하에서의 '헤게모니적 전략'에
　　　대한 고민: 허수아비를 만들어 부수는 것이 아니라 성찰해야 하는 쟁점들을
　　　만들고자」. 서강대학교 사회과학연구소 창립 20주년 기념 학술심포지엄 자
　　　료집 『'한국 사회체제론'을 다시 생각한다: 이론과 실천전략』.

조희연·장훈교 2009. 「'민주주의의 외부'와 급진민주주의 전략: '민주주의의 사회
　　　화'를 위한 새로운 연대성의 정치학을 향하여」. ≪경제와사회≫, 제82호.

최　원. 2007. 「이론의 전화, 정치의 전화: 알튀세르에게서 발리바르로」. 발리바르,
　　　에티엔. 『대중들의 공포: 마르크스 전과 후의 정치와 철학』. 최원·서관모
　　　옮김. 도서출판 b.

_____. 2009a. "'충분한 민주주의' 이뤘다는 주장은 반민주적이다." ≪한겨레≫,
　　　2월 13일자.

_____. 2009b. 「08체제 강조는 '결국 비지론' 의심」. ≪레디앙≫, 10월 27일.

최장집. 2009. 『민중에서 시민으로: 한국 민주주의를 이해하는 하나의 방법』. 돌베
개.

푸코, 미셸. 1994(1984). 「계몽이란 무엇인가」. 김성기 외 지음. 『모더니티란 무엇인
가』. 민음사.

홍성태. 2010. 『생명의 강을 위하여』. 현실문화.

홀, 스튜어트. 2007(1988). 『대처리즘의 문화정치』. 임영호 옮김. 한나래.

Balibar, E. & I. Wallerstein. 1991. *Race, Nation, Class —Ambiguous Identities*. Verso.

Dowling, W. C. 1984. *Jameson, Althusser, Marx: An Introduction to the Political Unconscious*. Routledge.

Gray, John.1996. "After Social Democracy: Politics, Capitalism and the Common Life." *Demos*, Vol. 18.

Lacan, Jacques Marie Emile. 1966. *Écrits*. Edition du Seuil.

Laclau. E. & C. Mouffe. 2002. *Hegemony and Socialist Strategy: Towards a Radical Democratic Politics*. Verso.

지은이(가나다순)

김레베카 | 성공회대 민주주의연구소 연구원

김진업 | 성공회대 사회과학부 교수

서영표 | 성공회대 민주주의연구소 연구교수

신정완 | 성공회대 사회과학부 교수

이승원 | 성공회대 민주사회연구소 연구교수

장훈교 | 급진민주주의 연구모임 데모스

정태석 | 전북대 사회교육학부 교수

조희연 | 성공회대 사회과학부 교수, 민주주의연구소

민주주의의 급진화

급진민주주의리뷰 *데모스* No.1 2011

ⓒ 김진업·정태석·신정완 외, 2011

초판 1쇄 인쇄 | 2011년 5월 12일
초판 1쇄 발행 | 2011년 5월 22일

편집위원 | 서영표·장훈교·이승원·조희연
엮은이 | 급진민주주의 연구모임 데모스
지은이 | 김레베카·김진업·서영표·신정완·이승원·장훈교·정태석·조희연

펴낸이 | 김원식
펴낸곳 | 데모스 미디어
　　　　　주소 121-801 서울시 서초구 양재동 154-2 우성 ⓐ 105-906
　　　　　전화 02) 326-0095(영업), 02) 336-6183(편집)
　　　　　팩스 02) 333-7543
　　　　　등록 2010년 2월 22일, 제321-2010-000045호

Printed in Korea.
ISBN 978-89-966350-0-0   93330

* 가격은 겉표지에 있습니다.`